Das volkskundliche Taschenbuch 26

**Das
volkskundliche
Taschenbuch**
bringt bisher unveröffentlichte Originaltexte
von besonderem Dokumentationswert.
Eine Einleitung situiert das Dokument in seiner Zeit,
dazu kommen Abbildungen und Anmerkungen.

**Das
volkskundliche
Taschenbuch**
ist eine Reihe der
Schweizerischen Gesellschaft für Volkskunde,
begründet und herausgegeben
von *Paul Hugger.*

Jakob Otto Wyss

Postmaster in Klau

Rauchzeichen aus dem Wilden Westen
1846–1927

Herausgegeben von Pit Wyss
in Zusammenarbeit mit Paul Hugger

Limmat Verlag
Zürich

Das Erscheinen dieses Werkes wurde durch Druckkostenbeiträge der Gemeinden Otelfingen und Regensdorf sowie der Cassinelli-Vogel-Stiftung unterstützt.

Im Internet
Informationen zu Autorinnen und Autoren
Materialien zu Büchern
Hinweise auf Veranstaltungen
Schreiben Sie uns ihre Meinung zu diesem Buch
www.limmatverlag.ch

Umschlaggestaltung von Urs Berger-Pecora, Wil
Herstellung: Tatiana Wagenbach-Stephan, Die Buchherstellung, Zürich

© 2001 by Limmat Verlag, Zürich, und
Schweizerische Gesellschaft für Volkskunde, Basel
ISBN 3 85791 373 8

Inhalt

Wenn Briefe zu Zeitbildern werden 7
Paul Hugger

Diesem Text auf den Weg 15
Pit Wyss

Zur Biografie des Protagonisten 16
Pit Wyss

Jakob Otto Wyss
Postmaster in Klau
Rauchzeichen aus dem Wilden Westen
1846–1927

I Eine Präambel 25
II Ottos Jugend- und Lehrzeit, Wanderjahre in der Schweiz 41
III Wanderjahre in Europa: Paris 79
IV Manchester 122
V Junggeselle im kalifornischen Hinterland 135
VI Ottilie 169
VII Seline 226
VIII Der Patriarch 342

Register 399

Wenn Briefe zu Zeitbildern werden

Familienarchive gehören zu den weitgehend ungenutzten Quellen unserer Kulturgeschichte. In der Schweiz sind sie Legion, niemand kennt ihre genaue Zahl. Der Zürcher Architekt Pit Wyss ist Schatzmeister eines offenbar kaum auslotbaren Fundus, der die schriftlichen und ikonografischen Nachlässe seiner weit verzweigten Familie birgt. Er ist zugleich ein sehr engagierter Gralshüter: Seit Jahren fördert er in regelmässigen Abständen Kleinode an den Tag, die er als gediegene Privatdrucke Verwandten und Freunden zum Jahreswechsel überreicht. Begonnen wurde die Reihe 1972; im Jahr 2000 lag das 20. Heft vor. Sechs davon sind Jakob Otto Wyss (1846–1927) gewidmet, resp. Briefen, die er und seine beiden Ehefrauen im Laufe des Lebens schrieben. Wyss wanderte als gelernter Mechaniker nach Kalifornien aus, wo er mühsam eine eigene Existenz aufbaute und eine zahlreiche Nachkommenschaft hatte. Es ist ein bewegtes Leben, das sich in diesen Schreiben enthüllt, ein Leben voller Unternehmungsfreude, Arbeit, Entbehrung und Pioniergeist, gezeichnet auch von schweren Rück- und Schicksalsschlägen. Wyss und seine beiden Ehefrauen schreiben intelligente Briefe, obwohl sie keine «studierten» Leute waren und kaum literarische Vorbilder kannten. Es sind Zeugnisse eines wachen Geistes und scharfer Beobachtung. In ihnen spiegelt sich der Alltag wider, zuerst der des Lehrlings in Zürich, dann des Handwerksgesellen auf der Walz, im Neuenburger Jura, in Paris und in Manchester. Später sind es Dokumente aus der Pionierzeit im «Wilden Westen», einige Dutzend Meilen von Los Angeles entfernt, als dort noch keine Post fuhr und oft das Faustrecht herrschte. Die Briefe belegen aber auch die kontinuierliche Ausgestaltung eines modernen Staatswesens, die gesellschaftliche Strukturierung und technische Entwicklung. Sie umfassen einen Zeitraum, der bis weit über den Ersten Weltkrieg hinausreicht. Aus diesen Briefen lässt sich die rasante Erschliessung dieser Region ablesen. Erscheint uns am Anfang das Land wirtschaftlich rückständig, in der technischen Entwicklung hinter dem heimatlichen Otelfingen stehend, so kommt der Fortschritt mit Siebenmeilenstiefeln voran, so dass sich die Verhältnisse bald umkehren.

Unsere Texte zeigen zunächst die Welt auf, in der Otto seine Jugend verbrachte. Es ist das zürcherische Otelfingen, eine kleine Bauerngemeinde am Fuss der langgestreckten Lägern. Da Otto als Kind naturgemäss keine Briefe an die Eltern im gleichen Haus schrieb – mit Ausnahme der damals üblichen Neujahrsschreiben –, so ziehen wir in diesem Abschnitt die Erinnerungen heran, die sein um vier Jahre älterer Bruder Oskar später als Professor der Medizin in Zürich festhielt, Erinnerungen an die Sekundarschulzeit in Regensdorf und den Schulweg dorthin, an ein Umfeld also, das auch Otto kannte. Da scheint eine kleinbäuerliche und handwerkliche Welt auf mit ihren bescheidenen Lebensmöglichkeiten. Ottos eigene Briefe setzen mit seiner Lehrzeit als Mechaniker in Zürich ein; die lange Arbeitszeit und die Distanz von 20 Kilometern erlaubten nicht an jedem Wochenende die Rückkehr nach Otelfingen, und so traten die Briefe anstelle der mündlichen Kommunikation. Es folgt die Walz des Gesellen, der sich auf Arbeitssuche nach Solothurn begibt, dann weiter in den Neuenburger Jura, mit Einstand bei verschiedenen Meistern. Otto schildert die Arbeitsbedingungen, Kost und Logis und hält viele Beobachtungen fest wie die Beschreibung des Schulwesens im Val de Travers. Die Zeit ist nicht leicht für junge Handwerker. Oft geht den Meistern die Arbeit aus, oder der Lohn wird nicht korrekt ausbezahlt, und so müssen die Gesellen wieder weiterziehen. Für Otto ist Paris das nächste Reiseziel. Auch den Weg dorthin legt er zu einem guten Teil zu Fuss zurück. Es ist das Paris am Ende der Ära Napoleons III mit seiner hoch entwickelten handwerklichen und technischen Kultur, aber auch den sozialen und politischen Spannungen und dem brutalen Polizeiwesen. Von all dem spricht Otto in seinen Schreiben, von den technischen Meisterleistungen auch, wie er sie in den Museen und an internationalen Ausstellungen bestaunt. Sein Bildungshunger ist gross. Bei all dem Staunen fühlt sich Otto aber als Schweizer. Er wird Mitglied des Gesangsvereins Harmonie, mit dem er an das Eidgenössische Sängerfest in Neuchâtel reist. Vor allem die Briefe, die Otto an seine jüngeren Geschwister richtet, sind voller Details, weil er ihnen Einblick in seine Lebensweise und eine Vorstellung von der Fremde und dem Fremden geben will. Sie belegen zugleich das innige Verhältnis zu den Eltern und unter den Geschwistern.

Der Deutsch-Französische Krieg bricht aus. Während die meisten Schweizer in Paris schon in den ersten Wochen das Feld räumen – auch unter dem Druck einer wachsenden Deutschfeindlichkeit –, harrt Otto bis fast zuletzt aus, kehrt dann aber doch in die Schweiz zurück. Knapp zwei Jahre später, im März 1872, ist er wieder in Paris. Er findet die Stadt verändert, überall klaffen die Wunden der «Commune». Seine Hoffnungen richten sich auf das hoch industrialisierte England. Am 1. September des gleichen Jahres reist er über London nach der Textilmetropole Manchester. Aber auch diese Stadt bietet keine Perspektiven für eine solide berufliche Zukunft.

Ein Jahr später wagt Otto den Sprung über das Grosse Wasser; er arbeitet zunächst auf einer Farm in der Nähe von New York, fährt dann mit einem Emigrantenzug weiter nach Westen, immer von der Hoffnung beseelt, doch noch jenes Land zu finden, wo Mechaniker gesucht sind. Ottos Briefstil wird trotz fortschreitender Desillusionierung immer anschaulicher und stilistisch reicher. So gefrieren bei der langen Fahrt durch die endlosen Prärien nachts die Fenster des Zuges «weiss und blumig», die Berge sind «kugelförmig abgerundet», und später, in Kalifornien, erstrecken sich die Felder «so weit, als es die Wellen des stillen Oceans erlauben» und auf dem Meere «tanzen die Segel- und Dampfschiffe vorüber». «In Stube und Küche sind meistens Gänse, Hühner und junge Schweine Meister», und der junge Kuhhirt weiss «nichts von einer Schule und von Religion, bloss dass man am Freitag kein Fleisch essen dürfe». Später holt er, anlässlich eines Waldbrandes, zu einer geradezu epischen Schilderung aus: «Es war ein grossartiger Anblick, das entfesselte Element von einem Lufthauch getragen über die Ebene züngelnd, huschend, knisternd und vorwärts schreiten zu sehen, um dann längs der Hügel an Bäumen und Gebüsch plötzlich rauschend und krachend turmhoch aufzulodern.» (2. November 1879)

Man ahnt es, auch Kalifornien wird nicht zum Eldorado für den Mechaniker Wyss. Er muss sich zunächst mit Gelegenheitsarbeiten abfinden, als Melker für 27 Kühe oder als Pflanzer von 400 Säcken Saatkartoffeln. Die Anstellung als Maschinenmechaniker auf einer Quecksilbermine bringt die entscheidende Wende. Zwar schliesst der Betrieb bald; Wyss bleibt aber als «Platzwart», der über Gebäulichkeiten und Maschinen zu wachen hat mit dem Recht, das Gelände landwirtschaftlich zu nutzen.

Nun ist Otto Farmer. Von zu Hause her besitzt er dazu gewisse Erfahrungen. Der Vater – Landarzt – betrieb nebenbei eine kleine Landwirtschaft, um den Bedarf der Familie zu decken. Und plötzlich ist sie da: Ottilie, die Jugendfreundin, hergereist aus Europa, um Otto bei der Pionierarbeit zu helfen. Über das Wie der Reise und den auslösenden Appell wissen wir nichts. Nicht einmal ihren Familiennamen erfahren wir aus den Briefen. Ottilie wird zur idealen Gattin Ottos. Sie führen eine glückliche Ehe, trotz häufiger Not und vielen Entbehrungen. Der erste Hausrat, den Otto beschreibt, ist denn auch denkbar einfach und besteht zur Hauptsache in aus Kisten gezimmerten Möbeln. Im Winter friert man, weil der Wind durch die Baracke fegt. Ein Mädchen Mimmi wird geboren, und es zeichnet sich ein Idyll ab, so zärtlich lauten die Briefstellen. Ottilie, denn auch sie schreibt jetzt Briefe, notiert etwa: «Die liebe Kleine macht uns recht viel Freude, es ist sehr gerne bei seinem lieben Vater; wenn er gegen sein Bettchen kommt, streckt es die Aermchen aus, und wenn er es auf den Arm nimmt, lächelt es und schmiegt sich an ihn, reisst ihn aber mitunter auch ein wenig am Bart.» (24. Januar 1879) Jetzt erst setzt jener Briefstrom nach der Schweiz ein, der auch unscheinbare Details des Alltags nachzeichnet, anschaulich und suggestiv, wo Kolibris durch den Garten schwirren und die Nachbarkinder schon mit 8–10 Jahren wie Indianerjungen über die Berge reiten. Da ist die Rede von gefährlichen Individuen, von Viehdieben etwa, die sich in der Gegend herumtreiben. Der Geruch des Ruchlosen haftet vor allem an den Mexikanern.

Die Posthalterstelle wird frei. Otto bewirbt sich mit Erfolg darum. Es geht nicht nur um die Beförderung von Briefen und Lasten, sondern auch um die stage-coach. Dazu tritt die Eröffnung eines «store», eines Krämerladens.

Es geht langsam aufwärts. Aber dann bricht die Katastrophe herein. Von den vier Kindern sterben innerhalb dreier Tage die drei Knaben an Diphtherie, der gefürchtetsten Kinderkrankheit damals. Nur Mimmi, die Älteste, überlebt. Die Trauer der Eltern ist tief, sie widerlegt die Theorie einer stumpfen Einstellung früherer Unterschichtseltern gegenüber dem geläufigen Kindertod. Man bestattet die kleinen Toten auf dem Hügel oberhalb dem Anwesen, pflanzt Blumen und Bäumchen, und die Grabstelle wird für Otto später zu einem wichtigen Argument seines Bleibens in Adelaida. Immer wieder bricht sich der Schmerz über den Verlust Bahn: «Viele Stunden in der Nacht können wir trotz aller Müdigkeit nicht schlafen, weinen zusammen [...] Oft wenn ich erwache, ist es mir für einige Augenblicke, als ob es nur ein schwerer Traum gewesen, dass unsre lieben Knaben gestorben seien, doch gleich ist ja die schreckliche Wirklichkeit wieder da», schreibt Ottilie am 30. November 1885, und noch ein Jahr später, am 9. November 1886, möchte Otto deswegen «oft an einer gütigen Vorsehung zweifeln». Besonders schmerzt die beiden der Umstand, dass die drei Kinder kurz vor dem Eintreffen des Wanderfotografen starben, so dass sie «gesichtslos» von hinnen gingen. Solche und ähnliche Stellen unterstreichen die Bedeutung der Porträtfotografie in jener Zeit; sie bot oft die einzige Möglichkeit, einander im Leben nochmals visuell zu begegnen, im stellvertretenden Bildnis. Ein weiteres Kind, Alice, wird geboren und bringt ein wenig Trost. Aber Ottilie beginnt zu kränkeln, ihre Gesundheit ist angegriffen, und sie stirbt am 9. September 1888.

Otto fällt ins Leere. Er greift immer häufiger zur Flasche, der Haushalt verkommt. Da greift Bruder Oskar in der fernen Schweiz ein. In einem Zeitungsinserat sucht er in Zürich eine Gouvernante für den frauenlosen Haushalt in Kalifornien; eine Seline Streuli meldet sich. Sie nimmt die Herausforderung an, reist ohne jede Englischkenntnisse über den Atlantik und quer durch den Kontinent. Der entsprechende Vertrag ist erhalten – ein schlichtes Stück Papier, ein Blatt wie aus einem Schulheft, ein Beispiel, wie vertrauensselig junge Menschen waren und auf welch geringen papierenen Sicherheiten solche lebensentscheidende Übereinkommen beruhten. Die junge Frau findet – gemäss ihren Briefen – in Adelaida eine unbeschreibliche Verwahrlosung vor, Schmutz, Mangel am geringsten Komfort, Schulden. Jede andere Frau hätte kapituliert, nicht aber Seline. Energisch greift sie zu, ändert den Erziehungsstil, kämpft gegen Schmutz und Unrat und gegen die Trunksucht Ottos; sie versucht, die Schulden abzutragen und das Haus wohnlicher zu gestalten. Vor allem fordert sie, dass die Kneipe geschlossen wird, die Otto einem Fremden verpachtet hat und die ihm jeweils zur Falle wird. Und wie die Nachbarn gemäss dem Moralkodex in diesem Siedlerland verlangen, dass die beiden heiraten oder Seline weiterziehe – denn Konkubinat werde nicht geduldet –, erklärt sich die junge Frau auch dazu bereit. So heiraten die beiden ohne das Einverständnis des Vaters in Otelfingen, aus Vernunft und Notwendigkeit. Seline und Otto bilden kein ideales Paar, die Ehe ist nicht harmonisch. Es herrscht oft Streit und Animosität, obwohl beide beim anderen auch die guten Seiten sehen. Doch Otto kann gewalttätig werden, und Seline neigt zu Geiz. All die kommenden Jahre hindurch gewähren die Briefe Einblicke in das Zusammenleben des Paares, ehrlich und offen, manchmal auch bitter und verzweifelt. Wenn wir sie hier ausführlich wiedergeben, geschieht es nicht, um längst verstorbene Menschen blosszustellen oder eines billigen Voyeurismus wegen, sondern weil so erst die volle menschliche Tragweite dieser Schreiben aus der Neuen Welt aufscheint und es uns erst dadurch möglich wird, am äusseren und inneren Schicksal dieser Menschen teilzunehmen, ihre schlichte Grösse zu ermessen. Etwas Exemplarisches tut sich hier auf; es zeigt sich, dass auch aus solchen Ehebeziehungen, die heute wohl bald abgebrochen würden, Neues, Positives erwachsen kann. Denn auch Seline und Otto haben Kinder – fünf an der Zahl –, und diese entwickeln sich zu lebenstüchtigen Menschen, die in die amerikanische Gesellschaft hineinwachsen über unterschiedliche berufliche Wege. Nachkommen bewirtschaften heute noch die Farm in Adelaida.

Die Kinder werden flügge, heiraten, zeugen und gebären; die Nachkommenschaft wird zahlreich, wie in biblischen Berichten. Kurz vor dem Ersten Weltkrieg macht Otto seinen Wunsch wahr, noch einmal die alte Heimat zu sehen. Er kehrt nach Europa zurück, besucht mit Bruder Oskar Otelfingen und die dort lebende Schwester Hanna. Die Fotos zeigen die beiden Männer im Land ihrer Jugend, das ihnen fremd geworden ist. Sie selber wirken in der einfachen bäuerlichen Umgebung wie Fremdkörper. Für Otto gibt es kein Zurück mehr, oder vielmehr nur ein Zurück nach den Staaten, zu seiner Familie und den Toten auf dem Hügel. Dort wird auch sein Grab sein. Seline, die ihn um viele Jahre überlebt, beschreibt sein Altwerden mit den Gebresten. Wenn sie in den Briefen über sein langes Sterben vom «lieben Vater» spricht, so ist dies nicht nur eine obligate Floskel, sondern es steht dahinter eine gewisse Wärme, die Anerkennung für vieles, das im langen Zusammensein auch Ausdruck von Zuneigung war.

So bilden diese Briefe in ihrer Abfolge eine eigentliche Familiensaga, ein dichtes Dokument des «Lebensverlaufs» zweier Siedlergenerationen. Sie erhellen zugleich ein Stück Entwicklungsgeschichte im westlichsten Teil der Vereinigten Staaten und sind authentische Zeugnisse nicht nur des passiv Erlebten und Erduldeten, sondern auch der aktiven Mitgestaltung von Geschichte im Kleinsten.

Briefe haben eine besondere Bedeutung für die Erforschung und Darstellung von Emigrationsprozessen. Die schweizerische Auswanderungsgeschichte bildet keine Ausnahme. Im Unterschied zu nachträglich verfassten Berichten über eine Reise in die Ferne und die dortige Aufnahme und Befindlichkeit sind Briefe Zeugnisse, die aus der unmittelbaren Situation erwachsen, aus direkter Betroffenheit und Konfrontation mit dem Neuen heraus. Seit den grundlegenden Arbeiten von Leo Schelbert ist die schweizerische Auswanderungsgeschichte zu einem reich entwickelten Forschungsgebiet geworden. Während Schelbert in erster Linie die Emigration nach Amerika und hier besonders den Vereinigten Staaten untersuchte[1], haben sich seither weitere spezialisierte Forschungsrichtungen entwickelt. Ich erwähne die unter der Leitung von Carsten Goehrke an der Universität Zürich entstandenen Studien zur Auswanderung nach Russland, die berufsspezifisch ausgerichtet sind, Ärzte, Käser, Pfarrer, Offiziere sind dabei die Protagonisten.[2] Immer aber greifen solche Untersuchungen und Darstellungen auf populäre Direktquellen zurück, die bereits erwähnten Briefe im Besonderen. Es ist hier nicht der Ort, die Forschungsgeschichte im Einzelnen darzulegen. Ich möchte nur kurz auf die oft kritisierte Subjektivität der Briefe und das damit zusammenhängende Problem ihres Quellenwerts eingehen. Schelbert greift diese Frage ebenfalls auf: «Es entfaltet sich [...] in Auswandererbriefen [...] nicht so sehr die Wirklichkeit selbst, sondern die vielfältige Zaubermacht, die neuartig zu Gesicht Bekommenes über Menschen verschiedener Herkunft und verschiedenen Typs ausübt.»[3] Abschliessend urteilt er: «Die Briefe sind also trotz ihrer Widersprüchlichkeit [Schelbert meint dabei die unterschiedlichen Reaktionen auf die neue Umwelt] getreue Spiegel vorgefundener äusserer Umstände und allgemein gehegter Werturteile. Doch leisten sie mehr. Sie beschreiben nicht nur die vorgefundenen Gegebenheiten, sondern auch deren Erleben, das einerseits in objektiven Verhältnissen wurzelte, anderseits aber auch von der Eigenart der verschiedenen Charaktere geprägt war.»[4] Dem ist beizupflichten. Das Besondere unserer Briefe aber, im Vergleich zu anderen veröffentlichen Auswandererbriefen, liegt wohl darin, dass sie nicht nur auf die äusseren Gegebenheiten und Befindlichkeiten eingehen, sondern dass sie auch den Intimbereich des familiären Zusammenlebens ausleuchten und damit ein Stück Seelenlandschaft der Menschen enthüllen.

Abschliessend einige Bemerkungen zur Edition: Wie immer haben wir die sprachliche Form der Manuskripte getreu beibehalten; die entsprechende aufwendige Transkription besorgte Pit Wyss. Einzig die Interpunktion wurde dem modernen Verständnis angepasst, um damit die Lektüre zu erleichtern. Es war unausweichlich, auch die ausgewählten Briefe zu kürzen. Vor allem haben wir die üblichen Gruss- und Höflichkeitsformen, Einleitungs- und Schlusstexte weggelassen, die regelmässig mit gewissen Abwandlungen erscheinen – Verdankung der erhaltenen Briefe, Erkundigung nach dem Gesundheitszustand usw. –, um so mehr Platz für die in unsern Augen wesentlichen Informationen zu erhalten. Auslassungen wurden entsprechend gekennzeichnet. Zusätzlich haben wir viele Briefe mit einem «Titel» gekennzeichnet in der Hoffnung, so das Leseinteresse zu stimulieren. Ein kleines thematisches Register soll dem Benutzer helfen, immer wiederkehrende Sachbereiche leichter aufzufinden.

Paul Hugger

1 Leo Schelbert: Einführung in die schweizerische Auswanderungsgeschichte der Neuzeit. Zürich 1976. Leo Schelbert/Hedwig Rappolt: Alles ist ganz anders hier. Auswandererschicksale in Briefen aus zwei Jahrhunderten. Olten und Freiburg im Breisgau 1977.
2 Stellvertretend seien erwähnt: Gisela Tschudin: Schweizer Käser im Zarenreich. Zürich 1990; Harry Schneider: Schweizer Theologen im Zarenreich (1700–1917). Zürich 1994; Rudolf Mumenthaler: Im Paradies der Gelehrten. Schweizer Wissenschafter im Zarenreich (1725–1917). Zürich 1996.
3 Alles ist ganz anders hier. a.a.O. S. 22.
4 Ebd. S. 30.

Diesem Text auf den Weg

Menschen sind eingebunden in eine Familie. Sie werden geprägt durch diese Gemeinschaft, durch die Erziehung, durch das Umfeld. Natürlich formen und beeinflussen auch die ererbten Veranlagungen den Menschen. Diese sind meistens schwer fassbar, ebenso wie die Auswirkungen der Erziehung. Für das Verstehen vieler Taten und von Briefen, die ein Leben dokumentieren, ist die Kenntnis der Familie und des Herkommens nötig.

Die hier vorgelegten Briefe dokumentieren ein bewegtes Leben. Die interessantesten stammen aus Amerika, wohin Wyss 1873 auswanderte. Es liegen insgesamt 535 Briefe vor, wovon 412 aus den USA.

Die Autoren der Briefe sind Jakob Otto Wyss, 1846–1927, der Bruder meines Urgrossvaters, seine erste Frau Ottilie Meyer, 1843–1888, und die zweite Frau Seline Streuli, 1852–1935. Der Zeitraum, den wir mit dem Leben dieser drei Personen erfassen, reicht von der Mitte des 19. Jahrhunderts bis 1935, eine beeindruckende Epoche.

1847 begann in Zürich das Eisenbahnzeitalter, in den Häusern flackerte Gas- oder Petroleumlicht; später veränderten Elektrizität, Telefon, Auto, Radio, Flugzeug das tägliche Leben, und als Seline Wyss-Streuli 1935 starb, steckte Amerika trotz der immensen technischen Fortschritte in einer tiefen Wirtschaftskrise, und in Europa begann Deutschland ein Inferno vorzubereiten, obwohl schon 1866, 1870 und 1914 grausame Kriege die Welt erschüttert hatten.

Abschliessend sei Dank gesagt jenen, die am Zustandekommen dieses Buches Anteil hatten. Allen voran Herrn Professor Paul Hugger, dass er diese Briefe in die Reihe der Volkskundlichen Taschenbücher aufgenommen hat und die damit verbundene immense redaktionelle Mithilfe. Herrn Professor Hans Bögli, Präsident der Schweizerischen Gesellschaft für Volkskunde für Unterstützung und nicht zuletzt meiner Frau Nelly für die grosse Geduld und Anteilnahme für meine Publikationen «aus dem Familienarchiv».

Schicksal ist nicht nur, was war, ist oder kommt; Schicksal ist auch, was man tut.

Pit Wyss

Zur Biografie des Protagonisten

Jakob Otto Wyss, genannt Otto, wurde am 7. November 1846 im Steinhof in Otelfingen, Kanton Zürich, geboren und starb am 2. Januar 1927 in Klau bei Paso Robles, Kalifornien, und wurde dort in der Nähe, in Templeton bei Adelaida, beigesetzt.

Ottos Vater, Grossvater, Ur- und Ururgrossvater waren einfache Landärzte, zum Teil noch Schärer und Wundärzte, die ihr Handwerk in einer praktischen Lehre erlernten und später teilweise in den Lazaretten fremder Truppen vervollkommneten. Sein Vater, Johannes Wyss, genannt Jean, 1813–1898[1] heiratete 1839 Anna Schneebeli, 1817–1871, aus dem Wylhof bei Affoltern am Albis[2]. Jean übernahm 1834 die Praxis des früh verstorbenen Grossvaters in Dietikon, zog 1840 in seine Heimatgemeinde Affoltern a. Albis, und im Januar 1846 erfolgte die Übersiedlung der jungen Arztfamilie in den Steinhof in Otelfingen, wo neben der weitläufigen Praxis auch eine kleine Landwirtschaft betrieben wurde.

Diese wurde von der Mutter, die als Bauerntochter aufgewachsen war, und einer Magd besorgt. Daneben kümmerte sich die Mutter um den grossen Haushalt im weitab vom Dorf liegenden Steinhof und um das Wohlergehen der sieben Kinder. Diese mussten früh intensiv mithelfen, beim Viehhüten, Kartoffeln und Obst auflesen, beim Wümmen und bei den verschiedensten Hausarbeiten. Der Vater pflanzte und schnitt die Bäume im grossen Baumgarten, war aber durch seine grosse Praxis, die vom Furttal bis ins Reusstal reichte und weite Fussmärsche verlangte, stark beansprucht.

Der Vater war ein in Konventionen eingebundener, ausserordentlich arbeitsamer Mann. Neben der Praxis war er in Affoltern Gemeinderat, in Otelfingen Mitbegründer der Sekundarschule und Bezirksschulpfleger, im Militär Truppenarzt, später nebenbei Inspektor in der Kaserne Thun. Er schaffte viel, verlangte aber auch viel. Seine Gedanken vertraute er eher dem Tagebuch an als der alltäglichen Rede.

Jean befreundete sich in Otelfingen mit Pfarrer Jakob Germann, einem grossen kräftigen Mann, der eines Tages aus Jux den Mittelfinger der rechten Hand in einen Flintenlauf steckte, die Flinte waagrecht vor sich ausstreckte und dabei den Finger brach. Der Arzt war

Der Steinhof in Otelfingen, 2. Hälfte 19. Jahrhundert.

zur Stelle. Pfarrer Germann wurde am 25. November 1846 Ottos Taufpate, und von ihm erhielt dieser auch seinen zweiten Vornamen. Luise Wäckerling-Stierlin, die Frau des befreundeten Arztes in Regensdorf, war Gotte.

Die Grossmutter, Barbara Wyss, der Otto immer wieder liebevolle Briefe schrieb, war eine geborene Fankhauser von Trubschachen im Emmental. Nachdem Ottos Grossvater sich von seiner Frau Friederika Stör, der Mutter von Jean, hatte scheiden lassen, kam Barbara an Lichtmess 1817 ins Haus zur Pflege der Kinder. Der Grossvater heiratete dann am 7. August 1821 die am 28. Juli 1795 geborene junge Frau. Die zweite Ehe blieb kinderlos, und Barbara lebte bis zu ihrem Tode am 28. Februar 1886 in der Familie.

Otto hatte sechs Geschwister, die untereinander einen herzlichen und regen Briefwechsel pflegten: einen älteren Bruder, Johannes Oskar (1840–1918)[3], der ebenfalls Arzt wurde, dann die ältere, energische Schwester Emma (1842–1918), die sich mit dem Sekundarlehrer Albert Schmid verheiratete, Anna (1844–1875), die im besten Alter an Schwindsucht starb, Amalie (1849–1865), welche im blühenden Alter von 16 Jahren an Hirnhautentzündung starb, Emilie Susanna (1853–1900), die in Otelfingen einen Laden führte und aufopfernd den alten Vater pflegte, und schliesslich die jüngste, Johanna, geboren 1858, die ebenfalls im Laden mithalf, später Organistin in Otelfingen und Regensdorf war und 1933 starb.

Otto besuchte von 1853 bis 1859 die «Alltagsschule» in Otelfingen und von 1859 bis 1861 die Sekundarschule in Regensdorf. Über die Schulzeit liegen wenige Dokumente vor, verschiedene Zeichnungen, einige Aufsatzhefte und die Abschrift eines verschollenen Briefes aus späteren Jahren, in dem er Erinnerungen an die Sekundarschulzeit festhielt:

«Im April 1859 marschirten Vater und ich morgens vor 6 Uhr von Daheim nach Regensdorf zu meiner Aufnahmeprüfung in die Sekundarschule. Ich wurde im Gasthof Hirschen verkostgeldet, wo Hans Meier in meinem Alter in der gleichen Klasse war. Die Prüfung gieng gut und ich sei angenommen.

Hans Meier zeigte mir den Stall voll Kühe, 5 oder 6 und ein Pferd, auf dem ich reiten durfte, als er es zur Tränke führte.

Abends nach dem Nachtessen sass der Vater unten am mittleren Tisch, Wirt Meier rechts, dann Lehrer Grob, links Jäger Stäubli und Weibel Bader und ein par andere. Es wurde geredet, und ich hörte Primarlehrer Grob sagen: Der Otto heb e gueti Note gha im Rächne. Der Wirt meinte dann zum Vater, er habe auch gelernt zu rechnen, dann stand er auf und sagte zum Vater: Herr Tokter, da isch e gueti Ufgab, jetzt wämmer luege, wele vo bede Buebe die z'erscht macht; wänn eure Bueb z'ersch isch, zal ich d'Uerte [die Zeche], was die Mane ali trinked, und wänn mine z'ersch isch, so zaled Ihrs. Der Vater stimmte ein.

Die Aufgabe war: Drei Mann gehen ins Wirthshaus und haben 12 Franken Uerte. Der erste sagt: ich zale d'Helfti, das sind 6 Franke. De zweit seid: ich zale en Drittel, das sind 4 Franke, und de dritt seid: ich zale en Viertel, das sind 3 Franke. Macht zusammen 13 Fr. Da händs statt 12 Franke 13 Franke. Wie vill preichts jedem, um 12 Franke z'-mache?

Wir, Hans und ich und Frau Meier sassen am Tisch, den Rücken gegen die Ofenwand. Frau Meier schenkte jedem ein Glas Wein ein, damit es besser gehe, und wir nahmen Papier und Bleistift. Hans nahm einen Schluck Wein, ich erst, nachdem ich die Aufgabe gelöst hatte. Ich löste die Aufgabe und sagte: Ich has! Der Wirt sagte: mer wänd no e chli warte, em Hans e chli Ziit gä.

Mittlerweilen waren Weibel Bader und Knecht Urech hinausgegangen und mehr und mehr Mannen kamen herein, dass der andere Tisch

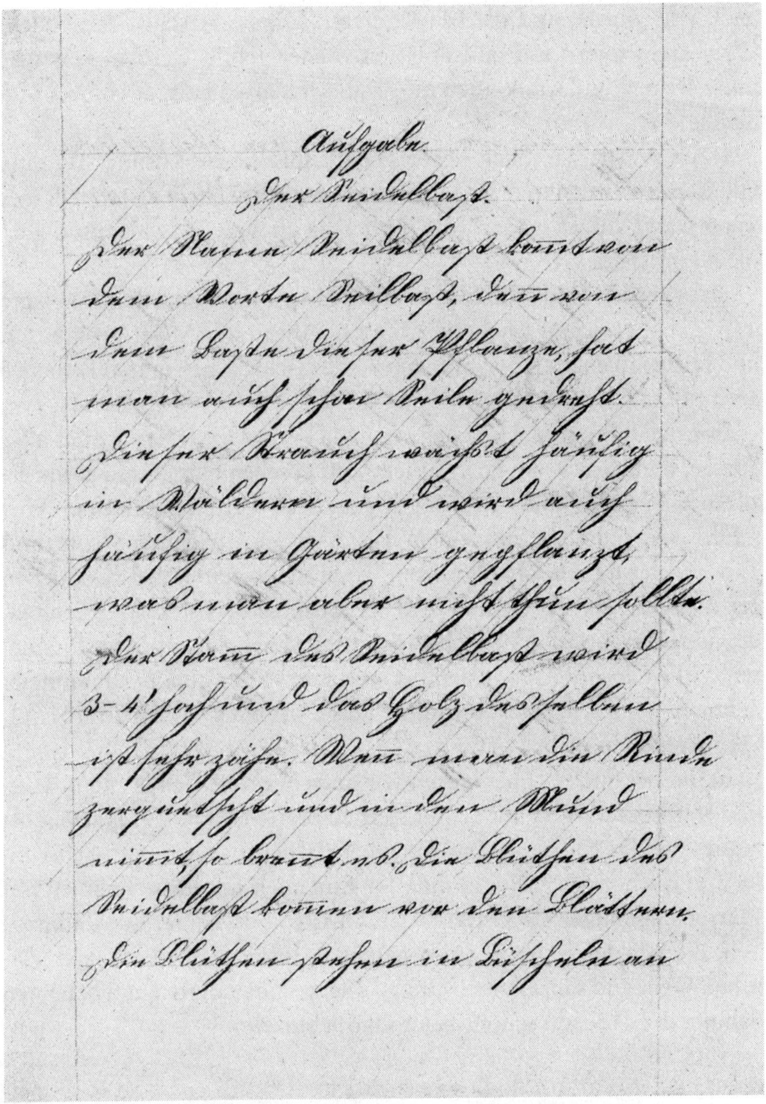
Aufgabe.
Der Seidelbast.
Der Namen Seidelbast kommt von dem Worte Seilbast, denn von dem Baste dieser Pflanze, hat man auch schon Seile gedreht. Dieser Strauch wächst häufig in Wäldern und wird auch häufig in Gärten gepflanzt, was man aber nicht thun sollte. Der Stamm des Seidelbast wird 3-4' hoch und das Holz desselben ist sehr zähe. Wenn man die Rinde zerquetscht und in den Mund nimmt, so brennt es. Die Blüthen des Seidelbast kommen vor den Blättern. Die Blüthen stehen in Büscheln an

Schriftprobe des Schülers Otto Wyss.

auch voll wurde; und die Massgutteren [offene Flaschen aus hellem Glas] marschirten auf und mussten wieder gefüllt werden. Das war mir alles neu und trank auch mit. Dann erklärte Hans, er chönns nüd mache.

Dann wurde das Buch hervorgeholt, und meine Lösung stimmte. Die Gläser wurden mit mir angestossen und die Zeit gieng schnell. Der Vater stand auf, es sei halbi elfi, er heb na en wiite Wäg z'ga; soo guet Nacht ir Herre.

Hans wurde bald schläfrig, und wir giengen zu Bett. Mancher sagte mir später, es sei en luschtige Abig gsi. Aber Herr Meier grollte mir, und hörte ihn einmal murrend sagen, die Gschicht heb in bim Eich mee als 25 Franke koscht.

Es gefiel mir gut im Hirschen, denn da kamen die Übernächtler aller Sorten, manche die ein gutes Stück Welt gesehen hatten und gerne erzählten. In der Schule kam ich gut vorwärts. Mitunter gab es im Hirschen eine Hochzeit mit einem Festessen und nachher Musik und Tanz. So lernte ich schnell tanzen, denn meist waren mehr Mädchen als Burschen da. Im Winter half ich Stumpen [Holzklötze] spalten, denn im Waschhüsli hatte Schulverwalter Meier eine Schnappsbrennerei; und wenns im Anfang nicht schmeckte, später konnte ich «Einen» nehmen so gut wie Hans. Mitunter halfen wir feuern, wenns der Schulverwalter nicht mehr konnte!

In der Sekundarschule hatten wir auch Welsche. Jch lernte ordentlich französisch, was mir später sehr zu Statten kam. Wir giengen oft zusammen im Katzensee baden, ein Welscher war ein guter Schwimmer, und ich lernte viel von ihm. So kam auch das letzte Examen mit Pfarrer Pfenninger als Visitator; ich musste den «Läufer» deklamiren. Wir, die wir das letzte Examen machten, tranken noch ein paar Flaschen Wein und sangen noch einmal alle wohlbekannten und beliebten Schullieder: Ade, du schöne Sekundar-Schulzeit.»

1 Seit 1972 publiziert Pit Wyss in Heften, die als Privatdrucke erscheinen, Materialien aus dem Familienarchiv. Johannes sind die Hefte 1, 2, 8, 9 und 10 gewidmet.
2 Anna Schneebeli wird in den Heften 8 und 10 beschrieben.
3 Johannes Oskar Wyss kommt in den Heften 4, 9 und 10 (und hier auf den Seiten 25–40) zu Wort.

Zeugniß

für *Otto Wyss v. Oberhasli* Sekundarschüler *off. II. Classe*

Regensdorf, den *31. Juli* 1860

Betragen	1	Erdkunde	1
Reinlichkeit	1	Geschichte	1
Fleiß	1	Naturgeschichte	1
Absenzen: Entschuldigte	0	Schönschreiben: deutsch / ~~nichtdeutsch~~	2 / 1
Absenzen: Unentschuldigte	0		
Religion	1	Zeichen: Freihandzeichnen / Geom. Zeichnen	1 / 1
Französisch	1	Gesang	1½
Deutsch	1	Besondere Bemerkungen:	1 1/1½
Rechnen	1		
Geometrie	1		

Leistungen in den Lehrfächern werden mit Zahlen bezeichnet und zwar bedeutet: 1 gut, 2 befriedigend, 3 mittelmäßig, 4 schwach.

Unterschrift des Lehrers:

Unterschrift der Eltern: *G. Wyss*

Sekundarschulzeugnis von Otto Wyss.

Jakob Otto Wyss

Postmaster in Klau

Rauchzeichen aus dem Wilden Westen
1846–1927

Ottos frühester erhaltener Brief

Entwurf eines Schreibens an die Gotte des elfjährigen Knaben.

Frau Dr. Wäckerling in Regenstorf

          Otelfingen, den 11. Januar 1857
Vielgeliebte Gotte
Ich danke Ihnen herzlich für das schöne Geschenk. Schon wieder haben Sie Frau Gotte mich mit einem grossen Geschenk überrascht, das mir besonders des schönen Messers wegen sehr grosse Freude gemacht hat. Es thut mir leid, dass ich Ihnen nichts als meinen herzlichsten Dank dafür erwidern kann. Ich will mich aber bestreben, durch Fleiss und gutes Betragen Ihnen so wie meinen Eltern recht viele Freude zu machen.

 Noch viele Glückwünsche und Grüsse an Sie und Ihre ganze werthe Familie von meinen lieben Eltern und ihrem gehorsamen und dankbaren Götti   Otto Wyss

I

Eine Präambel
Oskar Wyss: Erinnerungen an die Sekundarschulzeit

Von der Kindheit Ottos in Otelfingen wissen wir nur wenig; naturgemäss, da er damals neben den kurzen Brieflein zu Neujahr noch kaum Veranlassung zum Schreiben hatte. Die Korrespondenz setzt erst mit seiner Lehrzeit in der damals noch fernen Stadt Zürich ein. Dagegen hat uns der ältere Bruder Johannes Oskar Wyss[1] eine sehr ansprechende und detailreiche Schilderung seiner Sekundarschulzeit in Regensdorf hinterlassen, die er aus der Rückschau des Erwachsenen niederschrieb. Naturgemäss hat dieser Text einen anderen Charakter als Briefe, die aus der augenblicklichen Befindlichkeit heraus verfasst sind. Aber Oskars Beschreibung ist derart reich an Beobachtungen des damaligen Alltags im zürcherischen Furttal und einfühlsam in die Psyche eines jungen Menschen, dass ihr hoher dokumentarischer Wert zukommt. Vor allem die Schilderung des Schulwegs zeigt, wie reich an Erlebnissen und Erkenntnissen solche Gänge für junge Menschen damals sein konnten. Wir blenden deshalb den Text hier in Auszügen ein, in der Annahme, dass er im Wesentlichen mit den Lebensumständen Ottos übereinstimmt, der ebenfalls, vier Jahre später, die Sekundarschule in Regensdorf besucht.

[1] Johannes Oskar Wyss, später nur noch Oskar genannt, wurde am 17. August 1840 in Dietikon geboren. Auch er verlebte seine Jugend hauptsächlich auf dem Steinhof in Otelfingen. 1858 absolvierte er die kantonale Maturitätsprüfung und studierte an der medizinischen Fakultät der Universität Zürich von 1858–1862. 1862 reiste er nach Breslau, war dort Assistenzarzt und habilitierte sich 1867 an der dortigen Universität. Die Zürcher Regierung wählte ihn 1869 zum Direktor der Poliklinik und als Professor mit dem Auftrag, ein Kolleg über Kinderkrankheiten zu lesen. Am 23. September 1869 heiratete er Carolina Kienast (1845–1905). 1874 wurde ihm die Leitung des Kinderspitals übertragen, an dem er 36 Jahre lang tätig war. Er war 41 Jahre Professor an der Universität Zürich, in dieser Zeit zweimal Dekan der medizinischen Fakultät und 1894–1896 Rektor der Uni. Er war u.a. Mitbegründer und Mitglied der schweizerischen Tuberkulosekommission, Mitbegründer des Lungensanatoriums Wald, Mitglied des Sanitätsrates des Kantons Zürich, Mitglied der zürcherischen akademischen Baukommission, des Gesundheitsrates der Stadt Zürich, der Hygienekommission der schweizerischen Gemeinnützigen Gesellschaft, des Verwaltungsrates des schweizerischen Seruminstitutes Bern, Ehrenmitglied der Gesellschaft der Ärzte des Kantons Zürich, Ehrenmitglied der zürcherischen Gesellschaft für wissenschaftliche Gesundheitspflege usw. Daneben betrieb er eine Privatpraxis. Er starb nach einem reich erfüllten Leben am 1. Mai 1918 in Wollishofen-Zürich. Oscar Wyss-Kienast schrieb sehr viel. Darum sind auch von ihm zahlreiche Briefe, Notizen und Tagebuchblätter vorhanden. Darunter befindet sich ein Notizbüchlein mit seinen Erinnerungen an die Regensdorfer Sekundarschulzeit, die er als Fünfzigjähriger aufgeschrieben hat.

[2] Vgl. Familienheft Nr. 4: Die Wanderung nach Regensdorf oder Erinnerungen aus meiner Sekundarschulzeit von Johannes Oskar Wyss, 1840–1918.

Des Schulweges oder wie er vielfach auch genannt wird, des Schülerweges muss ich auch noch gedenken[2]; denn im Leben des Schülers bildet er einen wichtigen Abschnitt des Lebens, so möchte ich geradezu sagen. Er ist durchaus nicht unwichtig, und das, was ein Kind auf dem Schulweg erlebt, kann unter Umständen für sein ganzes Leben von wichtigen Folgen sein, sowohl im guten wie im schlimmen Sinne. Es ist in einer frühen Zeit des Lebens eine wiederkehrende Thätigkeit, in der das Kind sich selbst überlassen ist, wo es in Lagen verschiedenster Art kommt, in denen es als selbständiges Wesen handelt, beobachtet und Gutes oder auch Böses sehen kann, und wo es ganz unbeeinflusst im Moment oft entscheiden muss, ob es das eine oder andere verrichte, um dem Triebe der Neugier, des Vergnügens oder aber der Pflicht zu genügen. Gewiss spielt auch hier das Wort, die Ermahnung der Mutter eine grosse Rolle, so dass das Kind im Moment des Entscheidens der Worte der Mutter, der Grossmutter oder des Vaters gedenkt, und die unablässige Mahnung wird endlich zum Wollen des Kindes.

Im Frühjahr 1852, in den ersten Tagen des Monats Mai, wanderte ich als angehender Secundarschüler, den Ledertornister auf dem Rücken, nach Regensdorf[3]. Früh, ¼ vor 6 Uhr war die Zeit des Abmarsches, um zeitig genug in der Schule einzutreffen. Ich trat in die Schule ein, als sie noch im Hause des Herrn Oberst Meier[4] gehalten wurde, in einem zu kleinen, niedrigen, nur von einer Seite her mangelhaft beleuchteten Parterreraum gegen die Strasse zu gelegen. [...] Was mich von Anfang an hier angenehm berührte, das war das Gefühl der Gleichberechtigung mit den anderen Schülern. Da war ich nicht mehr Hintersäss [Zugezogener, nicht Gemeindebürger], Niemand fragte, ob ich in Otelfingen Bürger sei oder nicht.

Erst wurden wir den Anfangsbuchstaben nach gesetzt, und da war ich der letzte, in der vordersten Bank links der Äusserste. Aber mit der Zeit begann der Kampf um die Sitzplätze, da die, die ihre Aufgaben am besten lösten, die, die beim Examiniren des Lehrers das wussten, was die anderen nicht wussten, «über» diese zu sitzen kamen; der oberste Platz in der ersten Classe war in der 3. Bank, der äusserste Platz rechts.

3   Regensdorf im oberen Furttal (Zürcher Unterland) zählte damals etwa 450 Einwohner. Gemeinsam mit den dazugehörenden Weilern Adlikon, Watt, Alt-Burg und Oberdorf waren es etwa 1200 Menschen, die zum grössten Teil in der Landwirtschaft tätig waren.
4   Das Haus des «Herrn Oberst Meier» war das 1973 abgetragene, grosse, markante Gasthaus «Zur alten Post», ein wohlproportionierter Barockbau aus dem 18. Jahrhundert. Der «Hirschen», das Haus «Zum alten Vogt» und das 1852 eingeweihte Schulhaus stehen noch.

Und dieses Ziel, als ich es einmal erreicht hatte, strebte ich immer und immer wieder an, wenn ich es etwa auch verloren hatte. Und das kam auch vor, ganz sicher jedesmal beim Kopfrechnen. War ich zuoberst im Anfang einer Kopfrechenstunde, so war ich nicht selten der allerunterste am Ende der Stunde. Ich hatte es nie gelernt; unser guter Lehrer Schlatter in Otelfingen hatte uns wohl gut das Einmaleins und Tafelrechnen, aber keine leise Idee von complicirtem Kopfrechnen und den da zu berücksichtigenden Klugheitsregeln und Listen beigebracht. Sowie Tafelrechnen kam, hatte ich wieder meine Sicherheit, wie auch bei allen übrigen Fächern, um das Verlorene wieder zu gewinnen. Nur mit dem Schönschreiben haperte es, und auch bezüglich des Zeichnens erklärte mir eines Tages Herr Lehrer Steffen: das sei gemalt und nicht gezeichnet und ich müsse von vorne anfangen, und richtig: als meine Mitgenossen «schöne» Zeichnungen machten, musste ich eine Axt und dgl. einfache Gegenstände zeichnen. Mit der Zeit jedoch gewann ich das Verlorene wieder.

Die Methode des Lehrens des Herrn Steffen war freilich eine ganz andere als die in der Alltagsschule. Jeder Schüler hatte das Gefühl, dass alles mit Leib und Seele, mit Freude und Lust, aber auch aller Kraft des Könnens gethan wurde – nicht gethan werden musste –, gern gethan wurde vom Lehrer wie vom Schüler. Es war ein fröhliches, aber doch ernstes Ringen. Jeder von uns wollte am meisten der Liebe unseres Lehrers würdig sein, und ihn liebten wir alle über alle Massen. Nicht durch Drohungen oder Strafen, sondern durch Anfeuern des Ehrgeizes, durch freundliches Mahnen und Aufmuntern hat Herr Steffen die Lässigen und Schwachen aufzustacheln und aufzumuntern versucht. Und solche, die schwer nachkamen, waren natürlich auch da. Leibhaftig sehe ich noch Herrn Steffen[5], wenn er während des Unterrichts, wenn Alle beschäftigt waren, hin und her gieng und vor sich hin sprach: travaillez, messieurs, travaillez; oder sagte: O ihr vertrackte Chöpf u. dgl.

Die Schule wurde fast ausschliesslich von Knaben und nur von wenigen Mädchen besucht; vielleicht im Verhältnis 34 : 6. – Nur die Classen sassen getrennt, Knaben und Mädchen nicht.

---

5 Steffen, geboren 1821 in Seebach, wurde am 30. Dezember 1849 von der Schulpflege Regensdorf als erster Sekundarlehrer gewählt. Er starb 1871 in Regensdorf.

Wyss geht auf einzelne Mitschüler und Mitschülerinnen ein, mit denen er wetteiferte, und würdigt in der Rückschau ihre Fähigkeiten.

Aus fast allen Gemeinden, aus denen Kinder die Secundarschule besuchten: so Affoltern, Watt, Oberdorf, Adlikon, Buchs, Dällikon, mussten dieselben Morgens von zu Haus nach Regenstorf und am Abend nach Schluss der Schule wieder von dort nach Hause gehen. Mittags blieben die meisten derselben in der Schulstube und verzehrten ihr mitgebrachtes Brot, Fleisch oder Käse mit Wein. Nur ganz vereinzelte assen ihr Mittagessen im Wirthshaus, bei Herrn Oberst Meier oder im Hirschen. Die Otelfinger Schüler blieben, und so also auch ich, die Woche über in Regenstorf, giengen am Samstag Nachmittag nach Hause. Am Samstag nach dem Mittagessen reiste ich also regelmässig, bald mit, bald ohne einen Cameraden mit dem Tornister auf dem Rücken von Regenstorf ab, über Dällikon, Dänikon nach Hause. Ausnahmsweise nur machten wir den Weg von Regenstorf durchs Riet nach Buchs oder über Dällikon durchs Riet – kurz also einen anderen Weg als den gewöhnlichen. Das hatte freilich immer nur den Nachtheil, dass ich später nach Otelfingen zurück kam, und doch war ich gerne wiederum zu Hause, wo meine liebe Mutter und Grossmutter und die Geschwister mich freundlich bewillkommten.

Am Samstag Abend und am Sonntag in den frühen Morgenstunden mussten die Aufgaben gemacht sein, am Sonntag musste ich um 12 Uhr in die Singschule, um halb 2 in die Kinderlehre bis um 3, und dann war ich frei, sofern ich meine Aufgaben gemacht hatte. Da durfte ich oft wieder dem Vater etwas in der Apotheke helfen, oder ich suchte in Haus und Hof nach Pflanzen, sah nach meiner Baumschule, begleitete auch etwa meinen Vater wohin, zu seinen Besuchen – und nur zu schnell war der schöne Feiertag vorbei. Nur sehr wenige Male kam es vor, dass ich schon am Sonntag Abend wieder nach Regenstorf zurück gieng; etwa mitten im Winter, bei schlechten Wegen, Schneefall, wo der Pfad am Morgen zu unsicher schien etc. Sonst aber war die Zeit meiner Abreise der Montag Morgen.

Da weckte mich meine liebe selige Mutter etwas vor 5 Uhr, kochte mir meinen Café, ein Butterbrot oder Eierdünkli dazu, dann gieng ich noch meinem Vater, der in der Apotheke auf seinem harten Sopha schlief, Adieu sagen und reiste wohlgemuth hinaus in den Morgen. Und im Sommer war's ja ein herrlicher Gang, wenn das Wetter schön

Der Steinhof vom Bühl aus gesehen.

war. Erst die herrlichen grünen Wiesen des Bühl, damals noch viel weiter und grösser als jetzt, da die Bahn den prächtigen Wiesengrund verstümmelt hat; dann über die Höh, zwischen Getreide Aeckern hindurch, in denen der trauliche Wachtelschlag «Fürchte Gott, Fürchte Gott» regelmässig erschallte und aus denen sich von Zeit zu Zeit die himmelanstrebende, ihr herrliches Lied trillernde Lerche erhob. Dann senkte sich die Strasse, noch ein Rückblick: Adieu, lieber Steinhof, und eine oder auch manche Thräne im Auge giengs an der Sandgrub vorbei – merkwürdig durch ihre grossen rothen Ackersteine und die Pflanzen, die drin wuchsen: im Hochsommer Löwenmaul, Weidenröschen; im Frühling Merzenblümchen (Tussilago farfara) – der Aabachbrücke zu. Gleich unter der Sandgrub mündet der vom Dorf herkommende Fussweg in die Strasse ein, durch den die aus dem Dorf kommenden Schüler eintreffen mussten, wenn wir zusammen gehen sollten. Sah ich von der Höh aus noch Keinen vom Dorfe her kommen, so mochte mich ein noch nachträglich Kommender nicht mehr einzuholen. Die Aabachbrücke stellte damals noch viel mehr vor, als jetzt; es war eine gewölbte Bogenbrücke, auf deren Höhe man viel höher über dem Wasser stand als heute über der flachen, modernen Steinplattenbrücke. Der Weg nach Dänikon hin führte wiederum durch Ackerfelder, deren Wogen im Winde ich so gerne sah und beobachtete, wie die vielen Halme eine Masse bildend die Wellenbewegungen so hübsch fortpflanzten, nie rastend, nie ruhend bei genügendem Winde. Der Weg durch Dänikon war die alte untere Strasse, die eigentlich das Dorf nur streift; und da aus diesem Dorfe zu meiner Zeit nie ein Schüler die Secundarschule besuchte, lernte ich des häufigen Passirens des Weges zum Trotz die Leute wenig kennen. Hunde gabs da keine, und das war mir lieb. Oberhalb Dänikon führte die Strasse erst einen feuchten Abhang hinan an Hecken vorbei: hier gabs wiederum einige Pflanzen, über die ich mich jeweilen freute, wenn sie zur Blüthe kamen: Sauerklee, Orchideen, Fettblatt, Bachbumbele (Caltha) in üppigster Fülle u. dgl.

Auf der Anhöhe bog die Strasse bergwärts nach Süden um, und man gelangte zu 2 allein stehenden Häusern, die schon zu Dällikon gehörten. Diese Häuser waren desshalb wichtig, weil hier die Mitte des Weges nach Regenstorf angenommen wurde. Auch sollten in einem dieser Häuser Gespenster umgehen; ein bestimmtes Fensterchen sei immer offen: kritisch gab ich wohl immer Acht, ob ich je etwas unrichtiges in dieser Gegend sehe, aber die Freude ist mir nie zu Theil geworden; es war alles wie an anderen Orten. Dann biegt die Strasse wieder thalwärts nach Norden, steigt wieder etwas an, und dann gelangte man auf das Dälliconer Feld, ein schönes Ackergelände von flacher Beschaffenheit, rechts in einiger Entfernung in die Bergwiesen übergehend oder an Wald angrenzend, links sachte gegen das Riet sich senkend und gegen die Mitte des Thales diesem Platz machend, das den Blick frei bis Buchs und thalwärts gegen Otelfingen hin schweifen liess. Weiter gehend kam dann zuerst ein ärmliches kleines Häuschen von Dällikon; «Stündler» wohnen da drin, das raunte ein Schüler dem anderen mit gewichtiger Miene zu, und bald war dann das Dorf erreicht. Hier führte die Strasse wie heute noch am Schulhaus, damals einem schönen neuen Bau, und dann an der Kirche, einer alten Käsbisse, vorbei: mit niedrigem Thurm und bescheidenem Aussehen. Noch wenige Häuser, zuletzt die einsame Wirthschaft vom Bopp, waren zu passiren, und dann giengs über das Feld gegen Regenstorf hin. So viele Male ich auch durch Dällikon musste und obgleich an dem Wege 5–6 Häuser lagen, aus denen Mitschüler in meine Classe in die Secundarschule giengen: so kam es doch nie vor, dass wir in corpore den Weg gemacht hätten. Ich passirte das Dorf immer erheblich früher, als die dortigen Mitschüler aufbrachen.

Nach halbstündigem Marsche traf ich oder wir dann in Regenstorf ein, und in der Regel gieng ich erst hier «nach Hause» und dann erst in die Schule, nachdem ich noch geholt, was ich für die Schule brauchte, abgelegt, was ich nicht brauchte. Das Haus, in dem ich wohnte, lag ziemlich «am Wege», wenigstens mit nur kleinem Umwege. Die untere Hälfte des Schulweges war mir jedenfalls die interessantere; die obere Hälfte bot jeweilen weniger für mich. Nur der Regenstorfer Bach, der unter Regenstorf ein Stück weit die Strasse begleitete, hatte für mich mehr Interesse, weil an seinem Rand bald diese, bald jene Wasserpflanze blühte. Das letzte Stückchen Wegs zu meinem dortigen «Heim» führte mich durch Baumgärten, an einer Hecke vorbei. Freilich ganz anders war dieser Weg bei Regen oder im Winter, wenn alles mit Schnee bedeckt war, wenn durch Schneefall in der Nacht aller Pfad verloren gegangen war, wenn ich mich stellenweise durch die hohen, durch den Wind zusammengewehten Schneemassen hindurcharbeiten musste; wenn ich auf die am Wegrand gesetzten, den Schnee überragenden Tännli gut Obacht geben musste, um die Wegrichtung nicht zu verfehlen, oder wenn stockdichter Nebel da war, wenn Nacht und Nebel die Gegend bedeckte. Da mochte es wohl ein Paar male vorkommen, dass mir meine liebe Mutter ein Laternchen mitgab, was zwar der Vater nicht haben wollte, weil man auch im Dunkeln und viel besser finden könnte; oder dass ich, wenn ich in Regenstorf eintraf und meinen Kostgeber beim Morgenkaffee traf, ehe ich in die Schule gieng, noch eine Tasse Kaffee trank. Im ganzen giengen diese Schulreisen immer ganz gut von Statten, und in dem 2. und namentlich im 3. Jahre hatte ich öfters resp. immer Gesellschaft.

In Regenstorf war ich bei «Vetter Konrad», d.h. Fankhauser[6], an der Kost. Die Otelfinger Buben wohnten und assen bei wohlhabenden Bauernfamilien. Otelfinger Schülerinnen waren bei s'Schmatzen, einer reichen Bauernfamilie an der hinteren Gasse unterhalb der Schmiede. Was ich da kostete, weiss ich nicht. Meine Schwester Emma wohnte nur ganz kurze Zeit am gleichen Orte, später aber war sie wie auch Schwester Anna und Bruder Otto bei s'Hirschenwirths Meiers.

Als ich nach Regenstorf kam, bestand die Familie Fankhauser aus dem Conrad selber und seinen zwei Töchtern Barbara und Anna; Hans war in der Lehre in Pfäffikon. Conrad war ein schwächlich aussehender, gebückt gehender alter Mann. Er arbeitete nicht mehr auf seinem Berufe, hatte 2 Ziegen und bis zu der Zeit, als ich hinkam, einen Zuchtbock, für die er Futter besorgte und die er verpflegte. Aus-

---

6 Fankhausers waren verwandt mit Ottos «Grossmutter» Barbara Fankhauser, der zweiten Frau seines Grossvaters.

serdem war er Schärmauser der Gemeinde, machte sich als solcher bald seine Fallen, bald gieng er sie stellen, dann wieder denselben nachsehen, sein Löhnchen bei den Bauern einzuziehen und sein Schnäpschen zu bekommen. Das letztere liebte er jedenfalls sehr, doch nicht etwa im Übermass; wenigstens könnte ich ihm da nichts Unschickliches Nachreden, als dass er vielleicht etwa einmal schwankenden Ganges nach Hause kam. Er schnupfte gern, und seine Tabaksdose spielte ein grosse Rolle. Er war fügsam, geduldig, klagte bisweilen, wie der oder jener knauserige Bauer gegen ihn ungerecht war, wie da und dort Weidbuben im Herbst ihm aus Muthwillen seine Fallen aufschnellen liessen, ihm die Schnüre und Drähte stahlen, wobei mein Gewissen mich schlug, weil ich auch einmal, gedankenlos dem Beispiel anderer Buben folgend, solche Missethaten verübt hatte und dabei noch meinte, ein wohlthätiges Werk verübt zu haben, weil mein Vater einst gesagt hatte, der Schär (Maulwurf) sei ein nützliches Thier, es sei ein Unrecht, dass die Bauern ihn zu vertilgen suchen; eine Meinung, die freilich Vetter Conrad nicht theilte, sondern auf die Verwüstungen hinwies, die durch das Aufstossen der Erdhaufen in der mit heranwachsendem Gras bedeckten Wiese erzeugt wurde und in der That nicht nur den Graswuchs stellenweise durch das Bedecken mit Erde zerstören, sondern auch das Mähen verunmöglichen oder doch sehr erschweren. Conrad war trotz seiner Armuth ein streng rechtlicher Mann, der gewiss Niemandem auch nur das geringste hätte veruntreuen können. Er war auch sittlich gut; nie hat er «wüest» gesprochen: in Summa, ich hatte den alten Mann recht gerne, und gegen mich war er gut und freundlich gesinnt. Er bewahrte seiner verstorbenen Frau ein treues warmes Angedenken, und oft traten ihm die Thränen in die Augen, wenn er von ihr oder von seinem einst gehörenden Heimwesen, von dem er nur etwa 10 Minuten weit entfernt wohnte, sprach. Vetter Conrad ist in Zürich, resp. Aussersihl in den 70er Jahren gestorben. Er war damals bei einer seiner Töchter und litt erst an psychischen Störungen, dann an Lähmungen: ich diagnosticirte bei ihm einen Gehirntumor. Ich begleitete ihn noch zu seiner letzten Ruhestätte zu St. Jakob.

Wyss stellt anschliessend die drei Kinder Conrads vor, wobei die jüngste Tochter ein Jahr älter war als er.

Mein Vetter Conrad war bei einem Bauer Namens Stüssi zur Miethe, z'Hus, wie man sagte. Er hatte in dem Hause eine Stube, Küche, einen Gaden und zwei Kammern. In der Stube wohnte er aber nicht allein, sondern auch die Schwägerin des Hausherrn mit ihrem Kinde Anna Stüssi. Die Frau Stüssi war ein schon ältere Frau ohne irgendwie hervorragende oder auffallende Eigenschaften. Sie «giftelte» gern ein bisschen über Conrads Kinder; auch war etwelche Vorsicht ihr gegenüber vonnöthen, desshalb weil sie es mit dem «Finden» von nicht ihr gehörenden Sachen nicht immer so genau genommen hat, aber abgesehen von diesen Schwächen und namentlich bei Berücksichtigung derselben und entsprechender Prophylaxe war sehr gut mit ihr auszukommen. Sie hatte noch eine ältere Tochter, die sich kurz vor meinem Hinkommen nach Regenstorf mit einem Metzger Schmid in Oetweil verheirathete. Derselbe war dazumal auch unser Metzger in Otelfingen, da er in Würenlos und in Otelfingen eine Fleischablage hatte, d. h. jeden Samstag Abend hinkam und in der «Metzg», einem hinzugemietheten Locale, auswog und verkaufte. Dazumal musste man am Samstag das Rindfleisch für den Sonntag Mittag sowie für ein 2tes Mal in der Woche Dienstags kaufen und selbst aufbewahren. Die anderen Tage gabs kein Fleisch, eventuell einmal Schweinenes. [...]

War somit die Wohnstube, in der wir assen, in der ich all meine Aufgaben zu machen, meine Wörtli auswendig zu lernen hatte, von nicht wenigen Menschen bewohnt, so muss ich doch sagen, dass ich gleichwohl in der Regel mein Nöthiges in der nöthigen Stille und Ruhe besorgen konnte. Denn die Zeit zwischen 4 und 7 Uhr, in der ich ja hauptsächlich zu schreiben und zu lernen hatte, war ich ev. mit Conrad allein am oberen Ende des Tisches; am unteren dagegen war Frau Stüssi mit ihrem Nänni. Obwohl am gleichen Tisch sitzend, waren die beiden Haushaltungen getrennt; jede hatte ihr Licht, die alte qualmende mit gedr. Docht versehene Oellampe – fast genau gleiche Construction wie die aus Pompeji ausgegrabenen, jedoch nicht von Guss, sondern von Weissblech – ihr eigenes selbst gekochtes Essen etc. Ich hatte meinen Platz hinterm Tisch an der Fensterecke; das Licht fiel von der rechten Seite ein, aber reichlich, die ganze Wand war von einer Fensterreihe eingenommen, und an dieser Wand zog sich eine Wandbank hin, wie eine solche an der fensterlosen Wand, an der ich sass. Nur dann, wenn alle 3 Näherinnen da waren und nähten und wenn's Winter war, da mangelte mir ausser Ruhe auch das Licht, und ich hatte

Schwierigkeiten, meinen Aufsatz zu schreiben oder meine Rechnung zu lösen oder Uebersetzung zu machen.

Die Kost – Nahrung – an Konrads Tisch war eine sehr einfache. Am Morgen rückte die grosse dreibeinige, unten weite, oben enge Kaffeetiere als Hauptnahrungsmittel spendendes Möbel auf, und dass zu der Bereitung dieses Kaffees die Päckli und Weglugern [Wegwarte] die hauptsächlich betheiligten Ingredienzen waren, ist mir noch sehr gut erinnerlich. Milch nahm ich allerdings, weil ich's so von zu Hause gewöhnt war, reichlicher als die übrigen. Nicht immer gabs Brot zum Kaffee, häuffig geröstete Kartoffeln und, wenn diese selten geworden waren, auch Mais, mit Wasser zum Brei gekocht, zu «Knöpfli» formirt und darüber mit Fett «gezüget». Mittags gabs Suppe, sehr selten Fleisch – im Frühling in der Regel einmal Gitzifleisch als Delikatesse; und Gemüse und ziemlich täglich Kartoffeln oder Mais. Abends etwa um 6 oder $^1/_2$ 7 trank man wieder den Kaffee wie Morgens; um 4, aus der Schule gekommen, ein Stück Brot.

Indes, wenn ich auch heute, nach Jahren, denken muss, dass diese Kost damals für mich eine ungenügende war, hatte ich dazumal dieses Gefühl nicht im mindesten; ich war zufrieden darüber, und wenn allerdings zu Hause in Otelfingen wir im Tag einmal mehr zu essen hatten, um 4 Cafe und Nachts um 7 die Suppe, so fiel mir nicht ein einziges Mal der Gedanke ein, es möchte anders sein. Fleisch hatten wir in Otelfingen auch nur 2 mal in der Woche gehabt; ich entbehrte dasselbe nicht. Allerdings muss meine liebe selige Mutter diesen Mangel empfunden haben, denn sie gab mir oft Fleisch mit, wenn ich Montag Morgens nach Regenstorf wanderte. Als Getränk gabs im Herbst süssen Most, – eher als im Steinhof, wo das auch nur selten vorkam –; Wein bedurfte ich nicht, und wenn Conrad auch bisweilen feierlich und mit Behagen sein Schnäpschen nahm, so geschah das immer mit solcher feierlicher Würde und jeweilen nur in der Einzahl und nur das ganz kleine fingerhutähnliche Gläschen voll; so dass ich weder den Eindruck bekam, es könnte das schaden, noch es schicke sich nicht. Und ausser ihm erlaubte sich Niemand in der Familie diesen «Genuss».

Die Wohnung bei Conrads war eine beschränkte. Das Haus war ein langes Bauernhaus; bestand aus zwei zusammengebauten Wohnhäusern und daran angebauten Scheunen, letztere hatte auch 3 Abtheilungen, denn in den Wohnhäusern waren 4 Wohnstuben, die alle gegen die Dorfstrasse und den Bach resp. die noch vor diesem liegenden Garten hinaussahen. Conrads Stubenthür gieng auf einen Gang; ihr vis à vis war die Thüre, die in die Stube des Hausherrn Stüssi führte. Rückwärts von beiden Stuben waren die beiden Küchen resp. ein Raum, denn gegen den Gang hin war keine Trennung. Die Küche bekam Licht nur vom Gang her, der weiter nach hinten wieder durch Wände begrenzt wurde; links gelangte man von dieser hintern Abtheilung des Ganges durch eine Thüre in einen Raum, in dem Conrad einen Hobelbank und sein Zimmermannswerkzeug hatte; ausserdem viel «Gerümpel»; vis à vis war ein Raum, ein Gaden, in dem ein Webstuhl stand und wo während des Winters und auch sonst Stüssi Leinwand und Zwille [Zwilch] webte, um seine Zeit auszunützen, die ihm die Landwirthschaft übrig liess. Die Construction dieses Webstuhls hatte, wie die Art seines Betriebes, für mich ein grosses Interesse; der Mann, der mit beiden Armen und beiden Beinen beständig lebhaft arbeitete, kam mir recht interessant vor und die Bewegungen in verschiedenen Richtungen, die gleichzeitig oder in rascher Reihenfolge aufeinander folgten; das Senken und Heben resp. Kreuzen der Faden des Zettels, das Schlagen des mit Steinen beschwerten «Baums», das Hin- und Herfliegen des Weberschiffchens und das Resultat, das Gewebe, das auf den Weberbaum aufgerollt wurde, sah ich gerne mir an. – Die Abtritte waren hinterm Haus in kleinen Gebäuden mit den Schweineställen unterm gleichen Dach angebracht, für jede Wohnung ein besonderes kleines Gebäude, obwohl Conrad nie Schweine hielt. In dem angebauten Haus bergwärts von Conrads Stube war für beide Wohnungen nur eine Küche und nur ein Hauseingang durch die letztere vorhanden, so dass man aus dem Freien direct in die gemeinsame Küche und von dieser in die Stuben gelangte.

Durch eine hölzernen Treppe gelangte man vom Gang her zu der Schlafkammer hinauf, die direct über der Wohnstube gelegen, hoch und altersgrau, geräumig, mit weniger Fenster als die Stube versehen und auch am Tag ziemlich dunkel war, weil das Dach weit darüber herunter gieng. In dieser Kammer waren drei Betten; ein grosses Himmelbett, doch ohne Vorhänge, nahe dem Fenster, in dem Conrad und ich schliefen. Es war so gross, dass man in der That gut schlafen konnte, ohne dass der eine Schläfer dem anderen zu nahe kam, und wenn Hans Fankhauser etwa zu Besuch da war, schliefen wir da unser drei, ohne einander zu geniren. – In der anderen Hälfte der Kammer gegenüber dem Fenster stand das zweite grosse Bett, das die Töchter Conrads benutzten, während das dritte Bett, an der untern Seitenwand der Kammer angelehnt, in dem Halbjahr, als Schwester Emma bei Conrad wohnte, von dieser benutzt wurde. Für mich hatte dieses Zusammengepfercht liegen keinen weiteren Nachtheil; ich gieng meis-tens zuerst ins Bett oder mit Conrad; und ich schlief schon fest, wenn die anderen giengen, und umgekehrt am Morgen.

Ich war ausser der Schule zu Haus (bei Conrad) begreiflicherweise in der Folge der regelmässigen Abwesenheit des Conrad und der Töchter viel mir selbst überlassen. Wohl füllten die Aufgaben eine gute Zeit aus; und wenn am späten Abend eine Stunde frei war, so gieng ich zuweilen zu einem Cameraden, z. B. einem Otelfinger bei's «alten Vogts», zu Hauser von Boppelsen, seltener zu «Regenstorfer» Cameraden. Aber einen, an dem ich mich anschliessen konnte, mit dem ich enger befreundet wurde, weil uns gemeinsames Streben zusammen hielt, gabs nicht. In meiner Classe war kein einziger, an den ich mich anschliessen konnte. Und so kam ich auch in Regenstorf, wie früher in Otelfingen, ausserhalb der Schule auffallend wenig mit Gespielen zusammen, sondern gieng meinen Weg für mich. Das hatte zunächst die Folge, dass ich gerne, wo ich immer konnte auch in der Woche, nach Hause, nach Otelfingen, gieng. Mittwoch Nachmittags war keine Schule, und wenn meine Aufgaben zeitig genug beendet werden konnten oder die Witterung nicht gar zu schlecht war, so machte ich mich um 3 oder 4 Uhr, oft auch noch später, auf den Weg nach Otelfingen; nicht daran denkend, dass meine Mutter in Folge meines Besuches am folgenden Morgen wieder früh aufstehen musste. Ursache dieser Mittwochbesuche zu Hause und ihre Folge wiederum war, dass ich furchtbar an Heimweh litt; und namentlich kam dieses Weh dann, wenn ich meine Aufgaben beendet hatte, wenn ich nun mit anderen Buben zum Spiel hätte gehen können. Aber es fehlte die mir zusagende Gesellschaft, und wenn ich in meinem Heimweh mir einen Ausgang ins Freie erlauben konnte, gieng ich in die Baumgärten bis zur Hecke und zu den Linden hinauf – um nach Otelfingen hinunter zu sehen. In den Winterhalbjahren und zumal gegen das Examen hin mussten freilich die Mittwoch- und Samstag Nachmittage bis um 4 oder 5 Uhr auch in der Schule hinterm Reissbrett beim Zeichnen zugebracht werden; aber trotz längerer Abwesenheit von Otelfingen verliess mich mein Heimweh nie ganz. [...]

Hatte ich meine Aufgaben fertig, so sass ich hinterm Bibliotheksbuch. Die Secundarschule hatte eine Lesebibliothek, in der die Jugendschriften von Ninita und Körber sich befanden. Jeden Samstag Mittag wurden diese Bücher umgetauscht, und um sie zu lesen, verwendete ich alle freie Zeit. Und bei welcher Beleuchtung manchmal!! Ich erinnere mich noch gut, wie oft ich im Sommer Abend das Fenster aufmachte, das Buch auf die Scheiterbeige davor legte, um noch z.Z. und nach dem Betglockenläuten lesen zu können. Selten gieng ich in freien Stunden ins Freie, am ehesten wenn ich Kopfweh hatte; da war's mir unmöglich zu lesen; ich gieng durch die hinterm Haus liegenden Baumgärten bis zur Grenze der letzten zum Ackerfeld, die durch eine dicke Weissdornhecke bezeichnet war. Da kühlte ich manchmal meinen schmerzenden Kopf mit nassen Blättern, suchte auch seltene Pflanzen darunter oder verfolgte den Weg nach oben durch Reben hinauf zu den Linden, ein paar prächtigen alten Bäumen auf grüner Wiese oberhalb der Reben, nahe beim Mühleweiher, einem prächtigen Aussichtspunkt mit freundlicher Aussicht.

Und am Katzensee waren es die grossen Muschelschaalen, die Torfproduction, die «Moosbeeren» in Früchten und Blüthen und anderer Pflanzen, die in Otelfingens Nähe nicht wuchsen resp. zu finden waren. Dann machte mir schon damals die Eigenartigkeit der Landschaft, als ob man sich in einer weiten Ebene befände, keine Berge von nennenswerter Höhe sichtbar; ganz anders als in Regenstorf oder Otelfingen.

Ferner war mir in Regenstorf fremdartig die Zelg, das grosse, vollständig flache Ackerfeld zwischen Dorf und dem Wäldchen gegen Alten Burg hin. Ein so «langweiliges» monotones Feld, überall fast wiederum an Aecker anstossendes Feld kannte ich in Otelfingen nicht. Und das strenge Innehalten der alten Vorschrift, dass alle Besitzer von Aeckern in der Zelg ja genau das nämliche (an)bauen mussten, das eine Jahr alle Roggen, dann Korn und das 3. Jahr Kartoffeln, war mir in Otelfingen nie so aufgefallen wie hier.[7]

Dann war, wenn wir ausnahmsweise über Adlikon und Buchs nach Haus giengen, in Adlikon als neues zu sehen die sonderbare Construction der Brunnen. Alles waren gemauerte Sodbrunnen mit einer ca. 2" [Fuss] hohen Umfassungsmauer. Das Loch war immer offen. Neben dem Brunnen stand ein Kleinhaus-hoher, oben gabelig getheilter

---

7 Die alte Dreifelderwirtschaft, die sich hier – allerdings ohne Brache – erhalten hatte.

Baumstamm, in der Gabel hieng durch einen Nagel befestigt eine lange Stange, die am dicken, vom Brunnen ferneren Ende ein Gewicht trug, an dem dünnen, obern Ende eine senkrechte Stange oder ein Seil, an dessen untern Ende ein Kübel befestigt war. Durch in die Höhe schnellen resp. stossen des schweren Endes der balancirenden Stange führte man den Kübel in den Brunnen hinunter, und durch das Gewicht wurde dann der mit Wasser gefüllte Kübel gehoben: und so mussten sich damals noch die Leute in Adlikon ihr Wasser verschaffen. Seitdem sind diese Sodbrunnen verschwunden[8] und Quellwasser speist den Ort. Watt, ein anderer Weiler zu Regenstorf gehörend, soll früher ebensolche Brunnen gehabt haben; und es seien damals, in den 40er Jahren, dort immer viel Nervenfieber vorgekommen. Auf Dr. Wäckerlings Betreiben hin errichtete dann die Gemeinde eine Wasserleitung von ziemlich weit her, d. h. von der Anhöhe beim Katzensee, wo die nächste gute Quelle sich fand. Und dieses für jene Zeit grosse «Köstliche Werk» bewährte sich glänzend; das Nervenfieber verschwand. Diesen Erfolg hat uns Herr Steffen wiederholt erzählt und uns auch erklärt, für die kleine und arme Gemeinde Watt sei Herr Dr. Wäckerling ein grosser Wohlthäter gewesen. [...]

Wyss erzählt seine Eindrücke vom Besuch des Marktes in Weiningen und schildert das Einweihungsfest des neuen Schulhauses in Regensdorf 1852.

Unsere grosse erste Classe war schon in meinem 2. Schuljahr erheblich zusammengeschmolzen; noch viel mehr in der dritten. Da waren unser nur noch wenige Knaben. Was mich heute noch freut, war die gute und strenge Ordnung, die Herr Steffen über seine Schüler auch auf dem Schulwege ausübte. Wie oft hat er den von auswärts kommenden Schülern wiederholt, wie sie sich auf dem Schulwege anständig, ordentlich und freundlich aufzuführen haben. Bei jeder Gelegenheit erkundigte er sich, ob die Schüler auch grüssen, ob sie beim Grüssen die «Kappe abnehmen»; ob sie nichts schädigen, und Wehe dem oder den Schülern, die gegen die Gebote sich vergiengen! Gerne machte Herr Steffen alle Secundarschüler, die denselben Weg giengen, verantwortlich für eine Missethat oder Ungezogenheit eines einzelnen; und so

---

8   Sie finden sich aber noch auf abgelegenen Alpweiden des Waadtländer Juras.

Der Steinhof, Zeichnung von Oskar Wyss um 1856.

weckte er dadurch das Gefühl der Solidarität unbewusst bei uns. Kam's nicht heraus, wer einen begangenen Unfug ausgeübt hatte, mussten alle «Dälliker» oder «Watter» oder wen es traf, oder auch die ganze Classe büssen, einen Samstag Nachmittag Arrest haben oder Strafaufgaben machen oder dergleichen mehr.

Was einzelne auf dem Wege an Naturerscheinungen beobachteten, besprach Herr Steffen gerne gemeinsam in der Schule. Einst besprach er das Torfgraben, die Lehre vom Nachwachsen des Torfes. Einst brachte einer den sceletirten Kopf eines ganz gewaltigen Hechtes, der im Katzensee gefangen worden war; da erörterte Herr Steffen die Frage des Vorkommens sehr grosser Fische in unseren Seen, ob diese den Menschen gefährlich werden konnten etc. In den Rachen jenes Hechtes konnte man bequem eine Faust legen. Die «Schlangen» resp. Kreuzottern besprach er auch einmal so. Ein andermal berichtete ein Schüler, am Katzensee sei eine Schildkröte gefunden worden, und da erörterte Herr Steffen lebhaft die Frage, woher dieselbe gekommen sei; ob verlaufen, verloren oder ob vielleicht noch aus alter Zeit eine solche Familie sich im Sumpf erhalten habe.

Einst machte Herr Steffen, es wird im Sommer 1854 gewesen sein, eine Fusstour über den Gotthard nach dem Ct. Tessin hinunter bis zu den Seen. Wie viel, wie anschaulich hat er uns von dieser Reise berichtet! Von der Reuss und ihren wilden Stürmen in der Schöllenen, vom Gotthard, Teufelsbrücke und Urnerloch; alles so schön uns schildernd und Schillers classische Schilderung uns recitirend: es war ein Genuss. Und wie lebhaft schilderte er uns dann das Val Tremola, das Livinienthal, Geschichte, Naturkunde mit der Geographie so innig verbindend; weiter abwärts gedachte er der herrlichen Seen, der Kastanienbäume, der dort üblichen Pflege des Weinstockes mit ihren Unterschieden von denjenigen im Ct. Zürich; ich denke noch heute mit Freude und Genuss an jene herrlichen Stunden zurück. [...]

II

Ottos Jugend- und Lehrzeit, Wanderjahre in der Schweiz

Die Berufswahl von Otto Wyss war nicht einfach, und für eine weitere schulische Ausbildung, zum Beispiel am Polytechnikum, war der Knabe noch zu jung. Er wollte Mechaniker werden und lernen, mit Feuer und Eisen umzugehen.

Der Vater gab den jungen Burschen bei Jakob Kunz, Schlossermeister in Zürich, in die Lehre, die gemäss Lehrvertrag vom 28. Oktober 1861 bis zum 28. Oktober 1864 dauerte. Der Lehrvertrag verpflichtete den Meister, «den Lehrbuben in allen Arbeiten der Schlosserprofession gewissenhaft und gründlich zu unterrichten und alles mögliche zu thun, um aus dem Lehrbuben einen tüchtigen Arbeiter zu machen», so dass nach Verfluss der Lehrzeit dessen Existenz gesichert sein wird. Ebenso verpflichtete er sich, dem Lehrknaben väterliche Behandlung angedeihen zu lassen, denselben nicht zu misshandeln und über sein sittliches Betragen Aufsicht zu üben. Die tägliche Arbeitszeit dauerte von morgens 5 bis abends 7 Uhr, «kann aber im Notfalle nach Belieben des Meisters und Nothwendigkeit verlängert werden». Der Vater verpflichtete sich, ein Lehrgeld von dreihundert Franken zu bezahlen und den Lehrmeister in seinen Bemühungen zu unterstützen.

Dass ein Lehrling zu einem tüchtigen Berufsmann wurde, war eine wesentliche Voraussetzung für eine spätere gesicherte Existenz. Es gab das soziale Auffangnetz heutigen Zuschnittes nicht. Das leistete allenfalls die Familie, vorausgesetzt dass man sich ihren Forderungen anpasste und gewisse Reserven vorhanden waren. Ausserhalb der Familie hiess es: Vogel friss oder stirb. Mit aller Deutlichkeit zeigt das Ottos späteres Leben.

Die Grossmutter, Mutter und die Schwestern garantierten den Familienzusammenhang im Sinne eines steten Kontaktes. Man schrieb einander zu den Familienanlässen, vor allem an den Namenstagen. Dieser war der höchste persönliche Feiertag; mindestens in Ottos Familie wurde das bis ins 20. Jahrhundert gehandhabt. Der Geburtstag wurde kaum gefeiert und kam als Festtag erst viel später in Mode. Hausgeburten, fehlendes Zivilstandsregister und mangelnder Eintrag ins Pfarrbuch bei der Taufe (in der Regel am Sonntag nach der Geburt) verursachte Ungewissheit den Geburtstag betreffend; daher die Bevorzugung des Namenstages.

Nachdem Otto nach Zürich gezogen und so von zu Hause weg war, erfolgte die Verbindung mit dem Elternhaus schriftlich. Viele Briefchen begleiten das Kistchen mit der Wäsche, die von der Mutter und den Schwestern in Ordnung gehalten wird. Jetzt kann Otto das Briefeschreiben, das er in der Schule und im Elternhaus gelernt und in Aufsatzheften geübt hat, anwenden. Wenn er über das Wochenende nicht in Otelfingen ist, übergibt er das Kistchen dem Boten.

Der Warenverkehr wurde bis lange nach der Einführung der eidgenössischen Post und der Briefmarken mit dem althergebrachten System der Boten abgewickelt. Die Seegemeinden hatten Botenschiffe, die Landgemeinden regelmässige Boten, früher mit der Rückenkräze, dann mit den Leiterwagen, die durch abgerundete Zeltdächer geschützt waren. Die Boten stellten ihre Wagen auf den Münsterhof oder andere Plätze in der Stadt, wo es dann wie in Auswanderer- oder Kriegslagern aussah. Sie versorgten die ausgeschirrten Pferde in einem nahen Stall und verteilten und sammelten die Güter. Für Stadtbuben war das Botensystem eine kleine Einnahmequelle, da sie Kistchen, Koffern, Wäschekörbe und Pakete an die Adressaten verteilen konnten. Die Boten hatten ihre Wochentage und fixen Standorte, die jährlich im Züricher Kalender von David Bürkli publiziert wurden. Zur Zeit von Ottos Lehre bei Schlosser Kunz im Niederdorf war der Otelfinger Bote am Freitag bei Schiffmeister Körner untergebracht.

Zu gleicher Zeit studierte Ottos älterer Bruder Oskar Medizin in Zürich und besuchte die Vorlesungen im Südflügel des Semperschen Polytechnikums, in dem die Universität untergebracht war. Oskar hatte sein Zimmerchen bei der Wittwe Kienast im Leuengässchen und wohnte somit nur wenige Schritte von Otto. Im Herbst 1862 verliess er Zürich und weilte sieben Jahre in Breslau.

Der Lehrling

Aus dieser Zeit wählen wir 20 von 62 Briefen aus. Sie geben Einsicht in das Leben des Lehrlings, die Arbeitsbedingungen in der Werkstatt, die Wohnverhältnisse. Neben der Sorge um frische Wäsche belegen sie vor allem die enge Bindung zur Familie, die sich auch in den herzlichen und respektvollen Schreiben zu den Namenstagen der Eltern äussern. Manches erfahren wir auch, weil Bruder Oskar während Ottos Lehrzeit Zürich verlässt und in Deutschland als Assistenzarzt seine Berufstätigkeit aufnimmt.

Zürich, den 6. Februar 1862

Meine Lieben!
Hiemit schicke euch meine Wäsche, wie ich schon letzten Montag Emma versprach. Seit dem Neujahr sind zwei neue Arbeiter eingetreten: Louis Bachstein von Arnheim und Hch. Rebsamen von Russikon. Letzterer ist ein älterer Mann, der mir gerne etwas zeigt. Heute schafften wir an einem Geländer um eine Zinne auf einem ziemlich hohen Haus. Am Montag brannte nachts in Hottingen eine Trotte ab, wir sahen und hörten aber im Haus Nichts davon.

Amalie wünsche ich von Herzen Glück, allen Segen und gute Fortschritte in der Schule und schicke ihm beiliegend noch ein Zeichen der Liebe eines Bruders. Mir geht es sonst gut. Ist auch die liebe Mutter wieder gesund? Ich hoffe es! Ich wünsche ihr von Herzen gute Besserung. So lebt nun wohl und nehmt alle noch tausend Grüsse von eurem

Otto

Zürich, den 20. März 1862

Meine Theuren!
Letzten Montag vor 14 Tagen langte ich ohne Unfall in Zürich an und ging sogleich zu Oskar, weil er aber nicht zu Hause war, so brachte ich ihm erst nach Feierabend eure Geschenke, Glückwünsche und Grüsse. Herr Kunz war verreist und kam erst am Mittwoch heim.

Am Hirsmontag Nachmittag hatten wir frei. In Aussersihl wurde im Freien die Schlacht bei Sempach[9] aufgeführt, doch wegen der grossen

---

9 Aussersihl entwickelte damals eine besondere Festspieltradition. Sie bot, vor den Toren Zürichs, dazu das geeignete flache Gelände.

Menschenmenge war ich so weit entfernt, dass ich nichts verstehen konnte.

Das Sechseläuten ist auf nächsten Montag angesetzt, von welchem wir wahrscheinlich wieder den Nachmittag frei haben werden. Der Zug besteht aus etwa 200 Knaben von 8 bis 12 Jahren.[10] Sonst geht Alles gut und tausend Grüsse von Eurem   Otto
Beiliegend schicke auch die Weste, welche ich übrigens bald gebrauchen könnte. Kommt Emma nächsten Montag nach Zürich?

Vom Leben der fremden Handwerksgesellen.
                                                      Zürich, den 12. Juni 1862
Meine Theuren!
Letzten Dienstag kam ich etwa um halb 10 Uhr in Zürich an.

Zwei fremde Schlossergesellen, welche diesen Morgen noch umschauten, wurden eingestellt. Nachmittags kehrte auch der Württemberger von seiner Reise zurück, nämlich Samstags um halb 3 Uhr zog er mit einer Schaar Turner aus dem Deutschen Verein per Dampfschiff nach Horgen und weiter über Zug, Art und Goldau, bis sie Morgens um 4 Uhr auf dem Rigi-Kulm anlangten, dann gingen sie über Rigi-Staffel und Rigi-Scheidegg nach Gersau und Luzern, wo sie die Nacht über blieben. Am Montag marschierten sie nach Brunnen, fuhren von da aufs Grütli, giengen dann auf den Selisberg und zu dessen See, hierauf nach Rothenthurm, wo sie zum 2. Mal übernachteten, und am Dienstag kehrten sie endlich über Einsiedeln wieder nach Zürich zurück.

Am Mittwoch arbeiteten wieder alle 3 Gesellen und der Württemberger hat immer noch sein Zimmerchen. Sonst geht Alles gut. Nehmt Alle die herzlichsten Grüsse von Eurem   Otto

                                                    Zürich, den 20. Juni 1862
Liebe Emma!
Hiemit schicke noch meine unsaubere Wäsche und einen Glückwunsch nebst 6 Dietrichen dem lieben Vater zu seinem Namenstag. Leider sprang mir letzten Samstag ein Schlüsselbart beim Einschauen[11] aus und mir gerade ins Auge, so dass mir Oskar, als er es am Sonntag

---

10 Das Zürcher Sechseläuten ist ein alter Frühlings-Festbrauch der Zünfte. Gegen die Mitte des 19. Jahrhunderts entstand die neue Form mit den festlich-fröhlichen Umzügen der Zünfter. 1862 fand der erste Kinderumzug am Sechseläuten-Vormittag statt, an dem vorerst nur Knaben teilnehmen konnten, ab 1867 auch Mädchen. (Walter Baumann/Alphonse Niesper: Sechseläuten, Zürich 1976)
11 Abgebrochener Schlüsselbart beim Blick ins Schlüsselloch.

Otto während der Lehrzeit im Konfirmandenalter.

Nachmittag (am Morgen war er nicht daheim) heraus nahm, schon etwas Rost darin fand, wesshalb ich jetzt etwas abkürzen muss (denn heute habe ich's noch verbunden). Letzten Montag gieng der Württemberger fort, und wir haben jetzt das Kämmerchen miteinander allein, und auch ein sauberes Bett.[12]
Nach Allem meine herzlichsten Grüsse und Küsse, Dein   Otto

                                         Zürich, den 27. November 1862
Meine Lieben!
Hiemit schicke Euch meine unsaubere Wäsche, sowie noch den engen alten Sonntagsrock und einen von Oskar[13], den ich jetzt nicht brauche. Konfirmiert werde ich also am letzten Sonntag vor Weihnachten[14]. Schickt mir also meine schwarzen Kleider, und (wenn eine da ist) eine schwarze Zipfelkappe für Heinrich, denn er friert sehr oft an die

---

12 Lehrlinge und Gesellen wohnten beim Meister. In kleinen Zimmerchen mussten sie oft das Bett miteinander teilen, was auch in Herbergen vorkam.
13 Es war üblich, dass jüngere Geschwister die Kleider der älteren, wenn sie diesen zu eng geworden waren, austrugen.
14 Die Konfirmation fiel damals in die Adventszeit.

Ohren; das übrige weiss Emma. In der Hoffnung dass Emma oder Jemand nach Zürich komme (am Vorbereitungstage) grüsst Euch Alle
Euer   Otto

Bericht von der Konfirmation.

Otelfingen, den 4. Januar 1863

Lieber Oskar!
Zuerst empfange noch meine innigsten Glückwünsche zum neuen Jahr und meinen aufrichtigen Dank für den lieben Brief, den Du mir auf meinen Namenstag schicktest. Die freundlich ernsten Ermahnungen sind, wie sie aus Deinem Herzen kamen, in mein Herz gedrungen, und werden mir immerdar unvergesslich sein. Mein fester Vorsatz ist, mit Eifer und Fleiss vorwärts zu streben, damit ich einst in meinem Berufe etwas zu leisten im Stande sein werde. Du, mein lieber Bruder, mangelst mir jetzt in Zürich besonders an Sonntagen, an denen ich nun von 10–12 Uhr und 1–3 Uhr in die Zeichnungsschule, und Abends 5–7 in die Leseschule in der Aula des Fraumünsters gehe. Bald nachdem Du fort warst, flog mir siedendes Blei auf ein Auge, doch nachdem ich eine Weile kalte Überschläge gemacht hatte, war es wieder gut. Herr Kunz hat jetzt sein Haus um die Summe von 31000 Fr. verkauft und soll nächste Ostern ausziehen; doch hat er mir versprochen, wenn ich mich bis dahin noch recht befleisse, so wolle er sehen, dass ich nach Ostern als Gesell arbeiten könne.

Zu der Konfirmation, welche am Sonntag vor der h. Weihnacht stattfand, kam trotz des schlechten Wetters auch Anna. Ich erhielt den Spruch: 2.Timoth. Cap. 11, Vers 1 und 6 «Du nun mein Sohn werde stark in der Gnade, die in Christo Jesu ist. – Denn wenn Jemand kämpft, so wird er doch nicht gekrönt, es sei denn, er kämpfe recht».

Wir erhielten den Zeddel nebst einer Konfirmationsgabe: «Kinder bleibet in Ihm», am heil. Weihnachtsfeste nach dem ersten heil. Abendmahl. Nachdem ich noch die Nachmittagspredigt angehört hatte, ging ich Abends nach Otelfingen, wo ich vom Christkindchen Kleists Werke erhalten hatte und am folgenden Abend gieng ich wieder nach Zürich. Am Sylvester musste ich den Kindern von Herrn Kunz den Klaus machen[15], und nachdem mir Herr Kunz die Erlaubnis gegeben hatte, bis am Sonntag daheim zu bleiben, ging ich am Neujahr Morgen

---

15 In gewissen protestantischen Gegenden kam, im Gegensatz zu katholischen Regionen, der Klaus als Gabenbringer an Neujahr, vergleichbar mit dem Père Noël in der Westschweiz.

früh heim. Abends gieng ich zu Bopp Wettis, welche Dir auch gerne einen Helsweggen[16] schicken würden, doch weil es zu weit ist, so konnten wir nur auf Deine Gesundheit anstossen und den Weggen dazu essen.

Am Berchtoldtage gingen die 3 älteren Schwestern ins Pfarrhaus, und ich blieb mit Emilie und Hanneli im Hause und machte mit ihnen Krüsi-müsi[17], und allerlei, was sie wollten. Sonst weiss ich Dir nichts mehr zu schreiben und will darum schliessen.

Sei herzlich gegrüsst von Deinem   Otto

Zürich, den 20. Januar 1863

Lieber Vater!

Letzten Sonntag war ich zum ersten Male in der technischen Zeichnungsschule bei Herrn Groon, der mir eine einfache Vorlage (Ansicht eines Würfels, einer Pyramide, eines Kegels etc.) gab. Er sagte, ich solle sehen, dass ich bald ein Reissbrett, nebst Reissschiene bekomme; wenn es desshalb noch möglich ist so Seid doch so gut, und schickt es mir nächsten Freitag. Was die Schlosse an dem Schopf betrifft, so will ich sie nächste Woche nach Feierabend anfangen; schickt mir nur noch das genaue Mass von der Dicke der Thür.

Onkel J. Schneebeli ist jetzt Badwascher im neuen Spital, hat aber ein artiges eigenes Zimmerchen und gute Kost, wenn schon er Sonntag und Werktag auch genug zu thun hat. Neues gibts hier nicht viel. Lebt also wohl und seid Alle herzlich gegrüsst von Eurem   Otto

Zürich, den 3. Dezember 1863

Geliebte Grossmutter!

Zum dritten Male in meiner Lehrzeit, und auch zum letzten Mal wahrscheinlich, schicke ich Euch meine Glückswünsche zu Eurem Namenstag.

Möge Gott Euch seinen reichen Segen, gute Gesundheit und noch eine Reihe froher, friedlicher und glücklicher Jahre bescheren; so dass ich einst später, besser als jetzt für alles erhaltene Gute danken kann. Als ein geringes Zeichen der Dankbarkeit nehmt dieses Kästchen zu

---

16 Helsen = schenken. Eiergebäck als Neujahrsgeschenk.
17 Krüsi-müsi oder Chrüsimüsi (Mischmasch) war eine selbstgemachte Delikatesse aus Resten, meistens im Mörser zerstossenen Nüssen, hartem Brot- und Guetsliresten, Zucker usw. Bruder Oskar beschreibt es in seinen Jugenderinnerungen detailliert.

dem Chauffe-pieds[18], das Ihr bereits erhalten haben werdet. Leider konnte ich nicht viel daran machen, und zu etwas anderem hatte ich gar keine Zeit.

Nehmt also nochmals die herzlichsten Glückwünsche von Eurem dankbaren   Otto

Von der Schwierigkeit, neben der Arbeit in der Werkstatt sich schulisch weiterzubilden.

Otelfingen, den 26. Dezember 1863

Geliebter Bruder!

Jedenfalls hast Du schon lange eine Antwort von mir erwartet, aber ich wollte warten, bis ich Dir auch eine bestimmte Antwort schreiben könne. Dieses kann ich nun jedoch nicht so, wie Du in Deinem letzten Briefe wünschtest.

Wenn ich nämlich auch in die untere Industrieschule hätte gehen wollen, um dort Stunden in Physik und Mathematik zu nehmen, so hätte ich doch dem Meister zuviel Zeit versäumt, besonders weil derselbe von Zeit zu Zeit unwohl ist, so dass ich im Laden sein muss. Ohne Zweifel wird auch Herr Kunz nächste Ostern ausziehen, so dass ich nicht einmal mehr die obere Industrieschule während dieser Zeit besuchen könnte.

Nächste Ostern hätte ich dann also ausgelernt, denn das halbe Jahr, das ich zwar noch zu lernen hätte, hat er mir versprochen zu schenken. Wenn ich dann von ihm fort bin, so kann ich auch nicht bei einem andern Meister als Gesell arbeiten und als Schüler an die obere Industrieschule oder gar ans Polytechnikum gehen. Zwar weiss ich wohl, dass wenn ich das letztere besucht hätte, ich eine sichere Stelle mit gutem Einkommen in einer grösseren mechanischen Werkstätte bekommen könnte, doch käme ich schwerlich jemals dazu, etwas selbständiges betreiben zu können. Wenn ich nun jedoch nach Ostern noch eine Weile zu einem tüchtigen Mechaniker ginge, so könnte ich nachher in die Fremde gehen und mich dort durch Stunden nehmen in Physik und Mathematik besser ausbilden. Später kann ich dann eher eine Schlosserboutique anfangen und dieselbe nach und nach zu einer mechanischen Werkstätte erweitern.

Wie Du noch schriebest, ist Dir Sal. Schlatter noch fr. 10 schuldig,

[18] Kleiner Fussschemel mit Blechbehälter für heisses Wasser.

die ich einziehen solle, aber nie bekam, weil ich ihn nie mehr sah. Gegenwärtig bin ich über Weihnacht zu Hause und erhielt als Weihnachtsgeschenk Bernoullis Vademecum von 1862.

Weiter weiss ich nicht viel Neues. Mit herzlichem Gruss, Dein Bruder
Otto

Zürich, den 21. Januar 1864

Meine Lieben!
Endlich schicke ich Euch das messingene Hähnchen, von dem Herr Kunz mir gesagt hatte. Weil es nicht gut schloss, liess ich einen neuen Reiber giessen, den mir J. Schmid noch einpasste. Mit dem Steinöl müsst ihr Euch jedenfalls in Acht nehmen, denn als ich gestern in die Lampe goss, entzündete sich aufsteigender Dunst plötzlich und schlug mir die Flamme schnell so ins Gesicht, dass sie mir die Augenbrauen und das Kopfhaar anzündete, was jedoch durch schnelles Löschen mit der flachen Hand nicht weiter schadete.

Auch die Dunstflamme konnten wir wieder abblasen.

Also mit offenem Licht dürft ihr jedenfalls nicht zu sehr in die Nähe kommen. Doch es friert mich und ich will desshalb schliessen. Der Kälte bin ichs jetzt schon besser gewohnt (in der Werkstatt wenigstens), an den Füssen habe ich jedoch die Gfrörne auch, und ich bin so heiser, dass ich sonst gar nicht reden kann. Sind alle froh und gesund?

Seid Alle noch herzlich gegrüsst von Eurem
Otto

Zürich, den 14. April 1864

Lieber Vater!
[...] Herrn Künzler traf ich also am Montag Nachmittag, ein Mann von mittlerer Grösse und blasser Gesichtsfarbe, hoher Stirn und schwarzem Schnauz und Bart, der mich in seinem Benehmen sehr viel an Oskar erinnerte. Leider wollte er mir gar keine Hoffnung machen, auf den Herbst ans Polytechnikum zu kommen, selbst wenn ich weder Hammer noch Feile mehr anrühren müsste. So, in solcher Lage, sollte ich am besten bis zum Herbst warten und dann im Herbst an den Vorkurs. Also warten?! Oder was anders?

Noch einige kurze Worte über das Sechseläuten. Den ganzen Tag merkte man nicht viel, bis Abends um 6 Uhr das Sechseläutenfeuer angezündet wurde und ein auf einer hohen Stange aufgesteckter Pechmann oder Böögg verbrannt wurde und einige Raketen, Schwärmer, Frösche und Schlangen sowie 3 Luftballons in die Luft geschickt wurden. Nachdem fand eine Beleuchtung des Polytechnikums und des Grossmünsters durch bengalisches Feuer (erst weiss, dann blau und nachher roth) und eine solche der oberen und neuen Brücke durch Laternen statt, dem sich noch ein Knabenumzug mit bunten Laternen anschloss.

Lebt Alle wohl und seid Alle herzlich gegrüsst von Eurem   Otto

Zeichen der Liebe und Dankbarkeit.

Unterstrass, den 22. Juni 1864

Lieber Vater!

Zum dritten Male während meiner Schlosserlehrzeit schicke ich Euch lieber Vater meine schriftlichen Glückwünsche zu Eurem Namenstag.

Ich wünsche und hoffe zu Gott, dass er Euch noch viele Jahre in Glück, Gesundheit und seinem reichen Segen bescheeren möge.

Sehr gerne hätte ich Euch lieber Vater am Ende der Lehrzeit irgend Etwas als Zeichen meiner Liebe und Dankbarkeit gemacht und ich bedaure sehr, dass ich auch gar Nichts im Stande war, denn für's Erste hatte ich keine Gelegenheit (wegen Egli) und zweitens fehlte mir die Zeit. Nun, ich will es später thun und dann desto besser. Jetzt weiss ich wohl, dass es mir noch einige Zeit noch nicht möglich ist und dass im Gegentheile diese Zeit Euch lieber Vater noch viel Sorge, Mühe und Arbeit kosten wird, doch ich will suchen und hoffen, durch Sparsamkeit und Fleiss Euch Mühe und Arbeit zu erleichtern.

Ohne mein Wissen ging auch Euer 25jähriger Hochzeitstag vorüber. Nehmt auch dazu noch meine herzlichen Glückwünsche wie auch Ihr, geliebte Mutter, und mögen Euch nochmals noch zweimal 25 Jahre, jedoch heiterer und sorgenloser dahinfliessen, dass ich Euch besser zu belohnen im Stande bin.

Nehmt also liebe Eltern nochmals meine herzlichsten Gück- und Segenswünsche, Euer dankbarer   Otto

Unterstrass, den 23. Juni 1864

Meine Lieben!

[...] Ihr werdet wohl bereits wissen, dass nämlich meine Lehrzeit zu Ende ist, wenn meine Arbeit: zwei Centesimalwaagen fertig sind, nun können dieselben bis am Mittwoch, vielleicht auch erst bis am Samstag nächste Woche fertig sein. Gottlob, wenn einmal vorüber ist, denn Egli will mir (gerade wie früher Heiri) die letzten Tage und Stunden noch so sauer als möglich machen. Wahrscheinlich komme ich nach dem Ende, wenn ich meine Waare (Kleider, Bücher etc.) fort transportiert habe, einmal nach Otelfingen, jedoch schwerlich auf einen Sonntag, weil ich jedesmal am Sonntag und Montag Stunden nehme. Anna möchte ich nun noch bitten, mir über 8 Tage etwa ½ Buch gewöhnliches (d. h. vom billigsten) Schreibpapier zu schicken.

Auch seid so gut und packt mir etwas Schuhschnürgut und vergesst ferner die Lampe nicht, die der liebe Vater schon parat hat. Jetzt braucht Ihr mir bloss 1 blaues Hemd zu schicken, weil ich wohl keine oder nur noch wenige überhaupt brauchen werde.

Nun lebt wohl und nehmt Alle die herzlichsten Grüsse und Küsse von Eurem   Otto

Zürich, den 15. Juli 1864

Meine Lieben!
Wie wir vorgestern verabredet hatten, schicke ich Euch hiemit die Reisetasche und ein Brod. Wie Ihr bereits theilweise wissen werdet, holte mich Herr Onkel Riffel beim Katzensee ein und nachdem er noch im Katzensee einen kurzen Halt gemacht hatte, fuhr ich mit ihm nach Zürich, wo ich um 8 Uhr gut ankam. Nachher ging ich noch zu Frau Kienast[19], wo ich heute schon zu Mittag ass und auch in Zukunft dasselbe bekommen werde.

Lebt wohl und nehmt Alle die herzlichsten Grüsse und Küsse von Eurem   Otto
Der lieben Mutter und Amalie wünsche von Herzen gute Besserung.

Nach Abschluss der Lehre und einem Jahr schulischer Weiterbildung scheitert Otto bei der Aufnahmeprüfung für den ersten Jahreskurs des Polytechnikums.

Otelfingen, den 31. Dezember 1864

Lieber Bruder!
Du wirst jedenfalls schon früher einige Zeilen von mir erwartet haben, allein weil mir dazu wenig Zeit blieb, so wartete ich noch gerade bis in die Weihnachtsferien.

---

19 Bei Frau Kienast am Löwengässchen hatte Bruder Oskar sein Zimmer, bevor er Ende 1862 nach Breslau abreiste. Oskar heiratete 1869 die Tochter Caroline.

Wie Du bereits weisst, bin ich nicht, wie ich wünsche, an den ersten Jahreskurs angenommen worden und will Dir nun darüber mittheilen.

Das Examen hatte ich während drei Tagen zu machen und zwar zuerst Mathematik durch Herrn Professor Christoffel[20], wo ich im schriftlichen einige Aufgaben aus der Trigonometrie, eine kubische Gleichung mit einer und eine solche mit mehreren Unbekannten nach verschiedenen Methoden zu lösen hatte. Im Mündlichen wurde ich geprüft über Kettenbrüche, unbestimmte Gleichungen, Combinationen, den binomischen Lehrsatz, analytische Geometrie und sphärische Trigonometrie. Nachmittags war Prüfung in Mechanik durch Herrn Prof. Zeuner[21], doch konnte ich leider kein Examen machen, weil ich in Mechanik noch gar keine Stunden genommen hatte.

In darstellender Geometrie hatte ich am zweiten Tage wiederum schriftliche und mündliche Prüfung durch Herrn Th. Reye[22] und Nachmittags hatte ich bei Herrn Prof. Keller einen Aufsatz zu machen über das Thema: «Gedanken über die Wahl eines Berufes». Am dritten Tage endlich hatte ich noch Prüfung in der Physik durch Herrn Prof. Clausius[23], welcher mich zuerst über Optik, nachher über Wärme prüfte, in welchen beiden ich natürlich ziemlich schlecht beschlagen war.

Am folgenden Tage war Konferenz, welcher auch Herr Künzler beiwohnte, der mir davon folgendes mittheilte: Die Herrn Prof. Zeuner, Christoffel etcr., überhaupt die meisten Professoren des ersten Jahreskurses der mechanischen Abtheilung seien für Annahme gewesen, indem nämlich die Noten für Mathematik gut, für darstellende Geometrie befriedigend, für Aufsatz Deutsch mittelmässig und ebenso für Physik mittelmässig ausfielen. Nun meinte aber Herr Schulratspräsident Kappeler (ehemals Müller auf dem oberen Mühlesteg in Zürich), ein aus der Praxis kommender Schüler, der bloss die Sekundarschule besucht, habe keine allgemeine Schulbildung, wenn ich nur einige

---

20 Elwin Bruno Christoffel (1829–1900), deutscher Mathematiker, Prof. am Polytechnikum, dann in Berlin und Strassburg.
21 Gustav Zeuner (1828–1907), von Chemnitz, Dr. phil., Prof. am Polytechnikum für technische Mechanik und Maschinenlehre.
22 Theodor Reye (1838–1919), von Hamburg, Dr. phil., Privatdozent für Mathematik am Polytechnikum, später in Aachen und Strassburg.
23 Rudolf Clausius (1822–1888), von Köslin (Preussen), Dr. phil., Prof. am Polytechnikum für mathematische und technische Physik.

Zeugnis aus einer Industrieschule oder einem Gynmasium hätte, so könnte ich wohl angenommen werden, so aber nicht.

Herr Künzler machte mir nun den Vorschlag, in den Vorkurs zu gehen und einem Herrn Liebig von Wien, der bei ihm in Kost und Logis sei und ebenfalls den Vorkurs besuche, jedoch in Mathematik etwas schwach sei, nachzuhelfen, wofür er mir etwas bezahlen wolle. Nachdem noch der liebe Vater mit Herrn Künzler darüber gesprochen hatte und seine Zustimmung gegeben hatte, ging ich in den Vorkurs und half Herrn L. von Liebig die Aufgaben machen (deren es sehr viele gibt) und erklärte und repetierte mit ihm, was er noch nicht verstanden hatte.

In Mathematik haben wir Vorlesungen von Herrn Prof. Orelli[24] (früher schon Lehrer in Mettmenstetten) und zwar 12 Stunden in der Woche, jeden Tag von 8–10 Uhr und je 2 Stunden Repetition. Ebenso haben wir je in der ersten Woche eines Monats selbständig eine allgemein gegebene Kursarbeit auszufertigen, wozu jeder einen besonderen Bogen erhält und 3 Stunden Zeit, die Arbeit zu machen. Vorlesungen über Physik hält Herr Prof. Mousson[25] und zwar je 4 Stunden pro Woche und 1 Stunde Repetitorium, in welcher er jedesmal noch eine Aufgabe gibt. Auch im Französischen haben wir noch 3 Stunden pro Woche von Prof. Rambert, einem Franzosen. Leider haben wir im Deutschen keine Vorlesungen, was mir sonst noch lieb wäre.

Technisches Zeichnen haben wir wöchentlich vier Stunden, unter der Leitung des Herrn Lehrer Fritz[26]; Freihandzeichnen haben wir gar nicht. Praktische Geometrie liest Herr Prof. Pestalozzi[27], jedoch nur eine Stunde pro Woche. Nach Neujahr soll nun auch Herr Prof. von Deschwanden mit darstellender Geometrie beginnen. Von Herrn Prof. Orelli erhalten wir täglich sehr viele Aufgaben zur Übung im Rechnen, ebenso müssen wir täglich, was er gelesen hat, ausgearbeitet in die Schule bringen.

Aus diesem Allem wirst Du sehen, dass meine Zeit so ziemlich eingetheilt ist, besonders weil ich dieselbe noch mit Herrn Liebig theilen muss. Jetzt haben wir Ferien bis zum dritten, ich werde deshalb am

---

24 Johannes Orelli (1822–1885), Sekundarlehrer, später Leiter der mathematischen Vorbereitungskurse am Polytechnikum.
25 Albert Mousson (1805–1890), Prof. am Polytechnikum für Experimentalphysik.
26 Hermann Fritz (1830–1893), von Bingen (Rheinland), Prof. am Polytechnikum für Mathematik und technisches Zeichnen.
27 Heinrich Karl Pestalozzi (1825–1895), Artillerie-Oberst, Prof. am Polytechnikum.

Berchtoldtag wieder nach Zürich gehen. Wie Du weisst, war ich bisher bei Herrn Bräm in Kost und Logis, allein er ist jetzt zum Hotel Bellevue hinaufgezogen, und ich werde nun mit Neujahr zu Tante S. Ryffel[28] ins Seefeld ziehen. Doch mein Papier geht zu Ende.

Nimm noch die herzlichsten Gratulationen zum neuen Jahre, das Dir ein segensreiches sein möge, deren Dir Gott im Himmel noch viele, viele bescheeren wolle. Mit herzlichem Kuss, Dein Bruder   Otto

Seefeld, den 24. März 1865
Meine Lieben!
Weil ich nächste Woche Ferien habe (bis zum 18. April) so werde ich wahrscheinlich nächsten Dienstag Morgen nach Otelfingen kommen und schicke deshalb hier die Wäsche und einige Bücher. Wahrscheinlich wäre ich schon auf nächsten Sonntag gekommen, wenn nicht am Montag das Sechseläuten hier stattfände. Vielleicht kommt August Favre nächsten Montag auch hieher, wenn er nicht in die Schule gehen muss?

Tante hat ihm selbst ein Briefchen geschrieben. Falls er am Morgen mit der Eisenbahn kommt, so soll er jedoch nicht retour nehmen, weil vielleicht Nachts noch ein Feuerwerk, ein Fackelzug oder irgend etwas losgehen wird, und wir können dann am Morgen bei Zeiten den Weg unter die Füsse nehmen.

Das Weitere mündlich. Lebt alle wohl, mit Gruss und Kuss Euer Otto

Zu August und dem später auftauchenden Goumoëns ist Folgendes zu sagen: 1864 wurde in einer Badener Zeitung ein Platz für einen fünfzehnjährigen Knaben gesucht, für etwa zwei Jahre zur Erlernung der deutschen Sprache, am liebsten im Austausch mit einem Mädchen. Dazu war Schwester Emma sogleich bereit; da aber die häuslichen Verhältnisse der Waadtländer Familie nicht bekannt waren, so ging Wyss' Vater nachsehen. In Goumoëns traf er zuerst den etwas schüchternen Knaben, dann dessen Eltern Favre, eine grosse Landwirtschaft besitzend, und schliesslich den Lehrer Narbel; die Übereinkunft kam ohne Schwierigkeiten zustande. August Favre kam auf den Steinhof, und Emma wurde in Goumoëns gut aufgenommen. Nach Amaliens Tod kehrte Emma heim, und Anna benützte das zweite Jahr im Welschland.

28 Die jüngere Schwester von Ottos Vater Jean, Susanna Wyss, war verheiratet mit dem Kaufmann Adolf Ryffel und lebte von 1815 bis 1890.

Der Erfolg befriedigte beide Seiten, und es blieb ein freundschaftliches Verhältnis, das sich später mit Emilie erneuerte.

Seefeld bei Zürich, den 1. Mai 1865
Liebe Schwester Anna!
Bereits hatte ich schon im Sinne, auf gestern heimzukommen, doch als ich Deinen lieben Brief gelesen hatte, entschloss ich mich, noch 8 Tage zu warten.

Mit Herrn Künzler habe ich noch am gleichen Tage, als Du hier warest, gesprochen, und er sagte mir, dass Herr von Liebig, älter, in wenigen Tagen hier ankommen werde und wir dann auch mit ihm sprechen können. Er kam wirklich gestern vor 8 Tagen hier an, ging aber am Montag nach Stäfa, und ich konnte ihn erst Dienstag Mittag sehen. Leider ist sehr schwer mit ihm zu sprechen, weil er übelhörig ist und nur einzelne Worte verstehen kann. Er ersuchte mich um 3 Uhr in die Kronenhalle zu kommen, wo ich ihn mit Herrn Künzler treffen konnte. Ich ging auf die bestimmte Zeit hin und traf die Herren Liebig und Künzler und Herrn Ryffel von Stäfa, Vorsteher des dortigen Institutes (wo Herr Liebig zwei Jahre war, bevor er nach Zürich kam), mit dem ich mich ebenfalls unterhielt. Herr Künzler sagte nun, dass er pro Tag noch 7 $^{1}/_{2}$ Fr. gerechnet habe, womit Herr Liebig zufrieden war und sagte, dass es Herr Künzler in Ordnung machen würde. Donnerstag Mittag ging ich zu Herrn Künzler, der mir 140 Fr. gab und sagte, dass er's so gerechnet habe, also pro Woche 9 Fr. und für den Sonntag nichts.

Ich bemerkte, dass ich die Sonntage vor Neujahr immer noch zu Herrn von Liebig gegangen sei, nachher aber nicht mehr gekonnt habe; worauf er mir erwiderte, dass ich ja noch reklamieren könne, doch dachte ich, ich wolle die 140 Fr. nehmen, besonders weil Herr Liebig, ält., schon abgereist war und ich ja noch nicht wusste, ob ich noch Stunden zu geben habe.

Nun fragte ich Herrn Künzler, ob er noch Stunden für mich hätte und ob Herr Liebig hierbleibe etc. Er sagte nun, dass Herr Liebig nur noch Physik und Chemie im Polytechnikum hören müsse, von den anderen Fächern dispensiert würde und Herr Prof. Orelli werde ihm den noch nöthigen Unterricht in der Mathematik ertheilen. Er meinte nun, ob ich nicht Chemie hören könnte, weil Herr Liebig in derselben eines Collegen bedürfe, doch Herr Prof. Orelli erlaubte es mir nicht, Chemie zu hören.

Stunden habe ich also keine mehr zu geben, und Herr Liebig wird wahrscheinlich einen Collegen aus dem ersten chemischen Kurse erhalten.

Hiemit schicke nur 120 Fr. heim, weil ich noch fürs Kostgeld d. M. hier behalte. Emma kann es vielleicht gut im Laden anwenden und je am Ende des Monats 30 Fr. fürs Kostgeld schicken. Die Geschichte, die Du mir aufgetragen, werde ich in Ordnung bringen. Nächsten Freitag erwarte ich also nichts. Die Hosen und Schuhe kann ich Sonntags mitnehmen. (Nicht wahr, Ihr seht doch, dass Ihr sie auch nächsten Sonntag erhält).

Lebe wohl und grüsse mir die lieben Eltern, Grossmutter und Geschwister herzlich, mit Gruss und Kuss Dein Bruder   Otto

Otelfingen, den 5. Juni 1865
Lieber Bruder!
Weil ich die h. Pfingsttage im l. Steinhofe zubringe, so benutze diese freien Stunden, um Dir einige Zeilen über mein Befinden in Zürich zu schreiben.

Dort besuche ich, wie Du weisst, den Vorkurs des Polytechnikums, in dem ich nun ganz gut nach und vorwärts komme. Letzten Winter hatte ich noch Herrn Liebig aus Reichenberg in Böhmen Stunden zu geben, doch versäumte ich dabei immerhin ein wenig, da Herr Liebig im Beckenhof, Unterstrass und ich bei Tante im Seefeld wohnte. Nach Ostern kam der Bruder von Herrn Liebig, der ihn dann keine Mathematik nehmen liess, weil diess nicht nothwendig sei für einen Chemiker. Ich hatte also für den Sommer keine Stunden mehr zu geben, erhielt aber für diejenigen, die ich den Winter über gegeben, eine Entschädigung von 9 Fr. pro Woche. Herr Liebig hört nun bloss noch die Vorlesungen über Physik und Chemie im Vorkurs. Herr Liebig erhält nun noch Stunden (à 4 Fr.) in der Mathematik von Herrn Prof. Orelli, und in der Chemie hilft ihm auch ein bald ausstudierter Polytechniker des chemischen Kurses namens Lindegger.

Umsonst hoffte ich Chemie hören zu können, denn dieselbe ist nur solchen erlaubt, welche den chemischen Kurs besuchen wollen. Den Sommer hindurch haben wir nun noch Mathematik, d. h. Algebraische Analysis, Sphärische Trigonometrie, analytische Geometrie von Prof. Orelli und Reye, technisches Zeichnen von Fritz, Lehrer, Planzeichnen und $^1/_2$ Tag Feldmessen von Prof. Pestalozzi, Physik von Prof. Dr.

Mousson, französisch von Prof. Rambert, und besonders zur Mathematik Übungen, Rechnungen und Repetitorien.

Kehrst Du lieber Bruder bald in die Heimath zurück?[29] Jch glaube nicht, dass Du dort bald vorwärts kommst. Heute gehe ich wieder nach Zürich. Diesen Morgen war ich noch auf dem Grabe unserer guten Amalie sel. mit Immergrün, Vergissmeinnicht, Rosen pflanzen. Nun lebe wohl, mit Gruss und Kuss Dein Bruder　　　　Otto

Unerwünschte Patenschaft.

Seefeld, den 22. November 1865

Lieber Vater!

Letzten Montag war, wie Ihr wisst, das Begräbniss meines sel. Lehrmeisters J. Kunz. Dem Leichenwagen folgte ein ziemlich zahlreicher Zug, den u. a. auch ein Gesellschaftsverein «Freundschaft», in dem der verstorbene war, noch vermehrte. – Vielleicht wisst Ihr, das Herr Kunz noch im Laufe des letzten Vierteljahres geheirathet hatte, nämlich seine Haushälterin Sophie Koller von Muri, die nun etwa zwei Jahre bei ihm war. Letzten Sonntag vor 8 Tagen genas dieselbe eines Töchterchens, was nun den anderen Kindern, besonders der ältesten, Babette, nicht ganz recht war.

Heute kommt nun ein Arbeiter (die angefangenen Arbeiten in der Werkstätte müssen natürlich noch fertig gemacht werden), und erzählt mir, dass Herr Kunz auf dem Todbette noch seine Tochter Babette als Pathin bestimmt habe, damit sie auch das kleine Schwesterchen lieb gewinnt, und mich als Pathe gewünscht habe.

Natürlich kam mir das in höchstem Grade unerwartet, doch was soll ich machen? Abschlagen? Nein, es ist ein letzter Wunsch meines sterbenden Lehrmeisters. Es sind zwar überhaupt etwas unangenehme Verhältnisse; die Mutter eine Katholikin und pressiert deshalb mit der Taufe[30], so dass es am Samstag schon getauft werden soll, doch wird es natürlich reformiert erzogen. Die Taufe findet Samstag Abends in der Predigerkirche statt. – Nun hätte ich zwar ganz gerne noch Eure Meinung hören mögen, lieber Vater, doch ich hoffe Ihr werdet nicht dagegen sein. Ich schlug also nicht ab und sagte dem Arbeiter, dass ich noch einmal vorbeikommen werde. Die Tante meinte, es gebe halt doch wieder einige Unkosten, ich solle die Taufe verschieben lassen etc. Letzte-

---
29　Oskar Wyss weilte immer noch in Breslau.
30　Da nach der damaligen katholischen Lehre ungetaufte verstorbene Kinder in den Limbus kamen.

res will ich aber nicht, denn verschieben lassen und um nachher abzuschlagen könnte ich nicht. Seid so gut lieber Vater und schreibt mir darüber Eure Meinung, doch bald. [...]

Seefeld, den 3. Dezember 1865

Theure Grossmutter!
Empfanget zu Eurem diessjährigen Namensfeste die innigsten besten Glücks- und Segenswünsche. Möge der Himmel Euch diesen Tag noch manches Mal erleben lassen.

Leider musste ich in der letzten Zeit vernehmen, dass Ihr, theure Grossmutter, krank waret. Wie gerne wäre ich doch schnell gekommen, um Euch zu besuchen, Euch zu pflegen, doch das war mir nicht vergönnt. Wenn zurückdenke, wie ich vor 4 Jahren, im Anfange der Lehrzeit, krank war und auch Ihr damals trotz des trüben kalten Wetters kommen wolltet, um mich zu besuchen, so fühle ich mich jetzt noch für die mütterliche Sorgfalt verpflichtet. Wie aber erst, wenn ich zurückdenke, wie Ihr mir sowohl als allen meinen andern Geschwistern seit unsrer ersten Jugendzeit alle Pflege und alle Sorgfalt angedeihen liesset. Wann werde ich jenes Alles einmal auch nur theilweise zurückerstatten im Stande sein?

In der Hoffnung, dass diese Zeilen Euch theure Grossmutter in wiederhergestellter Gesundheit antreffen mögen, beglückwünscht und begrüsst Euch sowie Euer dankbarer   Otto

Der Gang in die Fremde: auf Gesellenwalz

Otto hatte mit dem Vorkurs des Polytechnikums Mühe; daneben war er überzeugt, dass auch die praktischen Erfahrungen in Werkstätten für die spätere Berufsausübung von Bedeutung seien.

Eines Abends stand er in Otelfingen und sagte zu seinem Vater: «Ich muss wieder arbeiten, und das in der Fremde, die blossen Studien befriedigen mich nicht!»

Am 27. August 1866 nahm er Abschied, kurz und eilig, und machte sich auf den Weg in die Fremde.

Auf Umschau in Solothurn.

Solothurn, den 2. September 1866

Meine Lieben!

Gewiss wundert Ihr Euch, erst einen Brief aus Solothurn zu erhalten. Nun das ging folgendermassen. In Olten stieg ich also aus und ging in die Central Werkstätte, fand aber keine Arbeit. Dann besah ich mir die Baumaterialien-Ausstellung, marschierte dann durch das Städtchen gegen Kappel und Fulenbach, wo ich in eine neue Werkstätte von Jäger und Weiss ging und auch Arbeit erhielt, doch könne ich erst in drei Wochen eintreten, wenn die Wasserwerke in der Aare (eine Schraube) gesetzt wäre.

Dann hätte ich Beschäftigung in Werkstätte und Zeichnungszimmer. Darauf konnte ich natürlich nicht eintreten und marschierte weiter bis nach Langenthal, wo ich im Bären übernachtete. Ich hatte ein sauberes, gutes Bett und war überhaupt zufrieden. Am folgenden Morgen schaute ich mich noch um, erhielt aber keine Arbeit.

Den folgenden Tag ging ich dann gegen Aarwangen, Wangen, Wiedlisbach, Attyswil und unter heftigem Wind und Regen nach Solothurn. Dort ging ich zuerst zu Cully, dem mich Weiss von Fulenbach empfohlen hatte, doch derselbe hatte bereits einen Arbeiter am Tage vorher eingestellt. Er war sonst sehr freundlich, gab mir einige Adressen, wo Arbeit sein könnte. So kam ich auch zu Herrn Mechaniker Schilt, den ich erst nicht zu Hause traf. Darum und wegen dem Wetter blieb ich in Solothurn, im weissen Kreuz, wo ich auch wieder recht gut und billig logierte. Den folgenden Morgen ging ich wieder zu Herrn Schilt, und er versprach mir Arbeit auf nächsten Montag, da er diese Woche verreise. Er soll Maschinen nach Berlin und überhaupt ins Norddeutsche zu machen haben und ist als geschickter und genauer Arbeiter bekannt. Deshalb beschloss ich, bei ihm zu bleiben und während der mir bleibenden Zeit ein Reischen zu machen.

Ich ging also gegen Kriegstetten, Koppigen und Kirchdorf nach Burgdorf und am gleichen Tage (Mittwoch) noch bis Zollikofen (eine Stunde von Bern). Donnerstags besah ich mir Bern, ging dann zum Neueneggdenkmal (einem weissen, einfachen Obelisk) und fuhr gegen Freiburg. Dort besah ich die Kettenbrücke, die Jesuitenklöster[31] etc. und fuhr per Bahn dann nach Lausanne. Den Namen der Campagne [Landsitzes] de Mr. Kubli hatte ich vergessen, weshalb ich sie nicht leicht finden konnte und keinen Besuch machte. Dann durchstreifte ich das hügelige Lausanne und marschierte nach Goumoëns, wo ich gut aufgenommen wurde. Es war Freitag, und ich musste bleiben bis Sonntag, wo mich August nach Chavornay fuhr.

Dann fuhr ich per Eisenbahn nach Solothurn, traf hier Herrn Schilt, der gerade nach Kriegstetten eilen wollte, wo die grosse bekannte Papierfabrik brannte. Ich begleitete ihn, und wirklich ist dieselbe bis aufs Fundament niedergebrannt, nebst bedeutenden Vorräthen, die jedoch dreifach versichert sind.

Nun lebt Alle wohl, ein ander Mal mehr, besonders von Goumoëns. Mit Gruss und Kuss Euer   Otto

«Freitag haben wir oft Stückli und Nudeln.»

Solothurn, den 23. September 1866

Meine Lieben!

Schnell sind schon drei Wochen hier vorübergegangen und noch weiss ich nicht bestimmt, ob ich den Winter hier bleiben werde.

Letzten Sonntag schon waren die 14 Tage vorüber, nach denen man gewöhnlich den ersten Zahltag hat und den Lohn und das längere Bleiben bestimmt. Kost und Logis haben wir hier beim Meister und auch gegen den Lohn von 5 fr. pro Woche, den ich verlangte, hatte der Meister nichts einzuwenden, doch für längeres Bleiben gab er mir keine bestimmte Auskunft.

Mit der Arbeit (die mir sonst gut wieder bekommt) ist's nämlich so: Was so nebenbei kommt, zu flicken oder kleinere Sachen, geht mir

---

31 Die es ja nicht gibt. Vermutlich meint Wyss die Klöster der Kapuziner, Franziskaner usw.

ziemlich gut weg, und da wird er wohl zufrieden sein; weniger dagegen wenn's an die Kammmaschinen geht, wo alles sehr exakt und genau gearbeitet sein muss, besonders auf der Drehbank, wo ich leider eben noch wenig kann. Jetzt würde ich gerne noch den Meister fragen, aber er ist ausgegangen; doch ich glaube hoffen zu dürfen, dass ich hier bleiben kann.

Der Meister, der auch oft in der Werkstätte ist, versteht die Arbeit sehr gut, so ist er auch der Verfertiger einer Rechenmaschine, die vor 4 Jahren an der Londoner Weltausstellung einen 4ten Preis errang; item, ich könnte diesen Winter etwas lernen und möchte deshalb gerne hier bleiben.

Als ich hier zu arbeiten begann, war noch ein Arbeiter (Karl Meyer von Schliengen, Grossherzogtum Baden) hier, der letzten Montag nach der Heimath zurückkehrte, nachdem er nun 5 Jahre abwesend war.

Dann begann ein Tag nach mir auch ein Genfer, Karl Ledermann, der gar nichts Deutsch kann, mit dem ich daher ziemlich viel sprechen muss. Dann ist ein Lehrjunge, Joseph Küfer, von Hier, der $^3/_4$ Jahre in der Lehre ist, und der etwa 16jährige Sohn des Meisters, der etwa 6 Wochen erst in die Boutique kommt. Mit allen stehe ich auf gutem Fusse, besonders hält sich der Genfer an mich, da er sonst mit niemandem französisch sprechen kann, und ich selbst kann ihn über Erwarten gut verstehen und mit ihm sprechen. – Was unser Logis betrifft, so ist dasselbe ein Zimmer im 4ten Stocke, es stehen drei Betten darin, alle mit vollständigen Federmatratzen. In dem einen schläft der Genfer, dann der Lehrjunge im andern und ich im dritten.

Das Zimmer hat ein Fenster gegen Süden, ist hell, hat einen Kasten mit 2 Abtheilungen (so habe ich eine eigene, die ich schliesse), das Tischchen steht gerade vor dem Fenster, vier Stühle, ein grosser Spiegel und eine Art Etagère bei meinem Bette sind die Ausstattung desselben. Die Aussicht geht auf die Strasse hinunter, auf ein kleines Höfchen und die Dächer und Wände der Nachbarhäuser. Vis-à-vis steht ein alter runder Schanzthurm mit einigen Schiessscharten, in denen Gras und Gebüsch wuchern; rechts und links davon überragen noch drei Linden denselben. Die hintere Hausseite geht auf die Schanz, eine lange Allee der gewaltigsten Linden. – Was die Kost anbetrifft so bin ich zufrieden. Wir haben Morgens Kartoffeln und Brod zum Kaffee, um 7 Uhr, dann um 12 Uhr zu Mittag Suppe, Fleisch oder Speck, Würste etcr. und Gemüse, gewöhnlich Kartoffeln und Bohnen,

Rüben, Räben etc. durcheinander. Dazu Ruch-Brod, das immer auf dem Tisch liegt.

Freitag haben wir oft Stückli und Nudeln und Kartoffeln, Fastenspeise. Abends halb 4 Uhr gibt's Kaffee und ein Stück Brod in der Boutique, mitunter auch Wein und Brod. Endlich um 7 Uhr eine Suppe und Käs und Brod oder Aepfel, Birnen etc.

Die Arbeit geht von Morgens 5 bis Abends 7 Uhr.

Die Familie des Meisters besteht ausser den bereits erwähnten Arbeitern, dem 16jährigen Eduard, dem 14jährigen Viktor, der jetzt in den Ferien ist, einem munteren 8jährigen Mädchen Anna und einem 5- oder 6jährigen Karl. Die Meisterin (soll eine preussische Adelige sein) ist eine gebildete Frau, spricht wie der Meister geläufig französisch und sonst gut Deutsch. Sie hält eine Magd, eine Solothurnerin.[32]

Letzten Sonntag wollte ich schon des Köfferchens wegen schreiben, doch am heiligen Bettag ertönte um 3 Uhr schon die Sturmglocke weil es brannte, doch es war mir zu weit und ich machte nur einen Spaziergang dem Ufer der Aare entlang.

Ich war zurückgekehrt und hatte zu Nacht gegessen, als abermals die Sturmglocke ertönte und nun brannte es im Kreuzacker etwa 5 Minuten von der Stadt oder eigentlichen Vorstadt. Es war ein Bauernhaus mit Strohdach. Glücklicherweise war Windstille, und etwa um halb 11 Uhr kehrte ich nach Hause zurück. Der Meister musste mit der Löschmannschaft dagegen bis am folgenden Morgen um 7 Uhr auf dem Brandplatze bleiben. Heute Nachmittag habe ich im Sinne, mit Eduard dem Meistersohn und dem Genfer auf den Weissenstein zu gehen.

Lebt Alle wohl, mit herzlichem Gruss und Kuss von Eurem   Otto

So eine Umschau kann auch eine Kulturreise sein.

Môtiers, le 23 Octobre, 1866

Meine Lieben!

Gewiss habt Ihr schon lange einen Brief von mir erwartet und zwar noch von Solothurn aus, doch dasselbe habe ich bereits gestern vor acht Tagen verlassen und bin jetzt hier bei einem Mechaniker, der besonders Arbeiten für Mühlen etc. macht.

---

32 Urs Schilt (1822–1880), Mechaniker, wohnhaft an der Kronengasse in Solothurn, war verheiratet mit Maria Anna Vogel (1823–1897) aus Leimen (Bayern). Die beiden hatten vier Kinder: Eduard Viktor (*1851), Viktor Emil (*1852), Karl Albert (*1860), Maria Luise (*1869). Eine Tochter Anna ist im Register nicht verzeichnet. Freundliche Mitteilung von Hans Rindlisbacher, Zentralbibliothek Solothurn.

Brandruinen in Travers.

Mit der Arbeit kann ich erst morgen anfangen, da die Schmiedesse noch nicht fertig ist, auch hat sich der Meister überhaupt hier neu etabliert.

Nun in Solothurn, habe meine Sachen alle in guter Ordnung und sehr schnell erhalten und sagte auch Allen dafür meinen besten Dank. Mit dem Meister wollte ich dann Abrechnung halten, dabei gab's ein bisschen Streit, und in 14 Tagen ging ich eben fort. Die beiden Mitarbeiter waren auch bereits abgereist, der Badenser heim, und der Genfer nach Zürich.

Von Solothurn aus hatte ich in den schönen Herbstsonntagen auch noch einen Ausflug auf den Weissenstein und die Röth gemacht, wo ich die schönste Aussicht auf die Berner Oberländer, Walliser, Urner und Unterwaldner Gebirge hatte. Auch den Uetliberg konnte ich noch herausfinden, doch die Lägern blieb mir etwas unsicher.

Wirklich romantisch liegt die Einsiedelei St. Verena zwischen hohen

Felswänden, die eine Kapelle und das heilige Grab, ganz aus demselben ausgearbeitet. Dann ist der Wengistein, ein Gedenkstein an Niklaus Wengi (der aus der Schweizergeschichte bekannt ist)[33], bei dem sich ein grosser Platz befindet, von dem aus sich eine hübsche Übersicht von Solothurn und Umgebung bietet. So sah ich noch die Kirchen an, besonders die grosse Kirche der hl. St. Urs und Viktor, der Schutzpatrone Solothurns mit 11 Altären, hübschen Gemälden etc. (im Thurme die 11 Glocken), dann die Jesuitenkirche, die viel älter, aber weniger verziert ist. Ferner sah ich das Zeughaus, das Museum, das Grab des polnischen Helden Kosinsko[34] in Zuchwil etc.

Dass ich mir noch so ziemlich Alles in Solothurn angesehen, könnt Ihr daraus ersehen; doch jetzt einiges von der Reise. Von Solothurn ging ich gegen das neue Dorf Grenchen und durch hübsche Ortschaften, Lengnau, Pieterlen, Bötzingen nach dem 5 Std. entfernten Biel, das sich, mit einer Masse von freundlichen Landhäusern umgeben, ganz stattlich am Ende seines Sees macht. Weiter dem Bieler See entlang gehend, fand ich Alles noch in vollem Herbste [Traubenernte], hatte also Trauben genug, die hie und da von einem lustigen Bieler angeboten wurden. In Twann blieb ich und marschierte am folgenden Tage durch Neuenstadt, Landeron, St. Blaise der Stadt Neuenburg zu. Ich besah mir die schöne Stadt und ging am folgenden Tag per Bahn bis Travers, das zwar grösstentheils wieder aufgebaut, aber manche Brandstätte zeigt, wie z. B. die Mühle[35]. In Môtiers wäre Arbeit, bis etwa Anfang nächster Woche anzufangen, denn die Werkstätte war noch neu, noch kein Feuer eingerichtet.

Weiter marschierte ich durch Fleurier, St. Sulpice, bis Verrières Suisse. Den folgenden Morgen sagte ich dem Schweizerländchen lebewohl, und nachdem mich die französische Douane visiert, marschierte ich nach Pontarlier, wo's gerade Markttag war und sich das geräuschvolle Leben und Treiben einer französischen Handelsstadt vor mir entfaltete. Nachdem ich die Stadt etwas besehen, nahm ich die Strasse nach Besançon unter die Füsse, wohin's noch 60 Kilometer nach dem Wegweiser waren. Ich machte noch etwa 20 Kilometer, meistens durch

---

33 Niklaus Wengi spielte als Schultheiss der Stadt 1533 eine versöhnende Rolle bei den konfessionellen Konflikten in Solothurn (†1549).
34 Tadeusz Kosciuszko (1746–1817), Führer im polnischen Freiheitskampf gegen Russland und Preussen (1794), kam nach Verwundung und Gefangenschaft 1815 nach Solothurn. Seine Leiche wurde 1818 nach Krakau überführt und im Dom beigesetzt.
35 Die verheerende Feuersbrunst von 1865 hatte 101 Häuser zerstört.

weite Ebenen, die als Weiden für Vieh benutzt wurden, sonst wenig angebaut waren. Ermüdet blieb ich in der Auberge, die erste, die ich seit Pontarlier sah, und schlief ganz gut in dem Spreubett. – Den folgenden Tag marschierte ich durch mehrere Dörfer, gegen Besançon war die Strasse schon besser bebaut, und bald sah ich bei einbrechender Nacht den Doubs aus dem tiefen Thal heraufglänzen, und ich rückte endlich durch die Thore in die Festung ein. Doch von der Stadt selbst zu erzählen muss ich auf ein ander Mal versparen. Als ich keine Arbeit fand, nahm ich Sonntag Mittag noch die Eisenbahn und kehrte hieher zurück.

Lebt wohl und gesund, indess mit Kuss und Liebe Euer   Otto
Meine Adresse: Bei Herrn Hofer, mécanicien à Môtiers (Cant. de Neuchâtel)

«Nach deutscher Manier Kost und Logis» in Môtiers.

Môtiers, den 11. November 1866

Meine Lieben!

Von Solothurn, wohin ich wegen dem Köfferchen geschrieben hatte, erhielt ich bereits die Nachricht, dass bald nach meiner Abreise ein Herr Vetter gekommen sei, konnte mir aber nicht denken wer, bis Emmas Briefchen mich aufklärte. Natürlich ärgerte es mich und noch um so mehr, da ich in der $^1/_2$ Std. von Solothurn entfernten Werkstätte des Herrn Meier mich länger verweilt hatte und also sehr wahrscheinlich noch dort zu finden gewesen wäre. – Nicht dass mich etwa der Platz bei Herrn Schilt reute, denn mit der Kost änderte er, als ich allein war, zu zweimal Kaffee im Tag, was den Lohn anbetrifft, so hatte ich ihm gesagt, er solle mir geben, was ich verdiene und endlich dass ich wie ein Familienmitglied gehalten wurde.

Da bemerkte ich nur, dass ich während den 10 Wochen ein einziges Mal mit Eduard in der Wohnstube war, und da fragte mich der mürrische Meister, was ich hier zu thun habe, worauf ich mich entfernen durfte. Was Herrn Schilt einzig recht gewesen wäre, ist, dass ich Eduard hätte Stunden in der Mathematik geben dürfen! Grosse Ehre.

Doch zu meinem jetzigen Aufenthalte. Herr Hofer ist Berner, ein zwar noch junger (d.h. 28- bis 30jähriger) Meister, hier etwa 3 Jahre etabliert. NB. Er hatte eine Werkstätte, hat nun aber eine schöne neue gebaut, die auch bald fertig eingerichtet ist. Seine Frau ist die Tochter seines Lehrmeisters, Mechaniker Hochstrasser in Langenthal, und er gibt daher auch nach deutscher Manier Kost und Logis.

Was erstere anbetrifft, so bin ich zufrieden, ebenso mit dem Zimmer, das die Nebenstube ist, durch die eine Wand des Ofens geheizt wird und ganz getäfelt ist und auch Vorfenster hat. – Mitarbeiter habe jetzt 4, darunter ein Zimmermann, der den oberen Theil des Gebäudes fertig macht. Im besagten Zimmer sind ausser mir noch zwei, die anderen zwei haben ein anderes Zimmerchen.

Sämmtliche Arbeiter, Meister und Meisterin sind aus der deutschen Schweiz, so dass ich selten ein französisches Wort höre und darin nicht besondere Fortschritte machen werde.

Kameraden habe keinen, ausser wenn ich etwa Sonntag nachmittags nach Fleurier gehe, um Charles Mathey zu besuchen, der bei Herrn Oberst Meier in Regensdorf und mit mir in der Sekundarschule war. Was die Arbeit anbetrifft, so haben wir jetzt eine Transmission für eine Uhrenfabrik in Fleurier, die auch gut und sauber gemacht werden muss.

Ausserdem hat er besonders Mühlen, Sägen, Dreschmaschinen etc. zu machen. Was den Lohn anbetrifft, so weiss ich noch nichts bestimmtes, er gibt sehr viel Akkordarbeit.

Was endlich noch die Wäsche anbetrifft, so bringe dieselbe am Montag der nebenan wohnenden Wäscherin und hole sie am Samstag oder Sonntag wieder ab.

Nun lebt wohl, nehmt Alle die herzlichsten Grüsse und Küsse von Eurem   Otto
Liebe Emma! Schreibe mir doch den Namen der Grammatik, die Du hattest und die Du immer so rühmtest. Schicke sie nicht, denn die Post würde ja fast mehr als das Büchlein selbst kosten.

«Die Betten sind ebenfalls gut, Strohsack und Matratze.»
                                                                                Môtiers, den 2. Dezember 1866
Geliebte Grossmutter!
Wieder ist der Winter angebrochen und bringt Schnee und Eis, doch daheim im l. Steinhofe bringt er ja auch die traulichen Familienfeste; als erstes Eures Namensfest, geliebte Grossmutter. Möge Euch der liebe Gott stets eine gute Gesundheit verleihen, damit ich bei meiner einstigen Rückkunft meine gute und sorgsame Grossmutter wieder begrüssen und umarmen kann, um auch dann noch manchen Namenstag mitfeiern zu können.

Mögt Ihr alsdann sagen: «Ja! Gott hat Dich begleitet», wie Jhr zum Abschiede noch sagtet: «Gott wolle Dich begleiten». Und nun l. Grossmutter will ich Euch noch einiges von hier erzählen. Gewiss habt Jhr auch schon gedacht und gefragt, wie es wohl mit meiner Wäsche stehe. Nun da kann ich wol sagen: «Ganz gut». Schon in Solothurn kam die Wäscherin jeden Montag, und da gab ich ihr vorweg immer die schmutzige Wäsche und erhielt es am folgenden Samstag Abend zurück. Ein Hemd zu waschen kostet 25 cs., ein blaues dort auch 25 cs. hier nur 20 cs. Ein Paar Strümpfe 10 cs., ein Nastuch 5 cs. etcr. Hier muss ich die Wäsche der Wäscherin bringen und sie wieder holen, auch hat sie nur alle 14 Tage eine Wäsche, doch trage ich sie jeden Montag hin, da ich ohnediess wenig Platz habe, weil ich meinen Kasten mit den anderen gemein haben muss. Was geflickt sein muss, das besorgt ebenfalls die Wäscherin.

Die Betten sind ebenfalls gut, Strohsack und Matratze, nur etwas kurze Decken.

Die Arbeitszeit dauert hier von 6 Uhr Morgens bis 7 Abends und von 12 bis 1 Ruhestunde. Wie ich schon gesagt, ist die neue Werkstätte etwa 600 Schritte vom Wohnhause entfernt, was besonders bei dem Schnee- und Regenwetter wiedrig ist, da man fast immer nasse Füsse hat. Im Anfange dieser Woche war das Wetter auch so schlecht, und da ich noch fast immer am Feuer arbeiten musste, so zog ich mir auch eine Erkältung zu. Am Mittwoch wurde es mir übel, und ich lag deshalb am Nachmittag ins Bett, doch am Donnerstag wars wieder besser, und seither bin ich wieder ganz gesund und munter.

Sämmtliche Mitarbeiter waren diese Woche auch nicht ganz wohlauf, doch nun haben wir wieder recht kaltes Wetter, und das ist schon wieder besser.

Und hat es in Otelfingen auch schon wieder eingewintert? Ist auch schon so Schlittbahn wie hier? Jedenfalls wird's auch kälter sein als letztes Jahr.

Doch in drei Wochen rückt ja schon die Weihnacht und das Neujahr. Indem ich Euch, liebe Grossmutter, nochmals Glück und gute Gesundheit zum frohen Namenstage wünsche, verbleibe ich in Liebe Euer dankbarer Enkel   Otto

«Wie's die Kinder hier haben.»

Môtiers, den 2. Dezember 66

Mein liebes Hanneli!
Weil Du mir zu meinem Namenstage einen so grossen Brief geschrieben hast, so will ich Dir nun sogleich antworten. Dein liebes Briefchen sowie diejenigen von Emilie und Emma haben mich sehr gefreut und dann aber auch, dass Du so schön geschrieben hast. Dann ist auch der Brief sehr schnell zu mir gekommen, denn denke nur, am gleichen Tage, wo er von Otelfingen abging, ist er am Abend schon hier angekommen und ich habe ihn am Sonntag Morgen darauf schon erhalten.
Doch ich will Dir erzählen, wie's die Kinder hier haben. Also Morgen um 9 Uhr wird geläutet, wenn die Kinder in die Schule müssen, und dann wieder Mittags um 12 Uhr können sie heim. Weil dann die Sonne scheint, so sind sie aber bald wieder auf der Strasse, bis es um ein Uhr in die Schule läutet, schleifen die einen und schlitteln die Anderen und parlieren dazu französisch, dass es eine Freude ist. Um 3 Uhr ist die Schule aus und die, welche dann die Aufgaben gemacht haben, gehen auf die Strasse, um zu schlitteln, wenn's nicht schon zu kalt ist. – In Dein Album schicke ich Dir also hier eine Photographie und Du kannst mir dann schreiben, ob Du sie gut erkennst. Zudem lege Dir eine Ansicht des freundlichen Städtchens Solothurn hier bei, die auch nicht viel grösser als eine Photographie ist. Emma und Anna schicke später eine Photographie, damit der Brief jetzt nicht zu schwer wird.
Lebe froh und vergnügt, gesund und brav mein liebes Schwesterchen und sei herzlich gegrüsst und geküsst wie Alle von Deinem Bruder Otto

Môtiers, den 31. December 1866

Liebe Eltern, Grossmutter und Schwestern!
Die Weihnachtsfeste sind vorüber und der Jahreswechsel steht vor der Thüre. Nun will ich zunächst erzählen, wie mir die Zeit vorüber ging. Gestern vor 8 Tagen war's hell und sehr kalt, wie überhaupt die letzten 10 Tage. Der Thermometer sank bis 18 und 21 Grad C, doch hatte es hier, mit Ausnahme auf den naheliegenden Bergen, wenig Schnee. Ich ging mit einem Mitarbeiter am Nachmittag nach Couvet, wo wir bald von Vergangenheit, bald von der Zukunft miteinander redeten und so gemüthlich den Nachmittag verbrachten.

Den folgenden Montag hatten wir viel Arbeit (wie überhaupt in letzter Zeit) und arbeiteten deshalb am heil. Christabend bis um 12 Uhr. Am Weihnachtsmorgen selbst ging ich in die Kirche, wo die Konfirmation vollzogen wurde, doch war zu meiner grossen Verwunderung keine Communion. In der Predigt konnte ich sehr wenig folgen, dafür viel besser im Gebet, das eben langsamer gesprochen wurde. Nachmittags ging ich nach Fleurier zu Charles Mathey, und wir machten zusammen einen Spaziergang bis Buttes, das ganz von Bergen eingeschlossen ist. Nach Hause zurückgekehrt ging ich noch ein wenig in die warme Boutique, wo noch meine Kameraden waren, die dann später in den Grütliverein[36] gingen. Dann las ich noch ein wenig Französisch und Deutsch, bis ich nach 9 Uhr ins Bett ging. Den folgenden Tag hatten wir noch viel Arbeit, um die Sachen zu einem Wasserrad nach Noraigue fertig zu bringen und am Donnerstag gingen sämmtliche Arbeiter dorthin, um es aufzustellen.

Am Samstag Abend kehrte ich dann nach Môtiers zurück, um bis Nachts 1 Uhr noch eine Anzahl Schrauben zu machen, mit denen ich dann Morgens 5 Uhr wieder nach Noraigue verreiste. Dort arbeitete ich bis Abends 3 Uhr mit den Kameraden. Nachdem wir zurückgekehrt, rechneten 2 noch mit dem Meister, und da sie schlecht auskamen, so gingen sie heute Morgen fort. – Nachher rechnete auch ich mit ihm, allein auch mir wollte er 6 Fr. weniger als den versprochenen Lohn geben, und so erklärte auch ich, dass ich fort wolle.

Mit dem Fortgehen wird's aber nicht sehr weit gehen, denn schon seit längerer Zeit wusste ich ungefähr Arbeit bei einem hiesigen Mechaniker, der nur Uhrenmacherwerkzeug macht. Natürlich ist diess sehr genaue Arbeit, und ich werde wohl am Anfang noch sehr wenig Lohn erhalten, doch ich weiss dafür, dass ich etwas lerne, und es ist nicht ein «Versprechen und nicht halten» – wie es mir in Solothurn und hier zu Theil wurde.

Die Sylvesternacht (die hier nicht mit Geläute gefeiert wird) ist vorüber, und noch gestern Abend war ich bei dem Mechaniker Herrn Demelais, bei dem ich morgen eintreten kann. Er spricht gar nichts deutsch und hat als Arbeiter nur seinen Bruder, der auch ein guter Arbeiter ist. Somit lerne ich fürs erste französisch und fürs zweite etwas

---

36 Gegründet 1838 in Genf von Ostschweizer Handwerksgesellen entwickelte sich der Selbsthilfe- und Bildungsverein mit der Zeit zu einem sozialkämpferischen Verbund Werktätiger.

tüchtiges in meinem Berufe, was mir mehr werth ist als der beste Lohn. Auch hoffe ich mit ausdauerndem Fleisse bleiben und weiter kommen zu können – So wäre denn das neue Jahr wenigstens mit guter Hoffnung und frischem Muthe begonnen.
Und wie steht es in Otelfingen? Möge der Jahreswechsel auch Euch meine Lieben Allen viel Angenehmes, Allen gute Gesundheit und Gottes Segen bringen. So lebt denn Alle wohl mit herzlichstem Glückwunsch zum Neujahr von Eurem Otto
per adresse: Monsieur Demelais mécanicien à Môtiers

Präzisions-Drehbänke für die Uhrmacherei.

Môtiers, le 6 mars 1867

Meine Lieben!

Wollten auch schon die 2 letzten Wochen des Februars den Frühling bringen, so meinte es doch der März noch nicht so und rückte mit Schnee und Eis von neuem ein. Seitdem geht die eisige Bise, und alle Tage schneit es noch ein bisschen. Die Sonne kommt wenig zum Vorschein, so dass wir von der heutigen Sonnenfinsternis nur einige Augenblicke etwas sehen konnten. Der erste März wurde hier lebhaft als Festtag gefeiert, und 22 Kanonenschüsse vom benachbarten Hügel erinnerten an Neuenburgs Eintritt in die Schweizerische Eidgenossenschaft.[37] – Die Geschäfte gehen hier schlecht, und mit Besorgniss sieht Meister Demelais, dass keine Bestellungen kommen wollen. Die Arbeiten, die gemacht werden, bestehen besonders in kleineren und ganz kleinen Drehbänken, sog. Burinfix, für die Uhrenmacher, um die einzelnen Bestandtheile der Uhren zu drehen. Dann in verschiedenen Arten von Maschinen zum Rundrichten oder Ausfräsen der Zähne der Uhrrädchen.

Die kleinen einfacheren Uhrmacherwerkzeuge macht er nur wenig. Dass alles sehr genau gearbeitet sein muss und es sei, davon hängt auch die spätere Solidität der Uhr ab.

Dass er ein tüchtiger Arbeiter ist, mag daraus folgen, dass er (allein von 10 oder 11 hiesigen Mechanikern) eine Drehbank mit Burinfix von Neusilber und 4 Maschinen zum Rädchenfabrizieren für die Ausstellung in Paris verfertigte. Besonders erstere ist eine wahre Prachts-

---

37 Am 1. März 1848 bemächtigten sich republikanische Aufständische, von La Chaux-de-Fonds aus, des Schlosses in Neuenburg, und in der Folge wurde die Republik ausgerufen.

arbeit, der er auch besondere Sorgfalt widmete. Sie waren bereits fertig, als ich eintrat, so dass ich ausser dem Polieren einiger Kleinigkeiten nichts daran half.

Seither habe ich an 3 Burinfix und 4 Maschines à rondir gearbeitet. Der Meister machte unterdessen eine grosse Harmonika mit über 50 doppelten Stimmen, die auf 65 Franken zu stehen kommt. Der andere Arbeiter ist fort, und der Lehrjunge war einige Zeit krank. Nun wie steht es aber mit meinem Salaire? Bis jetzt (resp. letzten Sonntag) erhalte ich Nichts und von da an endlich 3 fr. pro Woche. Wie's da mit dem «Denier en réserve» [Sparbatzen] aussieht, könnt Ihr Euch denken. Item, ich bin zufrieden und disputiere deswegen nicht mit dem Meister, wenn nur wieder Arbeit kommt, so werde mich wohl eine Weile stille halten. [...] Otto

Wie Emilie dank Otto zu einem Platz im Welschland kommt.

Môtiers, le 14 avril 1867

Lieber Vater!

Endlich fand sich für Emilie ein gewünschtes Plätzchen, nämlich bei dem Bruder der Meisterin, Charles Jeanrenaud.

Schon vor drei Wochen wusste ich ein Plätzchen, das mir gefiel, doch das 12jährige Mädchen dort wollte nicht, und erst letzten Sonntag erhielt ich bestimmten Abschlag. Wohl hatte ich schon früher den Meister und die Meisterin gefragt, doch da vor vier Wochen die Familie durch einen gesunden Kleinen vermehrt wurde, so hatten sie wohl anderes zu besprechen.

Diese Woche fragte ich weiter nach, doch zwei Orte gefielen mir nicht, bis ich heute bei Msr. Jeanrenaud fragen ging, der einige hundert Schritte von uns, nahe bei der Schule, wohnt. Als Tausch wäre hier ein Knabe, der nächste Weihnachten 14 Jahre haben wird. Er selbst will gerne gehen, ist zwar etwas nervös, wie es mir aber scheint ein munterer und gewandter Knabe. Natürlich würde er bei uns die Sekundarschule besuchen, während Emilie hier die Schule besuchte, welche für Mädchen von 14 bis 16 freiwillig (wie die Sekundarschule) ist. Als Kameradin hätte Emilie gleich die 15jährige Anna. Ausserdem sind keine Kinder mehr. Die Frau ist eine lebhafte, tüchtige Hausfrau, die für Alles besorgt ist. Der Knabe ist hier Kadett und bei der Musik Trompeter. Man fragte mich, ob er nicht vielleicht bei uns Stunden nehmen könnte, dass er wenigstens das Gelernte nicht vergässe?

Vielleicht in Baden? Bis in drei Wochen würde man hier die Sachen arrangieren können, und dann werdet Ihr lieber Vater mit Emilie kommen? Ich freue mich schon darauf. Falls Ihr nicht kommen könntet, so würde Msr. Jeanrenaud kommen, um den Arthur zu bringen und Emilie abzuholen. Msr. Jeanrenaud selbst arbeitet (jetzt glaube in Folge einer Krankheit wenig mehr) als Uhrenmacher, resp. eines Uhrtheils. Ausserdem hat er einen Schuhladen, der gut gehen solle. [...]

Môtiers, le 23 avril 1867

Geliebter Vater!
Heute Mittag erhielt ich Eure lieben Zeilen und war voll Freude Euch bald hier in Môtiers zu begrüssen. Diesen Abend war ich auch gleich bei Mr. Jeanrenaud, doch meinte er, dass Ihr sogleich Emilie mitbringen und Arthur nachher mitnehmen solltet, damit man nicht eine Reise umsonst machen müsse, weil man wohl weder Arthur noch Emilie allein reisen lassen könnte. Diess ist allerdings richtig, doch lassen sich die Sachen Arthurs bis nächste Woche ordnen, und so dürfte ich Euch vielleicht doch in 8 Tagen erwarten. – Für mich wäre ich sehr froh, die weissen Zwilchhosen zu haben, wenn Ihr sie mitbringen oder mit Emiliens Sachen packen könntet. Dann würde ich mich auch sehr gerne ein wenig im Schiessen üben und möchte Euch deshalb bitten, mir eine der gezogenen Pistolen und das Kugelmodell zu bringen. Dass ich derselben gut Sorge tragen werde, versteht sich von selbst.

Das Wetter macht sich sehr unfreundlich, und erst gestern schneite es noch, doch musste der Schnee bald weichen.

Indem ich weiteres auf das baldige Wiedersehen verspare, so nehmt lieber Vater und Alle meine Lieben innigen Kuss und Gruss von Eurem
Otto

NB. Der Weg von der Station Couvet ist eine halbe Stunde, führt mitten durchs schöne Dorf Couvet, dann durch die Baumreihen auf Môtiers zu. Man kommt ganz ins Dorf hinein und hat dann zur Rechten das Hôtel de ville und links den grossen Gemeindebrunnen und die Strasse, die gegen uns hinaufführt. Gleich links ist das «Magasin de Chaussure» de Julien Charles Jeanrenaud, während unser Häuschen ganz droben im Dorfe das zweitletzte Haus ist.

Ich will eine Skizze versuchen zu zeichnen.

Ein erster auf französisch geschriebener Brief.

Môtiers, le 21 juin 1867

Mon père chéri!

Je retourne pour quelques heures dans ma maison paternelle, pour célebrer votre jour de fête. Je me réjouisserais bien d'être un peu au cercle de notre famille, pour vous dire avec eux mes compliments. – Prenez donc mon père mes félicitations cordiales, le bon dieu veuille vous entretenir encore beaucoup d'années avec bonne santé, puisque je peux encore vous faire la joix.

C'était hier et avant-hier, qu'on célèbrait ici le tir de Môtiers avec beaucoup de participation des habitans. Le mercredi c'était le prix, surtout pour les communiers, qui forment les plus une société pour une grand sible nommé «Guillaume Tell», à la distance de 350 pas, le carton de 3 pouces et demi. Jeudi c'était l'abeis [abbaye, Schützenfest] on a très beaucoup tiré dans les autres quatres sibles à la même distance, mais le carton moins que deux pouces. Il y avait aussi cinq sibles pour les carabines à la grande distance de 1020 pas dans lesquelles on a bien tiré. Mr. Jeanrenaud avait la bonté pour me donner deux coups avec sa carabine, mais je n'ai rien attrappé. On a rangé à côté du tirage un jeu aux quilles et un jeu aux marbres, chaqu'un avec quatre prix, de fr. 16, 11, 6.50 et 5 fr. pour les meilleurs coups. Mr. Jeanrenaud a joué aux marbres et la première fois il a reçu le troisième prix, une cuillière en argent à fr. 6.50, et la seconde journée le 4me, une bourse avec 5 fr., mais il a aussi 45 fois joué (à 10 cs. la fois) pour les prix.

Quelque cabarets. Des mercantilles ne manquaient pas, et un carousel n'avait pas reçu la permission. – Vous trouverez encore notre vue et je voudrais bien vous prier de la votre pour moi. En vous donnant encore une fois mes félicitations soyez embrassé de votre fils   Otto

Zärtliche Ermahnung an die 9jährige jüngste Schwester.

Môtiers, le 21 juin 1867

Mein liebes Hanneli!

Mit dem Johannistage feierst ja auch Du liebes Schwesterchen Deinen Namenstag, zu dem ich Dir von Herzen Glück und Gottes Segen wünsche.

Bleibe immer gesund und munter, in der Schule brav und fleissig und zu Hause heiter und folgsam, so dass, wenn ich einmal heimkehre, von Dir recht viel Gutes höre, wenn aus dem kleinen Hanneli eine grosse

Jeannette geworden ist. Also wachse und werde gross und brav, bleibe gesund und munter. Letzten Herbst, als ich in Solothurn war, so machte ich auch ein Reischen auf den Weissenstein, welcher ein Berg etwas grösser als unsere Lägern ist. Es war am 1. Oktober, als ich nach anderhalbstündigem Marsche bei diesem Wirthshaus ankam.

Nachdem ich ein wenig «Znüni» genommen, besah ich mir die herrliche Aussicht. Wie Du auf dem Bildchen siehst, hat es auch Alpen, Weiden, und gerade in der Umgebung des Kurhauses hat es über 100 Stück Vieh, wovon die schönsten eine Glocke um den Hals haben. Wie ich hinunterging, fand ich auch noch Himbeeren und Erdbeeren. Im Sommer geht jeden Tag ein Fuhrwerk von Solothurn hinauf und hinunter, das auch die Vornehmen hinauffährt. Doch nun etwas anders.

In Deinem letzten Briefchen, das mich sehr freute, schreibst Du mir, dass Du mit Arthur spielst, also gut mit ihm auskommst, auch wenn Du ihn nicht verstehen, nicht mit ihm reden kannst. Das freut mich sehr, und ich wäre sehr froh, wenn Anna und Emilie hier so gut zusammenhielten. Anna ist eben ein wenig muthwillig und neckisch und lässt Emilie selten ruhig, was für Emilie sehr unangenehm ist. Dagegen hat es an Mad. Jeanrenaud eine wackere und aufmerksame Lehrerin und Hausfrau. Ich sehe Emilie alle Abende (ausgenommen wenn ich sonst etwas zu thun habe) und spaziere dann ein wenig mit ihr oder singe ein Liedchen in der Stube. Vorletzten Sonntag hatten wir einen Spaziergang nach Fleurier und Buttes gemacht, nachdem wir am Morgen in Bovaresse in der Kirche gewesen waren. Doch der Wächter mit seinem «Pais seul pais, il a frappé minuit, minuit il a frappé» ist vorüber, und ich will schlafen gehen.

Schlafe auch Du sanft und mit herzlichem Gruss und Kuss an Alle, bleibe Dein Dich liebender Bruder   Otto

Der Meister ist krank und jammert.

Môtiers, den 23. Juli 1867

Geliebter Vater!

Wenn ich nicht irre, so bemerkte ich schon in einem früheren Briefe, dass Meister Demelais krank sei und an Auszehrung leide. Leider geht es immer schlimmer, obgleich er alle Tage aufsteht, am Morgen die frisch gemolkene Milch trinkt und oft einen guten Appetit hat. Der Husten weicht nicht, der Körper wird immer magerer und während der ganzen Woche sieht man ihn nur wenige Stunden im Atelier. Mit der Arbeit geht sozusagen nichts, denn wir haben bald ein Dutzend Burinfix im Vorrath und seit Ostern kein Stück verkauft. Die Maschinen, welche aus unserem Atelier an der Pariser Ausstellung sind, haben eine broncene Medaille erhalten, sind aber ausser der neusilbernen Drehbank noch nicht verkauft. Von hier haben einige Herrschaften die Ausstellung besucht.

Was mich betrifft, so bin ich allerdings nicht ganz zufrieden, denn sage ich etwas, dass der Meister mir etwas mehr geben möchte, so meint er, er könne nicht, jammert über die schlechten Zeiten, er habe selber nichts usw. Zu allem Guten werden hier die Arbeiter auch noch wacker besteuert, so habe seit Neujahr schon mehr als 4 fr. bezahlt und heute kam schon wieder einer für 2 fr. Item, so bleiben mag ich nicht gern, und am liebsten wäre ich noch diesen Herbst etwas weiter und zwar gegen Dijon, wo einer von Môtiers Werkführer in einer Werkstätte von etwa 200 Arbeitern ist, welche die Maschinen zu hiesiger Mühle fabrizierte. Allerdings ist mir keine Arbeit bestimmt, doch hat es auch noch andere Werkstätten, und irgendwo wird sich schon noch etwas finden lassen. Gerne würde ich die Reise zu Fuss machen, wozu ich sehr gerne ein Flanellhemd haben möchte.

Nun fehlt mir aber eben die Hauptsache, nämlich Geld. Ich hoffe, mich durchbeissen zu können, doch mit Meister Demelais ist nichts zu machen, und ohnedies hat mich die letzte Zeit noch ganz geleert. So wende ich mich denn an Euch, geliebter Vater, und hoffe und denke für später muss es dann gehen; wenn ich nur gesund bleibe.

Noch will ich bemerken, dass ich in letzter Zeit ein wenig Verstopfung hatte und zuweilen kleine spitze, weisse Würmchen bemerkte (von dieser Grösse, es werden doch keine solchen Trichinenart sein), die wohl auch das Beissen im Ausführungsdarm verursachen. Hättet Ihr mir einen Rath oder ein Mittel dafür, so wäre ich sehr froh.

Emilie denkt auf seinen Namenstag ein Päckchen zu erhalten und da ginge es vielleicht gleich zusammen. Doch was Emilie anbetrifft, so bemerke ich, dass es sich jetzt ganz gut in den Hausverhältnissen und auch den Schulkindern anschliesst, so dass ich sozusagen keine Spur mehr von Heimweh bemerke; auch mit Anna kommt es ganz gut aus.

Und nun lebt wohl und gesund lieber Vater, ich will arbeiten und streben, um etwas Rechtes zu werden und mit Gottes Hülfe meine Schuld tilgen. Mit herzlichem Gruss und Kuss Euer dankbarer   Otto

Vom Schulwesen in Môtiers.

Môtiers, den 18. August 1867

Lieber Vater!

Nehmt meinen herzlichen Dank für alle die vielen Sachen, die Ihr mir geschickt habt, und besonders auch für die guten Rathschläge, die ich befolgen, die ich benützen will.

Wegen der Schule in Fleurier habe mich bei der Familie von Charles Mathey sel. erkundigt, und heute traf ich auch mit dem Lehrer Mr. H. Meseiller selbst, der sehr zuvorkommend mir über Alles Aufschluss gab. Die Schule ist wohl ganz eine Sekundarschule, Knaben und Mädchen haben parallel fast die gleichen Stunden, zu ungleicher Zeit. Die Stunden sind Vormittags meistens von 8–10 Uhr und Nachmittags von 1–4 oder 5 Uhr mit Ausnahme von Samstag Nachmittag, item, wöchentlich etwa 31 Stunden. Es wird Unterricht ertheilt in französischer Grammatik, Compositionen, französischer Literatur, Arithmetik, Deutscher Sprache (und zwar durch den Deutschen Herrn Pfarrer 2 Stunden pro Woche), Geschichte, Geographie, Physik, Botanik, (Zoologie im Winter), Zeichnen, Schönschreiben keine und Gesang beliebig bei einem anderen Lehrer. Der Preis für 3 Monate beträgt 20 fr., und der Kurs hat sein Examen im Mai.

Ferien sind noch 14 Tage im Herbst und noch einige Tage um Neujahr. Eintreten könnte es zu jeder Zeit, doch bälder wäre ihm lieber. Könnte es den Lektionen nicht folgen, so würde es nach etwa 14 Tagen wieder austreten. Aufgaben hätte es ziemlich viel, doch könnte es auch ein Fach wie z. B. Physik, Botanik oder so auslassen.

Bücher hätte es 3 nöthig, eine Grammatik, eine Geschichte und eine Physik, die es zusammen für etwa 9 fr. durch die Schulkommission erhalten würde. Gerade jetzt sind keine anderen Deutschen in der Schule, doch hatte es deren schon oft.

Ob Herr Jeanrenaud auch wollte? Ich denke nein, denn sie sind unbedingt sehr sparsam. Sehr lieb wird mir eine schnelle Antwort sein, denn in etwa 14 Tagen gedenke ich weiter zu ziehen.

Lebt wohl und gesund, ich bleibe mit Kuss und Liebe Euer dankbarer   Otto

*Otto mit seiner Schwester Emilie
(geb. 1853) in Môtiers.*

Auch in Môtiers ist kein Bleiben.

Môtiers, den 9. September 1867

Meine Lieben!
Der Koffer ist endlich gepackt, und bald geht es weiter, freilich 8 Tage später als ich gedacht hatte. Mit der Sekundarschule in Fleurier lässt sich für Emilie nichts machen, weil Jeanrenauds einfach nicht wollen. Schon letzten Sonntag disputierte ich mit Herrn und Madame Jeanrenaud, doch es kam nichts dabei heraus. Sogleich sagte Mad., dass man wohl Arthur zurückholen werde, und Herr Jeanrenaud meinte, er werde in Zürich einen Besuch bei Herrn Nüscheler machen und dann (wie Nebensache) auch nach Otelfingen kommen.

Umsonst versuchte ich ihnen den Unterschied der Schulen von Môtiers und denen des Kantons Zürich deutlich zu machen. Sie meinten, Arthur gehe auch nur in die Schule mit den kleinen Poupons und werde dieselbe nicht so gut sein als diejenige von Môtiers.

Umsonst suchte ihm auseinanderzusetzen, dass der Unterschied der Lektionen sehr bedeutend sei und der Lehrer nicht nur nothdürftig für den Unterricht der Kleinen gelernt habe. Die ganze Woche war er sehr unfreundlich, grüsst mich kaum zurück, doch klagt Emilie wenigstens nichts, als dass Anna etwas unwohl und hässig sei und es Nachts sehr wenig schlafen könne. Herr und Madame Jeanrenaud haben diese Woche geschrieben, und ich weiss noch nicht, ob sich die Sache rangieren wird.

Emilie sieht übrigens sehr gut aus, jedenfalls hat ihr der Luftwechsel sehr gut gethan. Heim käme Emilie jetzt sehr ungerne, doch wenn's unmöglich ist, die Sache zu rangieren mit Jeanrenauds, so fände sich vielleicht etwas anderes. Nun man wird ja sehen.

Morgens nach 6 verreise ich, Emilie begleitet mich bis St. Sulpice und dann geht's weiter Dôle und Dijon zu.

Jetzt lebt Alle wohl, mit Kuss und Liebe Euer   Otto

Am 10. September 1867 schreibt Schwester Emilie aus Môtiers an den Bruder Oskar in Breslau:

Wenn ich auch fern von meinen Lieben war und bin, so konnte ich den Namenstag mit Bruder Otto feiern, mit dem ich bis dahin manche fröhliche Stunde verlebt habe und hoffentlich noch manche erleben werde. Gestern Morgen ist er verreist über Pontarlier etc., zuerst über Dôle, Dijon u.s.f., dann vielleicht gegen Paris zu. Ich hatte ihn begleitet bis gegen St. Sulpice, wo ich mit Thränen von ihm Abschied nahm, wer weiss, für wie lange.

III
Wanderjahre in Europa: Paris

Paris ohne Eiffelturm, ohne Metro und Jugendstil, ganz zu schweigen von den modernen Bauten. Ein Paris, das eben die breiten, langen Boulevards erhielt, die seit 1852 durch Georges Eugène Haussmann angelegt wurden. Dann seit 1854 die Markthallen mit den filigranen Stahlkonstruktionen und 1864 bis 1867 die erste, neu geschaffene Grünanlage in den stillgelegten Steinbrüchen auf den früher kahlen Hügeln der Buttes Chaumont. 1857 begann Garnier mit dem Bau des neuen Opernhauses; die grosse Stadt war noch von einer geschlossenen Stadtmauer umgeben. Dieses Paris empfing Otto Wyss 1867.

Die Mitte des 19. Jahrhunderts war geprägt durch die Bildung von Nationalstaaten. Vor allem die Gründung des Deutschen Reiches, das aus einem Bund von 34 souveränen Fürstentümern und vier freien Städten hervorging, war ein Europa erschütterndes Ereignis. Der Deutsch-Französische Krieg mit der Abdankung Napoleons III., der Belagerung von Paris, der Ausrufung der 3. Republik gipfelte in der feierlichen Gründung des Deutschen Kaiserreiches am 18. Januar 1871 in Versailles.

Im Frühling 1871 erfolgte der Aufstand der Kommune in Paris, der blutig niedergeschlagen wurde.

Die zweite Hälfte des 19. Jahrhunderts brachte für Europa einen ungeheuren wirtschaftlichen Aufschwung. Die industrielle Revolution setzte sich durch. Eisenbahnlinien wurden gebaut, bedeutende Unternehmen gegründet, und die Städte wuchsen enorm. Man fühlte sich am Beginn einer neueren, besseren Zeit, und die sollte sich auch in Ausstellungen manifestieren.

Die sozialen Zustände und allgemeinen Lebensbedingungen, die fortschreitende Industrialisierung brachten politische Unruhen. Dazu trugen auch die Konjunkturrückschläge und die damit verbundenen grossen Unsicherheiten bei.

Wer gesund war, arbeiten konnte und Arbeit hatte, kam voran. Sozialleistungen und Arbeitsbedingungen im heutigen Sinn waren unbekannt. Und trotzdem muss auch die damalige Zeit lebenswert gewesen sein.

Otto Wyss erlebt diese Zeit der Veränderung, des Umbruchs als Arbeiter in Paris, während des Deutsch-Französischen Krieges in der Schweiz und dann in Manchester, wo 1873 die grossen Streiks ausbrachen.

«Dem Schweizer fehlen die schönen Berge mit ihren weissen Schneekuppen.»

Paris, le 22. Septembre 1867

Meine Lieben!

Diessmal schreibe ich nun ein gutes Stück weiter von Euch entfernt diese Zeilen. Ja ich bin in der französischen Hauptstadt, und eine 14tägige Reise ist wieder ganz gut abgelaufen. Emilie (Wie stehts auch bei ihm?) wird Euch mitgetheilt haben, dass es mich bis Flendrinas begleitet und ich zu Fuss bis Pontarlier von einem Zürcher begleitet wurde. Am Abend kehrte er mit der Eisenbahn zurück, und ich übernachtete nach kurzem Marsch ebenfalls. Am folgenden Tage kam ich bis fast Salinas zu Fusse, es ist diess meistens gebirgiges Hochland mit meistens hübschem und vielem Vieh. Gegen Salinas (hat vielleicht etwa 10000 Einwohner) ist die Gegend sehr hübsch, die Reben sehr schlecht gepflegt, Wein kostet 20 cs. per demi litre. Das bei 20 Grad Mouchard [?] macht es sehr heiss, und weil ich schlecht auf den Füssen war, so nahm die Eisenbahn bis Dôle (mit etwa 1 Schw. Fr.). Es hatte ein grosses mech. Atelier, aber es war alles besetzt. Nachdem ich diese alte Stadt mit dem schönen Theater und anderem besehen und bei einem Aargauer logiert hatte, nahm ich den folgenden Morgen den 1. Zug nach Dijon (mit etwa 25–50000 Einwohner). Von dem grossen und schönen Bahnhof fand ich gerade vis-à-vis eine mech. Werkstätte zweier Zürcher, Uhler, Bosshart & Cie. von Altstätten. Es war gerade auch keine Stelle leer (aber Arbeit genug), und in den anderen Werkstätten fand ich wieder nichts.

Die Stadt ist nichts weniger als schön, das Wasser sehr schlecht (ebenso in Dôle), und trotz der Julihitze waren die Strassen nicht gespritzt. Auch hier fand ich ein Kaffee, dessen Wirth ein Zürcher (Hoffmann) war und sah dort Ansichten aller Schweizerstädte, besonders 2 schöne von Zürich. Gegen Abend zog ich noch ein Stück weiter, marschierte am folgenden Tag nach der alten Pariserstrasse über Höhen und Thäler und kam in Vittreaux wieder in die neue Hauptstrasse, und gegen Abend war ich nahe der Eisenbahn und hörte während der

Nacht nicht weniger als etwa 12 Züge vorbei schnurren. Samstag Morgen nach Noyer (ca. 6–7000 Einwohner), einem Landstrich, wo gerade ein landwirtschaftliches Fest abgehalten wurde, und ich entschloss mich, für den Sonntag zu bleiben und mir diess Fest anzusehen. Es wurden Preise ausgetheilt, aber ausser einigen Kohlraben und grossen rothen Kabissen und Rüben sah ich nichts von Ausstellungen.

Gegen Abend wurden muntere Volksspiele aufgeführt, und schliesslich war unter grünem Laubdach der Festhütten bei Illumination ein grosser Ball ausgeführt, wobei die Contre-Tänze von mehr als 50 Personen eben als eigentliche Nationaltänze wirklich flott und hübsch getanzt wurden. So zog ich froh am Montag Morgen gegen Auxerre zu und fand am Abend gute Herberge im «Guten Winkel». Wein kostet nur 15 cs. per demi litre und 20 cs. die Flasche. Arbeit war mir sozusagen versprochen, als man mich aber hinauszog, so reiste am Dienstag bis Bassou. Hier ist das Land freilich auch schöner, das schönste Frankreichs, sanfte, wellenförmige Rebenhügel, Pappeln und Akazienwäldchen, lange Alleen und Wäldchen von Nussbäumen und dann weite Frucht- und Stoppelfelder, dann ein Schloss eines Marquis, Grafen, das Landhaus eines Parisers und der grosse Hof eines reichen Bauern, aber dem Schweizer fehlen die schönen Berge mit ihren weissen Schneekuppen im Hintergrunde.

So kam ich auf Sens, einer hübschen, gar barbarischen Stadt; schaute am Donnerstag Morgen umsonst bei einem halben Dutzend Mechaniker nach Arbeit.

Am Abend war ich in Monterau, wo [ich] im Sogeapuis einige Mechaniker antraf, welche mir wenig Aussicht machten für Arbeit anzuhalten.

So marschierte [ich] am Freitag nach Melun einer grösseren Stadt, welche sehr viel Militärs hat, besonders schöne Kavallerie, dann auch ziemlich Handel, aber sehr wenig Industrie, und traf ich kein Atelier von nur 10 Arbeitern.

Das Wetter war regnerisch, und so putzte ich mich ein wenig und nahm am Samstag Morgen gleich den ersten Zug nach Paris. So kam ich im Lyoner Bahnhof an, und nachdem ich die sich als Führer empfehlenden Individuen abgedankt, suchte ich gleich noch Ateliers auf. In den Nord und West-Quartieren hatte so etwa 2 Dutzend Ateliers aufgesucht und an zwei Orten den Bescheid erhalten, ich solle Montag Morgen wieder kommen, und der Eine (ein Fabrikant aller Art Werkzeuge) meinte, ich solle nur ein Zimmer suchen. Damit gings freilich nicht so schnell, denn auf die gewöhnlichen Bedingungen von 10–12 fr. pro Woche (Vorausbezahlung immer) konnte ich nicht eintreten. Heute endlich treffe diesen hiesigen Wirth und rangierte mich mit ihm für 5 fr. die nächsten 14 Tage. Es ist ein Anderer noch im Zimmer, der ebenfalls ein schwarzes Handwerk hat, aber schon lange hier sei. Das Zimmer hat nur ein kleines Fenster in den Hof, ist desshalb ein wenig dunkel, so dass ich jetzt kein Licht habe und kaum zu schreiben sehe, doch für den Augenblick und für diesen Preis kann ich gar nichts finden. Das Bett ist eine gute Matratze, die Decke (überhaupt in Frankreich) mehr ein Leintuch und einfache Wolldecke. Bettgestell ist Eisen; doch ist Alles wenigstens sauber. [...]

Paris le 22. ix. 1867

Meine Lieben!

Nun was die Kost anbetrifft, so werde dieselbe nahe bei dem Atelier nehmen, denn hier habe wenigstens 20 Minuten zum Atelier zu laufen. Gekocht wird immer zum Voraus, so koche ich heute Mittag ein Kaffee. Die Küche ist gleich direkt rechts, der Wirth ist Koch und Kellner zugleich, schöpft mit einem Löffel Fleischbrühe für 5 cs., Brod 10 cs. hineingepackt, und ich habe eine Suppe. Ein Stückchen Rindfleisch 25 cs., Kohl dazu 15 cs. macht 65 cs. ein Mittagessen (Nur mags einer allein). Heute habe mir ein wenig die Stadt besehen, doch fand ich die Exposition (Weltausstellung) nicht (sie ist etwa 1 $^{1}/_{2}$ Std. von hier), doch war ich in den Champs Elisées, im Invalidenhotel, auf dem schönen Place de la Concorde, Place de Vendome, de Bastille etc., sah die Kirchen Notre Dame, St. Sulpice, Madelaine uva., so dass ich Mühe hatte in dem Gewirre der Leute und Droschken und der Menge der Strassen mich wieder zurecht zu finden. Doch ein ander Mal mehr von Paris. – Sehr gerne möchte ich bald wissen, wie die Sachen Emiliens stehen, und werde jedenfalls auch ihm bald schreiben. Nehmt Alle meine herzlichsten Grüsse und Küsse, Euer bleibender   Otto
(Gewiss habt Ihr Mühe mir dieses Geschreibsel zu entziffern. Pardon, es ist dunkel und ich habe keine andere Feder.)
Meine Adresse ist also: O. W. per adr. Mr. N. Schlageder, marché de vin, Rue de la Roquette N 115 Paris 1

Von den Wundern der Weltausstellung.

Paris, den 1. November 1867

Geliebter Vater!

Wir haben hier Festtag heute, denn Paris feiert solche Feste, die auf einen Wochentag fallen, viel eher als den Sonntag.

Für die Adressen sage Euch vielmal Dank, doch obschon ich bereits alle aufgesucht habe, so waren doch jedesmal Alle abwesend. Letzten Sonntag vor 8 Tagen besuchte ich die Weltausstellung, doch auch Mr. Maillard war abwesend, und die Wegmannschen Maschinen blieben bedeckt.

Die Werkstätte, in der ich arbeite, liefert besonders Drehbänke, dann etwa Theilmaschinen, Reibalen und Phräsen etc. Der Meister Mr. Valengin von Morteau (nahe der Schweiz) ist ein flinker, doch ziemlich genauer Arbeiter, der von Morgens früh bis Abends spät auf den Beinen ist. Mad. Valengin arbeitet ebenfalls auf dem Berufe ihres Mannes und zwar in einer zweiten Werkstätte. Da, wo ich arbeite, sind noch 2 Arbeiter, beides ordentliche Burschen in den zwanzigern und verheirathet, dann ein Lehrjunge.

Der eine Arbeiter spricht Deutsch, doch ein ganz niederländischer Accent, den ich gar nicht verstehen kann. Man arbeitet von Morgens 7 Uhr bis 12 Uhr und von 1 Uhr bis 8 Uhr, also 12 Std. Bezahlt wird pro Stunde, und zwar habe ich 35 cs. pro Std. und werde alle 14 Tage ausbezahlt. Morgens stehe gewöhnlich um oder etwas nach 6 Uhr auf und nehme dann auf dem Wege eine Tasse Kaffee mit Milch und 2 Sousbrödchen, für 25 cs. zusammen. Auf das Mittagessen holt man sich um 12 Uhr schnell für 13 cs. Brod, und dann gehen wir jedesmal in unser Restaurant, wo wir Fleischbrühe, ein gutes Stück Fleisch mit etwas Gemüse und einen (Mystier) halben Schoppen für 50 cs. accordiert haben.

Abends hat man gewöhnlich ein Stück Rindfleisch mit Sauce, wie mans gerade trifft. Das Trinkwasser ist nicht gut, doch in dieser Jahreszeit ist's wenigstens nicht warm, und mit einem bisschen Wein gemischt löscht es den Durst auch, bloss [unvermischt] getrunken macht es übel. Doch ich will noch ein wenig die Ausstellung sehen, da dieselbe nur noch einige Tage dauern wird.

Wieder habe ich mich satt gesehen an all den Wundern, die diese Weltausstellung bietet, doch Mr. Maillard suchte ich auch diess Mal vergebens. Sehr froh wäre ich jedenfalls gewesen ihn zu sprechen, denn

gerade er hätte mir so eins und anderes besonders bemerkenswerthes andeuten können. Doch ich bin zufrieden mit dem, was ich gesehen habe, und musste ich auch an manchem rasch vorbei, was ich mir gerne mit Musse betrachtet hätte, so habe ich doch eine Idee vom ganzen, um Alles zu sehen hätte man eben Wochen anstatt Tagen nehmen müssen. Von der Ausstellung kann ich doch nicht mehr anfangen zu erzählen und will für heute schliessen. Lebt wohl, geliebter Vater, und nehmt Alle meine Lieben die innigsten Grüsse und Küsse von Eurem fernen   Otto
Nicht wahr, Oskars Adresse ist noch: Gartenstrasse N 10, Breslau

Schweizer Produkte an der Weltausstellung.

Paris, den 3. November 1867

Liebe Schwester Anna!

Es wird etwas später, bis meine Zeilen im lieben Steinhofe eintreffen, als ich mir gedacht hatte, denn ich hatte zuerst daran gedacht, mein Zimmer zu changieren, um irgendwie etwas näher bei dem Quartier zu sein, wo ich arbeite. Die Zeichnungsschulen, deren es mehrere je in den verschiedenen Quartieren hat, haben meistens ihre Stunden von 8–10 Uhr Abends. In der Nähe, wo ich arbeite, hat es nun aber gar keine solche, dagegen werden in der Ecole Turgot von einer polytechnischen Gesellschaft verschiedene Course gelesen und zwar gratis doziert für die Arbeiter. So besuche ich: (Je von halb 9–10 Uhr) Montags: Englisch, Mittwoch: Algebra, Donnerstag: (Planzeichnen oder Trigonometrie), Freitags: Französische Sprache und Sonntag Mittag von halb 12 bis 1 Uhr Angewandte Mechanik. – Freilich wirds dann ein bisschen spät, bis ich Abends heimkomme, so dass es mitunter geschlossen ist und ich klopfen muss. Diess ist freilich unangenehm, doch in den viel frequentiertern Quartieren, wo ich arbeite, fordert man 25–39 Fr. für ein Zimmer ohne Fenster, so dass ich den Winter wohl hier bleiben werde. Ausserdem bin ich seit einiger Zeit allein im Zimmer.

Doch wir wollen noch schnell einen Besuch in der Ausstellung machen und zunächst die Schweizer Abtheilung durchgehen. Zuvorderst ist das Restaurant Suisse, welches jedoch ganz im Pariser Stil eingerichtet ist, ebenso das «Buvette» Suisse daneben, das in nichts an's Schwyzerland erinnert. Doch wir treten ins Innere des Palastes, und am äussersten Rande (denn wir gehen vom Rande gegen das Centrum)

Paris zur Zeit der Weltausstellung 1867.

stehen die Weine, wo ich auch Zürcher Weine, u. a. Clevner von J. Hauser in Stadel und Schloss Teufener bemerkte.

Zwei broncene Medaillen erhielten zwei Waadtländer Weine von Nyon, und der Yvorner erhielt eine silberne. Absynthe von Fleurier und Zuger Kirschenwasser, Alpenhonig aus dem Kanton Tessin und die Produkte schweizerischer Chocoladenfabrikanten waren noch in dieser Abtheilung. Jetzt kamen die «Outils d'Horlogerie», und bald hatte ich die 5 Maschinen aus Demelais Atelier herausgefunden, 2 sind verkauft. Alle die hübschen Maschinen sind aber sehr ungünstig gestellt und auf viel zu kleinem Platze ineinander gestellt. Daneben sind noch viele Stahlwaren, besonders Feilen von Bern und Genf, doch wenig Preise dafür. Wir gehen an den zahlreichen Maschinerien von Rieter & Co., die sich 2 goldene und 3 silberne Medaillen gewonnen haben, vorüber, und da sind noch einige Maschinen aus den Telegraphenwerkstätten Bern und Neuchâtel; dann gehen wir durch die 2. Reihe die chemischen Produkte von Dr. Cramer in Zürich und die Seifen von Steinfels einige Tritte hinaus in ein Zimmer, dessen Wände mit lichterm und dunklerm Blau ausgeschlagen sind. Ein Bett mit wunderhübschen Broderien aus dem Appenzell, dann noch eine Masse von Broderien und Seidenstoffen von Basel und Zürich. Bald kamen wir noch zu einer Anzahl von hübschen Goldarbeiten von Genf und jetzt die Strohwaaren des Aargau und die Rothfärbereien von Zürich und die Buntwebereien und Druckereien von Glarus und Winterthur. Endlich kommt etwas schweizerisches, die Holzschnitzereien von Brienz und dem Berner-Oberland. Weiter die Uhren von Genf und Neuenburg, die Spielorgeln von Ste. Croix und Genf und Pianos von Zürich (silb. Med.). Mit einer Anzahl von architektonischen Zeichnungen von Prof. Stadler, Semper etc. und einem hübschen Modell der Strassburger Kathedrale schliesst die schweizerische Abtheilung im Palast. Das übrige ein ander Mal.

Nimm noch meinen herzlichsten Gruss und Kuss, Dein Bruder   Otto

Paris, le 17 Novembre 67

Ma chère soeur!

[...] Tu voudrais peutêtre bien que je te raconte des choses de Paris, de cette grande capitale ou il y a tous les jours quelque chose de nouveau. Tu obtiendras bientôt après ces pages un petit paquet pour le nouvel an et aussi quelques photographies pour les mettre dans ton Album si tu as encore de la place. (?!! Assez n'est pas).

Elles sont marquées, Nr. 1. C'est la colonne de Juillet (1830). Elle est mis sur la place ou se trouvait plus tôt la prison (la terrible forteresse) la Bastille détruit en 1789. Elle coute en bronce (métal de canon, bien cher), et dans l'intérieure se trouve une escalier qu'on puisse monter sur la galerie au dessus de laquelle se lève encore la statue présent un ange qui tient la lumière de la liberté dans sa main.

La statue est dorée. La colonne a la hauteur de 143 pieds (les maisons à coté semblent petites). Nr. 2. C'est le Pantheon ou l'église «Sainte Geneviève». Tu vois aussi sur la photographie les mots suivants: «aux grands hommes, la patrie reconnaissante». Nr. 3. L'église «Notre dame» que tu aura déjà vue dessiné. Nr. 4 et 5 sont deux Japonais dans leurs habits nationaux. Je les ai vue comme ils sont se promenées. Nr. 6 et 7 sont deux têtes et Nr. 8 sont des fleurs comme tu vois.

J'auraus bien voulu te mettre encore quelques de plus, mais je les enverrai plus tard. Après tu as l'Almanach du voleur qui à très beaucoup et de belles gravures de l'exposition. Je ne t'envoi pas beaucoup de bonbons, parce que cela porte plume. Si tu regardes par le petit trou ou il y a un verre dedans, du coté ou il est arrondi, tu verrais la vue générale de l'éxposition et autour les empereurs, les rois, les reines etc.

Enfin un portemonnaie et une machine pour enfiler les aiguilles, c'est tout ce que je sais t'envoier. L'enfile aiguilles est un fabricat de notre atelier, et j'ai aussi enfilé avec, mais c'est pour les yeux faibles, avec de beaux yeux on pourra les enfiler sans ça. Tout même on a vendu déjà quelques milles, (à 2 fr.–2.50 fr. la pièce). Celle ci va pour les numéros 4,5,6 d'aiguilles.

22. Dez. Endlich will ich diese Zeilen fertig schreiben. Es ist schon wieder ziemlich kalt, und ich weiss nicht wohin, das Zimmerchen ist eben kalt und feucht. Geschneit hat es auch einige male, und Anfangs Dezember lag der Schnee auch einige Tage und es macht tüchtig kalt. Bist Du gern bei Herrn und Frau Favre? Ich denke ja. Was macht August? Ich schreibe ihm auch. [...]   Otto
Le français aura beaucoup de fautes, mais il fait trop froid, corrige et pardonne-les.

«Selbst die gefrässigen Präriewölfe und die gelben Schakale schlafen ruhig nebeneinander.»

Paris, den 5ten Januar 1868

Mein liebes Hanneli!
Wie gerne wäre ich am Weihnachtsfeste und auch am Neujahrstage bei Dir gewesen und hätte dann mit Dir geredet, was wohl das Christkindlein bringen möchte. Ist es eigentlich auch gekommen? Denke Dir nur, hier weiss man gar nichts davon, dass einem das Christkindlein viele schöne Sachen bringt, und ich habe auch nicht ein einziges Christbäumchen gesehen.

Doch jetzt will ich Dir einiges von einem Spaziergang erzählen, den ich an einem schönen Sonntag im November in den botanischen und zoologischen Garten gemacht habe. Derselbe ist nahe bei der Seine, einem Flusse, welcher vielleicht ein bisschen breiter ist als die Limmat in Zürich. Sie ist zwar tief, aber doch glaube ich, dass sie kaum mehr Wasser hat als die Limmat, denn dasselbe läuft nur langsam und hat eine gelbliche Farbe. Gerade neben dem Eingang des Gartens ist ein Kaffeehaus, oder Wirthshaus, welches wie ein Bernerhaus aus Holz aufgeführt ist und den Namen «Schweizerhütte» hat.

In den Garten kostet es kein Eintritt, und doch sieht man Thiere aus allen Weltgegenden und zwar viel mehr und viel schönere als in einer Menagerie. Sie sind je 1, 2, 3 oder noch viel mehr von der gleichen Sorte beieinander in einem Garten, um welchen eine Hecke von Eisen oder Draht gemacht ist. Sie sind von der Grösse unserer Stube (in der Du jetzt bist) bis zur Grösse von etwa einer halben Juchart. Da ist der Büffel aus Amerika, 3 prachtvolle Königstiger aus Indien, etwa 5 oder 6 flinke Jaguare aus Brasilien und 2 Panther. Ferner ein afrikanisches Löwenpaar, peruanische Lamas und ein Rentier aus Finnland, welches alle sehr schöne Thiere sind. Hunger haben diese Thiere freilich nicht, denn selbst die gefrässigen Präriewölfe (5 Stück) und die gelben Schakale schlafen ruhig nebeneinander und neben den Stücken Fleisch, welche ihnen zur Seite liegen. Endlich ist ein grosser Teich mit starken Pfählen ringsum für das Nilpferd, welches aber zu der Zeit gerade im Innern des Gebäudes war. 3 Bärenpaare fehlten auch nicht in einem Graben und zogen mit ihren drolligen Manövern besonders viele Zuschauer an. Jetzt kam ich zu den Käfigen, wo die Vögel gerade gefüttert wurden. Während die Kondore und Adler sich immer ein Stück Fleisch abjagten, so war es lustig zu sehen, wie in einem Käfig ein Adler, ein ägyptischer Geier und eine Krähe beisammen waren. Während der grosse Adler mit dem grössten Stück auf dem Baum sass und der Geier sich ebenfalls mit einem Stück in eine Ecke machte, so versteckte die listige Krähe ihren Theil zwischen dem Drahtgitter und suchte dann den beiden andern ihre Sache noch theilweie abzustehlen. Prachtvolle Perlhühner und Gold- und Silberfasane mit wirklich prachtvollem Farbenschimmer, dann Pelikane und storchartige Vögel. Die heil. Ibis und der Kranich fehlten alle nicht, und nach einem Spaziergang durch den botanischen Garten, wo schöne Palmen und auch Baumwolle und Kaffeepflanzen zu sehen waren, kehrte [ich] zurück, aber wie viel kurzweiliger wäre es gewesen, wenn Du bei mir gewesen wärest, und wir hätten dann zusammen diess gesehen. Jetzt aber schreibe mir bald, was das Christkindlein Dir gebracht, bleibe im neuen Jahr immer fleissig und froh und nimm noch Glückwunsch und Kuss von Deinem fernen Bruder Otto

«Kein Glöcklein tönte in die kalte Neujahrsnacht hinein.»

Paris, den 5. Januar 1868

Meine Lieben!
Weihnacht und Neujahr sind vorüber und gewiss habt Ihr Alle oft gefragt, was macht wohl jetzt Otto, wie gehen ihm die Tage vorbei? Warum hat er uns auf Neujahr nicht geschrieben?

Am h. Weihnachtsfeste schrieb ich am Morgen ein wenig, doch bald wars mir zu kalt und ich suchte Herrn Heusser auf, der jedoch arbeitete. Nachdem ich in der St. Bernhardskirche einer katholische Predigt und Messe beigewohnt, traf ich endlich Herrn Heusser beim Mittagessen, und da er noch bis Nachts arbeiten ging, so spazierte [ich] auf Montmartre, einen Hügel, von dessen Höhe man eine der schönsten Aussichten über die Stadt hat. Wir hatten −3°, das Wetter war hell, aber es rauchten zu viele Kamine, von einem Ende der Stadt sah man nichts. Dort sah man die beiden Türme der Notre Dame, die Kuppel des Hôtel der Invaliden, unter welcher die Gruft Napoleons 1. ist. Dann die neue Oper, die Kirche St. Sulpice, das Panthéon und östlich die beiden Thürme St. Ambroise und die Bastille oder Julisäule. Von dort suchte eine Schweizer Brasserie auf dem Boulevard Magenta auf und las dort einige Zeitungen wie NZZ, Bund, Volksfreund, Postheiri.

Nachher ging ich zu Herrn Heusser, der ein schön geheiztes Zimmer hatte, und wir politisierten noch ein bisschen von den Bewegungen in Zürich. Wie viel ist bis jetzt geschehen? Von einem 2ten Tage feiert man nichts, worüber ich auch froh war, denn es wurde von Tag zu Tag kälter, und im Zimmer kann ich nicht heizen, während die Werkstätte immer schön warm ist. Am Silvesterabend gingen Herr Heusser und ich gegen die Tuilerien und sahen uns das Leben und Treiben der vornehmen Welt ein bisschen [an] und sagten uns um 12 Uhr «Guet's Neu's Jahr und guet Nacht», aber kein Glöcklein tönte in die kalte Neujahrsnacht hinaus, in der das Thermometer auf −10° sank. Am Neujahrsmorgen flüchtete [ich] bald aus meinem kalten Logis zu Herrn Heusser, und nachdem wir dort seine Zeichnungen etc. besehen, gingen wir nach dem Stadttheil Montmartre und assen bei einem Eglisauer (Schmidt) zu Mittag. Nachdem ich die Otelfinger aufgesucht, aber nicht zu Hause getroffen hatte, so ging zu einem Basler, Merian, auch eine Brasserie suisse, und steuerte dann meinem Logis zu, nachdem ich dort Sauerkraut und Speck zu Nacht gegessen hatte. Am Bächtelitag [2. Januar] arbeitete ich wieder wie gewohnt, d. h. nur 8 Stunden, weil die Arbeit schlecht geht. Wäre es nicht gerade die schlechteste Zeit (denn man klagt überall), so hätte [ich] schon anderswo um Arbeit nachgesehen. Doch geschiehts vielleicht diese Woche noch, wenn [ich] meine 2 Drehbänke fertig habe. Gerne hätte heute mein Zimmer changiert, doch ich werde soeben noch meinen Monat voraus bezahlen, und die Adresse bleibt bis Anfang Februar noch die gleiche.

Den 10. Januar. Endlich haben wir etwas milderes Wetter, und wenns auch Nachts noch -5 und $-6°$ ist, so wird's am Tage von -2 bis $+5°$. Uebrigens hatten wir auch hier -12 und $-13°$, und die Seine ist zugefroren, so dass sich die Schlittschuhläufer theilweise auf ihr gelbgraues Eis hinauswagen. Nun letzten Mittwoch fragte [ich] in mancher Werkstätte nach Arbeit, ohne Erfolg, am Donnerstag (gestern) hiess man mich mit Zeugnissen, Livret etc. wiederkommen, wenn diess konveniere, so könne ich arbeiten. Heute morgen ging ich hin mit Austrittszeugniss etc. und kann Montag Morgen 7 Uhr bei Herrn Lecoq, rue Lafayette N. 203 und 205 in Arbeit treten. Von meinem jetzigen Logis habe eine kleine Stunde, und für den Winter ist's doch zu weit, wesshalb [ich] auf Ende Monat bestimmt ausziehen werde. In der Umgegend der Werkstätte habe mir schon ein anderes Zimmer angesehen und so auch eins bei einem Zürcher (Glättli von Bonstetten) und werde vielleicht dann die Adresse rue faubourg St. Martin N. 91 annehmen. Heute Mittag traf ich Herrn Heusser, ass mit ihm Mittag, und er selbst hat bei diesem Mr. Lecoq letzten Frühling gearbeitet. Er meinte, ich habe Chance, und sagt, dass eine Dampfmaschine und 60 Arbeiter im Atelier seien und schöne Arbeit gemacht werde. Er selbst langweilt sich in Paris und will gegen Frühling abreisen, gegen Belgien, Petersburg oder gar nach Indien! Wir sind jetzt gute Freunde, obschon er 10 Jahre älter ist als ich, doch obschon er keine Sekundarschule passirt, so zeichnet er doch recht gut und rechnet ordentlich. Er war einige Zeit bei einem Baltenschwyler in Aarau, welcher praktische Anleitungen zum Maschinen konstruiren gibt. Jetzt besuche [ich] alle Abende eine

Zeichnungsschule nahe beim jetzigen Logis, denn in der Schule, wohin ich vorher ging, ist keine Ordnung, jeder kann gehen, und als es kalt wurde, so sassen alle Strassenjungen (Auverniers)[38] hinein, weils warm war, und wenn ich auch eine Viertelstunde vor Anfang kam, so musste froh sein, wenn ich noch Platz hinter dem Thürenwinkel hatte, so dass lieber den geringen Eintritt in die Zeichnungsschule bezahlte.

Kurios ist immerhin, dass am Sonntag alles geschlossen und z. B. solche Zeichnungsschulen, und ebenso während den 14 Tagen über Neujahr und Weihnacht. Auch zoolog. und bot. Garten, Conservatoire des Arts und Métiers und alle Anstalten der Art, wo der Arbeiter für wenig oder keine Auslagen etwas sehen und lernen könnte, sie waren geschlossen.

Die Zeichnungsschule, welche ich jetzt besuche, ist gegründet und wird geführt durch die frères (Klosterbrüder, Mönche) und finde natürlich nicht viel neues, doch habe immer Übung im Zeichnen. Letzthin riefen einige, man wolle keinen Protestanten, worauf aber der vernünftige Bruder erklärte, so lange ich keinen geniere, solle man mich in Ruhe lassen. Die Zeilen von Euch habe erst erhalten, obgleich sie schon Montags in Paris waren, sie wurden (der vorletzte kam 8 Tage später) verspätet, weil die N. 115 vergessen worden war.

Indem ich Allen für die Glückwünsche danke, empfanget auch Ihr Alle meine innigen Glück- und Segenswünsche zum kommenden und folgenden Jahr, möge jeder Brief mir immer gute Nachricht bringen, so bin ich auch froher, heiterer in der Fremde. Bleibt Alle froh und gesund und gedenkt bisweilen Eurem fernen Otto

«Durch mein Fenster sehe ich nicht weniger als 35 hohe Kamine.»

Paris, den 2. Februar 1868

Meine Lieben!

Wie im letzten Briefe berichtete, so habe ich jetzt mein Logis geändert; zwar erhielt durch Empfehlung des genannten Herrn Glättli diess Zimmerchen in einem Privathaus, wo ich erstens billiger und zweitens reinlicher und ruhiger bin.

Dasselbe ist frisch tapeziert und hat ein grosses Fenster nach Südost, also habe gerade Morgen- und theilweise Mittagsonne. Es ist in der

---

38 Innerfranzösische Immigranten aus der Auvergne. Diese Region in Zentralfrankreich entsandte grosse Teile des Bevölkerungsüberschusses nach Paris. Vgl. dazu: Antoine Bonnefoy: Les Auvergnats à Paris. Paris 1933.

3ten Etage, und durch das Fenster sieht man einen sehr industriellen Theil von Paris, so sehe nicht weniger als 35 hohe Kamine. Viel schönes ist nicht zu sehen als etwa im Frühling, wenn die 4 Buttes Chaumont (hügelige Anlagen) sich in Grün kleiden. Bei hellem Wetter sollte man wohl noch den gewaltigen Kirchhof «Père Lachaise» sehen, denn dorthin ist die Gegend auch frei, jetzt aber neblig.

Das Zimmer selbst ist mit einem grossen, guten Bett, Schrank, Pendule, Gemälden und Portraits, Tisch und Nachttischchen ausstaffiert. Gleichwohl bezahle nur 15 fr. per Monat, resp. 4 Wochen. Heute Morgen musste Mr. und Mad. (2 Leutchen, die gegen die sechzig rücken, noch sich um alles erkundigen und sehr freundlich sind) Bardian den Kaffee trinken. Sie sind allein, doch ist fast alle Tage eine verheirathete Tochter mit ihrem etwa 2jährigen Knaben bei ihnen. Mr. ist Klaviermacher und geht alle Tage arbeiten, doch sind sie wohl nicht ohne Vermögen. Mit meiner Wohnungsänderung habe also alle Ursache zufrieden zu sein.

Und nun wegen dem Atelier, wo ich jetzt seit 3 Wochen arbeite. Es hat, alles gerechnet, in den sechzig Arbeitern und ist also das erste grössere Atelier, in dem ich arbeite. Im Anfange wollte man mir keine Ruhe lassen, einmal sollte ich die Quantaise (Eintritt) mit einigen Litern bezahlen und wollten die übermüthigen Franzosen den fremden Schweizer einschüchtern, zum Kameraden pressen.

Jetzt, da ich keinen Tropfen bezahlte und ihren Spässen mit lächelndem Gleichmuthe immer auswich, lassen sie mich in Ruhe. Bis jetzt habe noch nicht viel wichtiges unter die Hände bekommen, doch werden hübsche Arbeiten gemacht, wie Hobelmaschinen, Pressen aller Art, gerade jetzt eine Anzahl Pressen mit Trete für Anfertigung der Eisenbahnbillete. Dann sollen bald Maschinen für Posamentiers gemacht werden zum Weben und Sticken von Chales. Das Arrangement im Atelier ist sehr gut, hübsche und gute Werkzeuge und Werkzeugmaschinen, welche letztere alle durch eine liegende Dampfmaschine von Fargot mit 12 Pferdestärken getrieben werden. Ausser dem grossen Atelier sind noch 2 Magazine, Schmiede, Büreau und Zeichnungszimmer, Schreiner und Polier-Werkstatt, Schleife etc.

Das Licht fällt durch ein Glasdach ins Atelier, wodurch dasselbe sehr hell ist und man keine Fensterscheiben braucht. Abends haben wir Gas. Gearbeitet wird von 7 Uhr Morgens bis 11 Uhr und von 12 Uhr bis 6 Uhr Abends, also 10 Stunden. Bezahlt bin ich jetzt mit 40 Rp.

per Stunde, macht also gerade 4 fr. pro Tag. Es ist diess gerade nicht viel, doch kann man auch hier damit auskommen. Einige Tage vor mir fing auch ein Zürcher, ein Furrer von Winterthur, in jenem Atelier an, wurde aber letzten Samstag fortgeschickt, warum weiss ich nicht. Sonst arbeitet nur noch ein Genfer als Landmann im Atelier.

Gegenwärtig ist auch Jean Meyer hier, der Arbeit sucht, doch wird sich schon etwas zeigen, denn die Geschäfte gehen schon nach und nach etwas besser.

Herr Heusser hat gerade Besuch von einem Russen, der s. Z. in der escherschen Fabrik in Zürich war, jetzt aber von England hieher kam und gern einige Zeit hier arbeiten möchte. – Ich bin gottlob gesund und munter und hoffe, dass diess auch im Steinhof der Fall sei. Emilie hat mir letzthin geschrieben und werde ihm heute abend auch antworten. Auf baldige Antwort seid Alle gegrüsst und geküsst, Euer   Otto
à l'adresse de Monsieur Bardian, rue canal St. Martin Nr. 15, Paris

Vom Pariser Carneval.

Paris, den 26. März 1868

Geliebte Schwester Emma!

Endlich komme ich zu einer Antwort auf Deine lieben Zeilen vom 13. Februar und komme vorerst, um Deine Fragen zu beantworten. Was meine Wäsche anbetrifft, so ist eben ein Theil noch in gutem Zustande, andere Sachen dagegen sind zerrissen. Wäscherinnen hat's genug hier herum und ist das Waschen nicht theuer, dagegen das Flicken. Ein Knöpfchen 20 cs., eine Naht zugenäht 30–60 und ein Stückchen eingesetzt 70 cs. bis 1.20 fr., so hiess es bei der ersten Wäscherin, der ich die Sachen zu flicken gab. Das war mir aber zu viel, erstens könnte ich selbst ansetzen, eine Naht mit grossen Stichen auch selbst zuflicken, aber was das fatalste war, ein ordentliches Stückchen einsetzen. Das geht halt nicht. Ein carriertes Hemd habe bereits auf die Strasse geworfen, mit zwei weissen, die ziemlich zerrissen sind, weiss ich bald nichts anderes zu thun, und ebendasselbe ist mit einigen Strümpfen der Fall. Drei weisse Hemden habe noch wenig getragen, denn weil ich alle Wochen waschen lasse, so ziehe immer die gleichen an. Nächstens werde ich mir wohl einige Arbeitshemden kaufen, doch weisse noch nicht.

Du frägst ob ich mir Kleider gekauft? Für den Sonntag ausser Hosen und einem theuren, schlechten Filzhut noch nichts. Wohl habe ich schon hie und da nachgesehen, denn man muss eben sehen, dass man hier nicht betrogen wird. Arbeitskleider habe mir schon 4 Leibchen (corsage) gekauft und finde dieselben ganz praktisch zum arbeiten, aber sie halten nicht lange. Jetzt rathe mir, was ich mit meinen alten zerrissenen Sachen anfangen soll, aufbehalten oder auf die Strasse werfen zur Freude der Pariser Chiffoniers? Es wäre wohl das beste, item schreibe mir.

Hier gehts immer den gleichen Gang, sowohl im Logis als im Atelier. Am Mardi gras und vor 8 Tagen an Mitfasten hatten wir von Mittag an frei, und gestern war das Begräbniss eines Arbeiters aus dem Atelier. Auch Herr Lecoq soll krank sein. Arbeit habe zwar keine schöne, noch immer untergeordnete, doch habe ich Aussicht, dass in den nächsten Monaten etwas gestiegen werde.

Und nun noch etwas vom Carneval und Mitfasten. Am Carneval führt hier ein reicher Metzger 2, 3 oder 4 fette Ochsen in der Stadt herum.[39] Diess Jahr hatte den Zug der erste Metzger von Paris, Luval, übernommen. Derselbe hat 8 grosse Restaurants und in den zwanzig Fleischverkaufsläden und zwar erster Qualität; er soll Millionär sein, gehe aber auch ins Schlachthaus und helfe abschlachten und sitze mit den schmutzigen Kleidern und dem rothen Schurz in seine feine Carosse.

Aus einem Programm ersah ich, dass der Zug sich am Mardi gras, Mittags 1 Uhr, im Tüilerienhof dem Kaiser präsentieren werde, und eilte deshalb dorthin, allein es hatte zu viele Leute, und ich konnte vom Kaiserpaar auch gar nichts sehen. Der Zug selbst bestand aus 4 Ochsen je auf Wagen, die bekränzt waren und den Namen der Ochsen trugen. Es waren schöne, fette Kerls, und der grösste sollte 1430 Kilos wiegen, was mir freilich etwas fabelhaft vorkam. Dann kommen Herr und Sohn Duval, Reiterabtheilungen mit alterthümlichen Kostümen, 3 Wagen mit Insekten, Frichinen, Bournichons und endlich noch 4 Wagen, welche die 4 fremden Welttheile repräsentieren sollten. Der Zug war klein, aber zudem er nur von einem einzelnen arrangiert ist, ist er doch viel. Jch selbst fand im Zuge wenig merkwürdiges, einzelne reiche Costüme, alles recht scheckig und bunt, das war das schöne an

39 Im 19. Jahrhundert feierte Paris seine Strassenfasnacht. Vor allem war der Umzug am Fasnachts-Dienstag, dem «Mardi gras», berühmt, wo, wie Wyss es beschreibt, die schönsten Schlachtochsen (eigentlich für Ostern bestimmt) durch die Stadt gefahren wurden, ein Brauch, der sich in vielen anderen französischen Städten (bis in die Westschweiz, dort allerdings kurz vor Ostern) fand.

diesem Zuge. Vor 8 Tagen war der Carneval der Wäscherinnen, oder Mitfasten[40]. Die Wäscherinnen haben nämlich einen Feiertag, maskieren sich und ziehen so zu Fuss und zu Wagen herum. Es wird auch eine Königin gewählt, die ich auch in einem Cabriolet im grossen blauseidenen Rock mit grossen Chignons und einem gewaltigen Bouquet herumfahren sah, doch Ordnung war keine, die einen fuhren hierhin, die anderen dorthin, kreuz und quer durch die Stadt, bis sie Abends zu einem grossen Dîner zusammensitzen und endlich ein Ball beginnt, der bis zum folgenden Morgen dauert. Diess ist der Carneval der fleissigen Wäscherinnen.

Am Josephtag war noch das Fest der Zimmerleute[41], welche mit Bändern und Fahnen und zwei hübschen Meisterstücken (einer russischen Kirche mit hölzerner Kuppel und einem schlanken Thurm)[42] daherzogen. Zimmerleute mit Lederschürzen und blanker Axt waren in einer Droschke ihrer Herbergsmutter[43], die jedesmal einen neuseidenen Rock als Geschenk kriegt. Sie zogen zur Kirche in die Messe und halten nachher ihr Dîner, dem schliesslich ein Ball folgt. Und so rückt nun bald der liebe Frühling wieder an, die Tage sind schon länger, doch ist's auch hier immer noch unfreundlich kühl draussen, und über die Buttes Chaumont kommt der kalte Nordwind noch sehr stark herein. In den Strassen sieht man überall die Veilchen und etwa ein Schneeglöcklein, aber nicht die gleichen wie bei uns, die als kleine Bouquets zu 10 cs. verkauft werden. Hyacinthen sieht man oft in Geschirren. In den nächsten Tagen feierst auch Du liebe Schwester Deinen Namenstag, wozu ich Dir ebenfalls Gottes Segen, Glück und Gesundheit und alles Gute wünsche. Herzliche Grüsse und Küsse an Alle, besonders sei Du noch beglückwünscht und geküsst von Deinem Bruder   Otto

Von Osterbräuchen in Paris und Wanzen im Logis.

Paris, le 28 Mai 1868

Liebe Schwester Emma!

Diessmal habe ich Dich lange auf ein Antwort warten lassen, doch auf Pfingsten wirst Du diese Zeilen wohl erhalten, und ich bin zufrieden,

---

40 Die alte Fasnacht, hier Mitfasten, war dem karnevalistischen Vergnügen jener einfachen Leute reserviert, die an der Fasnacht selbst als dienstbare Geister dafür keine Zeit hatten.
41 Josef als Zimmermann ist der Patron der Schreiner und Zimmerleute.
42 Es handelt sich um Werkstücke, die ein Geselle herstellen musste, um als Meister aufgenommen zu werden.
43 Die Wirtin der Gesellenherberge.

dass ich wieder besser z'wäg bin. Seit Anfang dieses Monats haben wir hier schon eine drückende Hitze, und besonders im Atelier ist es kaum auszuhalten, weil dasselbe ein Glasdach hat und zugleich eine Dampfmaschine darin arbeitet. Von dieser Hitze gibt es gleich Durst, und wenn man Wasser trinkt, so wird man erst durstiger. So wurde es mir zweimal so übel, dass ich von der Arbeit weg musste und heimging, wo mir Mad. Bardian einen Thee machte und es mir bald wieder besser wurde. Gerade diese Woche machte es auch wieder heiss, doch scheint es mir, als ob mir die Hitze und das Wasser schon weniger mache und die Arbeit leichter gehe. Jean Meier Schmid's hatte es in letzter Zeit fast ebenso und meint, jetzt habe er es «überhaue», und ich auch. – Was die Oster Feiertage anbetrifft, so war's auch hier unfreundlich Wetter, so dass man sich nicht zu weit machte. Am Palmsonntag verkaufte man hier überall Buchs Zweige und es wurden solche auf die Hüte, die Karossen, Pferde und bei uns auf den Regulator der Dampfmaschine aufgesteckt. Am Nachmittag war ich dann mit Hartmann Schybli und Heusser im Musée Louvre, Gemälde Galerien, wo wir die Werke von Raphael, Sanzio, Rubens, Rembrandt etc. bewunderten. Auch dort hatten die Wachen und Angestellten Buchszweige aufgesteckt und Mr. Heusser meinte: «Nu ja, d'Narre müend zeichnet si!»

Am Charfreitag wurde gearbeitet wie gewohnt, nur war Mittags, als wir zum Essen gingen, alle Restaurants und Etablissements de Bouillon geschlossen, bis wir endlich bei einem Traiteur doch noch Fische und Erdäpfel kriegten. Am Ostersonntag wohnte am Morgen einem luth. protestantischen Gottesdienste bei und ging Nachmittags mit zwei Schweizern, welche im gleichen Speisehause essen, in die Faubourg St. Antoine, wo ein sog. Lebkuchenmarkt von Ostern bis 3 Wochen nachher stattfindet. Am Ostermontag wurde auch nicht gearbeitet, doch blieb ich daheim und machte einige Notizen aus einem Buche, das mir Herr Heusser geliehen hatte, und zeichnete ein Ei. Derselben hatte es viele zum Verkaufen, doch 10 cs. das Stück ist eben zu theuer. Geschriebene habe keine gesehen, dagegen hatten die Zuckerbäcker solche von Zucker bis zu 400–500 fr. (thüri Eier). Ausserhalb der Stadt war ich zweimal, nämlich im Bois de Boulogne, wo ich einem Pferde-Wettrennen zusah und letzten Sonntag gegen St. Quen, wo wir Kegel spielten. Auf Pfingsten habe mit Hr. Heusser verabredet in die Champs-Elysées, um dort die jährliche Ausstellung der französischen Künstler zu sehen, vielleicht auch ein Bad in der Seine zu nehmen.

Nächsten Sonntag über 8 Tagen habe ich mit ihm einen Ausflug nach Versailles projektiert, ums dortige Schloss, Museum, Garten etc. zu sehen und den folgenden Sonntag nach St. Cloud, um das dortige kaiserliche Schloss, den Garten und die grossen Springbrunnen und Wasserwerke zu sehen. Du siehst also, dass ich noch manches zu sehen habe und dazu gerade die nächsten Sonntage zu nehmen gedenke, vorausgesetzt dass nicht zu schlechtes Wetter ist. In der Stadt selbst ist mit der schönen Jahreszeit ein ganz anderes Leben, überall tummeln sich die Leute herum, man isst und trinkt vor der Wirthschaft auf der Strasse, dem Trottoir. Musik und Gesang hört man verhältnismässig wenig ausser in den Theatern und Concerts.

Hier ist man im Allgemeinen etwas unzufrieden mit der Regierung, doch gerade jetzt siehts wieder ruhiger aus als vor drei Wochen, um welche Zeit man mitunter «La république», «La marseillaise» und das «Guerre aux Tyran» auf der Gasse singen hörte. Letzthin wurden hier 9 Mitglieder der internationalen Arbeitergesellschaft zu 3 Monaten Gefängniss und 100 Fr. Busse verurteilt, wie sie den Genfern zu ihrer Greffe [Streik] eine Unterstützung geschickt hatten; die Gesellschaft wurde gelöst.

Bei Herrn Bardian bin ich alle Wochen ein oder zwei Mal eingeladen, sei's um eine Tasse Kaffee oder um ein Glas Wein mit ihnen zu trinken und den Abend ein bisschen zu plaudern. An der Auffahrt half ich Herrn Bardian im Keller, denn er hatte von Verwandten in Montpellier ein Fässchen mit 130 Liter Wein erhalten, welchen wir dann in Flaschen abzogen. Der Wein ist wirklich ausgezeichnet, doch kostet der Liter 23 $^{1}/_{2}$ cs. nur Eintritt in die Stadt, «die Octroi» [Strassenzoll]. Herrn Heusser treffe alle Wochen ein oder zweimal, indem ich in das Speisehaus gehe, wo er gewöhnlich isst. Dann spazieren wir am Abend zusammen oft in die reizenden Anlagen der Buttes Chaumont, der Pariser Schweiz. Von der Höhe jener Hügel hat man eine weite Aussicht über die gewaltige Stadt, von der man kein Ende ersehen kann, nur im Norden sieht man bei hellerm Wetter über die Barierren hinaus. Dort sitzen und plaudern wir etwa ein Stündchen und kehren zurück.

Mit der Arbeit im Atelier geht es fast immer gleich, und ich habe fast immer die gleiche Beschäftigung mit Kopierpressen von allen Grössen und Formaten. Weil ich dieselben ganz fertig liefere, so wäre die Arbeit wohl kurzweilig, aber nicht viel dabei zu lernen. Diese Woche wurden 2 Billet-Pressen für nach Moskau fertig, und man arbeitet viel für einen grossen Webstuhl zur Fabrikation von Chales, welcher ebenfalls nach Russland bestimmt sei, doch wird derselbe besonders montiert, so dass man ihn kaum zu sehen bekommt. Wenn sich mir Gelegenheit bietet, das Atelier ohne Zeitverlust zu changieren, so werde ich es wohl thun. Das Logis würde der Leute wegen nicht gern ändern, denn wenn's auch Wanzen hat, so hat's nicht gar viel, weil Haus und Zimmer immer sauber gehalten werden, und man sagt, dass in Paris kein Haus ohne Wanzen existiere (denn auch im Louvre sollen sie existieren), somit könnte ich andernorts nur noch mehr solches Ungeziefer haben.

Und wie stehts jetzt im lieben Steinhof, wo wohl alles schön im Frühlingskleide steht und der neu rangierte Garten sich ganz hübsch machen mag. Ist Emilie von Goumoëns zurückgekehrt? Es hat wohl noch einen Brief von mir erwartet, den es auch das nächste Mal erhalten wird. Gerne möchte ich oft Abends schnell aus dieser schwühlen Gassenluft hinaus ins Gras unter die Bäume sitzen, aber es ist zu weit. Leb wohl liebe Schwester, herzliche Grüsse und Küsse an Alle!
Dein Bruder   Otto

«Die neuen Gewehre und Kanonen pressieren wenig.»

Paris, den 21. Juni 1868

Geliebter Vater!

Heute sind's gerade ³/₄ Jahre, seitdem ich hier angekommen und habe in dieser Zeit wohl manches gesehen und gelernt, dennoch bleibt für's Sehen und besonders das Lernen noch gar viel. Gesehen habe ich die grösseren Gebäulichkeiten, von denen ich schon früher erzählen hörte und die Museums des Louvre und von Cluny, das Conservatoire des arts et métiers u.a.m.

Für meinen Beruf habe ich besonders in den Arts und Metiers viel zu sehen und zu lernen, denn dort sind sehr reiche Sammlungen von physikalischen und astronomischen Apparaten. Dann Maschinen und Modelle für Bergbau und Hüttenbetrieb, Spinn- und Webstühle, Dampfschiffe, Wasserräder und schliesslich chemische Geräthe und Produkte und landwirthschaftliche Geräthschaften (worunter z. B. ein schönes Modell eines Berner Bauernhauses). Alle diese Sammlungen und Museen sind dem Publikum alle Sonntage unentgeltlich geöffnet.

Nun wäre freilich noch die rechte Gelegenheit, in den Pariser Ateliers etwas zu profitieren. In demjenigen, wo ich gegenwärtig noch bin, werden allerdings ganz schöne Arbeiten gemacht, die Pressen von allen

Formen, Abstufungen und Preisen und den mannigfaltigsten Zwecken, wozu sie benutzt werden, je passend konstruiert ist immerhin sehenswerth, aber jetzt wäre es mir doch lieber, in einem Atelier arbeiten wo Dampfmaschinen oder Lokomobile, überhaupt wo etwas grössere Maschinen gemacht würden, bei denen die Konstruktion etwas mannigfaltiger wäre.

Gerade jetzt ist aber die Zeit ungünstig, denn weil man nicht mehr vom Krieg redet, so pressieren die neuen Gewehre und Kanonen weniger, und gestern schickte man in einer benachbarten Werkstätte 150 Arbeiter fort, weil keine Bestellung für Fabrikation der neuen Chassepat Gewehre mehr kam. In unserem Atelier wurden letzthin auch einige fortgeschickt, doch jetzt ist wieder eint und anderes gekommen, so dass die Lücken wieder gefüllt werden können.

Beiliegend erhaltet Ihr lieber Vater noch einen kleineren Plan der Stadt Paris, der mir schon oft seine Dienste leistete, um mich zu orientieren. Jetzt habe ich einen grösseren, der jedoch zum Couvert zu gross und zu schwer würde. Die grösseren Strassen und Gassen sind eingeschrieben, sowie die Stadttheile. Das gegenwärtige Logis befindet sich in einer Gasse, die von der «Rue du Faubourg St. Martin» gegen den Canal geht, die erste südlich von dem Zusammentreffen der genannten Strasse mit der «Rue de Lafayette».

Einen Begriff kann man sich von der Ausdehnung machen, wenn man denkt, dass die Länge der Befestigung ringsum bestehend aus einer Mauer von 10 Metern Höhe eine Länge von 112 Kilometer, also über 22 Stunden Länge hat. Kurios ist auch, wie die Seine unterhalb Paris wieder auf ihrer nördlichen Seite hinaufbiegt.

Zum Namenstag bringe auch ich meine innigsten Glücks- und Segenswünsche aus der Ferne und schwebe in Gedanken heimwärts, um die frischen Rosen und Vergissmeinnicht zu sehen, wie auch ich sie einst gebracht. Wann werde ich dabei sein? Nun das sei Gott befohlen, und möge Er über Euch wachen wie über Euren fernen Otto

Otto wird Mitglied des Gesangsvereins Harmonie.

Paris, le 25 Octobre 1868

Meine Lieben!

Gewiss erwartetet Ihr schon einige Zeit Nachrichten von mir, und ich hätte auch geschrieben, denn Zeit hatte ich genug, aber keine Arbeit. Seit Donnerstag arbeite ich jetzt wieder in einem kleinen Atelier von etwa 12 Arbeitern. Im Atelier Lecoq war ein neuer Contremaitre eingetreten, mit welchem ich Streit hatte und eben auspackte. Im jetzigen Atelier werden Werkzeugmaschinen wie Hobel- und Bohrmaschinen etc. gemacht, doch hat man schlechte Werkzeuge und der Patron soll oft betrunken sein. Mein Zimmer kann ich immerhin bei Bardian's behalten und habe eine gute Viertelstunde.

Doch wie stehts daheim, ist Oskar heimgekommen? Habe ich schon oft gedacht. Wohl war Schmid Meier am Napoleonsfeste hier in Paris, ohne mir aber viele Nachrichten zu bringen ausser was er von Otelfinger Dorfgeschichten brachte.

Dann werdet Ihr wohl auch den Besuch von Herrn Maag, Schneider, gehabt haben, der vor etwa 10 Tagen zurückkam. Hartmann Schybli brachte mir einige Otelfinger Trauben und Grüsse von Euch und meinte, es habe nicht viel Neues in Otelfingen, ich solle noch mit seinem Bruder reden, den ich aber seither noch nicht gesehen habe. – Seit einem Monat bin ich in den Gesangverein der Harmonie suisse eingetreten, der am Dienstag und Freitag seine Gesangsübungen in deutschen und französischen Liedern hat. Er besteht nur aus Schweizern und zählt gegenwärtig gegen 30 Aktivmitglieder. Der Eintritt ist 5 fr. und der Monatsbeitrag 2 fr., und ausserdem besteht eine caisse libre mit 50 cs. per mois, aus der alle 2 Jahre die Reisekosten der Harmonie ans eidgenössische Sängerfest bestritten werden. Letzte Woche wurde für die von den Ueberschwemmungen heimgesuchten Schweizern eingesammelt und es gab von der Gesellschaft jeder 1 bis 10 fr. Gottlob ist der Kanton Zürich solchen Ueberschwemmungen nicht ausgesetzt, ausser dem Sihlthal.

Hier in Paris gehen die Geschäfte so ziemlich schlecht, so war ich z. B. in 30 Ateliers an einem Tage, ohne auch nur Aussicht auf Arbeit zu erhalten.

Vom Napoleonsfeste werde etwa im nächsten Briefe noch etwas erzählen. Wahrscheinlich wird Hartmann Meier Schmid's in 4 oder 5 Wochen heimkehren, dem ich auch einige Zeilen mitgeben werde, und indem ich bald Euren lieben Nachrichten entgegensehe, verbleibe mit herzlichem Gruss und Kuss, Euer   Otto
Heute Nachmittag werde ich dem Turnfest des hiesigen schweizerischen Turnvereins zusehen, denn die Harmonie geht hin, und man wird singen.

Sängerverein Harmonie Suisse de Paris 1869. Otto Wyss in der zweituntersten Reihe der Vierte von links.

«Es lebt in jeder Schweizerbrust ein unnennbares Sehnen.»

Paris, den 1. Dezember 1868

Geliebte Grossmutter!

Der Winter kommt, und gewiss habt Ihr liebe Grossmutter schon oft gefragt und gedacht, ob auch Otto für diesen Winter versorgt sei oder ob er wohl frieren müsse.

Ja der Winter ist wohl die traurigste Zeit für den Arbeiter, der in der Fremde ist. Doch es sind ja für mich schon zwei Winter gekommen, seitdem ich in der Fremde bin, und diesem sehe ich so ruhig entgegen, als ob ich daheim wäre. Mit Kleidern bin ich so ziemlich versehen, denn am Werktag ziehe ich die alten hellen Sonntagshosen unter den Arbeitshosen und den Rock über die Aermelweste mit dem warmen Halstuch wohlgemuth an die Arbeit, und am Sonntag habe meine gerieselten Hosen und Weste mit Rock und dem schwarzvioletten Ueberrock und runden schwarzen Hütchen.

Ueberhaupt muss ich ein bisschen auf die Kleider halten, seitdem ich in dem Gesangverein der Harmonie-suisse bin, denn es hat viele Gommis [Bureau-Angestellte] und Schneider dabei, die immer sauber und geputzt daher kommen.

Jn nächster Zeit werde ich mir wohl noch einige weisse Hemden kaufen und mit der Zeit auch einen neuen Hut. Blaue Arbeitshosen habe ich mir gekauft sowie auch gewobene wollene Pariserstrümpfe, die wohl billig (1.50 Fr. das Paar) sind, aber auch nicht lange halten. Stiefel habe ich frisch gesohlte und noch gute Bottinen.

Im Atelier geht es ganz gut mit der Arbeit, denn während wir letzte Woche noch nur 10 Stunden arbeiteten, so arbeiten wir jetzt 11 Std. nämlich von Morgens 6 Uhr bis Abends 6 Uhr mit einer Stunde Unterbrechung, von 11–12 Uhr. Von der Stunde habe ich 45 Rp., also 4 fr. 95 pro Tag, was so der Durchschnittslohn in Paris ist, so hat auch Herr Heusser dasselbe. Man munkelt so hie und da etwa von einer Strike der Mechaniker, doch wird's hoffentlich vor dem Frühling noch nichts geben. Die Abendstunden habe ich auch für diesen Winter so ziemlich ausgefüllt, so gehe ich Mittwoch, Donnerstag und Samstag (von 8–10 Uhr) in eine Zeichnungsschule und Dienstag und Freitag von 9–11 in die Harmonie.

Letzten Sonntag vor 14 Tagen feierte die Harmonie ihr jährliches Bouquet, welchem u.a. auch der hiesige schweizerische Konsul Herr Dr. Kern[44] beiwohnte. Ich machte dasselbe nicht mit, bin dagegen oft am Sonntag Abend im Lokal bei den gemüthlichen Abendunterhaltungen, wo Klavier gespielt und gesungen und deklamiert wird.

So fliehet die Zeit rasch in der Ferne, aber doch gibt es Momente, die langsam dahinziehen und mit tieferem Gefühle als daheim singen wir das schöne Lied: «Es lebt in jeder Schweizerbrust ein unnennbares Sehnen.»

Ja und so nehmt, theuerste Grossmutter, auch zu diesem Namenstage meine innigsten Glückwünsche, möge Gott über Euch walten, Euch segnen, Euch Gesundheit verleihen und Eure Bitte zu ihm erfüllen und Euren fernen Enkel begleiten. Das walte Gott! Mit herzlichem Kuss Euer dankbarer Otto

Eine Schachtel Cacao für die Mutter zu Weihnachten.

Paris, den 25. Dezember 1868

Liebe Eltern und Grossmutter!

Wir haben Weihnacht, und ich sitze einsam in meinem Zimmerchen, denn es hat hier kein Weihnachtsbäumchen. Glücklicherweise ist es noch nicht gar kalt, so dass man im Zimmer nicht frieren muss. Gegen Abend wird wohl Hartmann Meier Schmid's zu mir kommen, da er wahrscheinlich nächsten Sonntag heimgehen wird.

Durch ihn werdet Ihr diese Zeilen so wie auch ein Päckchen erhalten, in dem ich einige Kleinigkeiten zusammengepackt. Euch lieber Vater den «Führer in Paris», der mir schon oft hier gute Dienste geleistet hat, besonders mit seiner etwas ausführlichen Karte, nur werden immer die Strassennamen changiert, so wurde auch die rue des montagnes, wo Mr. Heusser wohnt, in rue Bisson umgekehrt u.v.a.m. Für Euch liebe Mutter habe ich eine Schachtel voll Cacao beigelegt und hoffe, es möge Euch gut schmecken. Der lieben Grossmutter habe ich ein wenig Kaffee, und es soll mich freuen, wenn er gut ist und Ihr ein gutes Tässchen trinkt. Ist's auch nicht viel, was ich schicke, so nehmt's doch als Zeichen der Liebe und Dankbarkeit. Gerne hätte ich's selbst heimgebracht, aber wenn ich ein Vöglein wär, denn die Reise kostet immerhin zu viel. Doch wir stehen bald am Ende dieses Jahres und werde ich den Sylvester-Abend in der Harmonie verleben, welche ja am Jahresschlusse noch eine Abendunterhaltung veranstaltet. Letzten

---

44 Johann Conrad Kern (1808–1888), bevollmächtigter Minister (Gesandter) in Paris von 1857–1883, einer der wichtigsten Diplomaten der Schweiz im 19. Jahrhundert.

Sonntag war ebenfalls, und ich ging um 8 Uhr hin, wo das Lokal bereits gefüllt war. Die Gesellschaft besitzt ein Piano, auf dem gespielt und dazu gesungen wurde. Chorgesang, Quartett, Einzelgesang, Deklamation folgten sich rasch, und nur zu bald war's halb 12 Uhr, um welche Zeit sich die Gesellschaft auflöst. Am Sylvester geht's wahrscheinlich ein bisschen länger, denn es ist Freinacht.

Zum neuen Jahre nehmt noch theure Eltern und geliebte Grossmutter meine innigsten Glücks- und Segenswünsche von Eurem fernen Sohn und Enkel
Otto

Wyss lernt die Brutalität der Polizei in Paris kennen.

Paris, den 19. Juli 1869

Geliebter Vater!

Als ich gestern das liebe Briefchen von Schwester Emma erhielt, war ich nicht wenig erstaunt zu hören, dass Ihr seit 2 Monaten keine Nachrichten von mir hättet. Wo sind denn meine Briefe vom 20. und 21. letzten Monats geblieben? Eine Möglichkeit scheint mir, dass der Brief, in welchem ich die Unruhen erzählte und dabei besonders über die Brutalität der Polizei und Soldaten geschimpft hatte, in diesem Quartier geöffnet und zurückbehalten worden sei. Doch ich will noch einiges darüber nachholen und wenigstens erklären, warum ich zu schimpfen hatte. Als nach dem 8. und 9. Juni das Militär und die Sergeants de ville ihre Patrouillen machten, so hatten sie den Auftrag, alle Gruppen von Leuten auseinander zu jagen, und sie waren dabei freilich mehr als grob genug. So ging ich am 10. Abends um halb 9 Uhr die Faubourg du temple hinunter meinem Logis zu, als eine Patrouille von etwa 50 Sergeants herauf kam und eine Masse von Menschen, Männer, Frauen und Kinder vor sich her trieb. Ein Theil rief: «Vive le Rochefort»[45] und «Vive la republique», während die Sergeants rechts und links einhieben. Ich ging ganz ruhig nahe den Häusern, und als der grosse Haufen der Sergeants kam, so drückte ich mich ein wenig in die Ecke eines Hauses, und schon waren die meisten vorbei, als noch einer hinten nach kam und mir mit einem sog. Art «Todtschläger» (einem mit Eisendraht umflochtenen Bleiknopf) einen Schlag auf den Kopf versetzte, einen zweiten hielt ich mit der Hand auf und sagte ihm, er solle mich doch heimgehen lassen, worauf er mich gehen liess. Gerade

---

45 Victor Henri de Rochefort (1830–1913), als Publizist einer der schärfsten Gegner von Napoleon III.

neben mir war auch eine Frau, die einen Schlag auf den Kopf erhielt, worauf sie sich bückte, allein ein nachfolgender Sergeant schlug ihr noch ein zweites Mal, dass das Blut herausspritzte und sie wie todt liegen blieb. Ich suchte schnell mein Hôtel, denn schon zog die Cavallerie mit blanken Säbeln die Gasse herauf. Vom Zimmer aus sah ich dann noch, wie die Infanterie mit den Gewehrkolben die Leute zur Thüre hineinstiessen. In die Harmonie ging man einigemale nicht, und noch 8 und 14 Tage nachher wurden beim geringsten Lärm die Magazine und Läden zugemacht. In der letzten Zeit haben die Arbeiter zusammen gesteuert, um den Familien zu helfen, deren Ernährer wegen diesen Geschichten an der Arbeit gehindert wird oder wurde. [...]
Wenn viel Arbeit da wäre, so würde ich natürlich auf das gewöhnliche System arbeiten, allein wir mussten schon vom 1. bis 8. Juli eine Woche wegen dem Inventar spazieren, während dasselbe auch in 2 bis 3 Tagen gemacht werden könnte. Letzten Donnerstag vor 14 Tagen verreiste Mr. Heusser von hier nach Bouënos-Aires in der Republik La Plata[46]. Wenn sich ihm keine ordentliche Stelle auf seinem Berufsfelde in Aussicht stellt, so will er sich als Farmer auf eine der Colonien zurückziehen, die fast nur aus Schweizern bestehen. Vorher hatte er Aussichten, von hier aus eine Stelle in Quito, Republik Equador zu erhalten, was aber vereitelt wurde, weil er darauf bestand zu wissen, was er dort verdienen würde! An Fankhauser hatte er in der letzten Zeit nicht mehr geschrieben, doch werde ich ihm wahrscheinlich in der nächsten Zeit schreiben. [...] Otto

Paris, den 21. Juli 1869

Mein liebes Hanneli!
Schon vorgestern hätte ich auf Emmas Briefchen geantwortet, denn es war ja Sonntag, allein es war ein Ausflug des Gesangvereins der Harmonie nach St. Denis und da ich jetzt Bibliothekar des Vereins bin, so habe ich die Gesellschaft mit den nöthigen Gesangheften und Büchern zu versehen oder mich zum Voraus zu entschuldigen, wozu ich keine Zeit mehr hatte. Der Nachmittag war etwas langweilig, denn wir waren sehr zerstreut, und die verschiedenen Abtheilungen kamen bald zu Fuss, bald mit der Eisenbahn oder Fuhrwerk. St. Denis ist ein sehr altes Städtchen, in den letzten Jahren hat es sich ziemlich vergrössert

---

46 Argentinien bestand damals aus lose vereinten Teilstaaten.

und hat neben der alten Kathedrale eine schöne neue (paritätische) Kirche.

Das interessanteste ist jedoch die alte Kathedrale, in welcher alle Könige Frankreichs, die auf dem Throne gestorben sind, begraben liegen. Einige Grabdenkmäler sind sehr hübsch durch Grösse und Bauart, doch sind alle nur aus grauem Sandstein. In den Seitenkapellen sind einige hübsche Gemälde, und in den Kellern sind Kronen und Scepter aus schwerem Golde von den verschiedenen Königen etc.

Nachher spazierten wir auf's Inseli und machten eine Spazierfahrt auf der Seine, deren Wasser so langsam dahinschleichen, dass man kaum eine Strömung bemerkt. Nachdem wir zusammen unser Dîner genommen, fuhren wir mit der Eisenbahn um 10 Uhr wieder zurück.

Hast Du liebes Schwesterchen vielleicht auch schon eine Reise gemacht diesen Sommer, oder wirst Du eine machen? Gestern sah ich auch 3 Wagen mit Schulkindern darauf, die ein Reischen gemacht hatten. – Nachträglich muss ich Dir noch zu Deinem Namenstage Glück wünschen, da Du mein erstes Briefchen nicht erhalten hast. Es freut mich sehr, dass Du gerne in die Schule gehst und besonders auch dass Du Klavier spielen lernst. Bleibe froh, gesund und munter und schreibe mir wieder einmal, und ich verbleibe auch in der Ferne mit Kuss und Liebe Dein Bruder   Otto

Wehmut nach dem traulich warmen Ofen.

Paris, den 1. Dezember 1869

Theuerste Grossmutter!

Wir haben wieder die langen Winterabende, an denen auch ich einst mit Euch liebe Grossmutter und den Geschwistern so traulich am warmen Ofen sass, indess Ihr uns Geschichten erzähltet. Wie lauschte ich damals wenn Ihr von fremden Ländern erzähltet und dachte, wenn ich nur schon gross wäre, um mir die weite Welt mit eigenen Augen anzusehen. So war es Einst – und Jetzt bin ich draussen, denke zurück an jene Stunden und sehne mich nach einer Zeit, wo ich wiederum mit Euch zusammensitzen und Euch von der Fremdenzeit erzählen kann.

Für diesmal will ich aber nur erzählen, wie's jetzt bei mir geht und steht. Wie Ihr bereits wisst, hatte ich diess Jahr wenig Glück im Arbeit finden, doch scheint es mir, als ob es sich noch gut zu Ende neige. Seit Anfang August bis letzte Woche war ich immer in einem kleinen Atelier, in dem ich schon letzten Februar und März gearbeitet hatte. Der

Patron litt an Auszehrung und im Atelier, wo wir zuerst 3, dann 2 Arbeiter waren, blieb ich zuletzt allein. Letzten Montag vor 8 Tagen starb er, und somit fürchtete ich schon wieder einen schlimmen Winter vor mir zu haben. Nachdem schon am folgenden Tag das Begräbniss stattgefunden, wurde das Jnventar aufgenommen, und ein Mr. Lemoine, für den wir in der letzten Zeit meistens arbeiteten, kaufte Werkzeug, Material und angefangene Arbeit zum Fakturpreise an. Zugleich engagierte er mich, bei ihm zu arbeiten, und versprach mir gleich 50 cs. pro Stunde und 10 Stunden Arbeitszeit, für so lange als ich bei ihm bleiben wolle. Er selbst ist Graveur und hat etwa 12 Arbeiter, worunter 3 Mechaniker. Somit hätte ich wieder ein gesichertes Plätzchen und sehe mit guter Zuversicht dem Winter entgegen, der gestern und heute schon etwas strenger einrückt. [...]

Zum Namenstage liebe Grossmutter nehmt noch meine herzlichsten Glücks- und Segenswünsche; Gott wolle Euch gesund erhalten, und ich bleibe auch in der Ferne Euer getreuer Enkel   Otto

Im Sommer 1870 kommt es zu einem Wiedersehen zuhause. Mit der Harmonie reist Otto an das Eidgenössische Sängerfest in Neuchâtel (10./11. Juli) und von dort weiter nach Otelfingen. Ende Juli ist Wyss bereits wieder in Paris. Der Deutsch-Französische Krieg ist entbrannt, und immer schlechter werden die Nachrichten von der Front. Man spricht schon von der Verteidigung der Hauptstadt gegen die herannahenden Preussen.

Paris, le 21. Juin 1870

Theurer Vater!
Bald ist die Zeit, wo ich wieder einige Tage daheim im lieben Vaterhause weilen werde, um alle meine Lieben wieder zu sehen.

Die Zeit eilt schnell und doch langsam, wenn man eine frohe Woche, ein baldiges Wiedersehen vor sich hat, und so möchte man die Abreise wohl beschleunigen. Dieselbe ist auf Freitag Morgen den 8. Juli festgesetzt und Samstag den 9. würden wir erst in Neuenburg eintreffen, da man in Dijon etwa 3 Std., dann in Pontarlier und Verrières zu warten hat. Den 10. und 11. Juli sind die beiden Festtage in Neuenburg, während welchen wir in Privathäusern einquartiert sein werden. Der 12. werden wohl die meisten Vereine heim ziehen, und da dann von dem unsrigen ein Jeder seine eigene Richtung nimmt, so würde ich mich wohl der Harmonie von Zürich anschliessen, besonders da ich bei derselben auch Herrn Kienast treffen werde. So werde ich also den 12. Abends oder den 13. Morgens im lieben Steinhofe sein. – Die Zeit der Abreise ist noch nicht im reinen, d. h. mit der Eisenbahngesellschaft, von der Harmonie ist sie auf den 22. Juli Abends oder den 23. Morgens festgestellt. So hätte ich also noch 10 Tage Zeit, in welcher ich aber noch ziemlich viele Aufträge und Commissionen auszurichten habe, z. B. nach Eglisau, Töss, Richtersweil etc. Da die Harmonie mit der Eisenbahngesellschaft mit 50 % accordiert, so gehen alle zusammen hin und zurück; die Zahl der Sänger wird sich auf 15–20 und die der Mitkommenden ebenso hoch belaufen. Unsere Kasse ist etwas schwach, und jedenfalls wird jeder Mitkommende noch 15–20 fr. von hier nach Neuchâtel und retour zusetzen müssen. Der Lehrer, Direktor wird auch mitkommen, um das französische Lied: «Les Paysans», das wir zu singen gedenken, selbst zu dirigieren. Das Zimmer werde ich behalten, da ich jetzt mit Heinrich Schlatter, Drehers, wohne. Der Patron im Atelier meinte, wenn ich könne so soll ich doch in 8 Tagen wieder kommen. [...]

«Man sagt, es gebe Revolution.»

Paris, den 8. August 1870

Meine Lieben!

Jetzt bin ich schon 14 Tage wieder hier, freilich schienen sie mir länger als die vorhergehenden, die ich daheim im lieben Elternhaus verlebte.

Nun was die Reise anbetrifft, so gieng dieselbe verhältnismässig noch gut und schnell von Statten. Wir mussten von Neuenburg aus telegraphieren, um über Dijon weiter befördert zu werden, und konnten dann erst Samstag Abends von Neuenburg abreisen. Es war ein schöner heller Samstag Abend als wir dem Traversthale zu nochmals auf den blauen See hinab schauten, dahinter die Freiburger Berge und dann die Berner und Walliseralpen schon im duft'gen Blau hervorragten. In Pontarlier musste einer nach dem andern von den Zollbeamten sich untersuchen lassen, wobei ich jedoch schnell passierte. In Dijon kamen wir um Mitternacht an, dann assen wir etwas, und um 3 Uhr sollte der Zug weiter gehen, doch mussten wir bis $^1/_4$ vor 4 Uhr warten, denn ein Regiment Türcos und ein Regiment von der Linie mussten noch im gleichen Zuge mitgeführt werden. Endlich sassen wir im Wagen, und Sonntag Mittags um 2 Uhr kamen wir ohne weiteren Unfall nur 2 $^1/_2$ Std. verspätet in Paris an, wo mich Meier, Schlatter, Biedermann, etc. erwarteten. Für allfällige Esswaaren mussten wir dort nochmals das Zollbureau passieren, und ich musste für Kümmel und Wurst noch 55 cs. berappen.

Die Arbeit fing dann am folgenden Tag wieder an, doch schienen mir die ersten Tage die Zeit gar lang. Jetzt geht die Arbeit schlechter, und besonders in Folge der letzten Kriegsnachrichten, die für die Franzosen schon ungünstig lauten, fehlen die Bestellungen fast ganz. Schon die letzte Woche wurde an der Arbeitszeit abgebrochen, und jetzt werden wir wahrscheinlich nur noch den halben Tag arbeiten.

Den 10. August. Heute haben wir nur noch 5 Stunden gearbeitet, und von einem Tag zum andern kann das Atelier geschlossen werden. Freilich habe ich bereits an einem anderen Orte Arbeit in Aussicht, doch kommt es noch auf die Kriegsnachrichten an, ob es nicht auch geschlossen wird. Jenes Atelier wäre eine gute Stunde von hier in Montrouge, einem Stadttheile im Süden von Paris. Es wäre mir schon recht, denn jetzt sagt man, es gebe Revolution, und dann ist jenes Quartier doch viel stiller.

Die jungen Leute von 20–30 Jahren müssen alle fort, und diejenigen von 30–40 Jahren sollen zur Garde nationale, um die Mauern von Paris gegen die Preussen zu vertheidigen, die man bald in der Nähe von Paris glaubt.

Gestern habe ich auch Verwundete vom Kriegsschauplatze hier ankommen sehen, ich war nicht nahe, aber doch sah ich solche Verstümmelte, die immer einen traurigen Eindruck machen. Schweizer wollen viele von hier fort, besonders wegen der Revolution, doch ich denke vor der Hand noch nicht daran.

Heinrich Schlatter und Jean Meier sprechen auch vom Heimgehen, wenn sie keine Arbeit mehr haben. Nun ich denke, es werde etwa noch eine grössere Schlacht geschlagen werden, dann werden die anderen Mächte zu vermitteln suchen, und der Friede kann wiederum hergestellt werden.

Paris rüstet sich zur Verteidigung; die Ausländer verlassen die bedrängte Stadt.

Paris, le 11. Aout 1870

Meine Lieben!

Morgens 6 Uhr. Soeben haben sich Jean Meier und Heinrich Schlatter entschlossen, noch diesen Abend Paris zu verlassen. Nun ich möchte fast auch mit, doch will ich zuerst sehen, wie's hier zu und hergeht. Paris ist also in Belagerungszustand versetzt und ich werde vielleicht in 8 Tagen auch nach der Schweiz kommen, besonders wenn die Revolution noch hier losbricht. Mit den Kriegszuständen hoffe und erwarte ich bald eine Aenderung, doch kommen wenig oder ungewisse Berichte.

Wahrscheinlich wird Jean Meier ein kleines Päckchen mit einem zerrissenen Hemd und 4 oder 5 Paar Strümpfen bringen, die Ihr wieder in Ordnung machen werdet. Weiteres wird er selbst noch berichten (doch ich muss gehen).

(Mittag) Wie es scheint, ist's noch ungewiss, ob sie heute fortkommen, denn sie müssen zum Konsul und nachher noch zum Polizeiprefekt.

Sie wollen nach Neuenburg, und Jean von dort nach Luzern und dann wahrscheinlich heim. Henry will nach Genf, wo auch Hartmann Schybli gegenwärtig arbeitet. Beide hoffen Arbeit zu finden, worauf ich ihnen aber wenig Hoffnung machen kann. Natürlich habe ich sie zur Abreise weder aufgemuntert noch abgehalten, denn wenn ich glaube Arbeit zu finden, so käme ich auch mit ihnen, kommen noch ungünstigere Kriegsnachrichten, so werde ich auch nachfolgen. Es gehen jetzt fast täglich ganze Schaaren von Schweizern fort, ebenso suchen Badenser, Württemberger, Preussen etc. fortzukommen, aber man lässt sie nicht gehen.

Wenn man auf der Strasse laut deutsch spricht oder französisch mit einem schlechten Accent, so heissts eben gleich: «Voila un prussien, tappez dessus!» Natürlich sind und bleiben immerhin noch ziemlich viele hier, die nämlich etabliert sind. – Die Franzosen sind hier in voller Thätigkeit, die Ausgänge von Paris zu verrammeln und auszufüllen, die Mauern mit einigen tausend Kanonen zu versehen, und in allen Kasernen und Waffenplätzen übt sich die junge Mannschaft in den Waffen und wird dann fort transportirt, um die Lücken der Gefallenen auszufüllen. In der Kaserne vis-à-vis von uns kommt oft Abends spät ein Regiment an, um Morgens früh dem Strassburger Bahnhof zuzueilen. Dort habe ich einen Bekannten, der Lokomotivführer ist, der mir gestern erzählte, dass er Waggons von Militär und Pulver und Munitionsvorrath so nahe dem Feind geführt habe, dass die Kugeln allenthalben herum sausten und viele Waggons ganz verlöchert waren. Im Rückweg hatte er meistens Blessierte, und kurz seit 5 Tagen hatte er Tag- und Nachtdienst mit wenig Stunden Unterbrechung.

Abends 4 Uhr. Soeben erhalte ich noch die lieben Zeilen von Schwester Anna und sehe daraus, dass Ihr also schon lange auf Neuigkeiten wartet. – Mit tiefem Bedauern habe ich gesehen, dass die gute Tante schon dahingeschieden, und erwartete ich es doch nicht so schnell. Jedenfalls werde ich auch noch einige Zeilen an Arnold schreiben und auch das «Leid» tragen,[47] sie ruhe sanft und «leicht sei ihr die Erde». – Heute Nachmittag habe ich noch mit dem Patron gesprochen, und er sagt, dass er noch einige Bestellungen für die Graveurs habe, so dass noch eine Woche gearbeitet werden könne, in den Tagen die Hälfte der Zeit, 5 oder 6 Stunden. Ich könnte wohl Vorrath arbeiten, allein er will, dass wenn Einer Arbeit hat, dass die andern auch arbeiten, item Alle gleich halten, keinen begünstigen.

Er sagt, wenn die Preussen gegen Paris vorrücken, so müsse er wie die meisten andern zur Garde national, um die Mauern von Paris zu vertheidigen und die Ruhe aufrecht zu erhalten, denn da die Minister gestürzt sind, so will man die Republik.

Mit dem Zimmer werde ich wahrscheinlich auch bald schangieren, ob ich nach Montrouge gehe oder zu Mr. Bardian, weiss ich noch nicht, besonders ist es mir eben daran gelegen, dass ich an einem ruhigen Ort bin und wo ich empfohlen oder bekannt bin. Die Harmonie suisse hat letzten Dienstag noch Gesangstunde gehabt, aber die Mitgliederzahl ist unter 20 gesunken, und bei schlechten Kriegsnachrichten von Frankreich wird sie vielleicht für einige Zeit ganz eingestellt. Die «Société de secours mutuels» hat ebenfalls ihre Versammlung nicht regelmässig, kurzum der Krieg greift allenthalben sehr nachtheilig ein.

Vielleicht bringt Jean Meier diese Zeilen selbst in kürzerer Zeit, Henry dagegen hat im Sinne, vor der Hand in Neuenburg zu bleiben oder wo er Arbeit kriegt. Also Adieu meine Lieben, nochmals herzlichen Dank für Alles, und habt keine Angst um mich, wenn's schlecht gehn will, so komme ich schnell. Mit herzlichem Gruss und Kuss von Eurem fernen   Otto

---

47 D. h. etwa ein schwarzes Band am Kittel zum Zeichen der Trauer.

«**Man spricht von Verrat und hat kein Zutrauen.**»
                                            Paris, le 28. Aout 1870
Meine Lieben! Täglich verreisen hier 2–300 Schweizer nach ihrer Heimath zurück, und so sind die meisten Kameraden von hier verreist. Auch der Uebersender oder Bringer dieser Zeilen wird heute Mittag abfahren, um nach Töss zu gehen. Er heisst Jakob Leberer und wir waren auch bei seiner Mutter, als wir in Winterthur und Töss waren. Ebenso ist Herr Biedermann diese Woche heimgereist und besucht vielleicht einmal Otelfingen. Sind Schlatter und Meier schon daheim? Jch weiss nicht, wann ich vielleicht auch nachkommen werde, doch so lange ich hier etwas zu arbeiten habe und mir Niemand sagt fortzugehen, so bleibe ich. Im Atelier geht es sehr schlecht, obschon wir nur die halbe Zeit arbeiten, so ist eben doch keine Bestellung.

In der Schweiz wäre es jetzt wohl auch schwierig Arbeit zu finden, denn es wird sein wie hier, wo noch Arbeit wäre, fehlt das Geld. [...]

Was meine Impfblattern anbetrifft, so hatten sie keine weitere Wirkung, übrigens hört man hier wenig von Blattern-Kranken. Vom Kriegsschauplatz weiss man hier seit 8 Tagen sozusagen keine Sylbe, man spricht von Verrath und hat kein Zutrauen.

Nun lebt Alle wohl mit herzlichen Grüssen und Küssen Euer dankbarer   Otto

Rückkehr in die Schweiz.

Vater Jean schrieb in sein Erinnerungstagebuch:
Als der französisch-deutsche Krieg entbrannte und der Patron von Otto und die übrigen Arbeiter zur Vertheidigung von Paris verwendet wurden, hatte Otto als Schweizer noch allein die Aufgabe, die Werkstätten in Ordnung zu halten. Erst als alle Vorbereitungen zum Bombardement getroffen waren, erklärte ihm sein Meister, dass er entweder vor dem Abend die Stadt verlassen oder auch in die Kreise der Vertheidiger eintreten müsse.

Otto wählte das erstere, schloss die Werkstatt, ordnete am 31. August 1870 in seinem Logirhause seine Schriften, Zeichnungen, Bücher, Kleider usw. zur Aufbewahrung und eilte mit leichtem Gepäck zur Eisenbahn – gerade noch rechtzeitig zur letzten Abfahrt.

Er kam, uns unerwartet, nach Hause, freudig aufgenommen; doch

*Otto Wyss im Werkstattkleide,
1871 in Zürich.*

suchte er nach Arbeit. Er fühlte sich zu Hause nicht mehr recht heimisch und war bereit, jede Arbeit anzunehmen, durch welche er Brot verdiene.
 Nach einer ihm wenig zusagenden Beschäftigung in Frauenfeld trat er in eine grosse mechanische Werkstätte in Zürich. Aus dieser Zeit stammt seine Photographie im Werkstattkleide. Sobald aber das deutsche Militär aus Paris abgezogen war, suchte Otto auf seinen Posten in Paris zurückzukehren.
 Am 23. März 1872 begleitete ich Otto über Baden bis Wildegg.

Der Vater spürte, dass sich sein zweiter Sohn dem Elternhause, an dem er dennoch zeitlebens hing, entfremdet hatte. Der Abschied in Wildegg am 23. März 1872 war für die beiden endgültig.
 Ottos älterer Bruder Oskar kam 1869 von Breslau zurück und verheiratete sich am 23. September 1869 mit Caroline Kienast. Schwester Emma ging im Frühling 1870 nach Regensdorf, wo sie die Postfiliale führte, in der Handlung und Wirtschaft zur Post mithalf und Sekundarlehrer Albert Schmid kennen lernte, den sie am 3. Juli 1873 heiratete.

Am 3. Dezember 1871 starb Ottos Mutter im Steinhof im Alter von gut 54 Jahren und wurde am 7. Dezember neben der Kirche beerdigt.

Rückkehr in das zerschossene Paris.

Die französische Hauptstadt, in die Wyss 1872 zurückkehrt, bietet ein trauriges Bild. Sie hat unter der preussischen Belagerung und vor allem bei der Niederschlagung der «Commune» stark gelitten. Dieses revolutionäre Regime hatte von März bis Mai 1871 gedauert und sich gegen die neue französische Regierung gewendet, die in Versailles tagte und der die Bevölkerung von Paris bürgerliche und vor allem monarchistische Tendenzen vorwarf. Unsoziale Massnahmen hatten die Verbitterung der Arbeiterschaft, die unter der Belagerung stark gelitten hatte, zusätzlich gesteigert. Die Niederwerfung des Aufstandes verlief blutig und führte zu schweren Zerstörungen im Stadtbild.

Paris, le 3. Mai 1872

Meine Lieben!

Endlich komme ich doch einmal dazu, einige Zeilen zu schreiben, denn erst vorgestern nahmen Schybli und ich das Zimmer zusammen und haben ein bisschen eingeräumt.

Nun zuerst einiges von meiner Reise. Unter anhaltendem Regen kam ich in Basel an und suchte dort nach einem Collegen, nachdem ich mein Gepäck im «Schiff» abgestellt hatte. Einen derselben traf ich dann auch, und wir besahen das Münster, Museum etc.; traf dann am Abend noch 2 andere, Lehmann und Flammer, und so plauderten wir noch einige Stunden zusammen. Am Morgen löste das Billet fr. 33.50 cs. und besorgte den Koffer, der frei ging, und bald winkten wir dem Schweizerlande «Ade». Um 9 Uhr war in Mühlhausen etwa eine Viertelstunde Halt, und um 11 Uhr waren wir in Belfort. Nach einer halben Stunde stiegen wir wieder ein, aber da hiess es Billets und Passeports vorweisen, und da ich keine Visa vom französischen Konsul drin hatte, so musste ich mit einem jungen Rapperswyler, der auch keins hatte, nach Basel zurück. Nachdem ich die Billette dem Chef de Gare abgegeben und mit ihm gesprochen, so dass sie auch für den folgenden Tag noch gültig wären, so besahen wir uns die Stadt und Festung Belfort und fuhren nach 2 Uhr wieder Basel zu. Nach halb 5 Uhr dort angekommen suchte ich den Consul oder dessen Sekretär aufzutreiben, aber trotzdem ich Portier und Commissionär auf die Beine jagte und bis halb 9 Uhr selbst herumlief, es nützte Alles nichts. Wir begaben uns wieder ins Hotel bald zur Ruhe. Am folgenden Morgen mussten wir bis nach 9 Uhr warten, bis das Consulat geöffnet wurde und nach 10 Uhr dampften wir Mühlhausen zu und stiegen dort aus. Nachdem wir uns die weitläufige Fabrikstadt etwas angesehen, so fuhren wir um halb 6 Uhr Belfort zu und von dort nach 9 Uhr weiter. Die Billets erhielt ich ohne weiteres, aber diessmal fragte Niemand mehr nach Passeports oder Visa, so waren 3 Passagiere im gleichen Wagen, die keine Visa hatten. Fort und fort eilte der Zug, nur etwa auf den grösseren Stationen haltend, wo aber Alles still und dunkel war. Ein Jeder machte sich's ein bisschen bequem und suchte ein bisschen zu schlafen, doch den Meisten war es zu kalt. Früh schon dämmerte der Morgen, man holte ein bisschen Wasser, wusch sich und wurde noch schwärzer vom Kohlenstaub und suchte noch die Reste von Esswaaren zusammen. Um 9 Uhr sah man von Ferne die Forts von Rosny und Aubervilliers, kam dann bald an zerschossenen Häusern, Neubauten, geflickten Dächern etc. vorbei und fuhr endlich durch den weitläufigen Güterbahnhof mit Hügeln von Steinkohlen, Roheisen und Baumaterialien, an endlosen Wagenreihen vorbei und um 10 Uhr in den Strassburger Bahnhof ein. Die Coffer waren natürlich schon früher eingetroffen, drum liess ich sie noch liegen. Nun ging ich zuerst zu Scherer, einer Speisewirthschaft, wo ich früher oft ass, und wurde freundlich bewillkommt. Jch traf einige alte Collegen, unter Anderen auch W. Frey von Regensdorf, der sich sehr eifrig nach Allem erkundigte. Nach dem Essen ging ich zu Herrn Lemoine, der mich sehr freundlich im Atelier herumführte, erzählte, wie er von der Commune zum Tode verurtheilt, verkleidet sich in einem anderen Stadttheil aufhalten musste. – Dass er jetzt verheirathet und in das Geschäft zurückgekommen sei etc.

Den 4. Mai. Das Geschäft ginge gerade nicht sehr streng, doch waren alle Schraubstöcke besetzt, und wenn ich kommen wolle, so lasse er eine neue Werkbank aufschlagen und kaufe einen Schraubstock. Ich sagte zu, und Montag sollte ich anfangen. Nachher ging ich ins Hotel Parmentier, auch dort der alte Portier, der sagte, während der Belagerung haben wir gehungert und gelitten, aber während der Commune wars schrecklich, mehr als einmal wurde ihm das Bajonett an die Brust gesetzt. Dann fragte ich im Hotel St. Maur nach Schybli, wo es hiess, er werde nach 6 Uhr von der Arbeit kommen. Dort fand ich auch noch einen alten Bekannten, Schäppi von Horgen, auch Mechaniker, aber schon 3 Wochen ohne Arbeit. Er klagte, wie es so schlecht gehe, und sei entschlossen, Anfang nächster Woche nach Amiens zu gehen, wohin er wirklich auch abgereist ist. Dann suchte ich die rue canal St. Martin auf, wo ich Mad. Bardian traf und auf den folgenden Abend zum Kaffee eingeladen wurde. Die Sachen habe ich seither alle geholt, und Pantoffeln und Strohhut etc. alles in Ordnung, nur ein Paar frisch gesohlte Bottinen waren nicht mehr zu finden, doch konnte ich natürlich nicht viel Lärm deshalb machen. Sie hatten fast immer Jemanden im Zimmer, auch jetzt wohnt ein Mitarbeiter von Herrn Bardian dort. Auf Morgen bin ich noch zum Mittagessen eingeladen und werde dann noch mehr von der traurigen Zeit reden hören. Strassenkämpfe fanden etwa 300 Schritt vom Hause statt, doch waren sie nur ein Tag in den Keller geflüchtet, dagegen brannte es ganz in der Nähe, und während 5–6 Tagen sahen sie die Magazine der Villette brennen, so dass es Nachts so hell im Zimmer war, dass man lesen konnte. Zu essen hatten sie genug, denn Herr Bardian erhielt ja für 4 Personen statt 3 oder 2, denn er hatte es rangieren können.

Und nun ein Spaziergang auf den Strassen und Boulevards. Da waren neue, geflickte und frisch angestrichene Häuser in Menge, ganz besonders die Eckhäuser waren allenthalben hart mitgenommen worden. Einzelne stehen noch da, halb verbrannt, zerschossen, keine ganze Fensterscheibe mehr, ganze Quader und Stücke herausgeschlagen, so zählte ich in einer eichenen Thür der «Magasins réunies» auf etwa einem Quadratmeter über 50 Löcher von Flinten- und 3 von Kanonenschüssen. Traurig stehen die ausgebrannten Tuilerien da, das Louvre mit wenig Holzwerk im Innern sieht von Aussen fast unversehrt aus, und ins Innere kann man natürlich nicht. Die schönen Gasleuchter, Springbrunnen, Statuen liegen da und dort in Stücken, nur die neue Oper steht unversehrt, jetzt das schönste Gebäude der Weltstadt.

Diese ganze Woche habe ich gearbeitet und bin jetzt wieder so ziemlich im Geleise. Die alten Collegen im Atelier sind alle sehr freundlich, dagegen sind 2 neue, die so ziemlich die Brummbären gegen mich neuen Ankömmling machen, doch es wird schon gehen. Das Zimmer das wir jetzt bewohnen, ist hell, geräumig, im 3. Stock des weitläufigen Hotels mit über 100 Zimmern. Für diessmal will ich schliessen. Euch

Allen meine Lieben nochmals herzlichen Dank für die freundliche Fürsorge und Gaben und innigen Gruss und Kuss von Eurem Otto
Rue St. Maur N. 204; Hôtel St. Maur; Paris
Freundlichen Gruss von H. Schybli.

Das Leben in Paris normalisiert sich.
Paris, den 23. Juni 1872

Geliebter Vater!
Diese Woche erhielt ich Euer liebes Schreiben, sowie dasjenige von Freund Stamm. Von Bruder Oskar habe ich ebenfalls diese Woche Nachrichten erhalten und freue mich, dass Alles daheim sich wohl befindet. Auch hier gehen die Geschäfte im Atelier noch ordentlich, man arbeitet die ganze Zeit, während in anderen, ähnlichen Werkstätten nur halb oder ³/₄ der ordentlichen Zeit gemacht wird. Der Patron bringt mir wieder wie früher vieles, das mit Gout oder Chique gemacht werden soll, und ist immer freundlich und fröhlich. Die Mitarbeiter, die im Anfang etwa grob und unfreundlich waren, sind jetzt so nach und nach sehr ordentlich, theils höflich gegen mich, nur sind 2 oder 3, die bald sich bald Andere mit ihren Neckereien plagen. Wegen dem Atelier könnte ich also gar nicht klagen, jeden Samstag Abends nach 7 Uhr erhält Jeder sein Geld bis zur letzten Stunde ausbezahlt, nicht à la Locher in Zürich. Zum Essen gehe ich gewöhnlich Mittags 12 Uhr bis 1 Uhr zu einem Richtersweiler, Scherer, vis-à-vis vom Atelier. Es essen noch mehrere Schweizer dort, dann sind Bund und Bürkli-Zeitung da, so dass ich immer ein bisschen daheim bin. Gegen früher ist es überhaupt etwas theurer, so z. B. hatte man auch Wein für 60 cs. per Litre, jetzt nur noch für 80 cs.; 1 Stück Braten ehemals 30 cs. ist jetzt überall 40 cs.: 1 Stück Rindfleisch, sonst 25 cs., jetzt 30 cs., und beim Essen zählt sichs schnell. Die Logis sind gleich, ja fast eher billiger, es stehen Wohnungen leer, was man besonders dem Sitze der Nationalversammlung in Versailles zuschiebt. Wir haben also in diesem Hotel St. Maur mit über 120 Zimmern, das N 36 in der 3eme Etage und sind Schybli und ich wohl zufrieden, denn wir haben freie Aussicht gegen die Buttes Chaumont, Bellville, zur Linken und die Markthalle St. Maur, zur Rechten das gewaltige Kamin einer Schraubenfabrik mit 50–60 Arbeitern und zahllosen Maschinen. Im Zimmer sind 1 zweischläfiges Bett, 1 ordentlicher Tisch, 2 Sessel, grosse Comode, 2 Gestelle zum Aufhängen der Kleider, Nachttisch etc. Diese Woche beim Anfang der Hitze

kamen freilich auch die Wanzen, die mich wenig schlafen liessen, doch ist's jetzt ein wenig besser. Der Vermiether ist auch Schweizer, ein Chapuis von Lausanne, der uns das Zimmer etwas billiger à fr. 24.– erliess. Vorletzten Sonntag war ich im Bois de Boulogne und sah dem Wettrennen zu, wo unter Andern auch ein Preis von 100 000.– fr. gewonnen wurde. Es waren 20 Pferde, aber welch ein Galopp!!! Nachher ging ich noch nach Suresnes und auf den Mont-Valerien mit seiner schönen Lage. Auf nächsten Sonntag habe nochmals im Sinn, nach Versailles zu gehen, da dann die grossen Springbrunnen laufen sollen. Mein Köfferchen finde ich eben doch zu klein, und werde dieser Tage eine grössere Occasion kaufen und das alte mit den überflüssigen Sachen heimschicken. Noch habe ich einen Auftrag von W. Frey von Regensdorf. Er möchte nämlich ein Lokalblatt, seis der Lägernbote oder der Wehntaler oder die Dielsdorfer Zeitung und würde mir gerne den Betrag erlegen. So möchte ich Euch bitten lieber Vater mir auf dasselbe zu abonnieren, Adresse: O.W. per adr. Mr. Scherer und zwar für ein Jahr und bemerken 19 Quay Valmy 19 Paris, wie hoch es mit dem Porto kommt. [...] Otto

Der Brief an die jüngere Schwester zeugt von der damaligen Begeisterung für technische Neuerungen – wir stehen im Zeitalter der Industrialisierung, die sich allem auch im Ausstellungswesen niederschlug.

Paris, 11. Aout 1872
Liebes Schwesterchen
Heute will ich Dir noch einmal einige Zeilen schreiben, denn wenn möglich, so möchte ich in 14 Tagen von hier abreisen und somit bald noch Alles in Ordnung bringen. Es ist heute nach einer ziemlich regnerischen Woche wieder schöner, und ich möchte am nachmittag gerne noch in den Industriepalast um eine Industrie-Ausstellung anzusehen, die seit 14 Tagen dort eröffnet worden ist. Hier kann man eben alle Sonntage etwas Neues und Jnteressantes sich ansehen, und will ich Dir einiges davon erzählen. – Am ersten Sonntag, den 28. April, besuchte ich die Arts und Metier. Da sind Maschinen der Mechanik, Landwirthschaft etc. ausgestellt. Gleich beim Eintritt ist eine Halle, deren Decke eine ellyptische Form hat. Geht man in eine Ecke und spricht etwas nur halblaut, so versteht es ein Anderer an der entgegengesetzten Ecke ebenfalls ganz deutlich, während man in der Mitte der Halle

gar nichts hört. Gleichfalls in der Halle steht das Modell eines Kriegsdampfschiffes, sehr hübsch gemacht in einem Glaskasten, es ist etwa 12–14 Fuss lang und 6 Fuss hoch. Die Dampfmaschine sieht man ganz gut im Innern. Daneben ist frei eine ältere Dampfmaschine mit Walzwerk. Links sind Sääle wo alle Masse und Gewichte, Waagen etc. ältere und neue der verschiedenen Länder aufgestellt sind. Dann kommen optische und astronomische Instrumente, gewaltige Teleskope, prachtvolles Uhrwerk, in Glaskasten viele Planeten und Sonnensysteme mit Uhrwerk, dann Spieldosen, Uhrwerke für Taschenuhren und Pendulen, kleine Maschinen für Räder und Uhrentheile zu fabrizieren etc. Von der Halle aus rechts sind Maschinen zur Gewinnung der Metalle, Dampfhammer-Modelle von allen Arten, dann Spinn- und Webstühle, Jacquard Webstühle und indische, die kurios genug aussehen, weiter der Plan des grossen Bergbau und Hüttenwerks von Creusot. Schmiedeeisen und Hüttenprodukte und dann eine Abtheilung für die Landwirthschaft. Zuerst lachen Dir einige hundert Sorten von Aepfel und Birnen und anderem Obst entgegen, dann wieder Kärste, Bickel, Hauen, Rechen, Gabeln und daneben Rindvieh mit gewaltigen Hörnern, von verschiedenen Farben und Racen, Pferde, Geschirre, Pflüge, Windmühlen, Sämaschinen, Walzen etc. etc. Noch weiter und man glaubt sich fast in einer Fabrik, und doch ist es das Gewölbe einer alten Kirche des Klosters St. Martin, wie überhaupt die Gebäulichkeiten dieser Sammlung nichts anderes sind als das ehemalige Kloster St. Martin, seit 1790 aufgehoben, wenn ich nicht irre. Da ist nun auf der einen Seite eine Dampfmaschine, welche Transmissionen treibt, und von dieser werden wiederum Drehbänke, Hobelmaschinen, Bohrmaschinen etc. in Bewegung gesetzt, nur um alle Maschinen funktionieren zu sehen. Auf der andern Seite ist ein grosses Wasserbecken, und daran sind Pumpen aller Art, die Wasser in einen 12 Fuss höher gelegenen Trog schöpfen, ferner eine kleine Turbine und ein Tangentialrad. So hat man eine recht hübsche, vergleichende Uebersicht der verschiedenen Maschinen und Motoren in ihrer Thätigkeit. Steigt man eine lange Treppe hinauf, so betritt man die oberen Galerien mit Sammlungen von physikalischen Instrumenten, Maschinen für Zucker und Chocoladefabriken, vielen Modellen von Dampfmaschinen, Dampfschiffen und Segelschiffen, Wind- und Wassermühlen, Sägen aller Art, Lokomotiven, Wagons für amerikanische Bahnen, welche Küche, Speisesaal, Billard etc. enthalten. Ferner

Modell für Brücken und Häuser und endlich Sammlungen für Lithographie, Buchdruckerei und Porzellan und Glas.

Weitere Ausflüge an Sonntagen machte ich ins Bois de Boulogne, nach Surènes, Mont Valerien, St. Cloud und Montarot, letztere drei vom letzten Kriege hart mitgenommen. St. Mandé, Vincennes mit dem Gesangsverein Harmonie Suisse als invitée; dann in Pantin und près St. Gervais, Aubervilliers und St. Denis. Auch Versailles stattete nochmals einen Besuch ab, mit seinen Museen und dem prachtvollen Schloss, besonders im Innern. Doch jetzt ist ein Theil für die Sitzungen der Nationalversammlung verwendet worden und andere Sääle wegen Reparaturen geschlossen. Ein weiterer Ausflug nach Sèvres, Meudon liess auch noch die Wirkungen des Krieges deutlich erkennen. In der Stadt war ich auf dem Montmartre in der rue Fontenelle, wo die beiden Generale der Commune erschossen worden sind[48]. Ich besuchte noch die Buttes Chaumont, den cimetière père Lachaise, der la Roquette, Notre Dame, Präfecture de Police, das Pantéon, die Tuilerien etc. stattete ebenfalls noch meinen Besuch ab und werde, wenn möglich, noch einen Gang durch die Katakomben machen. Im Louvre ist die Gemäldesammlung noch unversehrt und habe mir ausserdem diejenige im Palais de Luxembourg noch angesehen. Die Gemälde-Ausstellung im Mai und Juni im Palast de l'Industrie, zwei Mal. Du siehst also, dass ich in meinen Mussestunden suche etwas Schönes und Nützliches zu sehen.

Doch ich will schliessen, Du wirst «es Esuli» an Deine Adresse schon finden, und sei noch herzlich geküsst von Deinem Dich innig liebenden Bruder   Otto

Neues Ziel: London.

Paris, 18. August 1872

Theure Grossmutter!
Gewiss habt Ihr in der letzten Zeit oft gefragt, ist wohl Otto schon in England? Nein, doch bald und in 14 Tagen, also am 1. September möchte ich abreisen, wenn sich Nichts unerwartet in die Länge zieht. Schybli ist schon vor 4 Wochen nach London verreist, und ich habe schon 2 Briefe von ihm erhalten, dass es ihm gut gehe. Von London

---

48 Claude Martin Lecomte und Clément Thomas. Es waren allerdings Generale der Regierungsseite. Ihre summarische Hinrichtung am 18. März 1871 löste den Aufstand aus.

und weiteren Verhältnissen schreibt er wenig, ich werde es bald selbst sehen, doch sei es ihm fast langweilig, denn er habe sich noch an gar Niemand angeschlossen. Freund Gretener schrieb mir, dass er noch nicht nach England zurückkehren könne, und räth mir ein wenig in London zu bleiben und dann, wenn ich ziemlich englisch könne, so wolle er schon sehen, immerhin solle ich mich bei Herrn Felber in Manchester vorstellen, um wenn Platz und Gelegenheit sei, im Bureau als Zeichner einzutreten. Hier geht Alles den gewohnten, ruhigen Gang, die Arbeit geht seit Wochen gar nicht stark, so dass ich vollständig Zeit nehmen konnte, für Freund Stamm einige Geschäfte zu besorgen.

Mit dem Köfferchen lasse ich auch zerrissene und ältere Sachen heimgelangen, ebenso den alten Rock, wenn er noch Platz findet. Den Hemden sieht mans schon an, dass die Pariser Wäscherinnen sie waschen, doch habe nur 2 weisse und 3 Arbeitshemden getragen und die andern im Koffer behalten, indem ich sie alle Wochen waschen liess. Nehmt noch, liebe Grossmutter ein kleines Bouquet von Porzellan als Zeichen der Erkenntlichkeit mit Kuss und Liebe Euer dankbarer Enkel
Otto

IV

Manchester

Wyss verlässt also Frankreich, um in England ein günstigeres Arbeitsfeld zu finden. Er bringt eine reiche Ernte von Erfahrungen aus Paris mit. Unablässig hat er die freie Zeit genutzt, um sich in Kursen und in den technischen Museen und Ausstellungen weiterzubilden. England, damals das meist industrialisierte Land Europas, scheint ihm jene Entwicklungsmöglichkeiten zu bieten, von denen er in den Briefen immer wieder spricht.

«Die Sonne habe ich noch niemals hell am blauen Himmel gesehen.»

Manchester, 15. September 1872

Lieber Bruder!

[...] Wie ich im Sinne hatte, so konnte ich meine Sachen in Paris am 1. September ordnen und Abends 4 Uhr abreisen. Ich nahm den Weg über Amiens und Boulogne, wo ich Nachts 11 Uhr ankam. Um Mitternacht bestieg ich das Dampfschiff «Tition», um auf dem Wasser die Themse hinauf nach London zu kommen. Der Rad-Dampfer, etwa doppelt so gross als einer auf dem Zürichsee, fuhr um Mitternacht ab, und an den Leuchtthürmen mit ihrem elektrischen Lichte gings vorbei dem offenen Meere zu. Ein frischer Seewind trieb ziemlich starke Wellen dem Strande zu, und bald schaukelte das Schiff auf den Wellen, ungefähr 4–5 Fuss sich hebend und senkend. Ich war vorn am Bugspriet und sah ins weite Meer hinaus. Nach 1 Uhr liessen wir die letzten Leuchtthürme hinter uns, die Nacht war sternenlos, doch nicht dunkel. Der Kiel des Schiffes und besonders die seitlichen Räder gaben fast silberweisse Wellen, die eigenthümlich leuchteten. Bald wurde es mir jetzt aber schwindlig, und ich ging hinunter in die Kajüte. Da waren auf beiden Seiten Kasten wie ein Gestell, darin eine Matraze und gerade so viel Platz, dass sich ein Mann umdrehen kann, aber alle waren besetzt, ich musste mich neben andere auf eine Matraze auf den Boden legen. Bald konnte ich ein wenig schlafen, und als ich um halb 5 Uhr erwachte, war's Meer ruhig und bald hell. Ich ging aufs Verdeck, wusch mich mit dem salzigen Meerwasser und sah mich wieder um. In der Ferne sah man einige Segel und auf der nördlichen Seite ein dunkler Streifen, das wohl die Küste von England sein musste. Nach 2 Stunden tauchte auch auf der anderen Seite die Küste auf, wir waren an der Mündung der Themse. Viele Schiffe kamen uns entgegen, die mit günstigem leichtem Winde dem Meer zufuhren. Vom kleinen Fischerboote bis zum grossen Dreimaster, die alle Segel beisetzend einen recht stattlichen Anblick bieten, waren alle Grössen vertreten und ebenso fast alle Nationen. Bald begegneten wir noch einer Flottilie der englischen Marine, die mit blitzenden Metallmündungen, sieben Dampfer in schnurgerader Richtung und gleicher Entfernung voneinander, stolz die Themse hinauf steuerte. – Es waren über 100 Passagiere an Bord des Schiffes, der grösste Theil aber Engländer. Bald näherten wir uns London, man sah rechts den Mastenwald der Doggs, wo die Schiffe ein- und ausgeladen und auch ausgebessert werden. Bald kamen einige Werkstätten und dann Reihen von Waarenlagern und Magazinen und von Schiffen aller Nationen und Gattungen, die Anbei standen. Nach 11 Uhr legte unser Schiff endlich unterhalb der London Bridge an, und ich nahm einen Cab, lud Koffer etc. darauf und fuhr nach dem Hotel Golberger, wohin ich eine Adresse hatte und gleich für 5 $^{1}/_{2}$ pf. oder 7 fr. für eine Woche ein Zimmer miethete.

Dann suchte ich nach Arbeit, bei Deutschen versprach man mir bis in 8 oder 14 Tagen, bei Engländern konnte zu wenig geläufig reden, und dann hält man die von Paris Ankommenden noch alle hier für Communisten. Als Dienstag und Mittwoch sich nichts zeigen wollte, so entschloss ich mich nach Manchester weiter zu gehen und aber noch die Ausstellung im Glaspalaste und die Docks, überhaupt das Sehenswerthe mir noch anzusehen. So lief ich denn und fuhr mit der Eisenbahn unter der Themse und der Stadt durch, mit dem Dampfschiff die Themse hinunter, sah mir die Ostindien, London Docks etc. an. Die Paulskirche, Parlamentshaus, Waterloo-Platz und Brücke, Bank, Museum, Hyde- und Regents-Park an, lief mich dazu manchmal müde, nur kam ich an kein Ende. London hat eben an Ausdehnung das 3fache von Paris, und einen Begriff von einer Stadt kann man sich hier machen. Schön ist London nicht, wenn auch noch viele architektonisch schön gebaute Häuser hier sind, so sind doch die meisten vor der Zeit durch Rauch und Nebel gealtert, und viele grosse schöne Gebäude und kirchenähliche Bahnhöfe sind nur aus Backstein aufgeführt.

Das Leben ist ziemlich theuer, man hat Morgens gewöhnlich Kaffee,

2 Eier lind gesotten und Butterbrod, 90 cs. Mittags Rosbif und Kartoffeln, Brod und 1 Glas Bier fr. 1.25 cs. und Nachts Fisch oder Käse, Butterschnitten und Thee 1 fr. Das ist so das billige, gewöhnliche auch hier in Manchester. Die Arbeiter essen aber auch viel Speck, der hier nicht theuer ist, 50–90 cs. per Pfund; doch habe in Wirthschaften noch wenig oder keinen essen sehen.

Sonntag, den 8. September dampfte ich also von Schybli begleitet nach Manchester, wo wir nach 7stündiger Fahrt um 6 Uhr Abends ankamen. Bald hatten wir ein Logis gefunden, das mir Freund Gretener empfohlen hatte, und folgenden Tags sah mich um Beschäftigung aus. Zuerst standen die Aussichten ziemlich schlecht, erst als Herr Felber, mit einer Zürcher Maschinen-Agentur in hier, sich die Mühe gab, Schybli und mich persönlich vorzustellen und zu empfehlen, so konnten wir letzten Freitag zu arbeiten anfangen. Ich bin nun bei der Montage von Wollen-, Vor- und Feinspinnmaschinen bei Gurthis, Parr und Madely, in der Chapel street. Es ist eine Werkstätte von 1400 Arbeitern, die nur diese Branche arbeiten. Mit dem Englischen gehts noch langsam, doch es muss schon besser kommen. Das Wetter ist fast immer trübe und regnerisch, die Sonne habe noch niemals hell am blauen Himmel gesehen, und der Rauch wird oft ganz in die Strassen niedergedrückt. Fabrikkamine sind darum von einer Höhe, wie ich solche weder in Paris noch irgendwo gesehen habe. Die Stadt bietet gar wenig interessantes. Die 1 und 2stöckigen Häuser sind fast in der ganzen Stadt aus Backsteinen gebaut, und nur in der Mitte der Stadt sind einige 3stöckige, die eine andere Gattung haben.

Für diessmal will ich schliessen, von daheim habe kurz vor meiner Abreise noch Briefe erhalten und werde in 14 Tagen heimschreiben, theile ihnen also gelegentlich etwas mit, denn vielleicht changiere dann die Wohnung, weiss aber noch nichts bestimmtes. Schreibe nur bald etwas Neues, und sei Du wie Deine Frau und lieben Kinder herzlich gegrüsst von Deinem getreuen Bruder   Otto

Manchester, das Wyss als nächsten Arbeitsort wählt, war damals das Zentrum der englischen Baumwollspinnerei Inbegriff auch des modernen, auf Eigennutz bedachten Unternehmertums.

«Die Arbeiter hier sind keine Grosshansen.»

Manchester, 29. September 1872

Meine Lieben! Diese Woche erhielt ich eine Antwort von Bruder Oskar, dass also das Köfferchen gut heimgekommen sei. Ich hatte es an Oskars Adresse geschickt, damit es nicht etwa im Badener Bahnhof liegen bleibe, sondern bald an Ort und Stelle komme. Bruder Oskar hat Euch wohl etwas von meinem letzten Brief an ihn mitgetheilt, denn ich musste doch hier auch sehen, wie ich mich rangieren würde, und wollte deshalb etwas warten. Nun für den Anfang will ich zufrieden sein, die Werkstätte Gurtis, Parr und Madely, hat etwa 1400 Arbeiter und ist ein 5stöckiges weitläufiges Etablissement, und im ganzen Geschäft ist, ausser einem jungen Russen, kein fremder Arbeiter. – Nachdem wir uns Herrn Felber präsentiert hatten und als von Gretener empfohlen, so kam er selbst mit, um mit dem Direktor Mr. Tompson zu sprechen, in Folge dessen ich zur Montage zu Maschinen für Wollspinnerei kam. Die Mitarbeiter sind, wie überhaupt die Engländer, tüchtige Arbeiter, freilich der englische Mechaniker lernt 7 Jahre, bis er als Arbeiter in ein anderes Geschäft eintreten kann. Mit der Arbeit komme übrigens ganz gut fort und mit den Arbeitern ebenfalls, dieselben sind freundlich, anständig und suchen etwa zu vernehmen, wies anderswo aussieht, sind keine Grosshansen und haben besonders ihre Gesamtinteressen im Auge. Die Arbeitszeit ist nur 54 Stunden pro Woche, nämlich Montags von $^1/_2$ 9 Uhr Morgens bis 5 $^1/_2$ Uhr Abends, Samstags von 6 Uhr bis 12 Mittags und alle anderen Wochentage von 6 Uhr Morgens bis halb 6 Uhr Abends, Freitag bis 6 Uhr. Von halb 9 bis 9 Uhr Morgens je Frühstück und von 1–2 Uhr Mittagessen. Wir beide, Schybli und ich, erhielten den vollen Lohn von 30 Sh. pro Woche. Für Kost und Logis haben wir pro Woche 15 Sh. zu bezahlen, Wäsche mit. Zum Frühstück Kaffee mit wenig Milch, oft wird hier die condensierte Schweizermilch gebraucht, die, wenn ich nicht irre, in Cham[49] fabriziert wird. Dazu Butterschnitten, oft am Feuer geröstet, und 2 lind gesottene Eier. Mittags ein Stück Rindsbraten (Rosbif) und geschälte und geschwellte Kartoffeln und Pudding, d. h. irgend eine Art Backwerk zum Dessert. Abends Thee oder Kaffee mit Brod oder Butterschnitten

---

49 Es liegt kein Irrtum vor. Im zugerischen Cham wurden die ersten Siedereien für Kondensmilch in der Schweiz von der Anglo-Swiss Condensed Milk Co. betrieben.

und kaltem Rosbif. Am Sonntag haben wir das gleiche wie in der Woche, nur ein Glas Bier zum Mittagessen mehr. Das Zimmer ist hier fast überall nur Schlafzimmer, und in diesem Quartier sind die Logis überhaupt sehr gesucht. Wir haben hier ein Schlafzimmer im 2ten Stock, doch nur Bett, Tischchen, Kästchen etc. Zum Schreiben sind wir nach Belieben in der oberen Stube, wo auch ein Piano steht und die uns immer offen steht. Essen thun wir in der unteren Stube. Die Leute haben nämlich eine Spezereihandlung und ein sog. Dining room oder Speisewirthschaft, wo aber nicht zu trinken serviert wird. In der Woche hats unten um Mittag ziemlich viel Leute, oben nur einige Herren. Abends kommt niemand hinauf, und wir sind also ganz ungestört.

Der Sonntag ist sehr stille, die Läden sind den ganzen Tag geschlossen, und die Wirthschaften, die hier verhältnismässig nicht zahlreich sind, sind nur Abends von 6–10 Uhr geöffnet. Manchester ist eben eine Fabrikstadt, in der Mitte der Stadt sind nur wenige Häuserseiten, die von Stein aufgeführt sind, sonst sieht man allenthalben nur die ein- und zweistöckigen Häuser, die von rothen Backsteinen aufgeführt, neu ein ganz artiges Aussehen haben, aber alt und halb zerfallen einen miserablen Anblick gewähren. Mitunter steigt hoch darüber die 6, 7, ja 8stöckigen gewaltigen Fabrikgebäude empor mit ihren alles überragenden Kamine, die weit höher als alle, [die ich] bisher gesehen habe, in die Luft oder Nebel hinaufragen. Das Wetter ist hier sehr veränderlich, diese Woche regnete es alle Tage.

Ein ander Mal mehr, von der Reise habe ja gar nichts erwähnt.
Herzliche Grüsse und Küsse Allen,   Euer Otto

Weihnachten à l'anglaise.
                                      Manchester, 28. December 1872
Meine Lieben!
Bald naht wieder ein Jahr seinem Ende und darum will ich gerade noch einige Zeilen an Euch richten, damit sie noch zum bevorstehenden daheim eintreffen.

Gewiss habt Ihr schon übers h. Weihnachtsfeste gefragt, wie bringt wohl Otto diesen Tag zu? Es wird hier Weihnacht nur ein Tag gefeiert, also am Donnerstag wurde gearbeitet, und im Uebrigen wird derselbe nicht wie ein hoher Feiertag, sondern vielmehr wie ein Freudentag gehalten. In jeder Stube, Laden etc. werden grüne Zweige aufgesteckt, z. B. Stechpalmen, Tannenzweige, Mispeln etc. und wo's schön sein soll, noch Papierblumen und Sterne etc. Um Mitternacht wird dann auf der Strasse vor den Häusern die Christmas-Hymne gesungen, die wenn auch nicht gleich, so doch an unser bekanntes «Ehre sei Gott in der Höhe» erinnert. Dann wünscht man sich gute Weihnacht und ein glückliches Neujahr. Am Morgen war ich in einer englischen Kirche, wo gewöhnlicher Gottesdienst war und auf den Abend war ich mit Freund Schybli zu einem hier weilenden Zürcher, namens Toggweiler, eingeladen, wo wir zum Abendessen eine gefüllte Gans verzehrten. Derselbe, schon ein älterer verheiratheter Mann, hat ein Kommissionsgeschäft, verkauft besonders auch Substanzen zum Eisen und Stahl Härten.

Für die nächste Woche werde ich nur Montag und Dienstag arbeiten und den Rest der Woche frei haben, in welcher Zeit ich mir dann besonders einige Kohlengruben in der Nähe von Manchester anzusehen gedenke, auch etwa Museen etc. in der Stadt. Im Geschäfte gehts immer so ordentlich, obschon immer einige da sind, welche glauben, dass dem Ausländer, der doch nur komme etwas abzulugen, Alles mögliche in den Weg gelegt werden müsse, doch der hat auch ein bisschen Geduld. In letzter Zeit sind ebenfalls Schiffe unter gegangen, welche Maschinen aus dem Geschäft nach Russland befördern sollten, welche nun neu erstellt werden müssen, natürlich auf Kosten der Versicherungsgesellschaft. Anderseits sollen grosse Bestellungen von Russland her wieder zurückgenommen worden sein, so hat Herr Felber, anstatt zwei Monteure nach Russland zu schicken, nur einen geschickt, der in 3–4 Monaten wieder zurück kommen werde. Damit ist natürlich auch für mich wieder wenig Aussicht, mit Maschinen fortzukommen, denn von Engländern geschickt zu werden darf man nicht hoffen. Nun die Zeit wird lehren, einstweilen sehe und lerne ich hier doch Etwas.

Wie gehts und stehts Daheim im lieben Steinhof? Ist also Schwester Emma daheim und Emilie in Regensdorf? Ist's auch immer nur regnerisch wie hier, oder hat es Schnee und Eis? Wir haben immer Dunkel und müssen froh sein, wenn wir um 9 Uhr, nach dem Frühstück nicht wieder das Gas anzünden müssen, was wir schon bis 11 Uhr brauchten. Abends um 3 oder halb 4 Uhr müssen wir schon wieder anzünden; die Sonne habe seit 3 oder 4 Wochen gar nie gesehen, und auch dann schaute sie kaum über die Häuser weg. Im Ganzen bin ich doch froh, dass es nicht hell und kalt ist, denn in unserer Abtheilung ist weder Ofen noch Feuer.

Mit dem Englischen gehts nach und nach immer ein bisschen besser, doch sollte besonders noch Wörter und besser lesen lernen. Im Logis bin ich auch nicht mehr ganz zufrieden, denn ich bezahle fast ein bisschen zu viel (natürlich Fremde zahlen fast immer etwas mehr) und bin mitunter auch nicht so ganz ungeniert, wie ich mirs wünschen möchte, doch werde ich jedenfalls warten, bis sich gelegentlich etwas Besseres bietet. Otto

Von Feuersbrünsten und Überschwemmungen.

Manchester, 18. Februar 1873

Lieber Vater!

Am Bächtelitag erhielt ich die lieben Briefe von Daheim und freute mich, Alle über diese Festtage wohl zu wissen. Ebenso hatte von Bruder Oskar am Neujahrstage Briefe und ein Kalenderchen erhalten und denke, auch meine Zeilen werden in der gleichen Zeit Daheim eingetroffen sein. – Schon früher habe ich, glaube, bemerkt, dass ich das Logis ändern werde, was ich denn auch Mitte Januar that, aber das Essen schmeckte mir dort nicht recht (es war nicht reinlich), und so sah ich mich wieder nach etwas anderem um. Die Logis sind in diesem Stadttheile sehr rar, besonders die irgendwie ordentlichen und um allein zu wohnen fast zu theuer. Nun, am 2. Februar, nach 12 Uhr, wir wollten bald zu Mittag Essen, rief plötzlich Einer, oben an der Treppe ist Rauch, in einer oberen Ecke brannten bereits die Tapeten, und auch das Himmelbett war nahe daran. Während die Einen flöchneten [retten, hinaustragen], suchte ich mit 2 Anderen nach Leitern und hinauf aufs Dach, wo der Dachstuhl auf einer Seite am Zusammenfallen war, die 9 Zoll Balken waren schon durchgebrannt. Bald kam die Löschmannschaft und in kurzer Zeit war alle Gefahr vorüber. Es zeigte sich, dass im Kamin des benachbarten Hauses einige Backsteine herausgefallen waren, und so hatte sich das Holzwerk des Dachstuhles entzündet und bei dem kalten, scharfen Nordwind rasch um sich gegriffen. Die Zimmer waren natürlich ein bisschen überschwemmt, und doch konnte man sich mit Ausnahme desjenigen, welches der Brand Dachlos gemacht hatte, wieder einrichten. Da aber vermisste ich eine Portemonnaie mit nahe 2 Pfund St. Inhalt, ob verloren oder entwendet? Ich konnte nichts mehr davon vernehmen.

Am folgenden Samstag zog ich in diess Logis, wo ich jetzt weile, fast am Ende der Stadt. Zum Atelier habe ich jetzt allerdings eine gute Viertelstunde zu gehen, doch das Frühstück nehme ich mit. Kaffee oder Thee lässt man sich anschütten beim Atelier. Mittags gehe ich in einen Speiseraum oder Restaurant und Abends habe den Thee daheim und etwas Häring, Fisch etc. dazu. So habe ich mein kleines Schlafzimmerchen allein und ein Parlour, wo ich auch eine Komode habe. Es ist Niemand als 2 alte Leute (in den sechzigen), die mich etwa an Bardian in Paris erinnern, nur nicht so freundlich und leutselig wie jene, eben Engländer, doch reinlich und zuvorkommend. Still und allein im eigenen Stübchen habe hier, und das ist, was ich suchte, um meine freie Zeit in hier anzuwenden. Schybli hatte es allerdings fast etwas ungern, doch das konnte mich nicht zurückhalten.

Im Atelier komme mit der Arbeit auch in letzter Zeit zu mehr verschiedenen Arbeiten und stehe mit den Mitarbeitern auf gutem Fusse. Dass Ihr eine Nähmaschine gekauft, freute mich auch für die lieben Schwestern und sind sie erst damit eingeübt, so werden sie erst dieselbe schätzen lernen. System Johnson, wie Ihr schreibt, kenne ich nicht, ists nicht Wheeler & Wilson? [...]

Betreffs des Schmieröls ist die Composition von, ich glaube, Repsöl und Petrol sehr viel gebraucht, doch habe ich oft gesehen, dass besonders bei Transmissionen etc., wo viel Staub hinkommt, auch reines Petrol als Schmiermittel angewendet wird. Das hier gebräuchlichste ist nur Repsöl, hat keinen Geruch nach Petrol, gefriert resp. wird sehr bald breiartig, wenns etwas kalt ist. Bei der Nähmaschine möchte besonders im Anfange empfehlen fleissig zu schmieren, täglich vor dem Gebrauche, und die Schmierlöcher nicht verstopfen lassen. [...]

Von dem Brande in Otelfingen und dem traurigen Ende Bopps habe in der Freitagszeitung gelesen, auch hat Schybli einiges darüber brieflich mitgetheilt erhalten. Es war wohl windig, dass des Posthalters Haus, zwischen dem doch ein breiter Garten liegt, Feuer fing, und wann war es, in der Nacht? Einige Details würden mich immerhin noch interessieren. Allen Lieben herzliche Grüsse und Küsse und in Liebe bleibe Euer dankbarer Sohn   Otto

Wyss wechselt in der Folge wieder sein Logis, er zieht in ein Quartier mit neuen Arbeiterhäuschen. Im Augenblick ist die Arbeitslage sehr gut, da von Russland und Japan viele Bestellungen eingehen.

Ein geschwollenes Knie als Folge eines schlechten Aprilscherzes.
Manchester, May, 10th. 1873
Lieber Vater!
[...] Am 1. April, der wie bei uns, hier als Narrentag gilt, meinten die Engländer besonders an mir den Narren haben zu müssen. Abends beim Heimgehen wurde ich die steinerne Treppe hinunter geschupft und gestossen (es sind nämlich Erdgeschoss und 6 Stockwerke, und die 14 abgebrochenen Treppen hinauf gehen je in die verschiedenen Stöcke über 100 Arbeiter, ich bin im 4ten). Ich fiel und verrenkte mir das rechte Knie. Nachdem ich noch heimhinken konnte, wurde das Knie geschwollen, so dass ich die ganze Nacht aufbleiben musste. Ich machte Ueberschläge mit kaltem Wasser und dann mit Bleiwasser, und am 2ten Tage liess die Geschwulst nach, doch konnte ich das Bein nicht strecken. Die Logisfrau brachte mir einen Doktor, ein junger Mann, Irländer (der entschieden etwas angedöselt war), der meinte, es fehle nichts weiter als 8 Tage Ruhe und Einreiben mit Hartshorn und Oel. Nach einigen Tagen konnte ich auch wieder herumhinken und die folgende Woche wieder zu arbeiten anfangen. Im Anfang wurde es jedesmal gegen Abend wieder ein bisschen geschwollen und besonders, da ich grosse, schwere Arbeit hatte, wurde ich sehr müde, hatte dazu keinen Appetit und wars mir oft miserabel schlecht. Nach Ostern wars etwas besser, doch da auf einmal hiess es, nur halbe Zeit arbeiten. Wohl hiess es, man müsse nur auf Material warten, doch wurde der Eint und Andere fortgeschickt, so dass auch ich immer in Ungewissheit schwebte, allenfalls auch geschickt zu werden.

Diese Woche haben wir aber wieder volle Arbeitszeit und vollauf zu thun. Das Knie ist besser, zum gehen ganz gut, nur Treppe auf und ab macht es mir noch Mühe und besonders auch, wenn ich etwas trage oder den Fuss anschlage.

Mit der Arbeit bin ich wohl zufrieden, dagegen weniger mit dem Mitarbeiter, mit dem ich sie machen muss. Wir haben nämlich die gleiche Arbeit je an jeder Seite der Karde. [...]

Im gleichen Raum arbeitet auch ein Sohn des Direktors, oder lernt vielmehr. Er ist ein grosser 17jähriger, etwas schwächlich aussehender Bursche, spricht wenig, nur selten einige Worte französisch oder deutsch zu mir, da er in diesen Spachen Stunden nimmt. Weitere Conversation ist mit ihm nicht anzufangen, und seine Vorstellungen und Meinungen über Welthandel und Industrie sind ganz englisch oder fast kindisch.

Sein Vater ist noch nicht lange Direktor (eigentlich Chef), sondern erst seit der Gründer, der, wie man sagt, geniale Parr, gestorben ist, kam er als Vetter oder Schwager des jetzigen Besitzers an diese Stelle. Die Firma ist seit Neujahr Gurtis & sons. Der eine Gurtis ist oft im Geschäft und redet ein geläufiges Deutsch. Das Etablissement beschäftigt 1400 Arbeiter hier und 700 in Gorton nahe Manchester und soll das zweitgrösste in dieser Spezialität in ganz England sein.

Kaum 400 Schritte von diesem Geschäfte ist ein anderes, ebenfalls 700 Arbeiter beschäftigendes für Spinnmaschinen, J. Hethrington, wo aber bald eine Menge von Arbeitern eingestellt, bald wieder entlassen werden, eben sehr schwankend. Durchschnittlich gehen hier die Geschäfte im Frühling und Sommer am besten, Herbst und Winter etwas flauer. Die Woche nach Pfingsten stehen hier alle Geschäfte still und werden allfällige Reparaturen der Maschinen, Gebäude, Reinigung der Wasserkanäle etc. vorgenommen, daneben werden meistens auch Inventare aufgenommen, Werkzeug markiert etc.

Vergnügungs Züge finden nach allen Seiten hin Statt und zwar sehr billig, für ganze Wochen. Vielleicht gehe ich nach Sheffielt oder Liverpool, werde eben sehen, wie das Wetter wird und die Finanzen stehen. Jetzt halte ich auch den «Engineer», die bekannte Zeitschrift über Mechanik, 60 cs. pro Woche, und bin so im Courant mit dem Neuesten in der Mechanik und erhalte auch gerade jetzt einige Mittheilungen über die mechanische Abtheilung der Wiener Welt-Ausstellung, was mich besonders interessiert. Allen Lieben herzliche Grüsse und mit Kuss und Liebe bleibe Euer dankbarer   Otto

Soll Wyss Associé eines Tabakfabrikanten in Winterthur werden?
Manchester, 6. Juni 1873
Lieber Vater!
Letzte Woche erhielt ich einen Brief von Freund Berger, worin er mir vorschlägt, mich mit ihm zu associeren, um das Geschäft seines Schwiegervaters zu betreiben. Berger war vorletztes Neujahr bei uns in Otelfingen auf Besuch, und vielleicht mögt Ihr Euch desselben erinnern. – Sein Schwiegervater ist Herr Wylenmann, Tabakfabrikant in Winterthur, und Berger hat sich seit diesem Frühling mit ihm associert. Wie es scheint, wünscht nun sein Schwiegervater aus Altersrücksichten zurückzutreten, und habe ihm selbst gerathen, einen jungen Associé zu suchen. In den letzten Jahren habe er eben bei seinem vorgerückten

Alter nicht mehr reisen können und bei dem neuen Gang der Geschäfte viele Kunden verloren, so dass das Geschäft klein und unansehnlich geworden sei.

Dann empfiehlt er mir, nach Holland zu gehen und dort mich nach der Tabakfabrikation, besonders der Schnupftabak-Fabrikation zu erkundigen, besonders auch, wenn möglich, suchen in Werkstätten zu arbeiten, wo Maschinen für diese Zwecke verfertigt werden. Er bemerkt ferner, dass ich ihm seiner Zeit mitgetheilt, ich könne keine Einlage ins Geschäft machen, hofft aber, vielleicht wäre doch etwas möglich.

Für mich hat sein Antrag in erster Linie das Anziehende, im lieben Heimathlande meine unabhängige Existenz gründen zu können. Allerdings wäre mir da mein erlernter Beruf nur von indirektem Nutzen. Doch ist Tabakfabrikation ein rein mechanischer Betrieb, denn die Kenntnisse der verschiedenen Sorten ergeben sich einestheils aus dem Betrieb selbst, und manches hätte ich mir durch einen zeitlangen Aufenthalt in Holland anzueignen.

In meinem Berufe werde ich wohl hier in England, als Ausländer, kaum je rechnen dürfen, eine bessere Stellung zu erhalten, in dieser Beziehung wäre viel eher etwas in den überseeischen englischen Colonien zu finden. Nach der Schweiz zurück und jemals als Contremaitre zu funktionieren habe ich durchaus keine Lust und nach Frankreich oder Deutschland noch weniger. Habe ich in der Werkstätte von Locher in Zürich gesehen, dass mir für die Stelle eines Contremaitres noch vieles zu lernen bleibt, habe ich auch oft genug vermisst, in einer ordentlichen mechanischen Werkstätte gelernt zu haben, so wäre es mir jetzt gerade zuwider, als Contremaitre eine Werkstätte von schweiz., deutsch. oder französichen Arbeitern vorzustehen. Nach Russland hätte weder Geld noch Empfehlung, und Schwester Emma hat mir, auf die seiner Zeit gemachte Bitte (um Neujahr), wenn möglich einmal eine Adresse von Cabus zu erhalten, Nichts geantwortet, wohl vergessen, aber damit ist auch die Zeit vorüber.

Es wäre mir lieb, lieber Vater, wenn Ihr in Betreff Bergers Antrag vielleicht selbst einige Erkundigungen einziehen und dann bald Eure Meinung darüber mittheilen werdet. Indessen empfanget Herzliche Grüsse, Euer Otto

Noch ein Brand.
Manchester, June 21th, 1873
Lieber Vater!
In der Pfingstwoche habe ich Euch geschrieben und damals den Antrag von Freund Berger mitgetheilt. Ganz natürlich hat mich der Antrag gefreut, auch wenn ich ihn nicht annehme, denn mehr und mehr drängt sich mir die Ueberzeugung auf, dass mit dem gegenwärtigen Stand der Fabrikationswerkzeuge dort wohl gar nicht zu existieren wäre und, um eine Fabrik einzurichten, Betriebskraft und Alles, da braucht es Geld. Nach früherer Mittheilung, weiss ich, dass Berger etwas über 8000 fr. zu verfügen hat, allein, damit lässt sich zur gegenwärtigen Zeit wenig einrichten. In dieser Beziehung mag ohnehin Freund Berger geneigt sein etwas zu überschätzen. In jedem Falle wird es mir sehr lieb sein, wenn Ihr je bälder je lieber, darüber einige Erkundigungen einziehen und so bald als möglich mir Eure Meinung darüber mittheilt.

In einem Theile unseres Fabrikgebäudes ist soeben ein Feuer ausgebrochen. Wir arbeiteten bis 12 Uhr wie gewohnt, und jetzt ists bald 5 Uhr, da ich soeben wieder zurückkomme. In jener Abtheilung wurde das Holz für Modelle mit Oefen künstlich ausgetrocknet, und so entstand etwa um 2 Uhr der Brand, der natürlich in dem trockenen Holze seine willkommene Nahrung fand. Im gleichen Gebäude wird noch eine grosse Anzahl von Modellen für Maschinentheile aufbewahrt, was den Brandschaden enorm steigern dürfte und vielleicht die Arbeit etwas stocken machen könnte, bis die Modelle wieder gemacht sind. Das Dach und die Mauern sind eingestürzt, aber der hohe Holzhaufen brennt jetzt nur um so heller, und bei der grossen Hitze hat man Mühe genug, die anderen Gebäulichkeiten sicher zu stellen. Ausserdem brennt es noch in einem anderen mech. Atelier in Newton, nahe der Stadt; überhaupt die letzte Zeit oft. [...] Otto

Der Entschluss zum Sprung über das Grosse Wasser.
Manchester, August 11th, 1873
Lieber Vater!
Längst hatte ich einige Zeilen von Euch erwartet, doch wenigstens eine kurze Antwort in Betreff der Anfrage Bergers. Bruder Oskar hat mehr darüber vernommen und mir kürzlich seine Ansichten mitgetheilt. Hat Bergers Plan mich anfangs etwas angeregt, so habe ich jetzt denselben aufgegeben und ihm letzthin eine diesbezügliche Antwort geschickt.

Nun, hier in Manchester wird die Lage für mich schwierig, denn heute Abend wurde im Atelier angezeigt, dass Ende nächster Woche die Werkstätte bis auf unbestimmte Zeit geschlossen würde.

In einer benachbarten Werkstatt haben nämlich die Arbeiter die Arbeit eingestellt, um eine Lohnerhöhung zu erhalten. Dem gegenüber wollen nun die anderen Eigenthümer ihre Werkstätten schliessen, und es sollen bereits 32 Patrone die gleiche Anzeige wie bei uns erlassen haben. Voraussichtlich wird der Kampf nicht sehr kurz sein, denn wenn man auch anderwärts nachher wieder beginnen wollte, so spricht man in unserem Geschäft davon, nicht wieder hineinzugehen, bis auch uns die Lohnerhöhung zugesichert wäre. Für mich ist natürlich dann keines Bleibens mehr, und rechne ich es deshalb das Beste, wenn ich gleich fortgehe und zwar in 14 Tagen, den 25. August nach Liverpool. Kann ich dort noch für einige Zeit unterkriechen, so ists recht, wo nicht, so werde ich sehen, auf irgend welche Art und Weise auf ein Schiff zu kommen, um nach New York zu gehen, da ich eben das Geld zur freien Ueberfahrt nicht habe.

Der Strike kann 2–3 Monate dauern und jedenfalls in unserem Geschäft sehr hartnäckig, da sie allgemein als geizig und knauserig bekannt sind. In solchen Fällen wird wohl gesteuert, aber da kommt bloss für die Club-Mitglieder etwa die Hälfte des Arbeitslohnes heraus, für die anderen ein Drittel oder Viertel, und so ein Ausländer wird wenn möglich mit einigen hässigen Worten abgespeist. [...]

Hoffend im Laufe der nächsten Woche doch noch einige Zeilen zu erhalten und das nächste Mal bessere Neuigkeiten schreiben zu können. Seid herzlich gegrüsst und wie allen Lieben herzliche Küsse, Euer
Otto

Am 28. August 1873 besteigt Otto Wyss in Liverpool die «City of Paris», einen stattlichen englischen Dampfer, für die Überfahrt nach New York.

V

Junggeselle im kalifornischen Hinterland

Überleben können, in der Fremde etwas erreichen wird zur Frage der Selbstbestätigung. *Leistung vollbringen, Leistung suchen, der Schritt zum Abenteuerlichen, zum Mystischen ist manchmal klein, aber die harte Wirklichkeit sorgt für eine gewisse Nüchternheit. Und dennoch geht die Suche nach dem Eldorado in der Phantasie weiter. Arbeitssuche verbindet sich mit Abenteuerlust. Der weite Weg nach Westen verspricht vielleicht Erfolg, obwohl der Begriff «der Westen» nicht genau zu definieren ist. Die Vorstellungen waren verschwommen, wurden oft gleichgesetzt mit Verheissung. Das Leben war hart, mühsam und viel stärker durch Einsamkeit und Monotonie bestimmt als durch aufregende Abenteuer.*

Amerika, ein Land, das wir aus Erzählungen kennen wie: «Der Wildtöter», «Der letzte der Mohikaner», «Der Pfadfinder», «Lederstrumpf», «Die Prärie» usw., Bücher, die James Fenimore Cooper ab 1823 veröffentlichte. 1852 erschien das Werk «Onkel Toms Hütte» von Harriet Beecher-Stowe.

Der Sezessionskrieg zwischen den Nord- und Südstaaten war 1865 beendet. Am 10. Mai 1869 wurde die erste durchgehende Eisenbahnlinie Ost–West eröffnet. In vier Jahren wurde die 2842 km lange Strecke von Omaha nach Sacramento erbaut. Kalifornien kam 1850 zur Union, nachdem es aus früherem spanischen Besitz 1821 gemeinsam mit Mexiko, dem es angegliedert war, die Unabhängigkeit und nach dem Krieg zwischen der Union und Mexiko im Frieden von Guadeloupe 1848 die Selbständigkeit erlangt hatte.

Diese pazifische Westküste wurde von Spaniern, Patres und Konquistadores, besiedelt, und im Umfeld, wo später Otto lebte, prägen spanische Namen die Siedlungen wie z.B. San Francisco, San Mateo, San Simeon, San Lucas, San Miguel, Santa Cruz, San Antonio, Paso Robles, Atascadero, Santa Margarita, San Luis Obispo, Santa Barbara, Santa Monica usw. 1848 wurde in der Nähe von Sacramento auf dem Land von Johann August Sutter, dem Militärgouverneur, Gold gefunden, und die Stadt San Francisco vergrösserte darauf ihre Einwohnerzahl durch einen immensen Einwandererzustrom.

Diese vierte Brieffolge aus dem Leben von Otto Wyss umfasst die Zeit zwischen seiner Ankunft in New York im September 1873 bis zu seiner Verheiratung im August 1877. Es ist für ihn eine schwere Zeit; es geht darum, Fuss zu fassen, Arbeit und Verdienst zu finden, sesshaft zu werden, sich zu akklimatisieren und im weitesten Sinne zu assimilieren.

New York bereitete Wyss keinen herzlichen Empfang; er fand auf seinem Beruf keine Arbeit und musste sich als Knecht bei einem Bauern ausserhalb der Stadt verdingen. So richtete sich sein Blick weiterhin nach Westen, wo er hoffte, Arbeit zu finden. In mehreren Etappen erreichte er so das Goldland Kalifornien.

«Ich bin durchaus nicht entmuthigt.»
(New Jersey) Raritan, Sept. 21th. 1873
at Mr. A.S. Burr's farm

Meine Lieben!

Wie ich im letzten Briefe bemerkte, habe ich Manchester am 26. August verlassen, und als sich in Liverpool nichts zeigte, mich am 28. August auf der «City of Paris», einem stattlichen englischen Dampfschiff, für New York eingeschifft. Die ersten Tage waren stürmisch, doch die 2te Woche ruhiger und das Ende sehr schön, so dass die Ueberfahrt rasch nach 11tägiger Fahrt vorüber war. Montag, den 8. September, früh halb 6 Uhr kam Land in Sicht, und um 8 Uhr fuhren wir in den Hafen ein. Es war Abends, bis wir Steerage Passagiere ausgeladen wurden, und nachdem ich meine noch übrige, sehr knappe Baarschaft gegen das amerikanische Papier ausgewechselt, so suchte ich ein bescheidenes Nachtlager auf.

Die folgenden Tage war ich nach Arbeit auf den Beinen in New York, Brooklin und Jersey City, aber nichts war zu finden. In letzterer Stadt hatte ich eine Adresse an einen Vormann, der von Manchester kommend mir gerne mit Rath beistand, doch konnte auch er mir nichts verschaffen. Er sagte, dass jetzt, kurze Zeit vor der Präsidentenwahl (in 2 Monaten soll die Wahl sein), die Geschäfte stocken, weil das Geld zurückgehalten werde. Er rieth mir, weiter nach Westen zu gehen, Chicago, Cleveland, St. Louis etc., allein, da ich dies nicht konnte, eben nehmen muss was komme.

Anstatt schmutziger Handlangerstelle in der Stadt, zog ich es vor, zu einem Farmer aufs Land zu gehen und bin so jetzt eine Woche hier auf einem grossen Bauernhof etwa 10 Stunden von New York. Arbeit gibts genug hier, aber auch gut und genug zu essen, und ich fühle mich ganz wohl. Lohn 12 Dollar = 60 fr. per Monat, resp. für den ersten. Damit habe ein bisschen Zeit, um mich etwas umzusehen, wie und wo ich möglichst bald wieder in eine mechanische Werkstätte kommen kann. Ich korrespondiere mit zwei Freunden fern im Westen, der eine in Ohio, der andere in Sacramento, Californien. Letzterer garantiert mir 3 $ 60 cts. = 18 fr. per Tag, sobald ich komme, doch der Weg kostet 60 $ dorthin. Immerhin muss man hier irgend welche Situation abwarten, und dazu braucht es eben Geld auf die Hand. Wenn ich auch hier 2–3 Monate bleibe, so habe ich mit 20 oder 30 Dollar wenig Geld für Amerika und werde desshalb froh sein, wenn Ihr mir etwas Geld schicken könnt, aber bald, denn mit dem Ende des 2ten Monats, d. h. Mitte November, ist vielleicht nicht so viel Arbeit hier und auf der Farm.

Wie viel ich in der Sparkasse habe, weiss ich nicht, doch vielleicht fr. 150 (?) Zu schicken wird es wohl am besten sein in Banknoten und dergleichen oder rekommand. Brief. Auswechseln kann ich preussische Banknoten, Thalerscheine, mit wenig Verlust auch englische; bei französischen oder schweizerischen Noten mehr Verlust. In Zürich kann man ja leicht auswechseln, möglicherweise direkt amerikanisches Papiergeld, doch muss man nicht zu viel bezahlen. Ein kleiner Wechsel wäre wohl schwieriger erhältlich, sonst wäre es das beste und billigste. Jedenfalls verliert keine Zeit!!

Kann ich auch gar nicht von Chance sprechen bis jetzt, so bin ich durchaus nicht entmuthigt; Land und Leute gefallen mir sehr gut und vor Allem, man wird nicht als ein Fremder, Ausländer, sondern überall als Menschen – Bürger angesehen. Alles ist theuer; Alles lässt sich bezahlen, aber deshalb kann auch ein Jeder leben, und wenn er fleissig ist und sparsam, ein schönes verdienen und etwas ersparen. Schwindler, Taschendiebe etc. hat's genug, doch wenn man solche gehörig abschnurrt und ihnen auf die Finger sieht, so suchen sie «bessere Geschäfte», mich liessen sie so ziemlich unangefochten.

Von meiner Seereise und vom hiesigen Bauernhofe mit 34 Kühen, (besonders Milch-Verkauf bis New York), 8 Ochsen etc., 21 Enten, gegen 40 Hühner, Truthühner, Gänse, 4 Pferde und 4 Maulthiere, dann Dresch-Futterschneid-Maschinen etc. alles mit Dampfbetrieb, ein ander Mal ausführlicher.

Hoffend, dass Ihr Euch Alle wohl befindet, empfanget herzliche Grüsse und Küsse von Eurem Sohn, Enkel und Bruder   Otto

Raritan, Nov. 30. 1873

Theure Grossmutter!
Ferner denn je von Euch und allen Lieben entfernt, komme auch ich diess Jahr, Euch einige Zeilen auf den 4. Dezember zu senden. Allerdings werden sie etwas verspätet eintreffen, denn der Weg ist eben weit. – Dass ich hier nicht gleich in meinem Berufe Arbeit finden konnte, hat mir nur gezeigt, dass man hier nicht immer auf andere wartet, denn in schlechten Zeiten braucht man weniger, drum werde ich sehen, in guten Zeiten bei der Hand zu sein. Man erwartet allgemein, dass nach dieser Geschäfts-Stockung im Frühling ein um so grösserer Aufschwung eintrete, und die jetzt in Frage stehenden Gold- und Silber-Zahlungen anstatt des Papiergeldes (bis 50 Rp. hinunter alles Papier jetzt) dürften diess nur befördern. Viel Lärm wurde letzte Woche auch über «Krieg mit Spanien wegen Kuba» gemacht, doch ist das ganze mehr Abenteurer Sache, und so wird's hoffentlich Friede bleiben.

Für den Winter über bin ich jetzt so ordentlich versorgt, habe mir diese Woche noch Strümpfe und ein paar starke Stiefel gekauft, um meine Füsse warm zu halten, aber so ein paar Handschuhe zum arbeiten und endlich einen Hut, um mit meinem alten zerdrückten nicht gleich den Emigranten sehen zu lassen, sind noch nöthig. – Meine Zeit hier, auch an Sonntagen ist kurz gemessen, denn die Ställe zu reinigen und eint und andere Kleinigkeiten, da geht der Vormittag hin und am Nachmittag hat man wohl etwas an seinen Arbeitskleidern zu putzen oder flicken. Doch das ist ja nur für kurze Zeit, denn mit mehr Sehnsucht als je warte ich auf den Frühling, und dann werde ich weiter nach Westen ziehen und sehen und streben, bis auch mir sich eine Existenz wird finden den lassen, wo ich das Erlernte und Erfahrene nützen kann. Dann liebe Grossmutter kehre ich wohl wieder einmal heim und hoffe auch, Euch noch zu sehen, die ja so viel Theil an meinem Geschicke nimmt und wie Ihr zum Abschiede mir das Gedicht geschrieben:

Wer aufwärts schauet mit Zuversicht, der fürchtet den Wechsel der Tische nicht; so werde ich muthig vorwärts streben bis ich mein Ziel erreicht. [...]

«Von Amerika kann ich bis jetzt nicht viel Rühmens machen.»

Canton (Ohio), den 24. December 1873

Mein lieber Bruder!

Wir stehen am Vorabend der h. Weihnachtsfeste, und da ich von Raritan (N.J.) nicht mehr geschrieben habe, so komme ich von hier aus, Dir einige Worte zu senden. Also letzten Freitag wurde ich in Raritan ausbezahlt, weil dort der Leute zu viele waren.

Am Samstag ging ich mit Sack und Pack nach New York, wo aber eine Masse von Arbeitern müssig ist, und so entschloss ich mich gleich, mich westlich zu wenden. Jch verliess New York mit dem Emigrantenzug und kam gestern hier an. Jch habe hier einen Collegen den ich in Manchester gekannt, namens Paul Zürcher von Teufen (Ct. Appenzell) – (er hat einen Bruder, Dr. med., im Sommer in Interlacken, im Winter in Nizza), der seit etwa ³/₄ Jahr hier arbeitet und mich freundlich willkommen hiess. Es sind mehrere grössere mech. Etablissements hier, doch nirgends keine Aussicht auf Beschäftigung. Somit werde ich mich nach Weihnacht weiter nach Westen wenden, und zwar rieth mir Freund Zürcher direkt nach San Francisco, Californien, zu gehen. Die Zeit ist eben schlecht, mitten im Winter, alle Geschäfte stocken und alles mit Schnee bedeckt, gibts auch auf dem Lande nichts zu thun, so werde ich über Chicago und Omaha direkt dem Goldlande zusteuern.

Es hat mich gefreut, dass Du die Geld-Sendung so rasch besorgt hast, und habe auch den Betrag gleich richtig erhalten und bin jetzt natürlich sehr froh darüber.

Von Amerika kann ich bis jetzt nicht viel Rühmens machen, denn einmal bin ich ganz zur ungeschickten Zeit hingekommen und dann ist die Lebens- und Geschäfts-Weise ganz mit derjenigen der alten Welt verschieden. Am besten stellen sich solche, die hieher kommen, um die Landwirthschaft zu betreiben und gleich etwelche Fonds zur Beschaffung der nöthigen Werkzeuge haben. Arbeiter dagegen, welcher Art sie auch sein mögen, haben im Sommer ordentlich, ja guten Verdienst, während sie im Winter zu reduzierter Zeit und reduziertem Lohn oder theilweise ganz und gar nicht arbeiten können, wie diess diesen Winter in ganz Amerika der Fall war. Nach Neujahr erwartet man allgemein, dass die Geschäfte wieder nach und nach aufgenommen werden, und besonders ich hoffe bald den Anbruch einer besseren Zeit.

Bald werden die letzten Tage dieses Jahres entfliehen und ich das neue Jahr wohl auf den weiten und schneebedeckten Prairien zwischen

Omaha und Sakramento zu begrüssen haben, während Du es im Kreise der Lieben im schönen Daheim begrüsst. Möge es Dir und Deiner Familie beste Gesundheit bringen, so wird auch Glück und Freude nicht fehlen. Sende auch bald einige Worte betreffend meiner Abreise von Raritan den Lieben im Steinhofe und die besten Glückwünsche zum neuen Jahre meinerseits, ebenso an Schwester Emma und ihren Gatten.

Nun leb wohl, geliebter Bruder! Das nächste Mal mehr, wohl aus dem fernsten Westen und mit herzlichem Bruderkuss, Dein ferner Bruder
Otto

Mit dem Emigrantenzug durch Prärien und einsame Hochebenen.

Sacramento, 19. März 1874

Meine Lieben!

Letzte Weihnacht hatte ich noch einige Zeilen von Canton (Ohio) aus an Bruder Oskar geschrieben, und als ich dort herum, trotz vieler mech. Werkstätten, keine Aussicht auf Arbeit finden konnte, so nahm ich am Neujahrstage die Bahn nach Westen. Den 2. Januar Morgens kam ich in Chicago an, und nach 2 Stunden Aufenthalt, in welcher Zeit ich mich mit Proviant versah, ging's weiter über die mächtigen Ströme des Mississippi und Missouri nach Omaha, der letzten grösseren Station vor den Prärien. Dort ging's Samstag den 3. Januar in den Emigrantenzug der Pacific Bahn, und Nachmittags 3 Uhr fuhren wir unter ordentlichem Schneegestöber über die weiten Ebenen dahin. Nachts wurde der Sturm heftiger, nicht sehr viel Schnee, doch oft Schneewehen, so dass wir nachts 10 Uhr etwa 2 Stunden im Schnee stecken blieben.

Sonntag brachte einen heiteren Tag, und je weiter wir kamen, desto weniger Schnee. Die weiten Ebenen hie und da, bald mehr, bald weniger wellenförmig, mit wenig Schnee und trockenem, dürren Sande, war[en] sehr einförmig, und erst am 3ten und 4ten Tage wurde die Aussicht mehr hügelig, dann bergig und felsig. Das Wetter hielt gut an, und nach sonnenreichen Tagen folgten mondhelle Nächte. Tags hielt man oft die Fenster offen, die Nachts trotz zweier Oefen weiss und blumig gefroren. Der 50plätzige Wagen mit hölzernen Sitzen war von uns 47 Emigranten wohl gefüllt (es waren daneben 13 Frachtwagen angehängt), und kann man sich wohl denken, dass so keine Bequemlichkeit zum Schlafen war. Die meisten Stationen waren nur für Wasser und Kohlen, mitunter waren auch einige Mann, die an der Linie arbeiteten für Reparationen, Auffüllung und Überwachung der Schienenwege machten.

Bald näher, bald ferner sah man in kleinen Herden Präriehunde, Präriehühner und Antilopen und höher droben eine Art brauner wilder Ziegen, Elk (grosse Hirsche) und eine Art Füchse. Bäume waren fast 4 Tage lang kein einziger zu sehen, erst durch die felsigen Gebirgsschluchten gegen Utah hinunter sah man einige Föhren und Weidengebüsche an den Bächen und Flüsschen. Die Berge erheben sich selten mehr als 1000–2000 Fuss über die Hochebenen und sind mehr kugelförmig abgerundet, nirgends die langen Ketten wie z.B. die Jura-Gebirge. Die Eisenbahn erhebt sich zu einer Höhe von über 8000 Fuss über dem Meer, und doch war auch dort sehr wenig Schnee. An vielen Stellen, besonders am Fusse von Hügel, wo leicht Schneewehen entstehen, ist die Bahnlinie mit Holzwerk überdeckt. Ein längerer Halt wird in Ogden gemacht (3 Std.), das freundlich in einem Thalkessel liegt, der rings auf $^1/_2$ Std. Distanz von vielen kegelförmigen Bergen umgeben ist. Im Weiterfahren kann man zwischen Bergen an einigen Stellen den grossen Salzsee sehen, und weiter gehts, bald durch freundlich bewässerte Thäler, bald zwischen Bergen oder durch öde Ebenen und an Seen vorüber zum gebirgigen Theile Nevadas, wo nach Wadswörth die silberreichen Minen sich nördlich und südlich meilenweit ausdehnen.

Es war Samstag, den 10. Januar, als wir von Reno her nahe Californien immer mehr Schnee antrafen; doch die Schneepflüge hatten einen Weg gemacht, und so gings zwischen 10–15 Fuss hohen Schneewänden durch dichte Nadelholzwälder auf Californischen Boden. (Jetzt soll der Schnee dort über 25 Fuss hoch liegen.) Von 2 Maschinen gezogen war der höchste Gipfel der Sierra Nevada vor Tagesanbruch hinter uns, und es wehte milde Luft, und die Sonne schien hell und warm. Bald war kein Schnee mehr zu sehen, und durch grüne Fichtenwälder, an den Goldwäschereien vorüber, erreichten wir Sonntag Abends um 4 Uhr Sacramento, wo ich auch Koffer und Gepäck in Ordnung erhielt.

In hier fragte ich sodann gleich in den Eisenbahn-Werkstätten nach einem alten Pariser Freunde, Bachmann, mit dem ich von Manchester aus korrespondirt hatte, vernahm aber, dass er leider verreist sei. In den verschiedenen mechanischen Werkstätten war nichts zu thun, und so hatte ich wiederum schlechte Aussichten. In 3 Plazierungsbüreaus machte man mir immer Aussichten, doch sah ich bald, dass bei dem stetigen Regenwetter nirgends Leute gesucht wurden. Nachdem ich mich 14 Tage in Sacramento aufgehalten, so liess ich meine Coffer dort und marschierte mit dem Nothwendigsten in der Reisetasche gegen San Francisco, doch auch auf dem Wege dahin liess sich keine Art von Arbeit finden, und in San Francisco, hungrig, war ich nahe daran, als Matrose auf ein Schiff zu gehen. Ich nahm sodann eine Stelle als Melker für 27 Kühe und melkte dieselben für 3 Tage, so gut ich konnte, aber meine Hände wurden geschwollen, und so wurde bald ein Anderer an meine Stelle befördert.

Hierauf wandte ich mich südwestlich und fand bald wieder Arbeit zum Kartoffelsetzen in Lakerville, 2 Std. von San Francisco. Dort half ich auf etwa 160 Jucharten Land 400 Säcke Kartoffeln pflanzen, d. h. ich legte den Samen, daneben Mist laden etc. Das Feld erstreckte sich so weit, als es die Wellen des stillen Oceans erlaubten, und an Sonntagen, wenn ich etwas freie Zeit hatte, so war ich drunten am Ufer des Meeres und sah hinaus, wie die Segel- und Dampfschiffe vorüber tanzten, oder suchte nach gestrandeten Schiffstrümmern etc. Die Leute selbst, noch junge Irländer, führten die schmutzigste, gemeinste Haushaltung, die ich je gesehen, kein Buch oder Zeitung, keine Feder oder Dinte war im Hause. In Stube und Küche waren meistens Gänse, Hühner und junge Schweine Meister und Spielgenossen der 3 Kinder von 1, 2 und 3 Jahren. Ein 14jähriger Bursche, Waisenknabe, der bei ihnen als Kuhhirt ist, weiss nichts von einer Schule und von Religion, bloss, dass man am Freitag kein Fleisch essen dürfe.

Letzten Montag, nachdem wir letzte Woche fertig Kartoffeln gesetzt, erhielt ich für 5 Wochen 20 Dollar ausbezahlt und säumte nicht, wieder der Stadt zuzuwandern. Ein Zürcher, der eine mech. Werkstätte in San Francisco hat, versprach mir Arbeit auf Mitte April, doch ich wollte nach meinem Gepäck in Sacramento sehen, und so nahm ich den Dampfer den Fluss hinauf. Jetzt haben wir hier 3 Tage gut Wetter gehabt, und wenns anhält, so ist bald Arbeit in mech. Werkstätten. Ein Deutscher Büchsenmacher sagte mir heute, am Montag wieder zu kommen, sollte aber nichts sein, so werde ich wohl wieder nach San Francisco gehen, denn dort sind sehr viele und grössere Werkstätten. Sacramento ist regelmässig in Quadraten gebaut und soll 30000 Einwohner zählen, wovon $1/5$ bis $1/4$ Chinesen sind, die auf einem kleinen Platze dicht beieinander wohnen. Ueberhaupt ist Sacramento lange nicht so gross noch so lebhaft wie Zürich; ausser einigen mech. Werkstätten, wovon die der Central Pacific-Bahn mit 300 Mann, ist keine Fabrik, kein grösseres industrielles Etablissement. Jetzt soll ein Eisen-Schmelzwerk in Betrieb gesetzt werden. Ein neues, aussen hübsches Gebäude ist das Capitol, Regierungssitz von Californien, doch im Jnnern ist es nach meiner Ansicht sehr winkelig und wird als zu klein kritisiert. Ein ander Mal mehr im Allgemeinen über dieses Goldland im fernen Westen, für diess Mal hoffe ich bald wieder mit Feile und Hammer zu arbeiten, und alsdann werde ich diesen Zeilen etwas mehr folgen lassen. Ich fühle mich selbst so wohl auf als je und bei diesen warmen Frühlingstagen, da man hier schon die Strassen spritzt, wacht auch die Hoffnung, auch bessere Tage zu sehen als in den letzten Wochen der Fall war.

Hoffend dass diese Zeilen auch Alle wohl und munter antreffen mögen, seid herzlich gegrüsst und geküsst von Eurem fernen Enkel, Sohn und Bruder   Otto
Ich logire hier in einem grossen Hotel oder Kosthaus, das mir als gut und billig von einem Deutschen auf der Bahn hieher empfohlen wurde. Ich bezahle 5 Dollar pro Woche für Kost und Logis, sehr reinlich. Meine Adresse: O. W. machinist, Western Hotel. Sacramento

San Francisco – eine Stadt im steten Wandel.

7 St. Charles place, San Franzisco, den 5. August 1874
Lieber Vater!
Vor einigen Tagen erhielt ich Eure lieben Briefe und will nicht lange säumen zu antworten. Es hat mich sehr gefreut, wieder so manches vom lieben Daheim zu hören und besonders, da mir Oskars letzter Brief wegen lieb Schwester Anna einige Besorgnisse machte, wieder zu hören, dass es auch ihr wieder besser gehe, und hoffe ich, dass sie gegenwärtig in einem unserer schönen Alpenkurorte wieder neue Kräfte und frisches Leben sich holen möge. Dann freut mich, dass endlich ein laufender Brunnen im Steinhof fliesst und damit viel Mühe und Arbeit gespart wird.

Bei mir hat sich auch einiges, doch nichts Wesentliches geändert. Bei Mr. Schinz, wo ich arbeitete, bin ich nämlich Ende Juni weg. Die ziemlich einförmige Stückarbeit, bei der ich allerdings 2 bis 3 Dollar pro Tag machen konnte, war nicht immer beständig, da ich oft auf Material aus der Giesserei warten musste, und als er noch den Preis herabsetzen wollte, so schaute ich mich nach einem anderen Platz um. Ich war mehrmals in den grösseren Werkstätten, doch ist diesen Sommer keine Fülle von Arbeit da, und obschon ich in einem der grössten, den Risdon-Eisenwerken, wo meistens Schiffs-Maschinen gebaut werden und etwa 300 Mann arbeiten, einen Bekannten namens Stierlin hatte (er ist der Bruder von Herrn Stierlin, Direktor im Stampfenbach in Zürich), so konnte ich doch nicht ankommen.

Sodann arbeitete ich in einer Schlossfabrik wo besonders kleine Vorhangschlösser gemacht werden, die natürlich schlecht bezahlt sind, und da ging ich nach 10 Tagen wieder, weil ich den jetzigen Platz in Aussicht hatte. Seit 14 Tagen arbeite ich nun bei Will & Fink, Schlosser und Messerschmiede, einer Werkstätte von 15 Arbeitern, mit Dampfmaschinen. Sie haben 2 Verkaufsläden und richten soeben einen Dritten ein, importiren die meisten Waaren, besonders aus England, und verfertigen bloss bestellte Waaren. Es ist das bedeutendste Geschäft dieser Art in San Francisco und die beiden Herren sind sehr thüchtig und thätig, beides Deutsche. Natürlich kommt da sehr mannigfaltige Arbeit vor, neben Messern, Bestecken, chirurgischen und anderen Instrumenten, besonders elektrische Glockenzüge, Spieltische, Papierschneidmaschinen, Bauarbeit etc.

Für den Anfang erhalte ich 2 $^1/_4$ Dollar pro Tag, doch wird bald erhöht und durchschnittlich gute Löhne bezahlt. Die Mitarbeiter sind meistens Deutsche und fast alle mehrere bis 8 und 10 Jahre dort.

Gebaut wurde diesen Sommer ziemlich viel in dieser Stadt, an der Stelle der kleinen hölzernen Häuser treten schöne Wohnhäuser aus Quadern und Eisen, und eine schöne Fleisch- und Gemüsemarkthalle wurde gebaut. Sodann wurde letzthin ein grosses, hölzernes Ausstellungsgebäude errichtet, um hiesige resp. Californische landwirthschaftliche und industrielle Produkte zur Schau zu stellen.

Ebenso wird an einigen Kirchen und grossen Hotels gebaut, aber die Schulhäuser bleiben sehr versteckt, man muss eigentlich fragen: Wo sind sie? Sodann wird ein grossartiger Park, etwa 1 $^1/_4$ Std. von hier, angelegt, ganz an der Küste, jedenfalls angenehm für die, welche dorthin spazieren fahren können. In der Stadt selbst sind bloss 2 kleine öffentliche Gärten, und anderweitige werden wohl erst erstehen, wenn einige Spekulanten den Platz dazu späterhin der Stadt zu einem enormen Preis verkaufen können. Gärten für Vergnügungsorte sind einige hier, so voran Woodwards Garten, der sehr hübsch arrangiert ist und einen kleinen zoologischen Garten, Aquarium, Gewächshäuser, kleine

Gemälde-Gallerie, ein Naturhistorisches Museum, einen Teich mit über ein Dutzend Seehunde, Springbrunnen u.v.a. enthält.
Im City Gardens, der schöne Blumenbeete, Turn-Einrichtungen, Kegelbahn und Schiessstand etc. enthält, war das jährliche Vergnügungsfest der schweizerischen Unterstützungs- und Wohlthätigkeitsvereine, dem ich am 14. Juni ebenfalls beiwohnte. Es waren gegen 3000 Personen anwesend, und es wurde lebhaft musiziert, getanzt. Gesungen wurde gar nicht, obschon der hiesige Gesangverein «Schweizerbund» mit der Fahne dabei war, ebenso vermisste ich, dass auch nicht eine einzige Anrede oder Toast gehalten wurde. Eine Lotterie fehlte dagegen nicht, und es wurde wacker gelottert, wie sich auch am Schiessstand die Schützen die wenigen Gaben streitig machten. Immerhin wurden 1300 Dollar netto herausgeschlagen, und also war der Hauptzweck erreicht, der bei den hiesigen Vergnügungsfesten immer obwaltet, nämlich das Geld aus den Leuten herauszukriegen, die Gemüthlichkeit und Feststimmung sind nur Nebensache. Ich selbst bin noch in kleinem Kreise bekannt, habe letzthin auf den «Scientific America» ein wöchentliches Journal, das die neuesten Erfindungen des Gewerbes und Industrie etc. bringt, abonniert.
Ich will schliessen. Allen Lieben herzliche Grüsse; mit Kuss und Liebe Euer   Otto
Soeben habe noch 2 Nummern der Bürklizeitung erhalten und freut es mich, wieder ein wohlbekanntes Blatt zu sehen und zu lesen, herzlichen Dank dafür. Werde gelegentlich eine hiesige Deutsche zusenden.

«Wie leicht habe ich die Strapatzen in Amerika durchgemacht.»
San Franzisco, August 9th. 1874
Liebe Schwester Anna!
Deine lieben Zeilen haben mich sehr gefreut, besonders da ich daraus ersah, dass Du Dich wieder etwas wohler fühlst, und hoffe ich, dass Du diesen Sommer wieder neue Kräfte sammeln wirst. Wo Du auch in einem unsrer heimathlichen Kurorte Dir Erholung gönnen wirst, verweile nur einige Zeit, denn das goldene Gut der Gesundheit ist nie zu theuer bezahlt. In der That, wie leicht habe ich die Strapatzen in Amerika duchgemacht, stets frohen Muth behalten und wünsche nur, ich hätte Dir zuweilen einen Theil meines gesunden Appetites zuschicken können. Die hiesige frische Seeluft hat jedenfalls auch das ihre beigetragen, denn meiner Lebtag war ich nie so unersättlich als hier in Cali-

fornien. Doch sehe ich Andere mit ebenso gutem Appetite essen, und die Lebensmittel sind ja billig, besonders das Fleisch. Sodann lasse ich mir auch gern ein Gläschen Wein zum Essen schmecken, oder sonst etwas Gutes.

Das Klima ist sehr schön hier und seit Ende März hat's nicht geregnet, mit Ausnahme der ersten Maitage, die einige Regenschauer brachten und deshalb eine sehr reiche Fruchternte beförderten. Ende Mai kamen einige heisse Tage, und Mitte Juni war eine Woche ziemlich heiss, doch stieg das Thermometer nie über 95° F. oder etwa 28° R. [Reaumur] im Schatten. Die Sonnenstrahlen fielen Mittags 12 Uhr so senkrecht, dass hohe Häuser fast keinen Schatten warfen und die Asphalt-Trottoire erweichten.

Etwa um 11 Uhr Morgens kommt gewöhnlich ein Seewind, der gegen Abend stärker wird, aber gegen Mitternacht sich wieder legt. Diese Winde treiben sehr oft, besonders wenn aus Südwesten, Wolken vor sich hin, die aber erst im Sierra Nevada Gebirge oder noch weiter östlich als Regen, Gewitter oder Wolkenbrüche niederfallen. In den letzten 6 Wochen hatten wir meistens Morgens schönen, blauen Himmel und Nachmittags bewölkt und kühl, ja Abends sehr kühlen Wind. Lustig ist es dann zu sehen, wie die Leute gekleidet gehen, die Einen im leichten Sommerkleid mit Strohhut, während Andere mit Ueberrock oder Damen mit Pelzkragen und Schawl einhermarschieren. In den Häusern ist es sehr angenehm, und man kann des Nachts schlafen, weil der kühle Abendwind dem Ungeziefer nicht günstig ist, und besonders die bissigen Mosquitos, die in New York und den östlichen Staaten so zahlreich sind, kommen hier nur vereinzelt vor. Der Tag wird nicht so lang, aber auch nicht so kurz als bei uns, und wenn in den längsten Tagen die Sonne ein Viertel nach sieben Uhr noch am Himmel steht und dann ins Meer versinkt, so bricht nach kurzer Abenddämmerung um halb 8 Uhr die Nacht herein, jetzt haben wir um 7 Uhr schon Nacht. Die Luft ist selten hell und in der letzten Zeit konnte man von den Gebirgsreihen im Osten wenig oder gar nichts sehen. Da ists doch schön im lieben Heimathland, wo man oft die schneebedeckten Riesen ins Land hinausschauen sieht.

Mögest Du jetzt in der Nähe unsrer schönen Berge frische Luft und kräftige Gesundheit athmen und bisweilen Deines Bruders überm weiten Ocean gedenken, der Dir treuen brüderlichen Gruss und Kuss sendet, Dein Bruder Otto

«Wo man geht und steht, muss man auf seiner Hut sein.»

San Franzisco, August 10th. 1874

Liebe Emilie!

[...] Ich kann Dir versichern, dass ein jeder lieber Brief von daheim mich immer wieder in den trauten Steinhof zurückversetzt, und die Sehnsucht nach dem lieben Heim erwacht nur um so mehr, je weiter ich von demselben entfernt bin. Sodann habe ich mich in Frankreich und England viel rascher an Land und Leute gewöhnt als hier in Amerika, doch hier besteht eben die nächste Umgebung nicht aus einer Nation, in der ungefähr alle gleich gesinnt und geschult sind, sondern im Gegentheil aus Leuten aus aller Herren Länder, die nicht bloss sehr unzivilisiert, sondern auch meist sehr egoistisch und zanksüchtig sich betragen. Wo man geht und steht, muss man auf seiner Hut sein, doch bin ich bis jetzt ganz gut durchgekommen, gestohlen wurde mir noch nichts, und habe auf meinem Berufe mein ordentliches Fortkommen. Mit meinem Logis habe ich alle Ursache zufrieden zu sein. Die Leute sind Deutsche, er ist Schneider, ein sog. Stückschütz und sie haben 5 Kinder, 2 Jungens von 12 und 14 Jahren und 3 Mädchen von 10, 6 und das kleinste bloss 3 Monate alt, die aber alle freundlich und anhänglich zu mir sind.

An einem Seitenplätzchen oder Sackgasse der lebhaften Kearnystrasse gelegen, nach wo dieselbe an einem steilen Hügel aufhört, habe ich ein stilles sauberes Zimmer mit grossem Fenster. Die Möbel bestehen bloss aus gutem Bett, kleiner Kommode, Tischchen und Sessel.

Der Schneidermeister diskutiert gerne über Politik und Alles mögliche und ist ein Blumenfreund, so dass der kleine Hof mit Blumenstöcken auf und übereinander voll ist, von welchen auch mir den ganzen Sommer durch ein Sträusschen im Zimmer erhalten wird.

Blumen wachsen übrigens hier in Californien wild und in Gärten prachtvoll. Rosenstöcke 30 Fuss hoch und Fuchsia 10 bis 12 Fuss hoch mit Blumen über und überfüllt, dann Balsaminen, kolossale Cactus etc. und viele, die mir ganz fremd sind.

Früchte gedeihen ebenso schön und in Fülle, so kamen Anfangs Mai täglich 900 Zentner Erdbeeren in die Stadt, Kirschen bloss rothe, Johannisträubchen, Himbeeren, Stachelbeeren sind vorbei; aber Brombeeren sind in Masse da, neben Trauben, Aepfeln, Birnen, Pfirsichen, diese letzteren besonders viel; Aprikosen und Zwetschgen wenig, dagegen Pflaumen so gross wie Pfirsiche. Orangen, Melonen und Tomatos sind auch schon billig, wie überhaupt Früchte und Gemüse täglich in Eisenbahnladungen nach dem Osten versandt werden.

Doch ich will schliessen; der lieben Grossmutter herzliche Grüsse, und wie freut es mich, sie immer wohl zu wissen; auch Deinem Verlobten herzlichen Gruss wie Dir brüderlichen Gruss und Kuss, von Deinem fernen Bruder Otto

Eine bereits hochmechanisierte Landwirtschaft.

St. Helena. December 10. 1874

Lieber Vater!

Etwas spät erhielt ich Euren lieben Brief, da ich bereits San Francisco verlassen und wieder auf der Wanderschaft begriffen bin. Die Arbeit ging eben bald aus, nachdem ich 3 Wochen nichts als Vorrath gearbeitet hatte, und so war ich Anfangs November wieder ohne Arbeit. Für Berufs-Arbeit war auch nicht die mindeste Aussicht, und so musste ich wohl oder übel wieder aufs Land hinaus. Ueber Vallejo, Napa kam ich hieher nach St. Helena, etwa 60 miles (20 Std) von San Francisco, wo ich einen Rüschlikoner namens Mr. Trümpler traf, dem ich seither Trauben schneiden und Wein machen half. Viel Lohn ist nicht in Aussicht, aber es ist eben schlechte Jahreszeit. Die Trauben Erndte ist hier herum diess Jahr eine ausserordentlich reiche, und noch stehen viele hundert Zentner an den Reben, die eben verfaulen müssen aus Mangel an Platz oder Absatz. Die sogenannten Wintertrolen, die oft noch einen schönen Ertrag gaben, lässt man fast überall stehen und verfaulen.

Was die californische Weizenerndte anbetrifft, so übertreiben die Zeitungen davon keineswegs, und es wird eine kolossale Menge ausgeführt, auch ist derselbe diess Jahr sehr gut ausgefallen. Das Land ist nämlich in sehr grossen Flächen aufgenommen, und in den Ueberschwemmungs Gebieten des Sacramento Flusses etc. sind ungeheure Bauernhöfe, so z. B. haben etwas oberhalb Sacramento ein Berner Oberländer und zwei Amerikaner zusammen eine Farm wo zur Sää-Zeit (also jetzt) jeden Morgen 48 Doppelpflüge à 4 Pferde ausrücken, die pro Tage gerade eine Furche ziehen. Daneben gebraucht man auch Dampfpflüge, die 12 bis 14 Pflugschaaren hinter sich herziehen.

Zur Zeit der Erndte hat man Mähmaschinen, die mit 8 bis 12 Pferden bespannt werden, und die Dreschmaschinen erfordern ebensoviel, werden aber meist mit Dampf getrieben, doch sind immer 8 bis 14 Personen daneben auch in voller Thätigkeit. Es wird immer auf offenem

Weizenernte mit Lokomobil im Sacramento Tal.

Felde gedroschen, und da man meist bloss die Aehren abmäht, so wird fast so viel Weizen als Stroh geerndtet.

Die Nachrichten und Neuigkeiten von Eisenbahnen und Erndte und Herbst haben mich sehr interessiert und ebenso die Reiseberichte. Es ruft mir hier ja jeder Brief mehr als jemals früher wieder etwas Heimweh wach, und während man in der alten Welt noch immer etwas regelmässigen Verdienst und Berufs-Arbeit hat, so braucht man hier die Leute bloss, wenn die Arbeit geht. Im Sommer sind Alle für die Erndte engagiert, sowohl Weisse wie Chinesen, aber im Winter kann man beiderlei bei Zehntausenden engagieren. Gerade Mechaniker kenne ich einige Dutzend, zum Theil Schweizer, die ihr Handwerk an den Nagel gesteckt und deshalb nicht schlechter dran sind, überhaupt sind alle Berufsarten mehr als stark genug vertreten. Gerade in solche Differenzen ist es schwerer sich zu finden, als man glaubt, doch ist Californien erst 30 Jahre alt, und so kann man neben schlechten Chancen auch die guten abwarten. Immerhin bin ich vor Mangel diesen Winter sicher, mag es kommen wie es will! Aber nicht «à mon aise». [...]

Als Zeichner in einer Quecksilber-Mine.

San Franzisco, 1. Mai 1875

Meine Lieben!

Seit einigen Tagen bin ich wieder nach San Franzisco zurückgekehrt und habe heute eine Postkarte von Bruder Oskar erhalten, woraus ich leider sehen musste, dass Schwester Anna noch immer sehr krank und auch der Vater leidend ist. Wie gerne möchte ich selbst kommen und sehen, wie es besser geht, aber es ist leider zu weit, doch hoffe ich, dass der kommende Frühling auch Allen bessere Tage bringen wird.

Was mich anbetrifft, so habt Ihr wohl meinen Brief von St. Helena aus erhalten und auch den späteren an Bruder Oskar gelesen. Ich habe also in Manhattan bis gegen Ende April gearbeitet und fühlte mich dort, trotz harter und anstrengender Arbeit, doch immer gesund und munter. Ich hätte wohl eher von dort aus geschrieben, aber ich erwartete immer Berichte aus Nevada, denn ich hatte längst im Sinne dorthin zu gehen, aber die Nachrichten lauteten je länger je ungünstiger.

Sodann kam ein Zufall, der möglicherweise mir auch hier bessere Zeiten bringen könnte. Ich hatte in Manhattan an einem schönen Sonntage mir ein Bild der Mine skizziert und musste dann dem Aufseher ein grösseres Bild danach machen. Anfangs April kam dann ein deutscher Agent dorthin, der beauftragt war, einen Report über die Mine zu erstatten und als der auch gelegentlich die Zeichnung sah, sagte er: «Der Mann muss mit mir einige Ansichten und Pläne machen.» So machte ich dann 12 Stück, und als ich fertig war, kam ich hieher und werde nun noch einige Aenderungen, Namen etc. daran zu machen haben und den Report ins Reine zu schreiben haben. Sodann will mir Herr Knox (einer der Eigenthümer der Mine Knox & Osborne) Arbeit in der Maschinenwerkstätte verschaffen, wofür ich ihm bei der Hand sein soll, wenn er später wieder Zeichnungen zu machen habe.

Somit darf ich wieder etwas getroster in die Zukunft blicken.

Das Logis habe ich hier wieder bei den gleichen Leuten, die mittlerweile von St. Charles place hieher gezogen sind. Das Zimmer liegt ziemlich hoch, d.h. im zweiten Stock, aber das Haus steht auf einem Hügel, so dass man auf der einen Seite einen grösseren Theil der Stadt und auf der anderen die Bai und die Meerenge der «Golden Gate» (Goldene Pforte) bis gegen den Stillen Ocean hin sehen kann. Obschon eine Viertelstunde vom Mittel der Stadt, so bin ich natürlich viel lieber hier. Das Zimmer selbst ist hell, nicht gross, einfach, aber nett möbliert und wies ganze Haus sehr reinlich. Sonst sind bloss 2 Andere im Logis hier, die ebenfalls alte deutsche Bekanntschaft sind.

Die Geschäfte gehen ziemlich gut, doch sind alle Hôtels von Arbeitern überfüllt, die massenweise von allen Seiten hieher strömen, gerade morgen werden wieder 21 Eisenbahnwagen mit über 1000 Einwanderern von den östlichen Staaten hier eintreffen. – Um so eher darf ich froh sein, jemanden an der Hand zu haben, um Arbeit zu bekommen. [...]

Schwester Anna stirbt.

San Francisco, Juni 18. 1875

Geliebter Vater!

Vor 10 Tagen erhielt ich die Trauerkunde von Schwester Annas frühem Hinschied. – Umsonst hatte ich bis jetzt noch andere Briefe erwartet und will ich nicht länger mit der Antwort zögern.

Wie viel hatte ich in der letzten Zeit an sie gedacht und konnte noch immer den Gedanken nicht fassen, dass ich Schwester Anna nie mehr sehen sollte. So liegt sie denn schon in der kühlen Erde, ohne dass ich sie noch einmal gesehen, noch einmal sie an ihrem Krankenlager besuchen konnte. – So werde ich einst wiederkehrend umsonst nach Schwester Anna fragen und nur an der Stätte, wo ihre irdische Hülle ruht, ihr meine stillen Thränen nachsenden können.

Ja es ist hart, draussen in weiter Ferne zu vernehmen, wie in der Reihe seiner Lieben eine Lücke gerissen wird, und doppelt erwacht wieder die Sehnsucht nach der Heimath. Gewiss fällt auch Euch, lieber Vater, diese Lücke nach dem Hinschied der theuren Mutter sehr schwer, denn gerade die theure Verblichene hatte es sich zur Aufgabe gemacht, die Stelle der theuren Mutter sel. im Hauswesen auszufüllen. [...]

Wenn es mir auch das erste Jahr in Californien nicht nach Wunsch erging, so habe ich jetzt doch schon etwas bessere Aussichten. Was das Reisegeld (ungefähr 600 fr.) anbetrifft, so hätte ich es in Händen, denn gespart habe ich immer.

Seitdem ich von der Mine zurück bin, habe ich die meiste Zeit gezeichnet, meistens für die Herren Knox & Osborne, die beiden Besitzer der Mine. Zuerst etwa ein Dutzend Pläne und Ansichten der Mine selbst und sodann Pläne, Durchschnitte und zugehörige Details zu Quecksilber Schmelzofen, worauf dieselben ein Patent haben. Daneben musste ich für einen deutschen Agenten Mr. von Jeinsen verschiedene Pläne machen. Jetzt wird nicht mehr viel zu zeichnen sein, und ich muss wohl einige Tage verlieren und herumlaufen, um zu sehen, ob noch etwas zu ergänzen sei, und dann soll ich nächste Woche oder die zweite wieder ins Land, um Skizzen aufzunehmen etc.

Sodann sollte ich mit einigen Arbeitern prospekten gehen, d.h. an gewissen Stellen Schacht und Tunnels machen, um zu sehen, ob in genügender Quantität und Qualität Material vorhanden ist, um eine Mine zu eröffnen. Ob und was in nächster Zeit zu thun sein wird, muss ich eben sehen, auf jeden Fall werde ich mein Möglichstes thun, diesen Anfang weiter zu verfolgen.

Ich habe allerdings mit dem Mr. von Jeinsen etwas vorsichtig zu sein, er ist eben ein Spekulant und ist immer etwas kurz an Geld, so dass er mich nie ganz auszahlen kann, und bezahlt auch so wenig er kann, doch muss ich mich in dieser Hinsicht auch etwas gedulden.

Vor der Hand muss er wissen, dass er mich brauchen kann, und später wird sich schon besseres finden lassen. Mr. Knox & Osborne werden mich eben die Zeichnungen fertig machen lassen und sich weiter wenig bemühen, möglich wäre es dennoch, aber es sind richtige Amerikaner.

Mr. Knox ist in einer Giesserei betheiligt, doch da wenig Arbeit als Maschinist dort ist, muss ich mich eher an Mr. von Jeinsen halten.

Im Ganzen gehen jetzt die Geschäfte sehr gut, gebaut wird allenthalben und noch täglich treffen auch Emigranten aus den östlichen Staaten ein.

Doch will ich schliessen, Euch lieber Vater und allen Lieben herzliche Grüsse und Küsse von Eurem fernen Otto

«Von Ostereiern keine Spur.»

San Francisco, Juni 18. 1875

Liebe Johanna!

Seit Deinem letzten Briefe vom 3. März habe ich so manche Stunde ans liebe Heim gedacht, aber wenn ich auch wusste, dass Schwester Anna krank war, so konnte ich doch nicht daran denken, dass wir so schnell die liebe Schwester verlieren sollten.

Ich kann mir wohl denken, dass Ihr im lieben Steinhof eine grosse Lücke empfinden müsst, und hoffe, dass Du mit dem Piano die trauernden Lieben aufheitern mögest. Hast Du immer ziemlich viel gespielt, oder mangelt Dir die Zeit?

Noch fragst Du mich in Deinem Briefe, wie ich Ostern verlebt habe. Nun allerdings ist es die langweiligste und trübseligste gewesen, die ich je verlebt habe. Von Morgens bis Abends regnete es an einem fort, einige Dänen suchten den Aerger darüber in Branntwein zu ertränken, und Abends war dann ziemlich viel Streit und Spektakel.

Ich unterhielt mich etwa mit den paar anwesenden Schweizern und einigen Deutschen. Von Ostereiern keine Spur, das einzige Vergnügen war ein Pfeiffchen Tabak. – Ostereier sind übrigens bloss bei Deutschen und Franzosen Mode, so hat die Familie, bei der ich jetzt wohne, alljährlich zur Freude der Kinder, gefärbte Ostereier, und die Kinder hatten diess Jahr gesagt: «Oh, wenn Mr. Wyss hier wäre, so würde er sie uns wieder zeichnen.» Überhaupt bin ich jetzt sehr froh über mein helles, nettes Logis, da kann ich doch die nächsten Tage darin etwas zeichnen.

Letzten Sonntag bis Dienstag hatten wir hier ziemlich Regen, zum grossen Erstaunen der Leute, da hier im Sommer selten ein Tropfen Regen fällt. Die Erndte hat hier fast überall begonnen, wird aber im Durchschnitt nicht sehr ergiebig gerechnet, es war zu trocken.

Noch füge ich Dir eine kleine Ansicht der Manhattan Mine bei, der Du vielleicht ein Plätzchen im Album schenkst. Der röthliche Hügel ist der Hauptplatz, der viel leichtes Erz an der Oberfläche enthält, rings und in Front die gelben Schutthaufen, ganz rechts und links im Vordergrund Logirhäuser, Mitte Stall, dahinter Küche mit Esssaal, die hübschere Office und Waarenhaus und nach links ein Haus über einem Schacht und links zurück liegend die Schmelzwerke.

Lebe wohl und gesund liebe Schwester, mit herzlichem Bruderkuss,
Dein Otto

«Meine heissen Thränen mische ich still mit der blauen Flut.»
San Francisco, June 18. 1875
Liebe Schwester Emilie!

Als ich vorletzten Montag die traurige Nachricht vom Hinschiede der theuren Schwester Anna erhielt, konnte ich kaum den Gedanken fassen, dass ich sie nie mehr sehen sollte. Lange, lange betrachtete ich ihr liebes Bild, noch plauderte ich im Geiste mit ihr und rief mir alle Erinnerungen der Kindheit wach.

Dann suchte ich mir unten am Meeresstrand ein einsames Plätzchen, und hinausschauend in der Abenddämmerung auf die blaue Flut mischte ich stille mit ihr meine heissen Thränen.

Heimwärts zog es mich wieder, aber leider die Zeit ist noch nicht gekommen, da ich die Stätte meiner Kindheit, den trauten Steinhof wiedersehen kann.

Vor einiger Zeit war ich noch beim Photographen, um für Schwester Anna noch ein Bild zu schicken, so wie ich jetzt bin, leider auch zu spät. Deine Photographie liebe Schwester hat mich auch sehr gefreut, und gewiss ist sie gut getroffen, so wie Du jetzt bist. Beiliegend wirst Du auch eine der meinen finden. Dass sich dein Verhältniss zu Herrn Diem gelöst hat, bedaure ich besonders Deiner Enttäuschung wegen und hoffe nur, dass Du es nicht allzu schwer nehmen wirst. [...]
Mit Kuss und Liebe, Dein Bruder   Otto

Weiterhin mit Gelegenheitsarbeiten.

San Francisco, December 5. 1875
Lieber Vater!

Es sind schon über 3 Monate, seitdem ich Euch einige Zeilen geschrieben und schon über 5 Monate, seit dem ich einige Zeilen aus dem lieben Steinhof erhalten habe.

Zwar habe ich durch Bruder Oskar, der mir den Verlust des lieben Gritli mittheilte, erfahren, dass im Steinhof Alles gesund sei. – Ich habe Euch im letzten Brief mitgetheilt, dass aus der mir versprochenen Stelle vor der Hand nichts wurde, und bis solche Prozesse wie Patent und Eigenthumsrecht zu Ende geführt sind, vergehen oft Jahre. Ich verliess San Francisco am 23. August und kam nach Nevada[50], aber leider war mir auch diessmal das Glück nicht günstig.

Gerade zur Zeit meiner Abreise erfolgte die Zahlungseinstellung der California Bank, der bedeutendsten Bank an dieser Küste. Die Folgen davon waren in Nevada noch mehr fühlbar als hier in California, und vielerorts wurden in der Folge noch Arbeiter entlassen.

Die Gegend sieht in Nevada sehr kahl und öde aus, und wären nicht die grossen Silberminen da, deren Schächte bis 2200 Fuss tief in die Erde gehen, so wäre das Land wohl spärlich bevölkert.

---

50 Im Südosten gelegen, wurde das an Gold- und Silberminen reiche Gebiet 1864 als 36. Staat in die Union aufgenommen.

Virginia City z.B. zählt über 15000 Einwohner, und da hängt auch Alles von dem Ertrag der Minen ab. Das Land ist überall steinig und gebirgig, und selten sieht man ein Bäumchen oder Gesträuch. Die nächsten Farmen sind 10 bis 12 engl. Meilen von der Stadt entfernt, und so müssen die meisten Lebensmittel von California her spediert werden, wesshalb Alles sehr theuer ist. Die Minen sind zum Theil sehr reich, so nimmt eine einzige, die Consolidated Virginia Mine, monatlich für eine halbe Million Dollar Silber heraus. Der Arbeitslohn beträgt durchschnittlich 4 Dollar pro Tag, und die Miner arbeiten 8 Std. pro Tag, da sie es der grossen Wärme wegen nicht länger aushalten. Gearbeitet wird ohne Unterbruch, Tag und Nacht das Jahr durch, da eine Schicht die andere ablöst.

Ich blieb über drei Wochen dort, und als ich sah, dass nirgends keine Aussichten waren, kehrte ich wieder nach Californien zurück. Ende September kam ich dann nach Sonoma, wo ich Arbeit zum Wein machen erhielt, und als wir nach 6wöchentlicher Arbeit fertig waren, kehrte ich hieher zurück. Hier habe ich nun wieder für einige Zeit zu zeichnen, erst für Mr. Knox und nachher für den Agenten.

Die Geschäfte gehen langsam, und besonders in den Maschinenwerkstätten ist sehr wenig zu thun. Ich hätte vor einiger Zeit (oder auch jetzt noch) Gelegenheit gehabt, mich in einem kleinen Schlossergeschäft für 100 Dollar einzukaufen, doch geht jetzt nicht viel, und bis zum Frühling ist noch Zeit genug zum Ueberlegen. – Vielleicht wäre ich froh, den Rest meiner Sparkasse hier zu haben, denn jetzt könnte es mir nachhelfen, weil mich die Nevada Reise auch viel gekostet hat, doch darüber das nächste Mal.

Zum neuen Jahre, Euch lieber Vater und allen Lieben meine herzlichsten Glückwünsche mit Kuss und Liebe Euer Otto

Noch ist Kalifornien in vielem unterentwickelt.
San Francisco, den 27. Januar 1876
Lieber Vater!
Eure lieben Briefe vom 6. Januar sind seit einigen Wochen in meinen Händen, und ich freue mich, wieder einmal etwas aus dem lieben Steinhof zu vernehmen.

Aus der Eisenbahn[51] will es also wirklich Ernst werden und zwar

---

51 Gemeint ist die Nationalbahnlinie Winterthur–Seebach–Baden.

bald, auch Eure Fusstour ins Toggenburg hat mich interessiert, und es ist eben doch etwas anderes, als die weiten Getreidefelder und oft kahlen Hügel Californiens. Dass Tante Ryffel in Schwanden sei, wusste ich noch nicht, hat der Onkel eine Stelle dort und sein Haus in Wohlen verkauft? Dass Bruder Oskar ein Haus gekauft hat, freut mich, denn so lebt er doch billiger und besser auf eigenem Grund und Boden. Von Regenstorf weiss ich schon längst gar nichts, hoffentlich sind Schwester und Schwager, sowie der kleine Hans wohlauf, ich bin, glaube ich, noch Briefschuldner, was ich aber bald nachholen werde.

Gegenwärtig arbeite ich als Maschinist und hätte wohl gute und beständige Arbeit, wenn ich grössere Stücke drehen könnte resp. darin flinker wäre, jetzt ist noch ein anderer Dreher da und 4–5 Schreiner etc. Es werden meist Windmühlen gemacht, die hier sehr viel zum Pumpen von Wasser auf grösseren Farmen verwendet werden, da im heissen Sommer die täglich wiederkehrenden Seewinde dieselben regelmässig in Bewegung setzten und so Arbeitskraft ersparen.

Für die Welt-Ausstellung in Philadelphia erwartete man hier allgemein eine bedeutende Heraufsetzung der Fahrpreise nach dem Osten (der billigste Preis ist jetzt 300 fr.), und mancher baute auch darauf eine Gelegenheit, Europa wieder einen Besuch abzustatten, jetzt heisst es aber, dass die Preise unverändert beibehalten werden. An der Ausstellung dürfte Californien wohl hauptsächlich durch seine Erze, besonders Gold und Silber und Quecksilber vertreten sein. Als Industriegegenstände kann Californien sehr wenig schicken, da es wenig produziert und auch diess noch in so primitiver Form, dass es doch nicht mit anderen Ländern oder Staaten konkurrieren kann. Gerade an Maschinerie fabriziert es kaum ein Viertel bis ein Drittel seines Bedarfes, die in den zahlreichen Minen, neu erstellten Eisenbahnen, Fabriken etc. gebraucht werden.

Die Hauptschuld darin liegt in dem Mangel an Eisenwerken und Kohlen Minen, denn obschon in Californien an vielen Stellen ziemlich ausgedehnte Kohlenlager gefunden wurden, so stehen sie doch in Betreff der Qualität weit hinter den englischen oder australischen Kohlenminen zurück (die hier meist daneben verwendet werden). In der Fabrikation von Wollstoffen sind hier ebenfalls Anfänge gemacht worden, doch bis jetzt nur gröbere Stoffe. Die Seidenzucht dürfte mit der Zeit ebenfalls ein bedeutender Industriezweig werden. Kehrbesen, wozu eine gute Art von zähen weissgelbem Binz hier wächst, werden mancherorts fabriziert und zu Tausenden exportiert. Fertige Kleider, Schuhwaaren, Hüte, Möbeln etc. werden dagegen in grossem Massstaab importiert.

Betreffs meines Spaarkassa Guthabens, wünsche ich dasselbe hier zu haben, nicht um es zu brauchen, sondern sollte sich etwa Gelegenheit zeigen (wie es hier öfters wie draussen vorkommt), dass ich mich in einem sicheren Geschäfte mit einer Einlage betheiligen könnte, so würde ich es thun, immerhin «Eile mit Weile».

Zu schicken ist es am besten durch einen Wechsel, in U.S.-Gold (nicht Carrency), an die Swiss-American Bank, 527 Clay street, San Francisco, die mit der Schweizerischen Kreditanstalt in Zürich in Verbindung steht. – Vorsichtshalber 2 Wechsel und gerne möglichst bald.

Allen Lieben im trauten Steinhof meine herzlichsten Grüsse und Küsse, besonders Euch lieber Vater von Eurem fernen   Otto

Von Schweizern als begeisterten Neu-Amerikanern und von «Söhnen des himmlischen Reiches».

San Francisco, den 18. Juni 1876

Lieber Vater!

Eure letzten beiden Briefe brachten mir des Neuen und Interessanten nicht wenig und ich musste mich wirklich wundern, dass die Bahn schon zur Ausführung kommen sollte[52]. Natürlich kann die Bahn für Otelfingen nur von Vortheil sein, wenn ich auch sehr bezweifle, ob dieselbe rentieren wird. Hat die Gemeinde Otelfingen einen namhaften Betrag gezeichnet, haben auch Private Beiträge gezeichnet und hat die Nordostbahn deren Bau und Betrieb übernommen? Doch ich erinnere mich, dass Ihr mir geschrieben, dass die Nationalbahn gegen Regenstorf und Oerlikon baut, während die Nordostbahn nach Bülach und Schaffhausen, also hätten die Herren Winterthurer doch noch keine ganze Nationalbahn. Wie sich so viele nahe gelegene Eisenbahnen rentieren sollen, auch bei guten Zeiten, ist mir freilich noch nicht klar.

Die beiden Wechsel habe ich richtig erhalten und nach Ausweis den

---

52 Es handelt sich um die Bahnlinien im Furttal. Im Jahre 1877 wurden zwei Linien eröffnet und zwar die Linie der Schweizerischen National Bahn (SNB) von Winterthur über Seebach, Otelfingen nach Lenzburg, mit Umfahrung von Zürich, und die (Konkurrenz-)Linie der Schweizerischen Nordost Bahn (NOB) von Winterthur über Bülach, Otelfingen nach Baden. Die Linie der National Bahn wurde schon 1878 zwangsliquidiert und ging an die Nordost Bahn über. Der Bahnhof Otelfingen liegt in der Nähe des Steinhofes.

Betrag sofort in Empfang genommen und in der hiesigen Deutschen Sparbank in mein Sparbuch eintragen lassen, wo es mir jederzeit zur Verfügung steht.

Das Schlossergeschäftchen, auf das ich's abgesehen hatte, ist allerdings inzwischen von einem Anderen gekauft worden, und ich arbeite jetzt für ihn, allein für 2 ist's zu wenig Arbeit resp. Verdienst, so dass ich dasselbe wahrscheinlich bald quittieren werde, da ich wieder für Herrn Knox zu zeichnen habe. Auch Mr. von Jeinsen hat mir wieder die letztjährigen Versprechungen resp. Mine im südlichen Californien aufgefrischt, aber es fehlt nach voraussichtlicher baldigen Beendigung des Processes noch immer eine Hauptsache: das Betriebskapital. Doch mit guter Geduld kann vielleicht doch noch etwas herauskommen.

Die Erndte ist hier in vollem Gange, und aus allen Theilen des Staates kommen Berichte, dass es die reichste sein wird, die Californien je gehabt. Trotz der Erndte Aussichten gehen die Geschäfte im ganzen nur langsam, was aber der hiesigen Politik zuzuschreiben ist. Es werden jetzt schon von allen Parteien die Candidaten aufgestellt und für dieselben an jeder Strassenecke geredent.

Ebenso werden grosse Vorbereitungen getroffen, um den 4. July (Erklärung der 100jährigen Unabhängigkeit) zu feiern. Auch die hiesigen Schweizer haben schon 500 Dollar zusammengesteuert, um die Schweiz zu repräsentieren resp. eine Madame Helvetia auf hohem Sitz und darum herum 22 Kinder mit den Kantonswappen auf einem Wagen in der Stadt herum zu führen.

Hintennach die hiesigen Schweizervereine, nämlich eine Compagnie Schweizer Scharfschützen, Gesangsverein Schweizerbund und die schweizerische gegenseitige Unterstützungsgesellschaft (Krankenkasse), welch letzteren beiden ich auch angehöre. Ich zähle jedoch auf kein grosses Vergnügen, besonders wenns ein warmer Tag ist und sich um 11–12 Uhr eine Seebrise einsetzt, dass man Abends ganz gepudert aussieht.

Vor 4–5 Wochen brachte ein frisch von China kommendes Schiff mit 1200 Söhnen ihres himmlischen Reiches uns auch die asiatische Pockenkrankheit. Sie soll nicht so gefährlich sein, hiess es, als aber die erste Woche von 26 Erkrankten 19 starben, wurden dann doch die Vorsichtsmassregeln getroffen. Letzte Woche wurden 21 Fälle angezeigt, aber die meisten werden verheimlicht. So kam ich letzte Woche, Morgens zu einem Bekannten, um die Nähmaschine zu putzen und zu flicken. Etwa um halb 10 Uhr erscheint der Mann mit einer ordentlichen Zahl Blattern im Gesicht, das ziemlich roth war, und fragte mich, ob ich meine, das seien die Blattern? Er habe keinen Arzt zu Hülfe gezogen, weil der ihn ins Spital geschickt hätte. Ich hiess ihn natürlich ins Bett gehen und sich recht warm zu halten und zum Arzt schicken, wenn er keinen Denkzettel behalten wolle. [...]

Vom urchigen Vereinsleben und sommerlichen Pic-nic.

San Francisco, den 18. Juni 1876

Meine lieben Schwestern!

Ich komme endlich wieder, Eure lieben Briefe vom 2. Mai zu beantworten, die mich so sehr freuten sowie «Blüemli vu heime sind drin». Zwar blühen auch hier Veilchen, drunten im Garten, aber es sind nur kleinere hellere.

Die kleinen Neuigkeiten, besonders was meine Schul- und Freundeskollegen anbetrifft, werden mich immer interessieren. Was Deine Pho-tographie anbetrifft, liebe Schwester Hanneli, so habe ich's scheint's im letzten Brief vergessen zu schreiben, dass ich sie mit Freuden empfangen und auch gleich im Album neben denjenigen von Schwestern Emma, Anna sel. und Emilie plaziert habe. Ich finde Dich gar nicht so viel verändert, aber Du musst doch ziemlich viel grösser, wohl bald wie Emilie sein? Habt Ihr den Laden immer zusammen auf Rechnung? Ich habe schon längst keine Sylbe mehr darüber gehört.

Hier in San Francisco gehöre ich seit einiger Zeit auch zum Gesangverein «Schweizerbund», der eine Mitgliederzahl von 50–70, meist Deutschschweizern, einigen Deutschen und Elsässern hat. Jeder Verein hat nun hier in den Frühlingsmonaten einen Pic-nic, d. h. einen Ausflug in ein benachbartes Städtchen oder irgend eine romantische Gegend oder einen Park. Da man von Anfang April bis Ende September oder gar Oktober auf schönes Wetter rechnen kann, so engagiert man gewöhnlich ein Dampfschiff oder akkordiert mit der Eisenbahn für hin und zurück für billigen Preis. So hatte unser Verein am 15. April, also Ostersonntag, sein Pic-nic etwa 7 Meilen (etwas über 2 Stunden) von hier in Oakland in «Zimmermanns Garten».

Mit Musik und Fahnen zogen wir Morgens 9 Uhr durch die Stadt auf's Dampfschiff, welche Fahrt etwa eine halbe Stunde dauerte, dann auf die Eisenbahn und schliesslich durch Oakland auf den Festplatz zu Fuss. Der Garten war mit Fahnen dekoriert, und wir hatten 600 bis

700 Personen auf dem Platz. Eine Lotterie hatte zahlreiche Gaben, wie goldene Uhr, Besteck, Ohrringe etc. Sodann ein Preisschiessen mit kleinen Büchsen und endlich ein Preiskegeln für $ 20.

Daneben hatte ich mit einem Anderen einen Luftballon von Papier 7 Fuss hoch und 4 Fuss breit angefertigt, der aber beim Füllen Feuer fing und so verunglückte. Gesangsvorträge und Tanz dauerten oder wechselten ab, bis Abends 6 Uhr. Nach Ziehung der Lotterie, Vertheilung der Gaben etc. gings wieder zurück, wohl Jeder mit der Befriedigung einen frohen Tag gehabt zu haben. Die Vereinskasse hatte dabei einen Netto Zuschuss von $ 200 oder 1000 fr. erhalten.

Natürlich machen viele grössere Vereine ungleich bessere Einnahmen, und darunter haben besonders die Franzosen die zahlreichsten Theilnehmer.

In letzter Zeit waren besonders die Pic nic's der Schulkinder an der Reihe, und jetzt stehen sie fast still, bis der 4. July vorbei ist. Im Gesangsverein singen wir nur deutsch und zwar meist aus dem Heimschen Synodalheft[53], doch im Winter singen wir auch Operetten. [...]

Von der rechten Hand des Grubendirektors und einer zerfetzten linken.

Almaden Cons. Q.S. Mine, November 20. 1876

Lieber Vater!

Eure letzten Briefe des 31. Augustes erhielt ich etwas spät, da ich San Francisco verlassen habe. Sie brachten mir aber des Interessanten sehr viel, sowohl vom lieben Daheim als von alten Schulkollegen. Dass Otelfingen ein neues Schulhaus bekommt, freut mich, doch wundert mich, dass jener Bau-Platz gewählt wurde. Tief bedaure ich Frau Dr. Wäckerling um den Verlust ihres Sohnes Gottlieb, den ich im 71 noch mehrmals gesehen und mehrere Stunden mit ihm verplaudert hatte.

Besten Dank für die Warnung gegen allfällige Bekannte, denn ich habe hier schon mehrere Zürcher angetroffen, die mich um manchen Dollar gebracht haben, nichts zu sagen von Essen- und Schlafgeld, und die mich nachher zum Dank noch zu verschimpfen suchten, so ein Denzler (Sohn von Pfarrer Denzler in Fluntern), 2 Cottis und verschiedene andere. Einen Rudolf Meier, der bei Schybli im Neuhaus und

---

53 Ignaz Heim (1818–1880), Musikdirektor in Zürich und Komponist vieler beliebter Volkslieder.

nachher bei s'Obere Hauptmann's Knecht gewesen, habe auch getroffen, ein ordentlicher Mann, der sich etwas spart.

Hier bin ich nun auf dem Platz, der mir schon ein Jahr zurück versprochen war, und da dieselbe inzwischen etwas geworden, hat Mr. von Jeinsen die Superintendantenstelle übernommen. Ich habe hier die Reparaturstelle resp. bald den Maschinisten oder Schmied oder den Supt. [Superintendant, Direktor] selbst zu versehen, wenn er fort geht. Im Anfange hatte ich selbstverständlich überall mit Hand anzulegen, da es ziemlich verlottert aussah. Jetzt ist's aber ordentlich im Gange und ich habe nebenbei Alles nachzumessen und aufzuzeichnen, wobei mir besonders Presslers Massknecht (soweit mein einziges Instrument) die besten Dienste leistet.

Mit dem Supt. stehe ich auf gutem Fusse, obgleich er zu viel auf Jeden horcht, der ihm etwas vorschwatzen kann, und es einige ältere Amerikaner hier kaum übers Herz bringen können, dass so ein junger Dutchman ihnen etwas zu befehlen hat.

Die Mine bezahlt sich übrigens nicht, d. h. die Auslagen sind grösser als die Einnahmen, und sucht die Comp. deshalb dieselbe zu verkaufen, so dass ich nicht darauf rechnen kann, hier lange zu bleiben, doch hat der Supt. bereits eine anderweitige Offerte erhalten und hat mir angekündigt, dass ich in diesem Falle mit müsse.

Die Gegend hier herum ist im Gegentheil zu vielen Minen, die nur das blosse Steinfeld zeigen, überall mit Bäumen besäät, meist verschiedene Arten Eichen und Fichten und weiter unten an Bächen die schönbelaubte Sycamore. Der Boden ist überall mit hohem dünnem Grase und wildem Hafer bewachsen. Obgleich wir hier nahe 400 engl. Meilen südlich von San Francisco liegen, so ist das Klima doch nur wenig wärmer. Wir sind etwa 1800 Fuss über und 12 Meilen östlich von dem Pacific Ocean entfernt. Zwar gibts jetzt noch heisse Tage, die aber Nachmittags durch den Seewind abgekühlt werden. Die Bewohner sind meist Mexikaner, aber dünn gesäät, und zudem wandern jeden Monat einige aus um südlicher zu ziehen, wo das Wild noch zahlreicher ist und sie sich leichter mit Faulenzen durchbringen können.

Vor 7 Wochen passierte mir ein Unfall, der mich längere Zeit am Arbeiten hinderte. Wir haben hier zum Sprengen des Gesteins Dynamitpatronen und für das Anzünden derselben Kupferkapseln, die ziemlich viel Knallsilber enthalten. Eine der letzteren nun, die ich ein bisschen ausputzen wollte, explodierte in meiner linken Hand, zerriss Daumen und Mittelfinger derselben und sandte auch einige kleine Stücke in 2 Finger der rechten Hand. Der Supt. liess einspannen, und als nach Mitternacht der Mond aufging, fuhr er mich selbst zum Doktor nach dem 40 Meilen entfernten San Luis Obispo, was mir natürlich am liebsten war und wofür ich ihm gewiss auch erkenntlich sein darf. Jetzt sind sie wieder geheilt und besser ausgewachsen, als ich erwartet hatte, auch die Nägel kommen langsam wieder nach.

Mr. Dr. W. W. Hays hat mir eine Rechnung von ca. 100 fr. und der Apotheker von 50 fr. (jedenfalls viel), die mir die schweizerische Krankenkasse in San Francisco bezahlen wird, da ich deren Mitglied bin.

Bis Ihr diese Zeilen erhalten werdet, stehen Weihnacht und Neujahr vor der Thüre, die bei mir wohl sehr still und ruhig vorbeigehen werden, doch darf ich mit Zufriedenheit auf diess Jahr zurückblicken, denn habe ich auch jetzt schon Gelegenheit, eher etwas zurückzulegen, so gibt mir diese Stelle ebenso Gelegenheit noch zu lernen, um in Zukunft ökonomisch bessergestellte Plätze zu erfüllen.

Gegenwärtig erhalte ich $ 45 als Reparateur und $ 5 extra für's Schreiben, Eintragen in Bücher etc., also fr. 250 pro Monat, Kost und Logis frei.

Noch herzlichen Dank für Euren Rath betreffs der Blattern und hoffend, dass Weihnachten und Neujahr im lieben Steinhof traulich gefeiert werde, sende Euch und allen Lieben meine herzlichen Glückswünsche zum neuen Jahr, mit Kuss und Liebe Euer   Otto

Vom Leben im Grubendorf.

Almaden Cons. Mine, November 22. 1876

Liebes Schwesterchen Hanneli!

Schwesterchen heisse ich Dich und doch schreibt mir ja Emilie, dass Du so gross seiest wie sie. Es freut mich zu vernehmen, dass Du auf einem neuen Piano spielst, und gewiss auch ich möchte es gerne wieder einmal hören, denn hier hört man weder Musik noch Gesang.

Nun will ich versuchen Dir einiges vom hiesigen Leben in einer Mine zu erzählen. Die Minen sind gewöhnlich 5 bis 100 Std. von einem Dorfe oder Städtchen entfernt, denn im ebenen Lande und auch in den Ausläufern und Fusshügeln der Berge wäre es äusserst schwierig, eine Erzader zu entdecken und noch schwieriger zu verfolgen, da der Steinboden mehr oder weniger tief mit Erde bedeckt ist. Von hier bis zur nächsten Poststation, Paso Robles, sind's 6 Std. und bis zum nächsten Ort, Cambria mit etwa 1500 Einwohnern, sind's 10 Std. Jetzt wird eine Fahrstrasse dorthin gebaut und bald darauf hoffentlich eine regelmässige Postkutsche darauf betrieben, wenigstens will unser Superintendant eine Petition eingeben. Im Winter, wenn die Wege schlecht sind, wird die Post kaum einmal monatlich geholt. Der Winter beginnt hier erst im Dezember, wenn der Regen einsetzt, der dann öfters 2 bis 3 Wochen dauert und 4 bis 5 Monate mit Unterbruch anhält. Regen hatten wir bereits als Vorläufer für 2 Tage, und jetzt zeigt sich öfters Morgens ein leichter Reif.

Die Minen zeigen gewöhnlich alle die gleiche Einrichtung, so ist bei uns ein einfaches Bretterhaus für sämtliche Mannschaft mit Ausnahme der Feuerleute, die eine kleine Hütte haben, wo sie des Tages ungestört schlafen können, da sie ja zur Hälfte Nachts arbeiten. Im Wohnhaus ist unten die Küche, das Speisezimmer, wo die sämmtliche Mannschaft abgefüttert wird, und die Office, wo auch der Supt. schläft und ich auch jetzt schreibe. Oben ist ein Platz, auf beiden Seiten, und in Front Bettstellen je 2 übereinander mit Platz für etwa 20 Mann. In der Mitte ist ein Ofen, von einem alten Dampfkessel hergestellt, davor ein Tisch und Bänke auf den Seiten. Neben dem Fenster habe ich eine extra Bettstelle, daneben die kleinen Koffer, wie Du aus untenstehender Skizze die ganze sehr einfache Einrichtung wirst ersehen können.

Neben dem Haus ist ein Magazin, worin wir die nöthigen Lebensmittel wie Mehl, Thee, Kaffee, Zucker, Maccaroni, gesalzenes Schweinefleisch und dto. Fische, Sauerkraut, Reis, Salz etc. für den Winter aufgespeichert haben. Ferner die Schmidte, die Scheune für Kuh und 3 Pferde, 2 Hütten, worin die Chinesen wohnen, Schmelzofen mit nöthiger Dampfmaschine und Holzschuppen etc., Erzschuppen, Pulverhaus etc.

Das sind die Gebäulichkeiten, denen bald noch 2 Erzschuppen am Ende von Tunnels beigefügt werden sollen, um das Erz trocken zu halten. Ein Sodbrunnen, 35 Fuss tief mit Welle und Kübel, ist nahe bei der Küche.

Die Mannschaft ist hier wie in den meisten Minen aus verschiedenen Nationen zusammen gewürfelt; so sind z.B. noch 4 Schweizer, 3 Deutsche, 6 Amerikaner, 2 Mexikaner, 5 Irländer und Engländer, 1 Schwede und 8 Chinesen, die sich aber selbst kochen und keinen Umgang mit uns haben, ausser was Arbeit und Bezahlung anbetrifft. Zwei

Mann, Feuermann und Maschinist, haben Nachtwache und essen um Mitternacht ihren Lunch. Morgens 5 Uhr ertönt der erste Pfiff zum Aufstehen und eine Viertelstunde nachher läutet der Koch auf einem Stahl-Triangel zum Frühstück. Um 7 Uhr pfeifft es für den Anfang zur Arbeit, um 11 Uhr der Chinesen Koch und um 12 Uhr zum Mittagessen. Halb 1 Uhr ruft die Dampfpfeiffe wieder zur Arbeit und um halb 6 Uhr zum Nachtessen. Nach dem Nachtessen schreibe ich gewöhnlich noch die Zeit auf und diskutiere mit dem Supt., gebe Tabak oder Cigarren und schreibe es auf oder was einer gerade noch will, man liest noch etwas in der Zeitung, bespricht, spielt auch noch eine Partie Damenspiel (Checkers), oder der eint und andere erzählt eine Räubergeschichte. Um 9 Uhr legt man sich auf's Ohr, und um 10 Uhr sollen alle Lichter gelöscht sein.

Das ist so der Schlendrian, das Casernenleben, das auch am Sonntag bloss dadurch geändert wird, dass anstatt zur Arbeit die Mannschaft sich ans Waschen macht, um Kleider, Wäsche, Schuhe und Stiefel etwas zu putzen und zu flicken. Sonntag Nachmittags wird spaziert, und der eine und Andere, der nichts besseres mit seinem Gelde zu thun weiss, kauft sich eine Flasche Schnaps. Streit ist bis jetzt noch keiner vorgekommen, doch muss man aufpassen, und besonders in Zeiten von Wahlen wie letzthin kommen leicht Händel vor, die hier meist blutig enden.

Unser Koch ist ein Schweizer, der ein sehr praktischer Mann uns einen guten Tisch kocht. Der Speisezeddel lautet etwa folgendermassen: Morgens: Beefstecks und Pfannkuchen, Mittags: Suppe, Fleisch, 2 Gemüse und Dessert und Abends: 2 Sorten Fleisch, gekochtes Obst, Kartoffeln und etwas Dessert, daneben steht immer Brod, Butter, eingemachte Gurken, Syrup (hell), Zucker, Morgens Kaffee und Milch und Abends Thee zur Genüge da.

25. November. Ich wurde in meiner Schreiberei durch die Ankunft des Supt. und eines Eigenthümers der Mine unterbrochen und will diesen Brief noch kurz machen, damit er Morgens früh befördert wird. Der Eigenthümer Mr. O. Toole schien sehr zufrieden und machte mir ein Paar lederne Handschuhe zum Geschenk. – Noch will ich bemerken, dass, als wir ankamen, nichts Lebendes hier war als ein Hund. Zwei kleine kohlschwarze Kätzchen, die ein benabarter Junge ertränken wollte nahm ich in den ersten Tagen heim, und sie waren und sind jetzt noch mein Spass, wenn ich die ganze Nacht an der Maschine

Die Manhattan-Mine gemäss einer Zeichnung von Otto Wyss.

sein muss. Jetzt haben wir allerdings noch andere Katzen, 2 Hunde, 3 Pferde, 1 Kuh, 4 Dutzend Hühner, 6 Trutthühner, 2 Dutzend Tauben und 12 Enten, 2 grosse und 14 junge Schweine.

Soeben sind wieder 4 Arbeiter angekommen, und wenns so fort geht, so haben wir bald eine grosse Mine hier, was mir alles desto lieber ist, wenns auch mehr Arbeit gibt, so gibts doch auch Aussicht auf mehr Lohn.

Auf Weihnacht und Neujahr möchte ich freilich auch so gerne einige trauliche Stunden verleben, aber hier ist's ja nichts. Alles Geschäftsmässig.

Gerne hätte ich noch Schwester Emilie einige Zeilen geschrieben, aber schon ruft mich der Supt. wieder, drum werde ich das nächste Mal schreiben.

Herzliche Glückwünsche zum neuen Jahre, und wenn Ihr an Weihnachten zusammen im traulichen Steinhof sitzt, so gedenkt Eures Bruders im fernen Westen. Dir selbst, der lieben Grossmutter und Emilie meine herzlichen Grüsse, Dein Bruder   Otto

Der folgende Brief ist der erste mit gedrucktem Briefkopf:
Post Office, Paso Robles Springs. Almaden Consolidated Quicksilver Mining Co. Salinas Disstrict, San Luis Obispo Co)

Der erste eigene Pflanzgarten.

Almaden, den 20. Juni 1877

Meine liebe Schwester Emilie!
Deine lieben Zeilen vom 5. Januar beantwortend, danke Dir bestens für Deine Wünsche. Ich zweifle nicht, dass das Metermass bald beliebt werden wird[54], und wünsche, wir hätten es auch hier, denn der zwölfzöllige Fuss mit seinen Achteln, Sechszehnteln, sowie das Pfund mit seinen Unzen u.s.f. ist nichts bequemes.

Von Musik und Gesang hört man hier so viel wie nichts, doch hat der Superintendant der benachbarten Mine, der sich bald verheirathen wird, dieser Tage mit der Aussteuer seiner Braut auch ein Piano erhalten. – Du schreibst mir, dass unser Land verpachtet sei, wieviel und an wen? Habt Ihr keine Kuh und kein Schwein mehr? Ist die Frau Pfarrer auch noch da? Du siehst, ich möchte noch manches wissen.

Ich habe hier diesen Frühling einen Garten angelegt und bis jetzt ziemlich rangiert, hatte viel Rettig, Salat noch in Fülle, etwa 300 Stöcke versetzt, die schöne Häuptli machen (leider sind mir vorgestern 2 grosse Schweine hereingekommen, die sich auch daran lustig machten und etwa einen Drittel abfrassen), ferner etwa 3000 Zwiebeln, 280 Kabisstöcke, weisse und gelbe Rüben, Petersilie (Schnittlauch kennt man in Californien nicht), Lauch, Tomatos, Kürbisse, Wasser- und gelbe Melonen, Bohnen und etwa eine halbe Juchart süsses und gewöhnliches Mais. Kartoffeln habe etwa 2 Juchart, wir hatten heute neue, sie scheinen aber trocken zu haben. Ein Wasser-Reservoir, etwa 50 Fuss über dem Garten, mit Gummischläuchen und eisernen Röhren, machen es mir leicht, den Garten zu bewässern und in gutem Stand zu halten. Freilich an Arbeit hats nicht gefehlt, denn der Boden wurde diesen Frühling zum ersten Mal gepflügt und ist noch voll Wurzeln und Baumstumpen. Letzte Woche war eine ausserordentliche Hitze, und erst nachher erfuhren wir, dass zwei Waldbrände, der eine in nördlicher, der andere in südöstlicher Richtung von hier stattgefunden haben, der erstere etwa 5, der andere 11 Stunden von hier, die natürlich den heissen Wind verursacht haben. Seither haben wir wieder kühlenden Seewind, besonders Nachmittags und des Nachts die kalten Landwinde, die uns die schne-

---

54 Anspielung auf die Einführung des Metermasses in der Schweiz, das frühere Einheiten wie Fuss und Elle ersetzte.

Otto Wyss in Kalifornien zur Zeit seiner Hochzeit 1877.

eigen Gipfel der Sierra Nevada herüberschicken und bis Ende Mai Fröste verursacht haben, die dem Garten gar nicht zu Gute kamen.

Seit einiger Zeit treibe wieder etwas spanisch, denn es sind noch viele Mexikaner hier herum, die zu faul sind englisch zu lernen, und da man mitunter doch mit ihnen verkehren muss, so muss man ihre Sprache lernen.

Hanneli's liebe Zeilen werde ich das nächste Mal beantworten, schreibe mir bald wieder. Herzliche Grüsse der lieben Grossmutter, Hanneli, sowie Dir selbst, mit Kuss und Liebe Dein Bruder   Otto
Die benachbarte Mine hat ein Post-Office; die Post kommt 1 Mal pro Woche, immerhin besser wie Nichts.

Otto verdiente gut in der Mine und half mit, durch die Verbesserung der Ausbeute die Vorräte zu vergrössern. Darauf wurde der Betrieb der Mine eingestellt. In der Annahme, dass die Mine bald wieder eröffnet würde, übernahm er in der Nähe eine kleine Farm, und die Besitzer der

Mine übertrugen ihm für die Zwischenzeit die Beaufsichtigung und überliessen ihm die Nutzung des Geländes.
Otto ist nun 31 Jahre alt. Am 27. August 1877 heiratet er in San Francisco eine 34jährige Frau, die ihm aus der Schweiz nachgereist ist.

VI

Ottilie

Ottilie Meyer (in verschiedenen Schriftstücken auch Meier) wurde am 10. Januar 1843 geboren. Ihr Vater Rudolf arbeitete als Buchdrucker in Zürich; die Mutter war eine Tochter von Pfarrer Locher in Pfungen. Ottilie hatte drei Brüder: Robert (1841–1844), Fritz (1845–1867) und Karl (1846–?).

Eine Frau ohne Namen. Otto erwähnt ihn jedenfalls nicht und schreibt stets von seiner lieben Gattin. Wahrscheinlich fehlen Briefe, in denen er mehr schreibt, und dennoch könnte seine Zurückhaltung echt sein. Wir wissen wenig über das Zustandekommen dieser Ehe, die sehr glücklich war.

Otto lernte seine zukünftige Frau vermutlich schon in der Schulzeit in Regensdorf kennen, als er während zwei Jahren mit dem jüngeren Bruder von Ottilie, Karl, die Sekundarschule besuchte. Dann, später zurück aus Paris, teilte er im Winter 1870–71 an der Schipfe in Zürich ein Zimmerchen mit Karl, und so erneuerte und vertiefte sich die Freundschaft mit Ottilie. Von dieser Zeit an haben die beiden sicher miteinander korrespondiert. Als Otto 1876 in Kalifornien spürte, dass es langsam aufwärts gehen werde, liess er seine Freundin nachkommen, oder sie wollte zu ihm kommen.

Die beiden waren trotz einfachster Verhältnisse, trotz Entbehrungen, harter Arbeit und Einsamkeit sehr glücklich zusammen. Das langsame und harmonische Wachstum der Familie in ihrer Abgeschiedenheit schweisste sie herzinnig zusammen; sie waren füreinander da.

Trotz aller widrigen Umständen schufen sie sich in der Einsamkeit eine neue Heimat, ein Umfeld, das für sie lebens- und liebenswert wurde. Sie gestalteten ihren Lebensraum mit ihrer heranwachsenden Familie und allem, was zu einem vielseitigen Landwirtschaftsbetrieb gehört, wie Garten, Wiesen, Äcker und natürlich vielerlei Tiere.

Daneben entstand eine Poststation, unübertrefflich an Einfachheit. Nur das Allernötigste war vorhanden, wie auch beim Wohnhaus und der Scheune. Aber alles belebte den Geist, die Phantasie, die Willenskraft und das Tagwerk der Eheleute. In den Briefen kommt dies zum Ausdruck. Trotz der immensen Abgeschiedenheit waren sie nie ganz

Ottilie Meyer.

einsam. Es bestanden Kontakte zu benachbarten Siedlern und durch die Briefe mit der alten Heimat. Der Weltlauf, die Entwicklung in den Staaten und in der weiten Welt und das Geschehen zu Hause im alten Europa werden registriert, kommentiert, aber die eigene Familie steht im Vordergrund, erfüllt beider Leben – bis zu den Einbrüchen, den Katastrophen, den rätselhaften Schicksalsschlägen, die niemand begreifen konnte und die schwer zu verarbeiten waren.

Ottilie schrieb ebenfalls Briefe an die Familie ihres Mannes. Auch diese Schreiben sind erhalten. Ihr Einbezug in die hier vorgelegte Auswahl ermöglicht so etwas wie eine Stereosicht der Verhältnisse in Kalifornien und im Leben der Auswanderer. Allerdings divergieren die Ansichten nicht – ganz anders später bei der zweiten Frau Seline –, ein Zeugnis auch der Harmonie, die in dieser Ehe herrschte.

Vom Pfarrer im eigenen Haus getraut.

Almaden Cons. Q.S. Mine, Februar 15. 1878

Liebe Schwester Hanneli! Deine lieben Zeilen haben mich sehr gefreut, und ich will diesmal nicht versäumen, Dir auch einige Zeilen zu schreiben.

In Betreff meiner Hochzeit und sonstiges über meine liebe Frau zu schreiben, dachte ich kaum daran, denn Wer in und zu unserer Familie gehört, weiss ich kaum und an einer Hochzeit war ich auch nie. – Ueberhaupt, hier zu Lande stumpft man sich für Alles Familiengefühl ab. Jeder sorgt für sich selbst so gut als möglich und lässt den Rest den lieben Herrgott walten.

Bevor und an der Hochzeit ging es folgendermassen zu: Den 15. August kam ich nach San Francisco, den folgenden Tag besuchte ich die Eigenthümer in San Francisco, den 17. Aug. machte ich eine Reise nach Milpitas und Gilroy zu den Herren auf dem Besitzthum. Den 25. August holte ich beim Country Clerk (Bezirkskanzlei) die gesetzliche Erlaubniss, den 26. giengen wir zu Herrn Pfarrer Büehler, und am 27. August kam der Herr Pfarrer ins Haus, Nr. 512 Greenwitchstreet (wo ich früher immer gewohnt hatte) und vollzog dort die Trauung mit Frau Mary Lippert und Rudolf Trueb als Zeugen. Ein Schinken mit Salat, etwas Käs, Brod und Wein und eine Pastete nebst Trauben und Früchten bildeten den ganzen Hochzeitsschmaus, an dem nur ein halbes Dutzend Erwachsene theilnahmen.

Hier in der Mine hatten wir vor der Hand nicht nöthig, uns vieles anzuschaffen, das Küchengeschirr ist zwar Alles für mehr Leute berechnet, aber man behilft sich damit. Ein Zimmer neben der Küche haben wir etwas als Schlafzimmer hergerichtet, die Office dient als Wohnstube, und meist essen wir auch da. Das Speisezimmer für 30 Personen ist zu gross und kalt. Sollten mehr Leute kommen, so sind noch 2 kleine Häuschen da, die durch Anbau etwas vergrössert und wohnlich hergerichtet werden könnten. Schnee fällt nie hier und ist es desshalb viel leichter, sich baulich einzurichten; Regen fällt nur in den Wintermonaten, und Gewitter kennt man gar nicht hier. Zu thun habe ich hier immer etwas, wir haben viel Regen, und da müssen Gräben geöffnet, Auswaschungen ausgefüllt und das Wasser abgeleitet werden, dass es an Gebäulichkeiten, Holz oder in den Tunnels etc. keinen Schaden anrichtet. Sodann sind die Gebäulichkeiten leicht gebaut, und nach starkem Wind fast immer welche Reparaturen nöthig.

Beiliegend findest Du die Photographie meiner lieben Frau. An Emilie werde ich das nächste Mal schreiben; Ihr, sowie der lieben Grossmutter herzliche Grüsse, sowie auch Dir selbst von meiner lieben Frau, von Deinem fernen Bruder   Otto

Herzlich froh, «in dieser ohnehin etwas einsamen Gegend eine Lebensgefährtin zu haben».

Almaden Cons. Q.S. Mine, May 10. 1878

Liebe Schwester Emilie!

Deine lieben Zeilen von Anfang des Jahres beantwortend muss ich gestehen, dass ich besonders aus Deinen lieben Zeilen herauslesen konnte, wie überraschend und unerwartet auch Dich die Kunde meiner Verehelichung traf. Nun, wir sind jetzt bereits acht Monate hier, und ich muss gestehen, dass ich in dieser Zeit meinen Schritt noch nie bereut, sondern herzlich froh bin, in dieser ohnehin etwas einsamen Gegend eine Lebensgefährtin zu haben.

Häuslich eingerichtet haben wir uns wenig auf unsere Kosten, denn alles, was da ist, steht zu unserer zeitweiligen Nutzniessung zur Verfügung. Küchengeschirr, darunter freilich viel grösser für mehr Leute bestimmt, ist in guter Zahl vorhanden. Betten sind auch da, doch haben wir unsere eigenen Decken, und sonstiges Mobiliar dient uns von der Office, jetzt als Wohnstube. Einige Kisten und Kästen liessen sich mit Hammer, Säge und Hobel leicht herstellen, und so sind wir gegenwärtig für Bequemlichkeit und Reinlichkeit besser eingerichtet, als ich es seit meinem 15ten Altersjahre je gehabt habe. In Betreff der Lebensmittel sind wir theilweise noch mit altem Proviant versehen, und für Alles Nothwendige ist uns von der Compagnie aus im benachbarten Laden ein Credit eröffnet. Ferner haben wir noch ein Pferd (das vor 4 Wochen ein munteres Junges brachte), eine Ziege, 13 Schweine, über drei Dutzend Hühner, 2 Dutzend Tauben und einige Enten und Truthühner, die zusammen ganz ordentlich beitragen, uns stets mit Proviant auf den Tisch zu versehen. Du wirst denken, es brauche viel Futter, alle diese Thiere zu ernähren, doch siehe, hier macht man's ganz einfach. Das Hühnervieh kriegt täglich ein paar Pfund Gersten- oder Weizenkörner, die Schweine gehen Morgens auf den Berg und kommen Abends mit vollen Grasbäuchen heim, um noch einige Handvoll Gerste oder Chrüsch [Spelz] etc. zu nehmen, während Pferd und Ziege fast das ganze Jahr hindurch grünes oder dürres Gras finden.

Das Gebiet der Mine umfasst über 200 Jucharten, und der grösste Theil ist mit gutem Gras bedeckt, das stellenweise 2 bis 3 Fuss hoch ist.

Ein grosser Garten, den wir selbst pflanzen, bringt Mais, Kohl, Rüben, Räben, Salat, Tomatos, Melonen etc., und neue Kartoffeln haben wir bereits ziemlich viel. Wie Du siehst, haben wir vor der Hand keine Noth, und mit Fleiss, Sparsamkeit und Genügsamkeit werden wir hier besser leben als im doch noch so lieben alten Vaterlande.

Herzliche Grüsse und Küsse, Hanneli, der lieben Grossmutter, sowie Dir selbst, Dein Bruder   Otto

«Ein Sonntagskind, das mit seinen dunkelblauen Äuglein ganz munter in die Welt hineinschaut.»

Almaden Cons. Q.S. Mine, Sept. 10. 1878

Liebe Schwester Emilie!

Deine lieben Briefe von Ende Mai sind schon längst eingetroffen und freute mich, wieder Neuigkeiten zu vernehmen, obgleich nicht Alle ganz erfreulich sind.

Uns wurde am 1. September ein Töchterchen bescheert, ein Sonntagskind, das auch wenig schreit, wenn nicht hungrig ist, und mit seinen dunkelblauen Aeuglein ganz munter in die Welt hineinschaut. Einen Namen haben wir ihm noch nicht, doch nenne ich es Emilie oder Mimmi, wies im Englischen abgekürzt wird. Eine Wiege habe ich ihm vorgestern fertig gemacht, und seine liebe Mutter hat ihm einige Flanelljäckchen gemacht. Möge der Himmel es uns gesund erhalten!

Wir leben hier so ganz zurückgezogen, dass ich wenig Neues berichten kann. Wir beziehen das Nothwendigste aus dem benachbarten Laden, schlachten ein Schaf oder Schwein, wenn wir frisches Fleisch brauchen, hie und da Geflügel zur Abwechslung, und auch der Garten, obgleich etwas trocken, liefert noch Kohl, von dem wir bald etwas Sauerkraut einmachen werden. Reife Melonen und Tomatos haben wir viele, auch Mais hatten wir schöne Zapfen.

Sonst ist Hügel und Feld trocken und gelb, nur die grünbelaubten Eichbäume, die ziemlich Eicheln tragen, und die Weiden und Erlen längs des Baches bieten etwas Abwechslung. Wir hatten heisse Tage diesen Sommer, 115° F (37° R) im Schatten und noch vorgestern hatten wir etwa 35° R.

Seit Ende April fiel kein Regen, und Du kannst Dir somit wohl denken dass es trocken aussieht.

Schweine habe ich 21 Stück auf Stoffelfeldern zum «Aehrenauflesen». Was sie an Gewicht zunehmen, kommt zur Hälfte dem Eigenthümer des Feldes zu. Die Ziege ist uns fortgelaufen, und ich habe sie schon mehrmals gesucht und nachgefragt, doch bis jetzt ohne Erfolg. Sie wird wahrscheinlich bei mexikanischen Nachbarsmägen bereits eine willige Aufnahme gefunden haben. Haasen gibt's mitunter einen zu schiessen, auch Rebhühner, doch fehlen die Raubtiere wie Hühnerweihe, Wildkatzen, Dachse etc. auch nicht, und besonders die ersteren holen uns viele Tauben.

Grundeichhörnchen oder Squirvel hat es ebenfalls viel, und unsere 2 Katzen und 2 Hunde machen Jagd darauf, wenn sie nicht zu faul sind, worüber wir froh sind, denn sie holen auch Eier aus dem Hühnerhaus, und Ratzen und Mäuse sind wenig hier, dagegen braune Maulwürfe, die im Garten höchst unwillkommene Gäste sind.

Etwa 2 Meilen, ³/₄ Wegstunden von hier ist ein sogenanntes Campmeeting (Feldversammlung). Es wird da von verschiedenen Pastoren gepredigt. Es sind Hütten und Zelte da und werden Spiele und Allerlei Kurzweil getrieben, überhaupt eine Art Nachahmung des jüdischen Laubhüttenfestes. Es wird alle Jahre etwa um diese Jahreszeit eins abgehalten und dauert 4 bis 6 Wochen. Ich war noch an keinem und werde an keines gehen, denn da wird Holle-Holle-Hallelujah gesungen, Temperenz gepredigt und nachher wieder Schnaps getrunken.

Anstatt unsrer frühern mexikanischen Nachbarn haben wir jetzt wenigstens Amerikaner, vis à vis, doch haben wir wenig mehr Verkehr, ausser dass wir mit ihnen reden können, doch geschieht diess nicht jede Woche. [...] Otto

Ottilie beginnt Briefe an die Familie Wyss zu schreiben. Auch diese Dokumente sind reich an Informationen über den Alltag in Almaden.

Almaden

Meine liebe Frau Schwester![55]

Sie haben uns eine grosse Freude gemacht, indem Sie uns mit dem schönen Kleidchen für unser liebes Kindlein überraschten, wofür wir Ihnen recht herzlich danken. Es passt unserer lieben kleinen Mimmi so gut und freut mich umsomehr, da Sie es selbst gemacht haben. Der

---

[55] Brief an eine der Schwestern von Otto, wahrscheinlich an Emilie.

Schnitt ist wirklich sehr praktisch, und ich werde nächster Tage ein Umtuch von grauem Lama nach demselben Schnitt machen für den täglichen Gebrauch.

Seit letzter Woche war unser liebes Kindlein leider nicht wohl, es hatte sehr viel Abweichen [Durchfall] und wurde daher matt und mager, und ich hatte unbeschreibliche Angst um das liebe kleine Leben, doch jetzt ist es gottlob wieder ziemlich munter und besser aussehend. Ich machte ihm immer warme Tücher und gab ihm öfters ein wenig Camillen-Thee. Wir sind ungemein froh über die Büchlein und Medizinen, welche uns der liebe Herr Schwager geschickt hat, besonders dasjenige über die Kinderpflege ist mir ein höchst werthvolles und liebes Geschenk, wofür ich dem lieben Herrn Schwager recht herzlich danke; so fern von einem Arzte hätten wir ohne diese Hülfsmittel kaum gewusst was anfangen.

Da wir nun eine Kuh haben, sind wir auch mit Milch weit besser bestellt, was dem lieben Kindlein sehr gut bekommt. Ich wäre sehr froh, wenn eine Deutsche Frau in dieser Gegend wohnte, ich bin in der englischen Sprache noch nicht so bewandert, daher kann ich die wenigen Amerikanerinnen, die hier in der Nähe wohnen, wenig verstehen, noch weniger die Mexikanerinnen, von welchen vor einigen Wochen eine kam, um unser Kindlein zu sehen, es schlafend aus dem Bettchen riss, und um es genau zu sehen ans offene Fenster hielt, da es ein kühler Abend war, nahm ich ihr das Kindlein natürlich sogleich weg und legte es wieder in sein Bettchen. Später wollte dieselbe Frau uns eine Medizin für das Kindlein geben, ich gab es ihm jedoch nicht ein.

Hoffend, dass dieser Brief Sie und die lieben Ihrigen Alle in bestem Wohlbefinden antreffe, grüsst Sie Alle herzlich Ihre dankbare Schwester   Ottilie Wyss

Mimmi sollte getauft werden.

Almaden, Januar 24. 1879

Meine liebe Schwester Emilie!
Als Eure lieben Briefe ankamen, war ich gerade allein mit unserer lieben Mimmi, der liebe Otto war zwei Tage vorher nach San Francisco abgereist. Wie sehr es mich freut, dass Du meine liebe Schwester unserem Kindlein Gotte sein willst, kann ich gar nicht aussprechen – es ist mir ein tröstlicher Gedanke, dass das liebe Kindlein eine Gotte habe, deren Beispiel es einst mit Liebe und Achtung folgen kann. Dass es

brav und christlich erzogen werden soll, wird stets meine erste Sorge sein. Um es taufen zu lassen, werden wir, so Gott will, nächsten Sommer für einige Tage mit ihm nach San Francisco reisen und es dann auch photographieren lassen, um seiner lieben Tante Gotte auch sein Bildchen schicken zu können. Es ist gottlob jetzt recht munter, hat ziemlich festes Fleisch an seinem Körperchen und isst mit gutem Appetit jeden Tag 2 mal einen dünnen Mehlbrei aus dem Saugfläschchen, daneben trinkt es täglich noch etwa einen Schoppen gute Milch.

Die liebe Kleine macht uns recht viel Freude, es ist sehr gern bei seinem lieben Vater; wenn er gegen sein Bettchen kommt, streckt es die Aermchen aus, und wenn er es auf den Arm nimmt, lächelt es und schmiegt sich an ihn, reisst ihn aber mitunter auch ein wenig am Bart. Manchmal jauchzt es laut, z. B. wenn unser grosser Hund (es ist einer der grössten, die es gibt) in die Stube hineinkommt. Das schöne Kleidchen von der lieben Frau Schwägerin ist als Taufanzug bestimmt, da es in San Francisco im Sommer jeden Nachmittag sehr windig ist, sieht man dort im höchsten Sommer jeden Tag Ladies mit Pelzjacken. Schnee habe ich in den 2 $^1/_2$ Jahren, seit ich in Californien bin, noch nie gesehen, jedoch war es vor einigen Wochen etwa 8° R unter Null. Die Zeit geht uns sehr schnell vorüber, wir haben immer ziemlich viel Arbeit; wir leben friedlich und darum auch glücklich. Mein lieber Otto sagte, dass er gern von der geräuschvollen Stadt wieder zu seiner stillen kleinen Familie zurückgekehrt sei.

Nun mögest Du meine liebe Schwester, sowie unsere Lieben Alle das neu angetretene Jahr und noch viele folgende glücklich durchleben. Empfange herzliche Grüsse und Küsse von Deiner treuen Schwester

Ottilie Wyss

Liebe Schwester Emilie! Den Zeilen meiner lieben Frau füge meinen herzlichen Dank bei, dass Du unserer lieben Mimi Pathin sein willst, einen Götti haben wir kaum, es ist auch hier selten, um für die Taufe von einem ordentlichen Pfarrer vollzogen zu haben, wollen wir warten bis wir nach San Luis oder San Francisco kommen, hier herum sinds doch nur Methodisten oder Babtisten etc. Prediger resp. Bauern. Die liebe Kleine wiegt jetzt 12 Pfund und ist fast eine Elle lang, ist kräftig, trägt's Köpfchen frei aufrecht und will schon nicht mehr liegen, lieber sitzen, doch s'nächstes Mal mehr, herzlichen Dank und Grüsse auch der lieben Grossmutter; Dein Bruder
Otto

Von der Faszination der Waldbrände.

Adelaida, November 2. 1879

Liebe Schwester Hanneli!

[...] Die hiesige resp. San Francisco Zeitung bringt selten etwas von der Schweiz, doch las ich kürzlich, dass die Erndte unter mittelmässig sei. Auch hier geht alles in die Höhe, und ich bin froh, gegen 700 Pfund Weizenmehl im Haus zu haben und auch anderweitig ziemlich verproviantiert zu sein. Wir werden diese Woche in ein eigenes Häuschen einziehen, und, wenn auch etwas kleiner, wird's uns doch bald heimeliger vorkommen.

Anlässlich Eures Geschäftchens will ich noch erwähnen, dass die beiden Franzosen (der eine ein regelrechter Elsässer Jude), die vor 2 $^{1}/_{2}$ Jahren hier einen ganz bescheidenen Spezerei-Laden (Store) anfingen, ausserordentliche Geschäfte gemacht haben. Seitdem die benachbarte Mine ebenfalls geschlossen und keinen Laden mehr führt, haben die Herren auf jede Seite ihren nächsten Concurrenten 15–16 Meilen weit, sage 5 bis 6 Wegstunden entfernt. Sie verkaufen mit 25 bis 100 % Profit, und wenn einer in 6 bis 9 Monaten nicht bezahlt, so berechnen sie bloss noch 1 $^{1}/_{2}$ bis 3 % pro Monat noch Zinsen dazu. Freilich sind sie vielfach angewiesen zu warten bis zur Erndte und ist dieselbe schlecht, so müssen sie auch verlieren.

Soeben befördert er über 1000 Säcke Weizen à 140 Pfund auf den Markt, muss zudem Heu, Butter, Eier, Vieh etc. vielfach als Bezahlung annehmen, wofür sie aber niedere Preise bezahlen, oft nicht die Hälfte des Marktpreises in San Francisco.

Ihre Einnahmen beliefen sich im ersten Jahre auf 8000 Dollar und machten über 2000 Dollar Netto, seitdem aber haben sich ihre Einnahmen verdreifacht. Der Eine machte kürzlich eine 8wöchige Cur in einem Badeorte und war inzwischen ein Commis angestellt. Ich werde mich hüten, zu oft in ihr Buch zu kommen, besser mich im Herbst ordentlich zu verproviantieren, direkt von San Luis.

Diesen Sommer waren wir öfters durch Feuergefahr aufgeschreckt. Kaum 2 Stunden von hier brannte der Wald, das dürre Gras, Stoppelfelder und Gebüsch meilenweit ab, glücklicherweise über eine fast unbewohnte Gegend. Ich wurde zwei Mal gerufen zum Löschen helfen, das erste Mal, nach einem Ritt von 1 Stunde, kamen wir Mittags in die Nähe des Feuers; die Pferde wurden wild und stutzig und wir mussten einen Umweg machen, um von der Windseite zum Feuer zu kommen. Es war ein grossartiger Anblick, das entfesselte Element von einem Lufthauch getragen über die Ebene züngelnd, huschend, knisternd und vorwärts schreiten zu sehen, um dann längs der Hügel an Bäumen und Gebüsch plötzlich rauschend und krachend thurmhoch aufzulodern. Löschen konnten wir wenig, bloss das Weiterschreiten gegen Behausungen verhindern, indem wir seine Nahrung wegschafften und mit nassen Säcken allfällige Ausläufer auslöschten. Ich werde nie den Anblick vergessen, als ich in jener Nacht gegen 10 Uhr allein zurücktritt über schwarz verkohlten Boden, neben verbranntem Gebüsch brannten dürre Aeste riesiger Eichen gleich mächtigen Fackeln; und wo ein hohler Baum brannte, sprühten die Funken wie aus einer riesigen Esse oben aus den vielen Astlöchern. Langsam, scheu und müde trabte das Pferd aus dem Bereiche des Feuers. Das zweite Mal war ein weites Stoppelfeld in Flammen, gegen 100 Säcke Weizen und ein Wagen verbrannte, doch war für uns niemals direkte Gefahr, da das Feuer östlich von uns weggetragen wurde.

Vieh ist viel zu Grunde gegangen, auch Rehe und Hirsche und anderes Wild, auch Pferde und Schweine.

Die Photographie unserer lieben Mimmi ist etwas dunkel, doch ist sie gut wiedergegeben, wenns einen Augenblick still sitzt und auf die Musik einer Spieldose horcht. Meine liebe Frau will Dir auch einiges beifügen. Schwester Emilie schreibe bald, und so schliesse mit herzlichen Grüssen der l. Grossmutter, Schwester Emilie, sowie Dir selbst von Deinem Bruder   Otto

Fotos von Kleinkindern – eine schwierige Sache.

Adelaida, November 2. 1879

Meine liebe Schwester Emilie!

Vor Allem habe herzlichen Dank für Deine lieben Zeilen und für Deine Güte, womit Du unsrer lieben Mimmi gedenkst und ihm so gern sein liebes Tante Gotteli sein willst. Die liebe Kleine ist gottlob gesund und munter und freuen wir uns herzlich, Dir endlich seine Photographie schicken zu können.

Es war eben nicht leicht, Jemanden zu bekommen, der zuverlässig Alles überwachte in der Zeit, als wir mit der lieben Kleinen nach San Luis [Obispo] fuhren, da kein Photograph näher ist, und dann bekamen wir erst einige Wochen später die Photographien zugesandt. Wir wollten das liebe Kindlein auch gleich taufen lassen, jedoch da keine

*Das erste Kind Emilie (Mimi) Wyss,
geb. 1. September 1878.*

reformierte Kirche in San Luis ist, werden wir eben warten müssen, bis wir etwa einmal nach San Francisco kommen oder vielleicht ein reformierter Geistlicher in die Nähe kommt. Die liebe Mimmi war ungemein gut und freudig auf der Reise nach San Luis und zurück; auf dem Rückweg streckte es auf einmal die Aermchen aus gegen ein Feld seitwärts von der Strasse, wo es eine einzelne Kuh bemerkte, die der einen unsrer Kühe ganz ähnlich war; es jauchzte ihr zu und meinte eben, sein liebes Kühli zu sehen, an dem es so viel Freude hat und die Milch so gerne trinkt. Die andre unserer beiden Kühe wird ein Kalb bringen in der Zeit, da die erstere weniger Milch geben wird. Wir machen auch Butter, so viel wir für uns gebrauchen.

Unsre liebe Kleine ist auch ein rechtes «Fleischbüseli», es isst sehr gern Fleischsuppe und Fleisch, welches es mit seinen 8 Zähnchen schon ziemlich gut verbeissen kann. Es ist seinem lieben Vaterchen ungemein anhänglich, sobald es ihn sieht, möchte es immer zu ihm und schmeichelt ihm auf alle Weise; er hat es auch recht lieb, trägt's oft in dem grossen Hof herum und nimmt es hie und da zu sich auf's Pferd, wenn er nicht weit fort reitet.

Ich habe auch ein wenig reiten gelernt auf unserem zahmen Pferd, doch habe ich noch zu wenig Uebung, um mit Sicherheit die liebe

Kleine bei mir auf dem Pferd zu halten. Wenn wir es fragen: Was schickst Du Deinem lieben «Tante Gotteli», dann sagt es jedesmal in zärtlichem Tone: «Äh äh», ebenso wenn wir ihm Deine Photographie zeigen. Es lässt sich sehr gern waschen und badet sehr gern; an den Sesseln oder Wänden sich ein wenig haltend läuft es ganz gut, beinahe nur zu rasch, aber ohne sich zu halten, getraut es sich noch nicht zu laufen, doch steht es in letzter Zeit auch ohne sich zu halten ein Weilchen auf dem Boden. Was die Photographie anbelangt, ist dieselbe zu dunkel, die Aeuglein sind in Wirklichkeit lange nicht so dunkel, und die so weisse Haut ist ebenfalls auf dem Bildchen viel dunkler; sodann hat es das linke Aermchen etwas höher gehalten als das Rechte, wodurch das Aussehen wie schief aussieht; allein es schaute eben vorher immer umher, juckte und zappelte, und erst als der Photograph eine Musikdose spielen liess, sass es ganz regungslos und hörte aufmerksam auf die Musik, dann nahm er es gleich auf, er hätte das linke Aermchen noch in gleiche Höhe wie das andere legen sollen, doch sonst ist das Bildchen ganz getreu. [...] Ottilie
[...] Wir haben auch eines der Löckchen unsrer lieben Mimi beigelegt, das Hinterköpfchen ist ganz voll derselben.

Von herrlichen Früchten, grossen Vögeln und Christbäumchen für deutsche Immigranten.

Meine liebe Frau Schwägerin!
Das liebe Briefchen von Ihnen freute mich sehr und danke Ihnen herzlich dafür; es ist nun bald ein halbes Jahr, seit wir Ihre lieben Briefe erhalten haben. Wir hatten diesen Frühling ziemlich viel mit nachsäen und nachsetzen zu thun, da die Vögel viel Samen und junge Pflänzchen ausscharrten und abpickten. Nun ist aber Alles noch schön nachgewachsen, und wir haben dieses Jahr wieder ziemlich viel Melonen, Thomatos, Korn und Kürbis zu erwarten. Letztes Jahr hatten wir sehr viel Melonen von verschiedenen Sorten; wir sagten oft, wenn wir nur auch unsern Lieben in der Heimath von diesen herrlichen Früchten könnten zukommen lassen.
Mein lieber Otto hat viele der schädlichen Vögel und Eichhörnchen erschossen, auch Hasen und Rebhühnchen, welch Letztere oft in Schaaren ganz nahe zum Haus kommen, schiesst er beinahe jeden Tag.

Viele Hühnerweihe, Nachteulen und einen grossen Adler erlegte er, welch Letzteren er ausgestopft hat, sowie eine grosse Nachteule, einen Hühner Weih und einen grossen Eicher [Eichelhäher]; von verschiedenen Glasknöpfen, die er in meiner Nähschachtel finden konnte, machte er jedem natürliche Augen.

Ihre lieben Kinderchen würden sich gewiss freuen, einmal die schimmernden Kolibris zu sehen, die in unserm Garten schwirren, und auf unserem zahmen Pferd zu reiten; doch ich weiss schon, dass diess ja nicht leicht möglich ist, da wir gar zu weit entfernt sind. Hier reiten die Kinder der benachbarten Farmer schon mit 4 Jahren, ja mit einem etwa 8–10 jährigen Kind auf einem Pferd in den Bergen umher, um ihre Kühe zum melken heimzutreiben. Unsre Kuh kommt jeden Abend von selbst heim, und über Nacht bleibt sie meistens in dem grossen mit Gras bewachsenen Hof liegen. […]

Mein lieber Otto fährt hie und da ein wenig mit uns aus. Das ist immer ein Hauptvergnügen für die liebe Kleine, sie streckt beinahe beständig die Händchen nach den Pferden, und weint nicht, wenn es noch so sehr rüttelt in den ziemlich unebenen Bergstrassen. Ich wünschte, Sie könnten einmal diese schöne Aussicht geniessen, es ist wie ein Panorama, wenn man von unserm nahen Hügel herab über die Schluchten, die Felder und die tiefer gelegenen Hügel sieht, rings herum die schönsten Blumen, die ungepflanzt von Menschenhand wachsen und lieblich duften. Sie möchten wissen, ob es hier auch Tannenbäume giebt? Es giebt viel Tannenbäume und andere immer grüne Bäume, die sich gut eignen für Christbäumchen; unsere Liebe war letztes Jahr noch zu klein, aber nächste Weihnacht soll sie, so Gott will, auch ein Christbäumchen haben.

In den amerikanischen Familien werden keine Christbäume gemacht, nur bei Deutschen Familien ist er auch hier üblich, resp. in der Stadt.

Nun hoffen wir, dass diese Briefe Sie und meinen lieben Herrn Schwager sowie Ihre lieben Kinderchen gesund und fröhlich antreffen, und freuen uns, nach nicht sehr langer Zeit hoffentlich wieder gute Nachrichten zu empfangen. Herzlich grüsst Sie und die Lieben Alle, Ihre getreue Schwägerin   Ottilie

Die liebe kleine Mimi schickt auch ihrem lieben Herrn Onkel und lieben Frau Tante und den lieben Vettern Hansli und Oskar und dem lieben Bäschen Alma viele Küsse; sie sitzt bei diesen letzten Sätzen auf meinem Schoss, stupft mich und will sich der Feder bemächtigen, sie möchte eben wieder ins Freie hinaus.

Ein neues Schulhaus, das vielen Zwecken dient.

Adelaida P.Q. May 30. 1880

Liebe Schwester Hanneli!

[...] Seit Anfang des Jahres haben wir einen Deutschen M. von Heine als Nachbarn, der ein Plätzchen von 80 Aker angekauft, das an das Meine anstösst. Ein Junggeselle, in den Vierzigern, und ein durchaus unpraktischer Mensch, was er auch angreift, doch ist er ziemlich gut geschult, gab früher Privatstunden, Mathematik, Deutsch etc., hält 3 oder 4 Zeitungen, spielt ordentlich Schach. Er bezieht eine Pension von 8 Dollar pro Monat und rechnet, dass er ja fast daraus leben könne, wenn er nur etwas Hühner und Schweine und ein wenig Futter für dieselben ziehe.

Seit letztem Neujahr haben wir ein neues Schulhaus ganz nahe, fast noch auf meinem Platze, das nebenbei als Kirche, Gemeindehaus für Wahlen, als Tanzboden etc. dient. Schule wird etwa 6 bis 7 Monate darin gehalten, und in 2 bis 3 Wochen werden Ferien kommen, worüber ich froh bin, denn die Schüler kommen auf Pferden, die mitunter meiner Hecke und meinem Weizen zu nahe kommen.

Arbeit habe ich viel und überall, denn nicht nur ist der Heuet da und die Erndte vor der Thür, sondern überall sind Vieh, Pferde und Schweine, die hie und da eine Blösse in der Umzäunung des Getreidefeldes entdecken und einzubrechen suchen.

Schwester Emilie werde nach der Erndte ein Briefchen schreiben und für diessmal schliessen mit herzlichen Grüssen und Küssen von Deinem Bruder   Otto

«Ein herzlich gutes, freundliches Büblein.»

Adelaide, den 30. Mai 1880

Meine liebe Schwester Emilie!

Deine lieben Zeilen haben uns wieder herzlich erfreut und nachdem ich Dir berichte, dass wir Alle gottlob gesund und munter sind, will ich Dir zuerst beantworten, was Du mich in Deinem letzten lieben Briefe fragtest.

Das Brod backe ich immer selbst, meistens mit Kartoffel-Hefe, welche zu bereiten mir eine Deutsche Frau vor einigen Jahren das Rezept gab. Es ist ganz einfach zu machen: nachdem 3 grosse oder 4 kleinere Kartoffeln mit etwa 2 Schoppen Wasser ganz weich gesotten sind, nimmt man eine Hand voll Mehl, ein Löffel voll Zucker und 1 dito Salz dazu, rührt dieses zu einem glatten, dünnen Brei, setzt jedesmal etwas gegorene Hefe hinzu, welche man immer von einem Mal zum andern von der frisch gemachten Hefe wegnimmt und aufhebt.

Wir machen jedes Jahr ein Fässchen voll Sauerkraut ein, auch jetzt haben wir wieder ziemlich viel Kabis und Rüben im Garten. Unsre Obstbäume haben noch keine Früchte getragen, wir können erst nächstes Jahr welche von ihnen erwarten. Eichelkaffee trinken wir öfters, jedoch haben wir auch gewöhnlichen Kaffee. Ich habe etwa 50 Pfund Schweineschmalz ausgelassen, und wir haben das Räucherhüttchen ganz voll geräuchertes Schweine- und Ziegenfleisch, wovon wir hie und da ein wenig verkaufen können.

Du wirst vielleicht schon wissen, liebe Schwester, dass wir nun auch ein liebes Knäblein haben, wie viel Freude hat doch die liebe Mimmi mit ihrem Brüderlein, sie will ihn immer mit Brod und Fleisch füttern und legt ihm ihre Spielsachen und Alles, was sie erreichen kann, in sein Bettchen hinein, wenn dasselbe an heissen Tagen für einige Stunden in der schattigen Halle vor dem Häuschen steht. Da auf Meilen weite Entfernung keine anderen kleinen Kinder sind, hat die liebe Mimmi keine passende Kameradschaft, dafür unterhält sie sich mit unsern Hunden und Katzen und Hühnern umsomehr; wir haben auch wieder 22 junge Hühnchen.

Der Garten ist ziemlich gross, jedoch wuchert noch sehr viel Unkraut darin, weil er vom früheren Besitzer wenig bearbeitet wurde. Wir haben gelbe Rüben, Salat, Mais, Melonen, Thomatos, Zwiebeln, etwas Kartoffeln, Kabis und Rüben gepflanzt. Auch viele Sonnenblumen, deren Samenkörner nebst Weizen und Gerstenkörner sehr gutes Futter für Hühner sind.

Soeben ruft mir der liebe Kleine und möchte sein Znüni-Milchli haben, die liebe Mimmi kommt auch herein, um zu sehen, obs etwas zu schnabulieren gibt, sie ist ziemlich gewachsen und kann schon gut auf den Tisch hinauf gucken. Der liebe Kleine lächelt, so bald man zu seinem Bettchen hinkommt, er ist ein herzlich gutes, freundliches Büblein. Auch war er schon als neugeboren ziemlich gross, er konnte die Schlüttchen, welche die liebe Mimmi durch die ersten 2 Monate anhatte, gar nicht tragen.

Nun hoffe ich, dass Dich diese Zeilen recht guten Muthes und gesund und wohl antreffen; die liebe Mimmi lässt ihr liebes Tante Gotteli auch herzlich grüssen, sie hat einen ganzen Mund voll Zähne, welche in letzter Zeit sehr schnell miteinander und nacheinander gekommen sind. Mimmi schlüpft jeden Morgen gegen 4 Uhr noch für ein Stündchen zu ihrem lieben Vaterchen in sein Bett hinein, am Abend bringt sie ihm seine Pantoffeln, weil sie weiss, dass, wenn er die Stiefel aus und die Pantoffeln angezogen hat, er sie auf seine Knie nimmt und Rite Rite Rössi macht oder ihr Bilder zeigt. [...] Ottilie

Ein gefährlicher Viehdieb in der Nachbarschaft.

Adelaida, den 8. August 1880

Meine liebe Frau Schwägerin!

[...] Vor 10 Tagen hat die eine unsrer 2 Kühe wieder ein Kalb gebracht, und so haben wir stets genug Milch, um Butter für unsern Bedarf zu machen. Es befinden sich mehrere Quellen auf unserem Plätzchen, von welchen die nächste etwa 100 Schritte vom Hause entfernt ist; dorthin huscht unsre liebe Mimmi sogleich, wenn sie einige Minuten unbewacht ist.

Wohl ist es wahr, was Sie in Ihrem lieben Briefchen schrieben, dass die lieben Kinderchen so manches mehr bedürfen als wir Erwachsenen; ihre Pflege und Obhut erfordert, dass man sich ihnen stets widmet; was aber jede Mutter den lieben Geschöpfchen so herzlich gern thut und sich glücklich fühlt, wenn sie nur gesund sind und gedeihen.

Was die Kleidung betrifft, braucht es in dieser wenig bevölkerten Gegend nicht sehr viel Abwechslung, und so kann ich mit Hülfe meiner guten Nähmaschine das Nöthige für uns Alle anfertigen.

Wir haben dieses Jahr 50 junge Hühnchen nachgezogen, welche uns nächstes Jahr von gutem Nutzen sein werden. Unsre Obstbäumchen haben noch keine Frucht gebracht. Im ganzen ist unser Plätzchen erfreulich, obgleich es sehr vernachlässigt war und schon viel Arbeit gab, namentlich für meinen lieben Mann, bis er nur die vielen und grossen Lücken in der Einzäunung ausgebessert hatte, wo ganze Herden fremdes Vieh und Schweine herein kamen und von der Saat frassen.

Etwa eine Meile von unserm Plätzchen wohnt ein sehr gefährlicher Mexikaner, der stahl uns einen jungen Ochsen, welchen wir Anfangs Winter schlachten wollten, und da es in dieser Gegend sehr schwer ist, Zeugen zu bekommen, konnten wir gar nichts machen, derselbe stahl auch anderen Leuten Vieh, und einmal wird ihm doch der Strick gelegt werden. [...]   Ottilie Wyss

Die Reise nach San Francisco.
Adelaida, November 28. 1880
Liebe Schwester Hanneli!
[...] Ich musste Anfangs September nach San Francisco und, wenn auch nur Geschäftshalber, so gieng's mir doch auch als Erholungreise und will Dir einiges davon erzählen. Den 6. September gings früh zu Pferd nach dem 28 Meilen entfernten San Simeon. M. von Heine, mein deutscher Nachbar, begleitete mich, und nach ziemlich scharfem Ritt hatten wir um den Mittag herum etwa 23 Meilen zurückgelegt, füttern, und ich liess ihn umkehren und mein Pferd mitnehmen, während ich zu Fuss den Rest bis San Simeon machte. Dort kam gegen Abend der grosse Dampfer; mehrere Fässer und Kisten mit Butter und Eiern, Ballen Häute und Geflügel in grossen Käfigen usw. wurden eingeladen, und es war bereits Dunkel, als das Schiff in See stach. Ein scharfer Nordwind blies uns entgegen und die weissschäumenden Wogen schlugen von Zeit zu Zeit hoch über die Spitze des Schiffes. Ich hielt es nicht lange auf Vordeck aus und ging hinunter, wo ich mich bald in meiner Koje hinstreckte und trotz dem etwas schwindlig fühlen bald einschlief. Kommandoworte des wachthabenden Offiziers weckten mich am frühen Morgen, und bald hielt das Schiff still. Ich ging hinauf und sah fast nichts bei dem dichten Nebel, der uns umhüllte, doch nach und nach brach die Morgenhelle an, das Schiff fuhr unter beständigem Läuten und Pfeiffen langsam weiter, bis gegen 8 Uhr der Nebel sich lichtete und wir uns nahe der Station Monterey, einem alten Städtchen an gleichnahmiger Bucht befanden.

Frühstück wurde gerufen, ich nahm etwas Kaffee, brachte fast nichts hinunter, zum Mittagessen gabs Suppe, und Abends 4 Uhr ass ich mit ganz gutem Appetit.

Im Hintergrund erhoben sich Fichtenwälder, dunkel, gleichförmig, während die Küste trocken, sandig und öde erschien um diese Jahreszeit. Hie und da weisse Felsen, an denen die Brandung rauschte und emporschäumte, oder einzelne Felsblöcke, die aus dem Wasser hervorragten. Nach einer zweiten Landung in Santa Cruz, einem lebhaften Seestädtchen, 80 Meilen von San Francisco mit Bucht von weissen Kalkfelsen umrahmt, zahlreichen Kalkbrennereien, solid und gut gebauten Häusern, kehrte das Schiff wieder nordwärts, und als gegen 4 Uhr noch ein frischer Südwester (Wind) aufschwang, wurden schnell noch einige Segel beigesetzt, und mit doppelter Geschwindigkeit tanzte, ja flog jetzt der schöne Dampfer über die Wasserwüste, die Möwen umkreisten und folgten es und blieben zurück. Bald erschien das Ocean view House (hinter dem ich einst vor 6 Jahren Kartoffeln gesteckt), dann das Cliff House hoch droben auf dem Felsen und ihm gegenüber Lobos Point Observatorium, Leuchtthurm und Nebelpfeiffe. Dann wurden die Segel gerafft, und wir fuhren hinein zwischen den Felsen des goldenen Thores, an deren Fuss die Seelöwen sich tummelten bei Hunderten, hinein in die schöne glatte Bucht oder Bay von San Francisco. Da und dort vorbei an einem stolzen Dreimaster meist mit englischen Farben am Mastspitz, die auf Weizenladung warten, vorbei unter drohenden Kanonenmündungen der Festung Alkatraz, und mit Zunachten legte der Dampfer an der Werft an.

Einer der ersten draussen, suchte ich dem Heer von Hotelkutschern etc. zu entrinnen, die so zudringlich sind, da ruft einer meinen Namen. Ei Otto Lippert, wie bist Du gewachsen, muss ich sagen, und wir beeilen uns zu dem alten Logis, bei den ordentlichen Deutschen Leuten, wo ich früher immer gewohnt. Erzählend und fragend ging die Zeit schnell; zwei Tage nahmen die Geschäfte, den dritten noch etwas Einkäufe wie 60 Pfund Caffee, 20 Gallonen Petroleum, 1 Kiste Seife, Zeug zum Hemden und Kleider machen und kurzum des Guten und Nothwendigen viel. – Zurück per Eisenbahn (Dampfer war fort, fährt bloss 1 Mal in der Woche) und mit einem Wagen, Fahrgelegenheit von Soledad und einem Rest von etwa 30–35 Meilen zu Fuss über schlechte Wege und wenig bewachsenes Land kam ich heim. Froh wieder daheim und alles wohl findend, hatte ich nun mehrtägige Jagd nach meinem Pferd, das sich endlich auch wieder fand. Freilich auch Füchse und Hühnerweihe hatten die Abwesenheit zu Nutzen gezogen und unter unserm jungen Hühnervieh unbarmherzig gehaust. – Auch die Schweine waren ins Heu gerathen, doch im ganzen war ich's zufrieden, dass es nicht schlimmer ging. Doch ich muss schliessen, liebe Schwester, «Mimmi wott au ribe», sagt es und es plaudert fast die ganze Zeit und spricht schon manches recht ordentlich. Herzliche Grüsse und Glückwünsche zum Jahreswechsel, der lieben Tante Ryffel, Dir, der lieben Grossmutter, Euch Allen von Euren fernen Lieben, Dein Bruder   Otto

Vom Schaden, den Füchse und nachbarliche Schweine anrichten.

Adelaida, den 29. November 1880

Liebe Schwester Hanneli!

[...] Seit mehreren Wochen waren die Nächte hier sehr kalt, immer unter dem Gefrierpunkt, und da die Häuser hier nicht für solche Kälte eingerichtet sind, stellten wir unseren eisernen Kochofen aus der Küche in die Stube hinein, wodurch die lieben Kinderchen in der Nacht doch viel wärmer haben, wenn ich, bevor wir zu Bett gehen, noch ein dickes Stück Holz hineinlege. Am Morgen scheint die liebe Sonne schon früh an unser Häuschen, und den Tag über ist es recht warm.

Wir hatten diesen Sommer 50 junge Hühner theils schon ziemlich gross gezogen, von welchen uns leider mehr als die Hälfte von Hühnerweihen und Füchsen gefressen wurden. Auch die Schweine eines Nachbarn kamen oft herüber und frassen uns junge Hühnchen und viel Weizen, als der liebe Otto in San Francisco war; Du kannst Dir gewiss gut denken, dass wir sehr froh waren, als er wieder heim kam. Doch die Reise war unumgänglich nothwendig wegen Geschäften, die er bei einem Herrn in der Stadt zu besorgen hatte. Dann brachte er uns nebst vielen anderen nothwendigen und nützlichen Sachen auch ein ganzes Stück Indiene, aus welchem ich Bettüberzüge, Kleidchen für die lieben Kinderchen und auch ein Hauskleid für mich machte.

Wir möchten Dir gerne auch eine Photographie unsrer lieben Mimmi beilegen; sollte der Brief jedoch zu schwer werden, so müssen wir sie auf das nächste mal versparen. Unser liebes Bübli ist jetzt schon völlig so gross und dick, wie die liebe Mimmi war, als sie photographiert wurde, er trägt das nämliche Kleidchen, und es ist ihm schon bald zu klein; er wiegt 20 Pfund und ist sehr lebhaft, hat ganz hellblondes Haar. [...]

Ottilie

Gesuch um die Posthalterstelle an das Generalpostamt in Washington.

Adelaida, November 29. 1880

Liebe Emilie!

Gewöhnlich kommt der erste Regen hier Anfangs Oktober, doch diess Jahr scheints ausserordentlich spät zu werden, doch wenn's nur kein trockenes Jahr gibt, jetzt sieht's wenigstens nach Regen aus. Arbeit wartet immer auf mich, so habe ich noch mehr Land einzuzäunen,

Hühnerhaus und kleine Schmiede zu bauen, Schweinestall etc. und ein Gärtchen extra zu Treibbeeten, Blumen etc. herzurichten und zwar fast letzteres zuerst. – Doch nicht genug damit, die beiden Nachbarn, Franzosen, die das Handlungsgeschäft hier nebenan betreiben, wollen dasselbe aufgeben und damit auch die Post-Office. Hier wohne ich fast in der Mitte dieses Distrikts, und so machte ich den Versuch, selbst die Posthalterstelle zu bekommen, fertigte ein Ersuchsschreiben an das Generalpostamt in Washington (Bundesstadt) aus und erhielt ca. 100 Unterschriften von Bewohnern hiesiger Gegend. Um dieselben zu bekommen, musste ich beinahe eine Woche jeden Tag herumreiten, jedes meiner 3 Pferde müde reiten (von mir selber nicht zu reden), bis ich sie alle aufgesucht hatte und angetroffen im Umkreis von gegen 3 Wegstunden nach allen Richtungen und herzlich schlechte Wege dazu.

Ich habe zwar einen Conkurrenten um die Posthalterstelle und könnte mir gleichgültiger sein, falls er sie erhielte, wenn er nur in der Nähe wäre, aber so wie es ist, würde die Post in jenem Falle nicht mehr hier vorbeigehen, sondern wir hätten 2 oder $2^{1}/_{2}$ Wegstunden (8 Meilen) weit, sie zu holen.

Jetzt besorge ich auch die Postpferde, resp. füttere und putze sie, und bekomme ich noch die Postmeisterstelle, so gehts Hand in Hand und ist ein, wenn auch kleines, so doch sicheres Einkommen. […] Otto

Bitte um Blumensamen.

Adelaida, den 29. November 1880

Liebe Schwester Emilie!

Ziemlich lange Zeit ist schon wieder vergangen, seit wir Deinen letzten Brief erhielten, der uns so sehr freute und wofür wir Dir herzlich danken. Wir sind Gottlob Alle gesund und munter und die Zeit vergeht uns so ungemein schnell, dass wir uns wundern müssen, schon wieder nahe am Ende des Jahres zu stehen; doch wir sind fröhlich und zufrieden, dass wir das ganze Jahr hindurch all unsre Arbeit thun konnten ohne fremde Hilfe.

Unsre liebe Mimmi möchte sich schon gern ein wenig nützlich machen, sie bringt Spänchen in die Küche, geht mit zum Hühner füttern und streut ihre Händchen voll Weizen und Maiskörner aus im Hühnerhöfli, und freut sich sehr, wenn es Eier in den Nestchen findet, welche sie meistens unversehrt in die Küche trägt.

Vor einigen Wochen baute der liebe Otto ein Schöpfchen an die hintere Seite der Küche, welches wir nun voll trockenes Holz haben, für die Regenzeit, zwar hat es bis jetzt noch nicht viel geregnet. Eine Windmühle, die wir in der Erndtezeit kauften, machte der lieben Mimmi viel Freude, ebenso eine kleine Mühle, die zum vermahlen der Körner für junge Hühner gebraucht wird, giebt ihr oft Unterhaltung. [...]
 Im Lauf dieser Woche werden wir ein wenig Sauerkraut einmachen, da wir nur noch etwa 1 Dutzend schöne Kabishäuptli haben; die Schweine, deren wir mit den Jungen 36 Stück haben, kamen in den Garten und frassen in einer Nacht viel ab. Wenn nur das Schweinefleisch hier einen besseren Preis hätte, doch sind die Thiere auch viel billiger zu füttern als in der lieben alten Heimath; die meiste Zeit sind sie draussen und finden jetzt wieder ziemlich viel Eicheln. [...]
 Liebe Emilie, da Du uns geschrieben hast, dass Ihr Reseden im Garten habet, möchte ich Dich nun um einige Samenkörner davon bitten, ich liebe die Reseden sehr, und es sind in dieser Gegend keine zu sehen. Wir haben in unserm Blumengärtchen ausser einigen Rosenstöcken und Lilien, mehreren Strassburgern nur noch ein Beetchen Sommerflor in verschiedenen Farben, von welchen ich Samen aufbewahrte. [...]
Ottilie

Leben und Treiben auf einem ländlichen Post Office.
Adelaide P. O. May 31. 1881
Liebe Schwester Emilie!
Seit Deines lieben Briefes Ankunft sind die beigelegten Samen zum Theil gewachsen und blühen, wäre der Frühling nicht so trocken gewesen, so wären wohl mehr gekommen. Reseden bilden manchen grossen, buschigen Stock, und man riecht sie von weitem.
 Oben habe Dir die Post Office skizziert, eine Bretterbude, 10 Quadratfuss; Schindeldach, Doppelfenster, das untere kann hinauf geschoben werden. Auf beiden Seiten schliesst die Hecke aus Pfählen bis ans Häuschen, links ein Gätterchen zum durchgehen. Vorn eine Bank, rechts vom Fenster ein Glockenzug, links der Briefeinwurf. Zur Rechten ist der Baumgarten, zur Linken, durch einen grösseren Gatter führt der Weg hinauf zum Haus, Scheune etc.
 Die Post, ein leichter zweispänniger Wagen, kommt 6 Mal die Woche, resp. Montags, Mittwoch und Freitag von San Simeon etwa um 1 Uhr und je Dienstags, Donnerstags und Samstags von Paso Ro-

bles um 9 Uhr. Der Postsack, von Leder mit Vorhangschloss, ist Dienstags und Samstags am meisten gefüllt, meine liebe Frau hilft mir dann sortieren, und Adelaide hat gewöhnlich die meisten Zeitungen, Cambrias Post geht nur theilweise hier durch, San Simeon hat Leuchtthurm und Telegrafenstation. Die Postpferde werden gerade vor der Office gewechselt, und bis wieder angespannt ist, bin ich auch meist mit dem Postsack bereit. […]
Alle Briefe, die hier aufgegeben werden, muss ich mit Namen d. P.O. und Datum versehen und die Marke caniallieren. Jede so anullierte Marke muss aufgeschrieben werden z. 1.2.3.4. etc. je so und so viel; jeden Tag wird die Summe und Datum eingeschrieben, und 60% davon ist der Taglohn, der Montags immer am besten ausfällt.

Um Briefmarken, Postkarten und Postcouverts muss ich einfach ans Postdepartement schreiben und bekomme solche geliefert, ebenso Blankoformen sogar Bindfaden und Packpapier. Ende jeden Quartals muss Zahl und Werth der Marken und Couverts etc., vor und nach dem Quartal, ferner die inzwischen erhaltenen dazu gezählt und so die Summe der verkauften, die Einnahmen festgestellt werden. – Das Tagebuch der annullierten Marken, ergiebt die Provision des Postmeisters, und der Ueberschuss der Einnahmen wird an den U.S. Treasurer in San Francisco geschickt, Raport etc. aber nach Washington an den 3. Ass. Postmeister Generalint.

In der Office selbst habe ich Stempel, Briefwage, Pult, Fächer von A bis Z markiert für Briefe, ein grösseres do. für Zeitungen und a.m. für $ 15 vom Vorgänger gekauft. – Es bleiben noch einige Gestelle für Blanks in der Höhe anzubringen, die unteren Schubladen sind Mimmi und Otto auch zu bequem, um darin herumzukramen. Geld und Werthsachen lasse ich über Nacht nicht in der Office, die Thür und Fenster sind wohl verschlossen, aber das letztere könnte doch Einer aufbringen, ohne dass wir viel merkten, wenn auch der Hund bald Laut gibt.

Die Leute kommen zu irgend welcher Zeit ihre Postsachen holen, doch ist Samstag der Haupttag, Sonntag Nachmittags und Montags am wenigsten. Natürlich kann ich oft meine Arbeit danach richten, oft muss meine liebe Frau springen, besonders jetzt, im Heuet. Die Leute sind im ganzen freundlich und zuvorkommend und scheinen mit mir zufrieden, dass oft die Einen meinen, es sollte doch gewiss etwas für sie da sein, kann ich ihnen nicht helfen, gewöhnlich sind's solche, die am

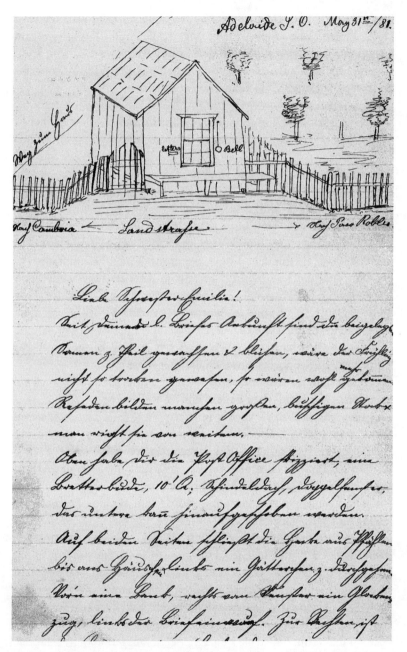

Brief mit Skizze des einfachen Post Office.

wenigsten erhalten. Das meiste erhalten Schullehrer (4 erhalten Post hier), Pfarrer und Amerikaner; Mexikaner und Portugiesen am wenigsten. Registrieren von Briefen kostet 10 cts. extra dafür, resp. auch die Marken aufzukleben und ein halbes Dutzend pro Monat ist die Durchschnittszahl. Geldanweisungen können von hier nicht gemacht werden.

Doch ich schliesse, ein ander Mal mehr. Herzliche Grüsse der lieben Grossmutter, Hanneli, der Tante Ryffel, Dein Bruder   Otto

Vom Kommen und Gehen der Siedler.

Adelaida, den 4. December 1881

Liebe Schwester Hanneli!

Deine lieben Briefe von Churwalden aus versetzten uns in beängstigende Stimmung, und wir fragten uns, wie, wenn Hanneli zu uns käme; das warme trockene Klima, der milde Winter hier müssten Dir gut thun und die Reise, nun man reist ja heut zu Tage schnell und würde nicht mehr kosten als zwei solcher Curen in Churwalden. Nun gottlob, Deine Zeilen vom 30. September bringen wieder besseren Bericht, und hoffentlich wirst Du auch daheim wieder völlig genesen.

Von uns allen kann ich sagen, dass wir gottlob gesund sind, der kleine Otto hustet nachts zuweilen, ist aber sonst munter, und die Kinder freuen sich auf's Weihnachtbäumchen, wofür ich und O. auch ein «Gampiross» in der Arbeit haben. Für die Regentage habe ich ausserdem unser Bernerwägeli wieder in guten Stand zu setzen, anzustreichen, meine alte Mähmaschine, die ich diesen Herbst gekauft, hat auch Reparaturen nöthig, doch habe ich Werkzeug, um es meist selbst zu machen. Endlich habe eine verbesserte «Rebschere» in der Arbeit, die, wenn sie gut geht, ein Patent machen soll. Ein junger Mann hier hat eine neue Egge erfunden und wurde ihm für das Patent 3000 Dollar für Californien offeriert.

Mit nächstem Frühling werden wir 5 Kühe melken und hoffentlich dann ziemlich Butter machen können; ich habe ein Butterfass mit Thermometer bestellt. Das Ladengeschäft der beiden Franzosen ist eingegangen, die beiden Associé kamen nicht gut aus, sie waren sehr egoistische Nachbarn. Sie gaben viel Credit und verkauften mit viel Profit und wer dann wirklich bezahlte, musste anderweitigen Verlust decken, immerhin haben sie ziemlich viel herausgebracht in 4 Jahren.

Diesen Sommer sind mehrere, meist ältere Personen, von 60 bis 75

Jahren hier herum gestorben, und viele sind fortgegangen, doch es hat eben viele Amerikaner, denen es nirgends wohl ist, sie lassen sich einige Jahre nieder, und wenn's ihnen dann nicht passt, wie sie wünschen, so wird aufgepackt, verkauft und in einen anderen Staat der grossen Union gereist, wo's noch mehr und besseres Regierungsland habe, und zwar alte, grauhaarige ebensogut wie junge. Mein Nachbar z. L., ein Mr. Bunch, kam vor etwa 3 Jahren, siedelte auf $^1/_4$ Section (160 acres) Regierungsland um eine alte elende Hütte, die er vorfand, besserte sie ein bisschen aus, ohne Fenster, ohne Fussboden, wohnte er dort, die Frau war schon anfangs an Auszehrung leidend und diesen Frühling bettlägrig, bis sie diesen Herbst starb. – Mr. Bunch schimpfte dann ganz weidlich auf Doktors und Apothekers, verkaufte schnell für 75 Dollar seinen Platz (natürlich jetzt noch Regierungsland) und verreiste nach dem Süden. Ich weiss nicht genau, aber hörte, Doktor, Apotheker und sogar Schreiner hätten das Nachsehen.

Andere freilich gehen so vorläufig umschauen und kommen zurück mit der Bemerkung, anderswo siehts besser aus, aber es kostet Geld, viel Geld um zu kaufen. – Ist erst ein Mal unser Häufchen Vieh etwas grösser, der Obstgarten voller Früchte, so sind die lieben Kinder auch etwas grösser und können ja so früh etwas helfen, und ein reichlicheres Auskommen uns gewiss.

Die liebe Mimmi und auch Otto nahm ich wohl schon gelegentlich vor mich auf den Sattel, und jedes findet es lustig, wenn's nur so recht schnell im Galopp dahingeht.

Wir haben alle Aussicht auf grüne Weihnachten, da und dort kommt Gras gut fingerlang und scheint der Boden grün, Reseda blühen trotz gelegentlichem Frost fort, und die Saatrosen etc. scheinen frisch und grün. Doch ich schliesse, liebe Schwester, mit herzlichen Grüssen von den lieben Kindern und mir, Dein   Otto

Adelaida, December 4. 1881

Liebe Grossmutter!
Heute ist Euer Namenstag, der ja immer im l. Steinhof gefeiert ward und in Gedanken bin ich auch bei Euch, meinen Glückwunsch darzubringen und Euch die lieben Kinder zu zeigen. Weiss ich ja doch, dass Ihr auch meiner, auch unser gedenkt hier im fernen Westen.

Es freut mich immer durch Briefe von Euch zu hören, dass Ihr gottlob gesund und für Euer hohes Alter seid und dass, wenn auch

Rheumatismen und andere Altersbeschwerden Euch heimsuchen, so doch schwerere Krankheiten Euch verschonen. Wenn es nur nicht gar so weit wäre, so möchte ich gerne Euch besuchen oder heissen zu kommen, die lieben Kinder Euch umtanzen lassen und Grossmutter «isch cho» rufen, doch es ist ja zu weit. Wir schicken Euch ein Löckchen von unserm kleinen Otto, Ihr hattet so lange meine Locken aufbehalten, dass ich mich erinnern kann, wie Ihr mirs in einer Schindel-Schachtel zeigtet, auch noch hell und lockig.

Mimmi ist jetzt über 3 Jahre alt, recht verständig und lebhaft; Otto ist scheuer, aber dick und kräftig und fängt an, seinem älteren Schwesterchen nachzuplaudern.

Der kleine Oskarli ist etwas schmächtiger als sein Brüderchen, hat ein mehr stilles, gelassenes Wesen, ist aber aufmerksam und, wenn ich am Abend von der Arbeit heimkomme, so streckt es schon von weitem seine Händchen, während Mimmi und Otto herausgesprungen kommen und mir anhängen, «Gut's nabig» rufen und «de Patte ist cho», und dann muss ichs haben und nur aufpassen neben den Pferden, denn die Kinder sind sehr keck, doch auch die Pferde sind zahm, aber Vorsicht ist immer nöthig und ja so schwer, den l. Kleinen begreiflich zu machen. [...] Otto

Adelaida, Dezember 4. 1881
Liebe Schwester Emilie!

[...] Die lieben Kleinen sind gottlob recht munter, machen aber viel Lärm im Hause, und da das liebe Christkindli die Spielsachen eben noch nicht bringen konnte, schleppen sie einen ganzen Haufen kleinere Eisenwaren aus des lieben Vaters Schmitte herein und rasselten damit, so viel sie konnten. Der liebe kleine Oskarli schläft daneben wie ein Murmelthierchen.

Wir haben 3 Gänse (wobei 1 Gänserich) und 4 Enten mit einem «Entengüggel», welche uns, da man jeden Sommer weiche Federn von ihnen rupfen kann (ohne sie zu tödten), bessere Kissen als die Hühnerfedern geben. Die Federn haben in diesem Land einen viel geringeren Preis als in der lieben alten Heimath, denn die wenigsten Leute schlafen in Federbetten, alles Wolldecken und baumwollene Betttücher. Schweine haben wir noch 8 Stück; der liebe Otto verkaufte letzten Herbst 25 Stück. [...] Ottilie

Vom Stand der Kulturen.

Adelaida, Pfingsten 1882

Liebe Schwester Emilie!

Eure letzten Briefe nebst Saamen und Brief von Heinrich Kofel und den netten Bildchen für Mimmi (worauf es sich so meinte, dass ich dem kleinen Otto das Bildchen vom Grossvater zusprechen musste, um etwas Zufriedenheit zu machen) haben uns längst erfreut. Die Saamen von Heinrich Kofel habe gesäät, sind aber nicht gekommen, dagegen blühen weisse Vergissmeinnicht und Denkeli und bald auch Mäggi, Wicken (wohlriechend), Reseden; Astern konnten wir noch nie zum Keimen bringen, Balsaninien ertragen die Hitze nicht, und endlich haben wir ums Haus herum gelben Lehmboden, der trotz misten und sanden ein undankbarer Grund und Boden für Blumen und Gemüse ist. Strohblümchen wachsen auch wild hier, die gelben kleinen, während wir grössere braune und rothe im Gärtchen haben. Saatrosen sind theilweise 2 Ellen hoch, aber noch keine Blumen, blaue Glöckchen auch noch nicht.

Wir haben 4 Kühe, eine melke nicht, die anderen drei geben schön Milch, wovon wir täglich für den Lehrer etwas abgeben. Butter kostet in San Francisco etwa 1 Fr. 25 Rp. das Pfund, doch mit Abzug von Fracht, Commission etc. bleibt einem oft kaum 75 bis 80 Rp. per Pfund in San Luis.

Ochsen oder fette Kälber zum Schlachten bringen wenig, $ 20 bis 30 für erstere und 6 bis 10 $ für letztere, doch da ich noch wenig Vieh habe, so behalte die Kälber gewöhnlich, bis es gutes, junges Schlachtvieh abgibt. Schweine habe nur wenig mehr, es wurden uns doch immer welche gestohlen. Pferde habe 3 junge, ausser den 2 alten, und ein 3jähriges Rösschen sollte jetzt arbeiten lernen, benimmt sich aber noch recht unbändig, brachte jüngst den Sattel los und mich herunter und brach den Zügel. [...]

Frucht wie Pfirsich, Pflaumen, Mandeln und Birnen, die recht schön geblüht hatten, wird's wohl wenig geben, fast gar nichts wegen dem späten Frost. Erbsen und Randen und Mais haben wir am meisten für Gemüse, Salat und Chabis haben die Hühner arg zerzaust, sogar des Nachbars Hühner kamen viel herüber und frassen alle Runkelrüben und Zwiebeln weg.

Wilde Thiere, besonders Fuchs und Dachs sind öfters in der Nähe, auch ein Luchs (Calif. Coon) schoss ich kürzlich von einem Baum herunter. Squirrels und Grund- und Scheermäuse scheinen auch ausserordentlich thätig und kommen in grosser Zahl in die Nähe und wir haben nur eine gute Katze und einen jungen Faulpelz. Von den 2 Hunden ist der eine ein ziemlich guter Wächter und flösst den Jungen's Respekt ein mit seinem bissigen Bellen, während der junge Anlagen zum Viehtreiben zeigt und beide zusammen können fremdes Vieh ziemlich forttreiben und unseres heimzu und mir gar manchen Schritt ersparen, fressen können's auch wie junge Hunde und sind fast unersättlich, doch wenn's nur gut werden. Schwalben haben mehrere Nester gebaut, eins ganz nieder, so dass ich unsere Kinder und Nachbarjungen besonders abhalten muss, es zu zerbrechen, was letztere theilweise gethan.

Der lieben Grossmutter und Tante Ryffel beste Grüsse, mit Kuss und Liebe Dir und Hanneli von uns Allen, Dein Bruder   Otto

Weihnachten wie zu Hause.

Adelaida, Pfingstsonntag, 1882

Meine liebe Schwester Hanneli!

[...] Du möchtest gerne wissen, liebes Hanneli, wie das Christkindli bei uns kommt; nun wir behalten eben einige Tage vorher die Sachen und das Bäumchen in dem kleinen Anbäuli, wo die lieben Kinderchen nicht oft hinkommen, und richten dort alles her, so dass ich am hl. Weihnachtsabend bei einbrechender Dunkelheit schnell Alles in die Stube hintragen und das Bäumchen resp. die Kerzen daran anzünden kann, während der liebe Vater die lieben Kinderchen im Posthäuschen unterhält, hernach gebe ich das Signal mit einem Glöcklein, worauf der liebe Vater die lieben Kleinen schnell heraufbringt, und die Ueberraschung und Freude war jedesmal eine recht herzliche.

Nun sind aber die gekauften Spielsachen (die zwar billig waren) sogar der Elephant längst zerbrochen, denn unsere Finken gehen eben nicht sanft um mit ihren Spielsachen; nur das vom lieben Vater selbst verfertigte Gampiross ist noch unversehrt, trotz der vielen Dienste, die es schon gethan.

Wir hatten diesen Frühling 8 junge Gänschen, welche leider in der grossen Kälte Alle umkamen, da sie die Gans, welche sie ausgebrütet hatte, einmal des Nachts in den Busch hinauslockte, und am Morgen waren die meisten erfroren. Nun haben wir 2 Hennen auf je 5 Gänseeiern sitzend, die Eine wird bald ausgebrütet haben, und hoffen wir jetzt, da es warm ist, die Jungen besser davon zu bringen.

Nächstes Mal wills Gott mehr. Indess sei herzlich gegrüsst von uns Allen und von Deiner treuen Ottilie

Der Vorname des Taufpaten für den Neugeborenen.

Adelaida, September 4. 1882

Liebe Schwester Hanneli!

Wir haben den ganzen letzten Monat davon gesprochen, Dir doch ein Mal zu schreiben, aber ich musste noch nach Cayutos und dann noch nach San Luis, um zu rechter Zeit unsern Winterproviant einzubringen. Auch Zeug für Winterkleidchen, für Hemden und Betttücher etc. sind da, und es gibt nun Ottilie mit der Nähmaschine noch ziemlich Arbeit.

Wir haben gerade noch heisse Tage, die mit den heissesten, die wir diesen Sommer hatten, wetteifern, da die Hitze anhält und der kühlende Seewind nur von Zeit zu Zeit herüber kommt.

Unsre Familie hat sich am 29. Juli um ein gesundes Knäblein bereichert. Die Mutter erholte sich bei dem warmen Wetter sehr schnell, und der liebe Kleine erstarkt, dass er schon probiert hat sein Köpfchen zu heben. Ich und meine liebe Frau möchten Dich ersuchen, ihm Pathin sein zu wollen. Ich habe Heinrich Kofel als Götti angefragt und wir würden ihn wohl Heinrich oder besser Henry oder Harry heissen. Sollen wir ihm noch einen Hans als Vornamen geben? Bitte schreibe uns darüber, wir möchten auch so gern Deine Meinung wissen, und wer weiss, ob er nicht ein Mal heimkommt, um auch in eine gute Schule zu gehen?

Die Erndte war gering, doch der Mais machte schöne Kolben oder Zapfen, und wir sind soeben daran, die Zapfen auszuschälen und in die Krippe zu bringen, wo schon manches Dutzend Körbe voll trocknen. Wir gebrauchen es als excellentes Hühner- und Gänsefutter, auch Schweinen legt es mehr Fett an als irgend etwas anderes. Die 5 bis 10 Fuss hohen Stengel mit den langen Blättern machen gutes Futter fürs Vieh. Melonen haben wir endlich auch viele reife. – Kartoffeln thun ein Mal gar nicht gut hier, das eine oder andere Jahr gibt's wohl frühe, wenn der Frühling nicht gar frostig ist, aber später z. B. im Juli machen die Wurzeln statt Knollen nur 4 bis 6 Fuss lange Wurzeln, wohl eine Folge der Hitze. Ich habe 5 Zentner drüben an der Seeküste gekaufte, wo sie besser gedeihen, doch mit Fracht etc. kommen sie oft theurer als Mehl, so dass man nicht gar viel davon braucht. Kabis und Randen haben wir viel, aber wenig Zwiebeln, der Schullehrer hat sich mit unsern Zwiebeln ausgeholfen. – Der Schullehrer ist sonst ein frecher unverschämter Kerl und wird wohl nicht gar lange hier bleiben! Man hört schon wieder viel von den kommenden Wahlen, Anfangs November, und wie gewöhnlich hat es viele Candidaten für Stellen, die etwas einbringen. [...] Otto und Ottilie

«Habe ich nicht eine tapfere Frau?»

Adelaida, December 6. 1882

Liebe Schwester Emilie!

Habe Dank für Deinen lieben Brief, der verschiedene Nachrichten von alten Bekannten brachte, die mich ja immer interessieren. – Mimmi steht neben mir und sagt: «mir wänd em Gotti au Brieff schibe und vom Christbaum und vom Helgeli.» Der Christbaum ist ja jetzt die Hauptsache mit den Kindern und was sie sich da besonders wünschen, ein Wagen, Puppe, an der auch Otto sehr viel Freude hat, und einige andere Spielsachen.

Wir werden auch im nahen Schulhaus einen Christbaum haben für Kleine und Grosse. – Wir haben diesen Herbst viele Hühner durch Hühnerweihe verloren, die so frech waren wie noch nie. Einen hat meine liebe Frau mit einem Stein auf den Kopf getroffen und getödet, einen Andern, der eben mit einem grossen Huhn wegfliegen konnte, packte sie mit seiner Beute noch am Bein, und trotzdem derselbe mit Schnabel und Flügeln nach ihr schlug, hielt sie fest und schlug mit einem Stück Eisen auf ihn los, bis er froh war fortzukommen. Habe ich nicht eine tapfere Frau?

Seitdem ich ein Dutzend oder mehr heruntergeschossen und einige mehr lahmgelegt, ist's bedeutend besser. – Mit Ansäen bin ich fast fertig und habe die Pferde für kurze Zeit ausgeliehen. Die jungen Pferde habe ich alle verkauft, da Otto ein Mal einem zu nahe kam und dasselbe ausschlagend ihn unter die Arme traf, glücklicherweise ohne erheblichen Schaden. – Wir melken gerade jetzt nur eine Kuh, doch bald nach Neujahr werden 2 mehr [sein], die Kälber bringen. Ich habe mir noch ein Milchhaus zu machen, fast ganz in die Erde, etwa 10 Fuss Quadrat habe ausgegraben und stelle darüber einen kleinen Speicher, um es kühl zu halten. Ich werde nächsten Frühling 10 oder 11 Kühe melken und hoffe, einige Fass Butter zu machen.

Etwas mehr Bäume aussetzen, alte Einzäunungen ausbessern und neue zu machen, werden mir noch ziemlich zu thun geben. [...] Otto

Die Mexikaner – «faul, schmutzig, diebisch und sehr altmodisch».

Adelaida, Februar 16. 1883

Liebe Schwester Hanneli!

Die lieben Briefe kamen heute, nachdem die «Muster ohne Wert» vorgestern wohlerhalten eingetroffen waren. Wir freuten uns mit den Kindern, und Mimmi wollte gleich in die Schule, damit es dann auch das Nastüchli haben könne.

Du frägst, wie wir Weihnachten gefeiert? Trotzdem im benachbarten Schulhause am Weihnachtsabend ein Christbaum gegeben wurde, so machten wir doch unsern lieben Kindern einen kleinen im Hause, Mimmi hatte eine grosse Puppe (jetzt hat sie nur ein Auge, das andere ist im hohlen Körper), Otto ein Wagen und eine kleine Harmonicvox, Oscarli einen Schlitten mit 2 Pferden, magnetische Fische und Henry hatte seine liebe herzige Freude an den Lichtchen. Henry ist ein sehr gutes Kind, geduldig, schläft fast die ganze Nacht, doch lebhaft und so freundlich und wiegt sage 18 Pfund, er nimmt sehr schnell zu und ist kräftig, kann bald wieder in die warme Sonne im grossen Wagen, den ich für die Kinder gemacht, $^3/_4$ Ellen breit und 1 $^1/_2$ Ellen lang; er wird benützt.

Emilie schreibt: Jsabell Besserer-Kienast sei auf einer Farm in Mexiko. Ich habe keine grosse Idee von Farmen in Mexiko, es sind viele Mexikaner hier herum, gehen immer nach Mexiko und kommen hieher zurück oder schreiben um Geld, um zurückkommen zu können. Sie sind meist faul, schmutzig, diebisch und sehr altmodisch, irgend ein Werkzeug thuts. – In welchem Staat, nahe der Hauptstadt? Wie gross ist die Farm, es interessiert mich mehr zu erfahren.

Die Eisenbahn soll auch bald in unsere Nähe kommen, resp. 16 Meilen, etwa 5–6 Std. Weges, wäre wohl so nahe, als sie für einige Zeit kommen würde, doch genügend für alle praktischen Bedürfnisse, wie Fracht-Beförderung, Eier, Butter, etc. nach San Francisco oder irgend ein Markt.

Schnee hatte wir am 4. und 5. Februar, 4 Zoll und blieb 3–4 Tage an nördlichen Abhängen. – Regen hatten wir 3" diese Woche und 4" am Sylvester und Neujahrstag, so dass diese beiden Tage ganz ruhig verliefen und wir zwei sassen am Sylvester-Abend bei einigen Bürkli-Zeitungen aus der Heimat und der fernen Lieben gedenkend und Pläne für die Zukunft berathend.

Nun lebt wohl, viele Grüsse Schwester Emilie, der lieben Grossmutter und Tante Ryffel, mit Bruderkuss   Otto

Von der Arbeit und dem Verdienst eines ländlichen Postmeisters.

Adelaida, April 13. 1883

Liebe Schwester Emilie!

[...] Kleine Päckchen gehen wohl durch[56], aber andere kommen auf's Zollamt und werden aber nicht aufgeschnitten, sondern nach Postgesetz wird der Postmeister des Adressaten vom Betrag allfälliger Zolles avisiert, und wenn der Betreffende dem Post Master den Zoll etc. bezahlt, so wird das Päckchen zugeschickt, sonst aber auf dem Zollamt behalten. Selbstverständlich belaufen sich Kosten und Zoll schnell höher als der Werth eines solchen Päckchens. Meinen herzlichen Dank.

Mit Postoffice gibt's diesen Sommer resp. Herbst bedeutende Aenderungen.

Die Briefe sollen vom 1. Oktober an für 2 anstatt 3 ct. gehen, doch um Postmeister, in kleinen Office nicht zu beeinträchtigen, dürfen Postmeister, die weniger als $ 50 im Quartal Briefmarkenwerth annullieren, den ganzen Betrag behalten als Löhnung, statt bisher 60%.

Total canceld letztes Vierteljahr $ 41. Meine 60% also $ 24.60.

Oder nehmen wir einen Durchschnittstag gut:

Jetzt 30 Briefe à 3 ct.   90 ct.   October 30 Briefe à 2 ct. 60 ct.

3 ct, 2 ct, u. 5 ct.   10 ct.   Einen 10 ct. 10 ct.

Annulliert $ 1.00   Gestempelt od. annulliert 70 ct.

Meine Zahlung f.d. Tag 60 ct.   Meine Zahlung 70 ct.

So stelle ich mich besser, zudem wurde mehr geschrieben.

Viele verlangen, dass ich eine Anfrage für Geldsendungen zu machen einreiche, es kostet mich erhöhte Bürgschaft, Stempel, bringt aber auch manchen Thaler ein, vielleicht versuche ich's nächsten Winter. Wieder viele wünschen, dass ich ein kleines Ladengeschäft neben der Office halte, Tabak und einige Spezereien, und ärgerlich wäre nur, wenn ein Anderer ein solches Geschäftchen anfangen würde und mir dann die Office wegkapern würde, wenn sie ein Mal $ 150-200 im Jahr einbringt und ich mich damit geplagt, als sie kaum 40-50 Dollar einbrachte. – Jetzt komme gut auf $ 100, und sollte die Eisenbahn kommen, wirds noch besser.

Nun, wir werden sehen. Herzliche Grüsse und vielmals Dank, Dir und Schwester Hanneli von uns Allen, Dein Bruder   Otto

---

56 Otto spielt auf eine kleine Sendung mit einem Halstuch an, die er problemlos erhalten hat.

Die «laterna magica» im «Wilden Westen.»

Adelaida, April 14. 1883

Liebe Schwester Hanneli!

[...] Vor einigen Wochen hatte der Sohn eines Farmers in unserm Post-Distrikt eine magische Laterne von Philadelphia kommen lassen, vermittelst er im Dunkeln hübsche bewegliche Bilder an eine Wand zaubern kann. Nun gab er im Schulhaus damit eine Vorstellung. Er hatte kein stark genuges Licht, um seinem Apparat in einem so grossen Raum genügend Reflekt zu geben. Wir haben eine grosse Lampe noch von der früheren Hauseinrichtung her, die aber für unseren Gebrauch zu viel Petroleum verbrennt, wesshalb wir eine kleinere benutzen; diese grosse Lampe entlehnte der Mann und liess uns dafür mit unsern lieben Kinderchen in die Vorstellung kommen.

Der Lehrer unsrer Schule liess sein Klavier für diesen Abend ins Schulhaus hinüber tragen und spielte einige Stücke. Ich wünschte, liebes Hanneli, Du hättest unsre lieben Kinderchen gesehen, wie sie Alle so aufmerksam und erregt der Musik zuhörten.

Sie schauten, als er aufhörte, immer wieder nach dem Piano hin und etwas scheu den Lehrer an, würde er einen gemüthlichen Eindruck machen, so wäre unzweifelhaft Mimmi zu ihm hin gesprungen und hätte ihn gebettelt, noch mehr zu spielen. Einige Zeit nachher gab ein herumreisender Komödiant eine Vorstellung im Schulhaus, er fütterte seine 2 Pferde bei uns, und wir gingen dafür auch in seine Vorstellung; seine Frau spielte Guitarre, und er fiedelte in den Zwischenpausen ihrer Kunststückchen. Mimmi sagte aber bald, der Schullehrer habe schönere Musik gemacht.

Nun kommt der liebe kleine Henry, er hat gut geschlafen und will jetzt seinen Schoppen Milch haben. Herzlich grüsst und küsst Dich
Deine   Ottilie

Nationalfeiertag.

Adelaida, July 4. 1883

Meine liebe Frau Schwägerin!

Es ist heute der vierte July, welcher Tag jedes Jahr in den Vereinigten Staaten als Andenken ihrer Freiheit gefeiert wird. Auch etwa 3 Meilen von unsrem Platz entfernt ist ein kleiner Festplatz, der liebe Vater ging heute Vormittag mit lieb Mimmi zu Pferd dorthin, um sie die weiss gekleideten Kinder sehen zu lassen, welche mit Schärpen und Fahnen ausgerüstet die Vereinigten Staaten vorstellen sollen. Auch wird es ein wenig Musik zu hören geben, was für lieb Mimmi immer eine grosse Freude ist, denn sie liebt Musik gar sehr. Da nicht Sonntag ist, können wir die Post Office vor Abend nicht schliessen, und so blieb ich mit den lieben Knaben daheim, zuerst weinten sie wohl, aber jetzt sind sie beruhigt und vertröstet auf ein ander Mal; nun tummeln sich lieb Otto und lieb Oskarli auf dem grossen Heuhaufen nah beim Haus herum, und der liebe kleine Henry ist eingeschlafen, wodurch ich einmal ein ruhiges Weilchen zum Schreiben bekam, denn es kommen heute nicht viele Leute in die Post.

Der letzte liebe Brief, welchen wir bald nach Neujahr vom lieben Herrn Schwager bekamen, hatte uns damals recht traurig gestimmt; doch hoffen wir, dass jene Krankheitszeiten für Sie Alle längst vorüber sein werden und besonders der liebe Herr Schwager nicht mehr viel zu leiden habe. Ist wohl Ihr treues Dienstmädchen wieder gesund geworden und wieder bei Ihnen? Soeben kommt lieb Oskarli wieder herein, er hat ein kleines rothes Käferchen gefunden, es ist aber fortgeflogen, [als] er's frei auf sein Händchen legte, um mir zu zeigen. Das liebe kleine Naturforscherlein findet immer etwas für ihn interessantes, bald ein seltenes Steinchen, bald ein Stücklein farbiges Glas auf dem Platz, wo früher der Kaufladen war; dann hie und da ein glänzendes kleines Thierchen, das er fangen kann. Am 15. Januar ging er ganz allein in den Hügel hinauf und brachte die ersten Frühlingsblümchen herab. [...]   Ottilie

Erbitte Ratschläge für die Führung eines Ladens.

Adelaida, November 22. 1883

Liebe Schwester Emilie!

Deine Schilderung von der Landes-Ausstellung in Zürich hat mich interessiert, freilich hätte ich's lieber selber sehen mögen. Eine gute Ausstellung, bei der schöne geschmackvolle Arrangements so viel ausmachen, habe ich noch nicht in der neuen Welt gesehen. So findet eine jährliche Ausstellung in San Francisco statt, doch da wird je einem bestimmten Aussteller (meist ein Handlungshaus oder Fabrikant) ein gewisses Stück überlassen, der am meisten darauf sieht, wie er seine Waare anpreisen und womöglich auch etwas verkaufen kann. Importierte Waare wird oft als Fabrikat hingestellt und sieht fast aus wie eine Gasse mit vielen Schaufenstern. – Von Eurem Laden hast Du mir in letzter Zeit wenig erwähnt, da ich aber jetzt im Begriffe bin, hier, neben der Post Office einen Laden einzurichten, so möchte ich Dich gerne um einige Auskünfte ersuchen. Preise und Qualität werde mehr oder weniger nach der Nachfrage richten müssen, doch in diesem oder jenem könnte Deine Erfahrung mir wohl von Nutzen sein. – So z. B. im Auswägen von 100 Pfund Kaffee kommt man etwas zu kurz, wie viel wenn 2 bis 4 Pfund je abgegeben wird? Zucker trocknet aus (besonders hier), Gewürz, Tabak und anders. Welches sind Artikel, an denen mehr verdient wird? Hier verdienen Händler wenig am Zucker, viel an Tabak und so fort. – Verdirbt dies oder jenes schneller (Gewürz) oder verliert an Aussehen oder Geschmack? Wie ist der Profit an Ellenwaaren im Verhältniss zu Spezereiwaaren? – Dann die Buchführung, Tagebuch (Journal), Hauptbuch und Cassabuch sind genügend? Inventar jährlich? Schlechte Schuldner, wie treibst Du Ausstehendes ein? u.s.f. Du wirst sagen, das sind aber doch gar zu viele Fragen auf ein Mal! Es ist eben die Hauptsache, was mich gerade jetzt beschäftigt und da ich weiss, dass deine Erfahrung mir manchen Wink geben könnte, so zweifle ich nicht, dass Du mir's gütigst mittheilen wirst. So sehr auch Leute, Umstände und das Land verschieden sind, gar manches wird mir von Vortheil sein zu wissen. – Diesen Winter erwarte noch keine grosse Kundsame, die meisten haben ihren Wintervorrath eingelagert, und ich rechne nicht über 3 bis 400 Dollar Werth an Waaren einzulegen. Ellenwaaren halte nicht für den Anfang, später wohl auch. Der Store (wie der Laden im englischen heisst) ist aufgerichtet, morgen wird das Dach nahezu fertig. Mimmi geht jetzt in die Schule, buchstabiert ein paar kurze Wörter und kritzelt etwas wie Buchstaben, und was die Hauptsache ist, versteht das meiste englisch, das die Lehrerin spricht und die anderen Kinder. Mimmis Taufschein wird mit diesem Brief eintreffen. – Herzlichen Gruss und Kuss von den lieben Kindern und Deinem Bruder Otto

Tauffahrt mit den Kindern in die Wunderstadt San Francisco.

Adelaida, November 23. 1883

Liebe Schwester Hanneli!
Dein lieber Brief vom 26. September hat uns gefreut, und beim Lesen hatte ich gewünscht, auf den 20. September wenigstens mit einem schriftlichen Glückwunsch dabei gewesen zu sein. – Von der Ausstellung vernehme ich diess und jenes durch den alten bekannten und stets

willkommenen Bürkli, der uns schon gar manche Stunde erheiterte und uns ja wöchentlich zurückversetzt in die liebe alte Heimath. So bald die Kinder schlafen, bringt jeweilen die Freitagszeitung ihren Stoff nicht nur zum Vorlesen, noch mehr zur Unterhaltung und zur Auffrischung von diesem und jenem im lieben Zürich. – Die langen Winterabende sind da, und der deutsche Apotheker, Mr. Manderscheid in Cayucos, hat uns wieder mit Lesestoff versehen und vor dem offenen Kaminfeuer lese ich dann vor, während Muetterli näht und flickt.

Auf den letzten 11. September musste ich nach San Francisco in Geschäften wegen Land, und um Mimmi und Otto einmal taufen zu lassen, nahm ich sie mit. Am 6. September fuhren wir mit einem Bekannten nach Cayucos, blieben dort bei Mr. Manderscheid und nahmen am 7. den Dampfer nach San Francisco. Die Kinder blickten erstaunt und verwundert auf das weite Meer (das viele Wasser), ein frischer Wind hatte die See unruhig gemacht, bald waren die Kinder seekrank, erbrachen, aber ohne zu schreien schliefen sie bald und die ganze Nacht; Otto auch am folgenden Tag die meiste Zeit. Mimmi kam am Morgen mit auf's Verdeck, aber was es ass oder trank, kam wieder zurück. Am 8. Abends 5 Uhr betraten wir wieder festen Boden, und die Kinder hatten wieder guten Appetit. Ich ging ins Hotel Rhein, ging mit den Kindern einkaufen, kam natürlich nicht schnell vorwärts, es gab auch gar viel zu sehen. Am Sonntag gings zum Pfarrer Büehler zur Taufe und zu einigen alten Bekannten, so auch zu einem Herrn Deucher, ehemals Schuhmacher in Wettingen, der gegen die 80 Jahre geht, er erinnerte sich des lieben Vaters. Am Montag gingen wir in Woodwards Garten mit Menagerie, Löwengraben, Treibhaus, ausgestopften Thieren, Vögeln etc. Die Kinder sahen sich ordentlich satt und müde, und auf der Rückfahrt im Strassenbahnwagen schliefen sie ein. Dienstags gings in die Land Office, fast den ganzen Tag, Mittwoch, und Donnerstag machten wir noch Einkäufe, und da war das Spielzeugmagazin besonders, wos den Kindern wieder zusagte, lueg au da und lueg au deet, gings, bis Nachtessenszeit war. Am Freitag sahen wir noch ein Feuer, mit Dampfspritzen und Löschmannschaft in voller Arbeit, und dann gings auf die Eisenbahn (neue Ueberraschung) nach San José, wo ich noch die Eigenthümer der Mine (frühern Arbeitgeber) aufsuchte. Ich fand besten Empfang und konnte es so rangieren, dass ich mit einer guten Stute und leichtem Wagen (zweirädrig) am Montag den 17. Sep-

Der Hafenort Cayucos, wo sich Otto mit den Kindern nach San Francisco einschiffte.

tember den Heimweg antreten konnte. Nach fünftägiger Fahrt hatten wir den mehr als 170 Meilen langen Weg zurückgelegt und waren alle froh, wieder daheim im neuen Heim zu sein. [...] Otto

«Bei günstigem Westwind hören wir die Wellen des Meeres rauschen.»

Adelaida, December 1. 1884

Liebe Schwester Emilie!
Deinen lieben Brief mit Reisebeschreibung vom Rheinfall und Schaffhausen mahnte mich zurück an die Zeit, in der ich noch im schönen Vaterland weilte und die blauen Wasser des Rheins, der Limmat

schaute. Hier sieht man im Sommer ein grosses breites, sandiges Flussbett, fast trocken oder nur hie und da ein wenig Wasser von gelblicher Farbe, wie der Sand, auf dem es hinfliesst. Doch ich habe wenig Zeit und kann kaum von hier und vom Geschäfte weg nach San Louis, was gerade nothwendig ist. Freilich 200 Meilen direkt östlich von hier sind auch die schneebekrönten Berge der Sierra Nevada, die schäumende Bäche herunter senden von schmelzendem Schnee, diese Bäche bewässern die weiten Ebenen und machen Gartenland, Zucker und Baumwolle, wo früher nichts wie öde Ebene war.

Westlich haben wir das weite Meer, dessen Wellen wir bei günstigem Westwind rauschen hören, als wäre es bloss eine halbe Stunde entfernt. Jetzt habe ich freilich viel zu thun überall, und wenn ich auch Pflügen, Zäune machen etc. andern überlasse, so gibt's nach diesem oder jenem Vieh zu reiten oder nach Schuldnern, kurzum viel zu thun. Doch ich will dessen froh sein, der Mann ist arm – der mit Familie – seine Zeit verlieren muss Arbeit zu suchen. Wenn wir Gesundheit behalten, und es geht uns ordentlich vorwärts, so dürfen wir auch hoffen, dereinst zurückzukommen und unsern Lieben ein Mal einen Besuch abstatten zu können und vielleicht die Kinder zu einer guten Schule zu bringen. – Das Ladengeschäft geht ordentlich, der Laden füllt sich immer mehr an, der Viehbestand mehrt sich, und mehr Platz mehr Raum muss sein. – Freilich mehr Hände könnte ich oft brauchen, doch lieb Mimmi hilft Mutterli schon manches, auch Otto trägt oft Holz und Wasser zu, und wenn wir ihnen auch ab und zu etwas versprechen, so werden sie doch gewöhnt, etwas nützliches zu thun und zu helfen. Nur wenige Jahre, und sie werden herumreiten, die Kühe heimtreiben und melken und dem Vieh nachsehen. – Schreiben muss ich natürlich alles bei Nacht. Bestellungen, Zahlungen, Reklamationen, Rechnungen, Hauptbuch etc., alles drängt sich von Abend zu Abend, und ich bin froh über unser Kaminfeuer, das immer einen aufweckenden Einfluss hat, wenn man etwas schläfrig wird. Doch Mitternacht ist vorüber. Zum Jahreswechsel unsere besten Glückwünsche der lieben Grossmutter, Hanneli, Dir und Allen, Dein Bruder　　　　　　　　　　　　　　　　　　Otto

Wenn der Nachbar auf seinem Klavier herumpaukt.
　　　　　　　　　　　　　　　　　　Adelaida, December 2. 1884
Liebe Schwester Hanneli!
Die Post ist noch nicht da, und ich will auch Dir noch einige Zeilen

schreiben. Ich war gestern bei unserm Nachbarn, Mr. Stocker, er kaufte unlängst ein Klavier, ein gutes Weber'sches, aber wie das schöne Instrument dort malträtirt wird, macht einem ordentlich Kopfweh. Er selbst bildet sich etwa ein, musikalisch zu sein, und paukt und trommelt auf dem armen Klavier herum, als wärs eine alte Blechkante. Von einem Akkord keine Spur, aber mit 2 grossen Stiefel Tact dazu. Seine Kinder hatten einige Lessons von unserer Schulmeisterin erhalten, aber sie selbst konnte eben nur wenig. – Ich hoffe, Mimmi wird ein Mal von Dir, liebe Schwester, etwas Unterricht nehmen können, es spricht schon oft von Piano spielen und singt die Liedchen nach, die sie in der Schule hört, auch: «Freut euch des Lebens» und «Mit dem Pfeil dem Bogen», singt es ganz artig und bemüht sich, es Buebi (Otto) zu lernen. Die Post kommt; s'nächste Mal will ich mehr schreiben wenn möglich; der lieben Grossmutter nachtäglich Glückwunsch zum Namenstag und Allen herzliche Glückwünsche zum Jahreswechsel. Henry schreit und kräht, er hatte Eili und wollte sie «dütschen». Dein Bruder   Otto

Die Katastrophe: der Tod der drei Knaben.

Adelaida, October 13. 1885

Liebe Schwestern! Alle unsre Lieben!

Habt Ihr wohl die wenigen Zeilen erhalten, die ich vor 4 Wochen im Auftrag von lieb Vaterli an Euch sandte? Ach, es ist das traurigste, was ich je in meinem Leben zu schreiben hatte. In früher Jugend habe ich einen guten Vater und eine zärtlich liebende Mutter verloren, aber ich konnte damals nicht den herben Schmerz so tief empfinden, wie er an uns jetzt nagt und wühlt über den Verlust auch unserer gar lieben guten drei Knaben. Ach wir würden glauben, dass wir nur selbst so viel gutes an ihnen gesehen hätten, wenn nicht auch jeder Mensch, der sie kannte, sagen würde, dass wir die herrlichsten Kinder weit und breit hatten.

Letzten Mai, als lieb Vater mit zweien der lieben viere in San Luis war, bestellte er den Photographen zu uns zu kommen, um unsre lieben Kinder Alle und auch den Geschäftstheil des Platzes aufzunehmen; in welcher Art wir schon eine Photographie, von demselben Photographen gemacht, gesehen hatten; er versprach im Laufe desselben Monats noch zu kommen, da er nicht kam, erinnerten wir ihn schriftlich daran, er versprach wieder, für ganz bestimmt im July zu kommen, allein that ers nicht, wir erwarteten ihn jeden Tag; die lieben Kleinen waren Alle in herzigen einfachen Kleidchen parat und sahen so rotbackig und gesund aus, dass kein Mensch an solches Unglück nach einem Monath denken konnte.

Ach warum musste jenes Dämonische Weib mit ihren Kleidern voller Pilze von der schrecklichen Krankheit kommen, gerade nachdem lieb Henry selig zwei seiner Fingerchen am vorhergehenden Tage verwundet hatte, indem er sie hinter einer Thüre eingeklemmt hatte. – Der zweite Arzt, welchen lieb Vater an jenem Tage holte, als ich Euch Lieben schrieb, fragte ob irgend eines der lieben Kinder etwa eine Verwundung, wenn auch die kleinste, zu der Zeit gehabt habe, als sie um jenes Weib waren, dann erklärte er uns, dass jene Fingerchen höchst wahrscheinlich den Keim dieser schrecklichen Krankheit direkt von den Kleidern jener Person aufgenommen und unter die Anderen brachte, ohne dass wir damals eine Ahnung davon hatten. Wir sahen, dass die Fingerchen schlimmer wurden schon am ersten Abend, nachdem jene Person morgens da war, hatte, aber keine Ahnung, dass Thyphterie darin sein könne. 4 Tage nachher klagte lieb Oskarli selig, dass ihm schlucken «schüli weh thue»; lieb Vater schickte sogleich nach dem Arzt, dann kam der schlechte Kerl, weil der rechte Doktor, welcher dann noch lieb Mimmi gerethet hat, fort war. Einige Tage, nachdem Alle beerdigt waren, kam dann der Photograph noch und meinte, er könne ja den Platz doch photographieren, aber wir hatten dann für ihn nichts mehr zu thun. Sobald lieb Mimmi ohne Gefahr nach San Luis genommen werden kann, werden wir Euch gerne ein Bildchen von dem lieben Kind schicken. Lieb Vaterli wird Euch Alles andere schreiben. Mit herzlichen Grüssen und Küssen; Euch Alles Liebe   Ottilie

Am 9. September 1885 starb Oscar, 4 Jahre, 6 Monate und 12 Tage alt, am 10. September Henry im Alter von 3 Jahren, 1 Monat und 12 Tagen, und am 11. September starb auch Otto, 5 Jahre, 6 Monate und 7 Tage alt, alle an Diphterie[57].

---

57 Die Diphterie war im ausgehenden 19. Jahrhundert der Würgengel der Kleinkinder. Unter den Drei- bis Fünfjährigen war dieser Krankheit ein Drittel der Gesamtsterblichkeit zuzuschreiben. Iris Ritzmann: Kinderkrankheiten und Kindersterblichkeit, in: Paul Hugger (Hg.): Kind sein in der Schweiz. Zürich 1998. S. 307f.

«Viele Stunden in der Nacht weinen wir zusammen.»

Adelaida, November 30. 1885

Lieber Herr Schwager! und liebe Frau Schwägerin! Sie haben uns in Ihrem Briefchen viel Trost in unserm tiefen Herzeleid gespendet, und ich danke Ihnen herzlich dafür. Lieb Mimmi ist Gottlob, wie es Ihr liebevoller Wunsch und Ihre so zuversichtliche Gewissheit war, wieder ganz genesen und bereits so kräftig, wie sie vor der Krankheit war. Lieb Vaterli hat sie vor einigen Wochen mit nach San Luis genommen, zum Photographieren; es hat mich aber recht betrübt, dass das Bildchen nicht besser gemacht ist, das arme Kind sieht ja darauf aus, wie wenn es verkrüppelt wäre, weil der Ständer für sein Aermchen zu hoch war. Nun, darüber wollen wir uns nicht grämen; ach, wenn wir nur auch Bildchen von unsern lieben seligen Knaben hätten.

Wie könnte es anders sein, als dass wir noch viel über den unersetzlichen Verlust aller unsrer lieben herrlichen Knaben weinen müssen. Viele Stunden in der Nacht können wir trotz aller Müdigkeit nicht schlafen, weinen zusammen – (lieb Mimmi schläft gut), ach aber lieb Vaterli und das arme Mutterli können sich eben nicht darüber hinwegsetzen. Oft, wenn ich erwache, ist es mir für einige Augenblicke, als ob es nur ein schwerer Traum gewesen, dass unsre lieben Knaben gestorben seien, doch gleich ist ja die schreckliche Wirklichkeit wieder da – Ach wir sind oft wie gelähmt; wie haben wir uns gefreut, wenn unsre immer thätigen, emsigen Jungen viele grosse Steine vom Hügel herunter rollten, um eine Mauer um den Garten zu bauen, dass die Viehherden nie mehr hinein können, oder wenn sie Röhren zusammen schleppten, um eine Wasserleitung nahe zum Store zu machen, und lieb Otto selig wirklich einige der Röhren schon geschickt zusammen zu machen verstand und das Wasser näher leiten konnte. Man sah unsre lieben Kinder niemals müssig, sie waren immer mit etwas beschäftigt. Ich habe mehrere kleine Schächtelchen mit seltenen Steinchen gefüllt, bei den Spielsachen unsrer lieben seligen Engelein gefunden, die unser herziger, lieber Oskarli noch gesammelt und sorgfältig aufbewahrt hatte, o wie sollte ich nicht solche Sächelchen als heiliges an unsern lieben Oskarli bewahren. Die grosse, schönste Kuh, die uns heute wieder ein schneeweisses Kalb gebracht hat, war der Liebling unsres herziglieben Henry, und er schien auch ihr Liebling zu sein; das äusserst zahme Thier schaute freundlich auf ihn herab, wenn er nahe kam, sie stand dem lieben Kleinen bequem zurecht, wenn er sie melken wollte, und regte sich nicht; er konnte sie natürlich nicht recht melken, freute sich aber, wenn er ein wenig Milch herausdrücken konnte, lieb Vaterli setzte den lieben Kleinen oft auf ihren Rücken, und sie lief mit ihm in ihrer langsamen, ruhigen Weise ein wenig umher. Ach, wir sehen ja an jedem Gegenstand Erinnerungen an die lieben Kinderchen. – Meine liebe Frau Schwägerin! Noch besondern herzlichen Dank möchte ich Ihnen senden für die trostvollen «Kindergrüsse von drüben». Es waren mir diese wahrhaft glaubensvollen, schönen Verse schon in der lieben Heimath bekannt, wie sie in dem herrlichen Poesiebuche: «Ruhe in Gott» (von Julius Hammer[58]) zu finden sind, jedoch so abgeändert als wirkliche Grüsse und Trostesworte von unsern lieben Engelein im Himmel machten sie einen unbeschreiblich wohltuenden Eindruck auf uns, wir sangen das «O weint nicht» schon einige Male, lieb Mimmi hört aufmerksam zu und hat es auch schon ziemlich gelernt. Mimmi glaubt, dass unsre lieben Engelein ihr liebes kleines Bäschen Alicli gewiss bald gefunden haben im Himmel; oder ob lieb Alicli seine lieben kleinen Vetterchen wohl abgeholt habe; O wie ist doch der unschuldige kindliche Sinn so lieblich. – Wohl ist es ja nicht anders möglich, als dass uns der Verlust unsrer drei lieben Kinder noch lange schmerzt, doch wollen wir mit Gottes Hülfe suchen, Ihren wohlgemeinten, liebevollen Ermahnungen nachzukommen und uns mit demüthiger Ergebung in den Willen des Allmächtigen zu schicken. – Betet für uns Alle, unsre Lieben, denn der Schmerz wird uns noch oft überwältigen, dass wir nicht fähig sein werden, die Wege des Herrn zu erkennen. O es braucht einen gründlich frommen Sinn, um das aus aufrichtigem Herzen sagen zu können: «Der Herr hat's gegeben, der Herr hat's genommen, gelobt sei der Name des Herrn.» Der allmächtige Vater im Himmel wolle uns doch selbst diesen reinen, frommen Sinn geben. Als unsre Lieben von uns geschieden waren, schlug ich im grösstem Jammer den Hiob auf; lieb Otto und ich lasen unter Thränen ein Weilchen darin, dann sagte lieb Vaterli: «Dem Hiob ist's doch noch gut gegangen, er hat nachher noch viele Kinder bekommen.» O wie hat unser lieber Otto seine Kinder so lieb gehabt; doch konnte er sie ja nicht lieber haben als ich. Wie so jammervoll, wenn lieb Mimmi uns so weinen sieht, sagt es mit wei-

---

58 Lyrisch-didaktischer Dichter, Autor vieler empfindsamer, religiös motivierter Spruchdichtungen. Geb. 1810 in Dresden, gest. 1862 in Pillnitz.

cher trauriger, Stimme, indem es sich an uns klammert: «Wir sollen nicht mehr weinen.» Wir sind froh, dass eine Familie mit 4 Kindern im Mine Haus eingezogen ist, es sind ziemlich anständige Leute, die Kinder kommen täglich herüber, um mit Mimmi zu spielen, und Mimmi geht auch oft zu ihnen hinüber, es sind zwei Mädchen von 8 und 10 Jahren und zwei Knaben von 4 und 6 Jahren.
Es ist spät, wir werden morgen nicht zum schreiben kommen, und die Post nimmt morgen die Briefe nach dem Osten fort. Gebe Gott, dass diese Sie Alle in guter Gesundheit antreffe. Möge das neue Jahr Ihnen viel Glück und Segen bringen, und der Allgütige Gott wolle Sie Alle mit Ihren lieben Kinderchen vor fernerem Unglück bewahren. Küssen Sie mir die lieben Kinder und sie Alle herzlichst gegrüsst und geküsst. Ihre tiefbetrübte Ottilie Wyss

«Zu der Photography.»

Lieber Bruder,
Es ist spät, aber morgen früh muss ich auf's Pferd nach Vieh. Wir hatten viel Sturm und Regen, und jetzt muss ich Tags Allem nachschauen. Es ist kalt. Wir wollten ein Bildchen haben von Mimmi, als sie ihre Brüderchen verlor, und da ist sie. – Sie lächelt ein wenig zu viel, aber abgesehen davon, dass die rechte Achsel zu hoch erscheint, ist sie ganz, wie sie ist, gutmüthig, gutherzig, freundlich und gefällig wie immer von Geburt – ein rechtes Sonntagskind. Dass das eine Hosenspitzchen nicht herunter kam, zeigt, dass die Mutter nicht dabei war beim Photograph. Aber die Hauptsache, Gesicht und Kopf, ich denke ist ziemlich gut.
Lass Schwester Emma die Eine, und die andere ist für Euch, Dein Bruder Otto

Otto als Friedensrichter in Indianersachen.

Adelaida, June 7. 1886
Liebe Schwestern!
Wie sehr hatten wir uns vorgenommen, dass doch diese Briefe noch auf des lieben Grossvaters Namenstag zu Euch Lieben gelangen sollten, aber immer ist etwas, das uns am Schreiben verhindert; so kam zum Beispiel an einem Abend vor etwa 2 Wochen, als wir uns wieder zum Schreiben zurechtgemacht hatten, ein Indianer in den Store, der

etwa 2 Stunden dablieb; er kaufte einige Sachen, Tabak und Pfeiffe, ein seidenes Taschentuch und rothen Wollstoff, bezahlte es, und wollte zugleich einen kleinen Prozess anfangen gegen einen früheren Arbeitgeber, der ihn nicht ausbezahlt hatte; jener ebenfalls ein Indianer. Da aber beide beinahe kein Englisch verstehen, musste ein Nachbar, der gegenwärtig im Minenhaus wohnt und ein Halbindianer ist, als Dolmetscher und zugleich Advokat berufen werden, der schüchterte dann den abergläubischen Indianer in seiner Sprache so ein, dass derselbe bald ein 20 Dollargoldstück brachte für seinen Ankläger und die Friedensrichterkosten bezahlte.

Ich habe Euch Lieben dieses nur geschrieben, um Euch einigermassen eine Jdee zu geben, wie es oft bei uns zugeht; es kommen viele komische Sachen durch das Friedensrichteramt, das lieb Otto bekleidet, vor, meistens am Abend kommen Einer oder mehrere Männer aus der Umgegend, um sich mit lieb Otto über irgend eine Angelegenheit zu berathen. Gestern Abend war der alte Viehdoktor Harris wieder einige Stunden lang da, er ist ein sehr erfahrener Mann und hat uns schon manchen guten Rath gegeben in Beziehung auf unsere Pferde und Vieh. Es vergeht auch den ganzen Tag selten eine Stunde, wo Niemand Fremder da ist; lange nicht immer um etwas zu kaufen; sondern die Leute, welche mehrere Stunden weit hergeritten kommen, für ihre Postsachen zu holen und zu bringen, nehmen im Store eine Rastzeit, andere setzen sich im kühlen Store hin, um zu sehen was kommt und was gekauft wird, und wenn wir etwa nicht genau aufpassen, auch gelegentlich etwas zu stehlen. Doch genug von diesem. Soeben kommt eine Partie Weiber und Kinder; ich weiss nicht, wann ich diesen Brief fertig schreiben kann.

Es ist nachts 11 Uhr, lieb Vater und lieb Mimmi schlafen; ich bin noch nicht sehr schläfrig, da wir uns so bestimmt vorgenommen haben, dass diese Briefe morgen mit der Post, die nach Osten geht, fort sollen; jetzt ist's stille und Niemand mehr zu erwarten. Vorgestern, als wir zu Bett gehen wollten, kamen noch zwei Fremde, die wollten Nachtessen haben und übernacht bleiben; am Morgen um 4 Uhr wollten sie schon wieder Frühstück haben, und bevor Sonnenaufgang waren sie schon wieder forgefahren. Wir haben ein ziemlich bewegtes Leben und viel Arbeit zu thun. Eure   Ottilie

Die letzte Ruhestätte der Knaben.

Adelaida, Juni 8. 1886

Liebe Schwester Emilie!

Ich weiss wohl, dass wir spät mit schreiben sind, aber mehrmals wenn ich schreiben wollte, musste ich die Feder aus der zitternden Hand niederlegen und die trüben Augen wischen, und so wurde es wieder gespaart für ein ander Mal. Dein Gotteli, das ich letzten Herbst nach San Luis nahm, um sein Bildchen aufnehmen zu lassen, findest Du ziemlich gut mit dem etwas lächelnden Gesichtchen, der rechte Arm etwas zu hoch, aber im Ganzen sieht es aus, wie es ist. – Mimmi vermisst seine Brüderchen ganz besonders Abends, und dann singt es aus dem Stegreif, wie ich kürzlich auf inliegendem Papier niedergeschrieben habe. Den Tag über hat es Schulkameraden und die Nachbarskinder, die zwar gerade nicht die erwünschten Spielgefährten sind, aber das lässt sich nicht anders machen. Wir suchen es zwar hierzuhalten und hier zu beschäftigen, haben aber nicht immer etwas Neues, das das lebhafte Kind zu fesseln vermöchte. Wir wünschen uns oft ein Zusammensetzspiel, wie wir sie hatten, ein Bild mit Linien, das ich auf dünnes Holz aufkleben und ausschneiden könnte. – Es hat auch gehäkelt und könnte wohl bald Kleinigkeiten anfangen zu brodieren, und vielleicht kommt Dir hin und wieder in den Sinn, wie wir das gute Kind beschäftigen, seinen häuslichen Sinn pflegen und es zu Hause halten könnten, schicke und schreibe uns etwas darüber. Es ist so hart für Alle; Alle missen zu müssen, die lieben Buben, und noch alle Pläne, die ich hier hatte, das Heim und das Plätzchen Land zum schönsten Heim zu machen in der Umgegend ganz leicht und natürlich mit Hilfe der lieben Knaben. Es soll auch als ihre Ruhestätte verbessert und geschmückt werden, und der kleine runde Hügel, auf dessen höchstem Punkte die Lieben ruhen, sonst kahl und trocken, hat 200 wachsende Reben ringsum und ein Maulbeer-, ein Pfirsich-, ein Mandel- und ein Castanienbaum, die Alle recht erfreuliches Wachsen zeigen und in wenig Jahren ihre letzte Ruhestätte beschatten werden.

Von Mimmi werden wir mehr Bildchen bekommen und dann auch Dir, liebe Schwester, Tante Ryffel und Heinrich Kofel eins schicken, es ist ja jetzt unser einziges, unser letztes. – Wir haben sehr gute Erndteaussichten ringsum, Weizen und Vieh zwar billig, aber nach dem vielen Winterregen kam ein kühler Frühling und jetzt beständig warmes Sommerwetter. Freundliche Grüsse an Tante Ryffel und Kofels, werde ihnen schreiben und Euch liebe Schwestern Gruss und Kuss, Euer ferner Bruder Otto

«Oft möchten wir an einer gütigen Vorsehung zweifeln.»

Adelaida, November 9. 1886

Liebe Tante Ryffel!

Gewiss scheint es undankbar, auf Euren gütigen Brief mit Einlage von zehn Dollar für lieb Mimmi so lange mit Antwort zu zögern. – Die Summe ist dem lieben Kinde in besonderem Conto zu gut geschrieben. – Herzlichen Dank. Heute Morgens früh wurde aber dem lieben Kinde noch eine Ueberraschung, denn Mrs. Walker (Hebamme) brachte ein kleines Schwesterchen, von dem es ganz entzückt ist und von dem weg es kaum in die Schule zu bringen war; es ist gross und kräftig, und auch die Mutter ist wohl. – Es wird uns unendlich viel helfen, über den nagenden Schmerz wegzukommen, der sich immer wieder geltend macht, wenn wir unsrer drei lieben herzigen Buben gedenken, die uns letztes Jahr entrissen, die noch 15 Monate zurück unser Stolz unsres Lebens Kraft und Freude waren. Sie nimmer wiedersehen, nie mehr um uns zu haben, den guten sanften, herzigen Oscarli, den lebhaften, muntern Heireli, der kleinste, der so manches finden konnte, wo unser Gedächtniss zu kurz war, den grossen, starken, besonnenen Bueb Otto, der Mamma ja schon soviel helfen konnte, wenn der Vater weg war. Als wir nach jahrelanger, geduldiger und harter Arbeit ein Töchterchen und drei Knaben heranwachsen sahen, jedes geistig und körperlich wohl entwickelt, die uns zu den schönsten Hoffnungen berechtigten, sagten wir oft, wir haben nicht umsonst gelebt, wir haben Kinder, die uns helfen werden, die uns ja jetzt schon so viel helfen, mit ihrer Gegenwart, Freude und Ermuthigung. – Es sollte nicht so sein und ob wir auch an einer gütigen Vorsehung oft zweifeln möchten, so lehrt uns doch der schöne Christenglaube nicht zu verzweifeln, sondern auf ein Wiedersehen zu hoffen, zu glauben. Wir sind das letzte Jahr zurückgekommen, schlechte Leute profitieren ja immer an anderer Unglück, doch mit dem lieben Kleinen wird uns neue Freude erblühen, so hoffen wir, wenn es uns vergönnt ist, es aufwachsen zu sehen, auf's neue vorwärts zu schaffen und zu streben.

Es kommen Leute, die Zeit wird kurz, und bald kommt die Post. Herzliche Grüsse und Küsse an alle Lieben und vielen Dank und herzlichen Gruss von Ottilie und Eurem Neffen Otto

Das Amt des Friedensrichters hat seine Schattenseiten.
          Adelaida, December 9. 1886
Liebe Schwestern Emilie und Hanneli!
Wir kommen endlich wieder dazu, ein paar Zeilen zu schreiben, und Gottlob, die Ankunft eines lieben Töchterchens, das so still, gut und zufrieden in die Welt dreinschaut, macht auch uns wieder zufriedener zu sein mit unserm Schicksal. – Wie soll das Kindlein heissen? Alice sagt Mutterli, so hiess Oskars letztes und so mag es auch so sein – Alice, abgekürzt im englischen – möge – wird es uns erhalten bleiben? Ist unsre beständige Furcht und Sorge. – Mimmi, als es hörte, dass Mrs. Walker (die Hebamme) hier war, konnte kaum schlafen, und als es später aufwachte und etwas schreien hörte, da ging es nicht von Mrs. Walkers Seite, bis es schliesslich das kleine Schwesterchen eine Weile halten konnte. – Es wächst, und es geht Mimmi auch wieder besser, seit das kühlere Wetter begann und die Schule für etwa 3–4 Monate geschlossen ist. – Gerade jetzt ist seine Aufmerksamkeit getheilt zwischen dem lieben Schwesterchen und fünf jungen Hunden, die es fressen lernen will, daneben wischt es den Laden, spannt die Hunde an, sucht und bringt ein paar Eier, und besonders Abends nimmt es Tafel und Griffel und schreibt oder liest in Schul- oder Bilderbüchern. In der Schule stand es neben 3 Jahre älteren in der gleichen Klasse, eins war Freitag vor 8 Tagen noch in der Schule, wurde dort krank, Samstag Nachts 11 Uhr todt, und – 3 Monate älter als Mimmi.

 Das Friedensrichteramt wird mir lästig und habe im Sinne es abzugeben. Die Leute hier sind eben zu schlecht. Einer, der wegen Stehlen verklagt war und den ich nach San Luis zum Gefängniss schickte, schwor Rache – Später fand ich 2 Kühe todt und die zahme Schellenkuh, die Brust durch und durchgeschossen, doch sie kommt davon. – Aber was kann ich gegen solche Schändlichkeiten thun? Beweisen kann ichs ja nicht. – Im Geschäft-Laden sehen wir, wie wenig es auch solchen Leuten, die zahlen können, daran gelegen ist, es zu thun, und bei solchen, die wenig haben, wird man geradezu ins Gesicht gelacht oder abgestritten. – Wohl ist es ein Lehrplätz und ein Fluch, wir müssen uns danach halten. – Die Eisenbahn wird mehr Einwanderer bringen, da und dort wird der Eine oder Andere verkaufen und so nach und nach eine bessere Klasse Leute herbringen. – Kürzlich wurde ich Nachts 1 Uhr aufgeweckt, es waren 2 Mann da, die eine Klage machten, gegen einen Mann in San Miguel wegen Friedensbruch etc.

Nachts. – Es war drei Uhr, als ich fertig geschrieben, und die zwei schnarchten vor dem Kaminfeuer. Ich schlief dann eine Stunde, musste dann für sie Kaffee machen, und fort gingen sie. Zwei Tage nachher ging ich nach San Miguel, wo ich Gericht hielt, die Zeugen verhörte und den Angeklagten zu 30 Dollar oder 30 Tage Gefängnis verurteilte. – Er zahlte nicht – ich bekomme dafür 3 Dollar und 2 Dollar extra fürs Expenses. – Dort übernachtete ich mit einem Zürcher Kunz von Wädensweil herstammend; er hatte vor 12–14 Jahren dort etwas Land gekauft und also Heimstätte etc. aufgenommen, so dass er jetzt 480 Aker hat. – In der alten Adobe Hütte vor dem Kaminfeuer erzählte er, wie er dort 18–20 Schafscheerer 2 mal das Jahr gefüttert und beherbergt habe. (Kunz hat mit Schafen früher viel verdient.) – Jetzt ist die Eisenbahnstation kaum ein Steinwurf davon, 60 Aker hat er der Eisenbahn Co. gegeben und auch ein Interesse an der Town-lots (Dorfbauplätzen), wovon nahe an $ 20000 Werth verkauft ist – so wurde er ein reicher Mann. In 18 Monaten habe er Alles im Reinen und wolle dann in die Schweiz. Er ist wohl 45 und noch ledig.

Im letzten September war ein Schweizerfest in San Luis Obispo, und da ich in ein Comitee genannt worden war, so ging ich hin; wurde mit manchem Schweizer bekannt, die grösste Zahl waren Tessiner, doch Aargau, Zürich, Bern, Basel etc. waren auch vertreten. – Es waren da – Postmeister von San Luis Simmler, Collattor vom Hafen und grosser Gutsbesitzer und grosse Familie Schiefferly, – Bankkassier Brunner, Brauerei-Unternehmer, – viele Molkereibesitzer, Wirthe-Bierbrauer, Handelsleute und 200 in der Procession. – Die Sachen für lieb Mimmi sind Alle richtig angekommen, und während es noch nicht viel Sitzleder hat, so probierte es doch ein wenig hie und da. – Der Winter ist da, und wenn auch bis jetzt noch wenig Regen, so sind die Abende lang und kalt und s'Nüni- Spiel muss wieder hervorgeholt werden, aber leider hat es nicht immer Jemand zum Spielen. Doch ist es immer guten Muthes, kramt in seinen kleinen Kostbarkeiten herum, und wir sind's ja zufrieden, wenn wirs nur unter Augen haben. Jetzt mit dem kleinen lieben Schwesterchen ists noch besser, doch alles hilft es unter unseren Augen zu beschäftigen und so besten Dank dafür. – Mag auch oft noch der Schmerz um die Heimgegangenen unsre Augen feuchten, der Gedanke an Mimmi und das liebe wieder neu gegebene Alice wird uns wieder beleben, und wir werden uns schicken lernen mit dem «Es hat nicht sollen sein». Ein gutes, liebes Kindchen ist es ja, klar und ernst

*Alice Wyss, das zweite Kind von
Ottilie, das überlebte.
Geb. 9. November 1886.*

schauen seine Äuglein drein, und ruhig schaut es jetzt zu, wie ich schreibe.
Noch eine Frage – wann soll ich wohl Mimmi etwas deutsch schreiben lehren? Gut deutsch versteht es, nicht nur Züridütsch. Der guten Tante Ryffel herzliche Grüsse und Neujahrswünsche und auch den beiden lieben Schwestern herzliche Grüsse und Küsse, zum kommenden Jahre beste Segenswünsche von   Otto, Mimmi und Mutterli

Der Gang zum Photographen.
                                                    Adelaida, den 9. August 1887
Liebe Schwestern Emilie und Hanneli!
Wie jedesmal hätten wir uns so oft für ganz bestimmt heute Briefe an Euch Lieben Alle zu schreiben vorgenommen, besonders an Sonntagen, und immer wurden wir wieder daran verhindert, dann bekamen wir endlich Gelegenheit, alle miteinander nach Cambria zu reisen, es waren nämlich über einen Sonntag Ende Juni keine wichtigen Postsachen da, und so machten wir uns früh morgens auf, um die längst gewünschte Photographie unsrer lieben kleinen Alice zu bekommen. Morgens 5 Uhr war das liebe Kindlein aus dem Bettchen genommen,

gleich auf den Wagen und schlief unterwegs kaum 1 Stunde, so fürchteten wir, das Bildchen werde schläfrig aussehen, doch ist's noch ganz munter, eine Musikdose, welche lieb Vaterli spielen liess und etwas in die Höhe hielt, half das liebe Kind wach erhalten, gleich nachdem das Bild genommen war, schlief es fest ein, eine Stunde später waren wir schon wieder auf dem Heimwege. Es war das erste Mal, seit die lieben 3 Knaben gestorben sind, dass ich von zu Hause weg war, die Fahrt war schön, und Gottlob ohne Unfall sind wir am selben Abend 8 Uhr wieder zu Hause angelangt und fanden Alles, wie wirs verlassen hatten. Die lieben Kinder waren natürlich sehr müde und die lieben Kleinen sonnenverbrannt, so dass sie zu brennen schien, ich strich süssen Rahm darüber, und es wurde bald besser. Das Bildchen der lieben Alice wurde besser, als wir erwartet hatten. Lieb Mimmi ist beinahe immer fort, es wohnt jetzt eine Tessiner Familie im Minehaus, die haben viele Kinder, und da findet Mimmi Kameradschaft, manchmal etwas mehr als uns lieb ist, denn es ist meistens nicht da, wenn mans etwas thun heissen will. Die 2 Ferienmonate sind nun bald vorüber, und ich bin froh, wenn die Schule wieder angeht. Lieb Vater hat das Wasser von einer grossen Quelle im Hügel droben herabgeleitet, wo es jetzt gegenüber dem Store in einen Trog fliesst, was auch den vielen Kälbern gut behagt. Wir haben über 40 kleine Kälber, die kleinsten müssen noch mit Milch gefüttert werden. Es wird gegenwärtig nicht viel in unserem Store gekauft, weil mehrere neue Stores eingerichtet wurden in den neuen Eisenbahnstationen Templeton und San Miguel, jedoch hören wir, dass einige davon schon am aufbrechen sind und keinen Credit mehr haben. Wir liessen inzwischen die meisten Sachen etwas ausgehen, es gibt Manchem weniger Gelegenheit, so lang herum zu sitzen, doch sind es gerade diejenigen, die am wenigsten kaufen und bezahlen und die meiste Zeit wegnehmen. Die Melonenzeit ist wieder da, wenn Ihr Lieben nur einen Theil der vielen Melonen hättet, welche die Leute immer zu uns bringen und meinen, dass wirs für sie verkaufen sollten; eine Frau brachte gestern wieder einen Wagen voll, und da wirs nicht annahmen, liess sie die Hälfte davon dennoch da, nur ums nicht wieder heimnehmen zu müssen.

Den 11. August
Es hat hier Alles sehr niedrigen Preis dieses Jahr, dennoch haben die Leute kein Geld, hoffentlich wird es auch bald wieder besser kommen.

Ende letzte Woche war die Luft voll Rauch viele Meilen weit, und wir erfuhren dass es von einem grossen Feuer herkam, wobei viel Futter und Getreide verbrannt war, und gestern brannte das Haus eines unsrer Kunden ab, während Niemand zu Hause war. Wir wollten die Briefe schon Anfangs Woche fortsenden; aber wie es eben immer ist, wir können selten eine Stunde am Schreiben bleiben. Morgen muss lieb Vater nach San Luis Obispo fahren in die Mühle, einem Nachbar als Zeugen in seinen Landangelegenheiten. Nächsten Monat werden wir mit Bauen zu Thun haben, die meisten Häuser werden hier ganz von Holz gemacht, sind ziemlich bald aufgebaut, kommen nicht sehr theuer zu stehen, werden aber durch die lange Hitze und Trockenheit beinahe unbrauchbar für den Winter, wenn sie etwa 10 Jahre alt sind; daher sind auch wir jetzt genöthigt, Schlafgemach und Postoffice neu zu bauen. [...] Ottilie Wyss

Der Wanderphotograph macht's möglich.
Adelaida, California, November 28. 1887
Meine Lieben Alle in der lieben Heimat!
Wir freuen uns herzlich, Euch doch endlich einmal eine Photographie von unsrem Platz senden zu können. Es ist zwar so klein (das ist von zu grosser Entfernung aufgenommen), dass Ihr Lieben manches kaum erkennen werdet. Es war noch ziemlich heiss, als ein umherreisender Photograph kam, ohne dass wir etwas vorher wussten, die Kühe und Kälber, die gewöhnlich über Nacht und des Morgens im Hofe liegen, waren schon wieder auf der Weide, wir hätten gern auch einige davon auf dem Bilde gehabt, dagegen sind der alte Jägg, unser treues Arbeitspferd, nebst einigen anderen darauf gekommen. Den Store und Postoffice haben wir jetzt verändert und vergrössert; es ist noch nicht Alles fertig, z. B. Gestelle, Fenster, Porche usw. Lieb Otto musste so viel fort sein, gestern und vorgestern in Cajucos und morgen wieder nach San Luis in Landangelegenheiten.

Jener Photograph hat vor einigen Wochen auch die Schule aufgenommen, wir wussten nichts davon, sonst wäre lieb Vaterli oder ich hinübergegangen, so kam es, dass lieb Mimmi mit einer so abscheulichen Frisur auf dem Bilde ist, eines der Schulkinder wollte sie schöner frisieren, als es gewöhnlich sei. Die Lehrerin ist ein sehr anständiges, gebildetes Frauenzimmer, es ist schade, dass sie auf diesem Bilde so schlecht aufgenommen ist, wahrscheinlich weil sie gerade vor der offenen Schulhausthüre steht.

Das Heimwesen der Familie Wyss. In Vordergrund das Strässchen mit dem Post Office und dem Laden.

Ich will nun noch einige Zeilen beifügen und fürs erste Euch ersuchen, die 4 Photographien von unserm Heim zu vertheilen, je eine an Bruder Oscar, Schwester Emma, Tante Ryffel und Heinrich Kofel. – Morgen muss ich nach San Luis, dann aber an Alle nach meiner Zurückkunft schreiben, so dass sie wohl auf Neujahr von mir hören werden. [...]

Das Vieh gibt mir mehr Arbeit als früher, es ist mehr Krankheit, und ich verlor 9 Kälber aus 30, und jetzt ist noch eine Augenkrankheit und unsre gute Alte Kuh ist fast blind. – Es wird spät, so schreibt uns bald wieder, und wenn Ihr in trautem Familienkreise fröhliche Weihnachten feiert, so gedenkt auch unser im fernen Lande, die wir Alle auch unsre besten Wünsche schicken, auch zum kommenden neuen Jahre, mit Kuss und Liebe Euer Bruder   Otto

Schulfoto 1887 von Adelaida, das damals noch nicht Klau hiess.

Von Mimmi, das gar nicht folgsam, und dem negativen Einfluss der Schulkameraden.

Adelaida, December 10. 1887

Meine Liebe Frau Schwägerin!

Lieb Mimmi war letzte Woche nicht recht wohl, es hatte Kopfweh und keinen Appetit, ich bin eben sehr geängstigt, wenn einem unsrer lieben Kleinen etwas fehlt, besonders seit dem schrecklichen Verlust unsrer geliebten Knaben; Mimmi hatte Schnupfen und sich dann erkältet, indem sie mehrere Stunden lang im feuchten Hügel herumlief. Die 2 Monate langen Schulferien haben wieder begonnen, und die Kinder des Tessiner Nachbars kommen immer, um lieb Mimmi zu holen. Haben Sie, wenn diese Briefe zu Ihnen kommen werden, wohl die Pho-

Einer der Briefköpfe, die Otto drucken liess.

tographie der Schule gesehen? Wir haben sie vor kurzer Zeit dem lieben Herrn Vater geschickt. So werden Sie sich einigermassen einen Begriff unsrer Schuljugend und Kameradschaft unsrer lieben Mimmi machen können, die zum Theil aus Halbindianern besteht, die freilich manchmal nicht den besten Einfluss auf unsre lieben Kinder ausüben, indem sie rohe und freche Ausdrücke gebrauchen und wenig gehorchen und sehr wenig wissen; doch fängt lieb Mimmi an, dies selbst einzusehen und wenn es auch selbst manchmal nicht Lust zum Folgen hat, so kommt ihr doch meistens bald in den Sinn, dass wirs ja nur gut mit ihm meinen. [...]

Unsre grosse gute Kuh, die sich von lieb Heireli selig schon ein wenig melken liess, war vor einigen Wochen ganz blind, und es war traurig, das gute treue Thier tastend und überall anstossend den Weg zum Hof und zum Stall, wo ihr schönes Kälblein ist, gehen zu sehen, doch sieht sie jetzt wieder, wir mussten ihr täglich Salz in die Augen werfen, sie gibt sehr gute Milch, ihre Milch hat dem lieben Alice gut angeschlagen. Das Bild unseres Plätzchens ist im Ganzen gut getroffen, aber von zu grosser Entfernung aufgenommen; das Haus scheint so schwarz, weil das Dach des Porche (Plattform vor dem Haus) Schatten auf die Thüre und Fenster warf. Alles scheint so klein darauf, wir hoffen, später vielleicht ein besseres Bild des Platzes zu bekommen. Die Obstbäume, besonders die Aepfel- und Birnbäume in unserm Garten, waren dieses Jahr so voller Frucht, dass mehrere grosse Aeste brachen, obgleich viele Stützen angebracht waren, wir haben 3 Fässer voll Aepfel aufbewahrt, wenn wir nur eines davon zu Ihnen schicken könnten, aber es ist ja zu weit, ach 7000 englische Meilen ist doch eine grosse Strecke. [...]

Ottiliens Kräfteverlust.

Adelaida, California, Juni 4. 1888

Lieber Vater!

Es ist schon ziemlich lange, seit ich geschrieben, und leider könnte ich nicht sagen, dass wir Alle gesund wären, und drum wird mir das Schreiben schwer. Schon um Weihnachten hatte ich einen Unfall, zwei Pferde und Wagen gingen mir durch. Doch in ein paar Tagen war ich wieder munter. Dann hatte meine Frau wieder Rheumatismus, das war aber ganz verschieden wie letztes Jahr und sie war kränker. Anfangs Februar hatten wir Dr. Norton von San Luis hier, der ihre Krankheit organische Krankheit des Herzens nannte, wie er nach meinen Briefen vermuthet hatte. Medizinen gab er verschiedene, besonders auch Tonic, um der Verdauung und Ernährung zu helfen, und empfahl viel frische Fleischnahrung.

Anfangs hatte meine liebe Frau Anfälle von kurzer und schwerer Athemnoth, einige Male mit Bewusstlosigkeit, was mich ängstigte. Mitte März jedoch nicht mehr. Mitte April war sehr warm, Rheumatismus verliess dann fast ganz, aber noch keine Wiederkehr der Kräfte. Drei Wochen zurück war sie in San Luis und schien etwas besser, aber die Tonic, die sie erhielt, schien und scheint ihren Magen zu sehr anzugreifen. Gerade jetzt schleppt sie sich herum und sucht zu thun und zu kochen, was sie kann, aber auf der rechten Seite unterhalb des Magens ist's wie geschwollen, auch die Füsse und Beine sind etwas geschwollen, mehr Abends. Morgens sende ich wieder zu Dr. Norton für Medizin, er ist ein kleiner, bedächtiger Mann, hat guten Namen als Arzt, und meine liebe Frau hat Zutrauen zu seinen Prescritions (Verschrieb).

Die beiden Kinder sind gottlob gesund, wie ich selber, Mimmi hilft schon viel, wenn es auch gar gerne spielt und herumspringt, die kleine Alice entwickelt sich lebhaft, gesprächig und immer thätig. Sie ist gut auf den Beinen und springt immer dem Wasser zu, wo sie sich immer nässt und kalt macht. – Vieh thut ordentlich, aber keine Käufer und kleine Preise, Erndten sind mittelmässig, unterm Mittel in California.

Ich wollte immerhin etwas schreiben zu Eurem Namenstag lieber Vater und unsre besten Grüsse und Küsse schicken mit besten Wünschen, Euer Otto

Am 9. September 1888 stirbt Ottilie Wyss-Meyer. Zum Andenken «unserer lieben seligen Ottilie Wyss» schrieb Otto Wyss nachstehendes Gedicht:

Ausgeweint sind die letzten Thränen,
Nächtlich still ists wo die Threue ruht,
Nun ist es gestillt das bange Sehnen,
Ausgelöscht der Schmerzen heisse Glut.
Mühvoll war ihr Leben, voll von Kummer,
Ausgekämpft ist nun der schwere Traum,
Ruhig, gleich des Müden sanftem Schlummer

ist der Todten Schlaf in dunklem Raum.
In der Erde liegen die Gebeine,
Keine Sorge drückt Sie mehr, kein Schmerz;
Unter süssen Blumen statt dem kalten Leichenstein,
Fand die Selige Ruhe für ihr Herz.
Einst auch werden wir zum Lichte dringen,
Keimend wie die Saat im Erdenschooss,
Auf der Seligkeiten goldnen Schwingen,
Mit ihr theilen jenes schöne Loos.

VII

Seline

Vertrag zwischen Fräulein Seline Streuli von Horgen und Professor Dr. Oskar Wyss in Riesbach:
Fräulein Seline Sträuli verpflichtet sich hiermit contractlich nach Adelaida, San Luis Obispo, Californien U.S. zu reisen, um bei Herrn Otto Wyss in dort die Stelle als Haushälterin zu übernehmen. Sie verpflichtet sich hiedurch, diese Stelle für die Dauer von 3 Jahren bei behalten zu wollen bei dem nämlichen Lohn, der heute vereinbart worden ist.
Als Gegenleistung verpflichtet sich Prof. Oskar Wyss in Riesbach, als Bruder des obgenannten Herrn Otto Wyss zu bezahlen:
1. Die Reisekosten bis Adelaida.
2. Er garantirt ihr vom Tage ihres Eintritts in Adelaida an einen Monatslohn von 75 Francs und stellt ihr frei, diesen Lohn entweder in Adelaida durch Herrn Otto Wyss oder hier in Zürich durch sich selbst in vierteljährlichen Raten ausbezahlen zu lassen. Bei Auszahlung in Zürich ist der Nachweis zu leisten, dass der Lohn nicht schon in Amerika ausbezahlt worden sei.

sig. Prof. Oskar Wyss   sig. Seline Streuli
Riesbach, den 29. November 1888

Nach dem Tod der drei Knaben und der innig geliebten Frau Ottilie war Otto allein, ganz allein mit den verbliebenen Mädchen auf sich selbst gestellt. Amerikanische Nachbarsfrauen versuchten, in seinem Haushalt etwas auszuhelfen, jedoch ohne wesentlichen Erfolg.

Otto begann in dieser Zeit der Niedergeschlagenheit öfters zur Flasche zu greifen. Wahrscheinlich schilderte er in nicht erhaltenen Briefen seine Probleme dem Bruder und äusserte den Wunsch nach einer Schweizer Frau als Hilfe.

Oskar fand eine Frau, die willens war, diese Reise in die Ungewissheit auf sich zu nehmen. Er unterschrieb mit ihr einen Vertrag. Seline Sträuli fand nach anstrengender Reise um die halbe Welt in der Abgeschiedenheit von Adelaida schwierige Verhältnisse vor. Ihr Mut ist umso mehr zu bewundern, als sie kaum ein Wort Englisch verstand.

Schlechte Strassen und einfachste Behausungen war sie gewohnt;

Vertrag
zwischen Fräulein Seline Streuli von Horgen
u.
Professor Dr. Oscar Wyss in Riesbach.

    Fräulein Seline Streuli verpflichtet sich hiermit contractlich nach Adelaida San Louis Obispo Californien U.S. zu reisen um bei Herrn Otto Wyss in dort die Stelle als Haushaelterin zu übernehmen. Sie verpflichtet sich hiedurch diese Stelle für die Dauer von 3 Jahren beibehalten zu wollen bei dem nämlichen Lohn, der heute vereinbart worden ist.

    Als Gegenleistung verpflichtet sich Prof. Oscar Wyss in Riesbach, als Bruder des obgenannten Herrn Otto Wyss:

Zu bezahlen
1. die Reisekosten bis Adelaida.
2. Er garantirt ihr vom Tage ihres Eintritts in Adelaida an, einen Monatslohn von 75 Francs u stellt ihr frei diesen Lohn entweder in Adelaida durch Herrn Otto Wyss, oder hier in Zürich durch sich selbst in viertel jährigen Raten auszahlen zu lassen. Bei Auszahlung in Zürich ist der Nachweis zu leisten, dass der Lohn nicht schon in Amerika ausbezahlt worden sei.

                                 Prof. N Oscar Wyss

Riesbach 29 Nov. 1888   Seline Streuli

Vertrag zwischen Seline Streuli und Prof. Dr. Oskar Wyss.

aber die Unordnung, liebevolle, aber locker erzogene Mädchen und ein zermürbter Mann, der zeitweise trank und dann ausfallend und unberechenbar wurde, ernüchterten die Frau rasch nach ihrer Ankunft. Seline, offenbar eine energische Person, versuchte, Ordnung in die Situation mit Haushalt, Landwirtschaftsbetrieb, Post Office, Laden und Ausschankstätte zu bringen. Das ging nicht ohne Reibereien zwischen den beiden ab. Die puritanische Einstellung der Nachbarn erzwang eine Heirat, Ledige durften nicht unter einem Dach zusammenleben. Weitere Kinder kamen zur Welt, und die beiden Gatten, Seline und Otto, waren oftmals überfordert.

Aber man lief nach einem Gezänk nicht auseinander; die Familie, die Kinder und selbstverständlich auch der Mangel an Geld hielten die beiden zusammen. Wohin hätte man gehen sollen? Ein Zurück nach Europa wäre ein harter Weg ins Ungewisse gewesen. Langsam schuf man sich so eine neue Heimat, dort, wo Kinder und Enkel heranwuchsen.

Zusammenhalten, gemeinsam eine Familie aufbauen trotz Frustrationen, Enttäuschungen und unterschiedlichen Ansichten, das alles war nicht einfach. Man war hart zueinander, wie auch die Umstände nicht zimperlich waren; aber die beiden blieben beieinander.

Es ist nicht verwunderlich, dass beide nach einem Ventil suchten, und das waren auch die Briefe nach der alten Heimat, zu Verwandten, die man als Verbündete zu gewinnen suchte. Ab diesem Zeitpunkt sprudeln die Informationen noch vermehrt. Brief folgt auf Brief, und viele Querelen werden ausführlich mitgeteilt.

Aus dieser Fülle von Mitteilungen konnte nur ein kleiner Teil übernommen werden.

Ein anderer Erziehungsstil.

Adelaida, California, Januar 20. 1889

Liebe Tante Ryffel!

Seline Streuli ist angekommen und sagte auch bald, dass Ihr liebe Tante ihr besonders die lieben Kinder ans Herz gelegt und sie solle immer gut mit den lieben Kleinen sein.

Sie ist es, aber sie sagte schon wiederholt – jä verderbe müend Sie's au nöd. Wie hätte es anders sein können, als dass ich die lieben Kleinen etwas, ja sehr viel verwöhnt hatte, aber Jgfr. Streuli sieht eben mit den Augen wie daheim und sagt und sagte mir von Anfang an nichts als nur die Wahrheit.

Seline Streuli von Horgen, Kanton Zürich.

Mimmi, die ein offenes, fröhliches und anschmiegenden Sinn und Gemüth hat, kommt ganz gut aus, aber sie tadelt gewiss mit Recht, wenn Mimmi etwas anfängt, so soll es das auch fertig machen und nicht davon fortlaufen, wie es leider oft thut, so vergisst es auch die kleinen Hühnchen und verlor 3 an einem Tage diese Woche.

Die liebe Kleine hat ein härteres und eigenes Köpfli, sie geht wohl, gibt Seline die Hand und wohl auch einen Kuss, dann putzt es den Mund ab – wie eine Alte. Es ist wohl gut mit ihr, aber weiss auch, mit Vaterli hat es mehr Freiheit und kam heute mit dem Sonnenschirm (Mammas) hinter mir her, wollte «Billy» das Pferd reiten, dem es oft unterm Bauch zwischen den Beinen durchläuft. – Es fürchtet sich gar nicht, die kleine Alice, geht ins Wasser wie die Gänse (von denen Füchse 6 geholt haben) und kommt aber nur nicht so sauber wieder heraus.

Früher kam es jede Nacht zu mir, aber seit Sel. Streuli da ist, so schläft es besser und krabbelt nur mitunter zu Mimmi hinüber, wenn sie es wecken kann. – Was oft nicht leicht ist.

Das alte Schachspielbrett und Figuren kamen mir wie liebe alte Bekannte vor, liebe Tante, und freuen mich herzlich. Gerade jetzt habe ich keine Spieler, habe aber schon manches Spiel hier herum gespielt und auch ein Spiel Schachfiguren gewonnen, das jetzt vielleicht kaum mehr ganz ist, denn die lieben Kinder spielen auch damit.

Für heute Nacht genug, nehmt liebe Tante herzlichen Dank und den aufrichtigen Wunsch, Euch einstens mit den lieben Kindern wieder zu sehen im lieben Steinhof daheim, Euer Neffe Otto

«Wie kann ein Mensch sich einem solchen Zigeunerleben anpassen!»

Adelaida, den 20. Januar 1889

Sehr geehrter Herr Dr. Wyss, und Frl. Töchter!

Endlich nach bald dreiwöchentlichem hier sein, nehme mir auch einmal Zeit, einiges über mein Befinden Ihnen mitzutheilen. Mein langes Stillschweigen bitte zu entschuldigen, denn ich habe, wie Sie wohl begreifen werden, hier so viel Arbeit angetroffen, dass ich immer nur den Sonntag dazu benützen muss. Ihren Herrn Sohn und Bruder sowie die lieben Kinder habe in bestem Wohlsein angetroffen und sie fühlen sich ganz heimelig und glücklich, wieder einmal das ächte Züridütsch zu hören. Besonders Mimmi harrte mit Sehnsucht auf die ihnen angekündigten Geschenke, welche ich ihnen leider noch nicht auspacken konnte, denn mein Koffer war auf der Route von Newjork nach San Franzisco zurückgeblieben, und musste ich ohne denselben weiter reisen. Samstag, den 12. diess hat ihn dann Herr Wyss in Paso Robles geholt, die nächste Bahnstation von hier aus, etwa 12 Meilen. Der Koffer hatte mehr Pech auf der Reise als ich, denn er war gebrochen und musste geflickt werden, diese Gelegenheit wurde dazu benützt, mir meinen seidenen und den Reiseschirm zu stehlen und alles andere durchzuwühlen. Ich selbst bin ziemlich glücklich gereist, ich habe jedesmal, wenn ich in Verlegenheit zu kommen glaubte, wieder einen Deutschsprechenden gefunden, wie ich mich nach dem nöthigsten erkundigen konnte, das waren immer wahre Glücks Engel für mich, denn ich war stets ängstlich.

Von Paso Robles führte mich ein alter Mann (Appenzeller) hieher, und etwa 3 Minuten nahe beim Hause blieb unser Fuhrwerk im Koth stecken, denn in Folge Regenwetters sind die Strassen hier sehr schlecht, schöne habe ich in ganz Amerika keine gesehen, an der gleichen Stelle ist dann Herr Wyss wieder stecken geblieben, mit dem Koffer. Am gleichen Abend machten wir dann noch den Christbaum, die Kinder hatten grosse Freude an all den schönen Sachen, die Dirggeli [Zürcher Honiggebäck] waren Ihnen etwas neues, man bekommt hier keine solchen, besonders gefiel Mimmi die grosse Puppe von Frau Professor, auch Alicli, das oft wilde Trotzköpfchen, hatte seine Freude. Nicht minder freudig gestimmt war der Vater über alles, und ich glaube, dass er wohl ein wenig Heimweh empfunden nach allen seinen besorgten Lieben, besonders als Er die Photographie seines Neffen musterte, da wünschte Er wohl auch noch einmal seine alte Heimat wieder zu sehen.

Von dem dürren Obst, das Sie mir auf die Reise gegeben, habe noch ein paar Stücke für die Kinder behalten. Es hat mir dieses gute Dienste geleistet, besonders während meiner 4tägigen Seekrankheit. Den Nothpfennig, den Sie mir, Geehrter Herr Dr., auf den Weg gaben, habe jetzt noch, ich glaube, dass er hier wohl noch einmal am besten Verwendung findet, wenn auch nicht gerade für mich. Die Johannisbeerschösschen hat Herr Wyss in den Garten gesetzt, ich wünsche sehr, dass sie wachsen werden, das Immergrünpflänzchen auf die Gräber. Schon manchmal sagte ich zu Herrn Wyss, seit ich hier bin, wenn wir nur das halbe Haus ihres Herrn Vaters hätten, denn wir haben eben nur eine Hütte mit vier Wänden und einem Dach, das wollte mir am Anfang nicht in den Kopf, nun da ich endlich die Berge von Kisten Papier und Koth im Laden (was eben die Stube ist) ein wenig aufgeräumt, so ist's mir etwas leichter, aber gefallen wird es mir nie ganz, und ich musste schon am ersten Tage zu Ihrem Herrn Sohn und Bruder sagen: «Wie kann ein Mensch, der in solchen Verhältnissen aufgewachsen und erzogen worden wie sie, sich einem solchen Zigeunerleben anpassen, ich wünschte, dass Ihre Familie das sehen könnte.» Sie finden vielleicht diesen Ausdruck zu stark, wenn Sie aber diesen Haushalt, wie er hier geführt worden ist, sehen könnten, so würden Sie mir gewiss Beifall geben. Hier alles anzuführen wäre mir viel zu weitläufig, was Sie mir wohl entschuldigen wollen, denn ich habe im Sinn, Morgen an Herrn und Frau Professor, wie ich ihnen bei meiner Abreise versprochen, über die Verhältnisse hier näher zu schreiben, was Sie dann wohl von dort aus vernehmen werden (der Brief geht mit diesem fort). Sie werden vieles vernehmen, was Ihnen nicht angenehm ist, und bemerke nur kurz, dass ich Ihren Herrn Sohn und Bruder viel bedaure.

Dass ich Anfangs sehr stark Heimweh hatte, lässt sich nicht wundern, und dass es auch noch eine Zeit lang andauern wird, das lässt sich denken, wohl geht es jetzt schon ziemlich besser. Wenn ich Abends oft so viel schönes von Zürich erzähle, so hört mir Vater und Mimmi immer mit viel Interesse und Vergnügen zu, Mimmi ist für ihr Alter an Verstand ziemlich weit, Sie hat aber in jeder Hinsicht gute Erziehung und Anleitung sehr nöthig, Sie ist sich besonders an Hausordnung gar nicht gewöhnt, was Sie dann aus meinen Schilderungen an Herrn und Frau Professor wohl begreifen werden. Die Kleine ist sehr begabt, aber verwöhnt, der Vater ist zu gut. Er kann sie nicht strafen, und ich habe schon mehrere Male ein wenig mit ihm balgen müssen.

Ueber seine Behandlung habe ich nicht zu klagen, er ist freundlich, gut und sehr bemüht, mir die neue Heimat angenehm zu machen, was mir die viele Arbeit auch leichter macht.

Nun für diessmal will ich schliessen, es ist bald 10 Uhr, ich sitze beim Feuer mit meinem Schreibtisch und friere dennoch, einen Ofen haben wir nicht. Den Tag über haben wir immer prächtigen Sonnenschein, aber nachts ist's kalt.

Herr Wyss liest noch die Bürkli Zeitung, es freut mich sehr, dass Sie dieselbe schicken. An Sie geehrter Herr Dr. Wyss und Ihren werthen Töchtern nun herzliche Grüsse von Ihrem Herrn Sohn und Kindern und von Ihrer dankbaren Seline Streuli

Die alte Sehnsucht heimzukehren.

Adelaida, California, Januar 22. 1889

Liebe Schwester Hanneli!

Es ist so lange, dass ich immer schreiben wollte, und wenn der Brief auch nicht lang wird, so ist etwas doch besser. Seit 3 Wochen ist jetzt Seline Streuli hier, und sie ist eine Haushälterin im vollsten Sinne des Wortes, über deren Aquisition ich nur froh sein kann. Es war mir erst bange, es wäre etwas nur halb und halb, wie ich's ungefähr hier hätte bekommen können, aber ich finde mich angenehm enttäuscht.

Wenn das «Verkaufen» anfängt, wird wohl die Sprache etwas Trubel (Schwierigkeiten) machen, doch dann hoffe und erwarte ich auch Schwager Karl Meier hier, der schon 8 Jahre in Amerika lebt. Er hat eine zweite Frau, auch Zürcherin, und einen 15jährigen Knaben – 4 Kinder auch im Grabe.

So sehe ich mit diesem Jahr auch mit frischerem Lebensmuthe der

Zukunft entgegen, aber eines muss ich sagen: Die lieben Briefe alle, alles aus der lieben Heimat, die uns Weihnachten hier eintrafen, dann Seline Streuli (Jungfer oder Fräulein tönt doch nöd heimelig) und schliesslich die lieben schönen Geschenke, Bilder und Alles vom lieben Daheim, sie regten die alte Sehnsucht, das alte Heimweh wieder auf, und was für liebe Gräber mich auch hier binden, ich wünsche und werde wieder daran denken einmal heimzukommen, heimzukehren mit den lieben Kindern, denen Du auch etwas spielen lernen wirst; die liebe Mimmi spricht immer so gern vom Piano, und lieb Alice hat eine gute sichere Stimme und singt mit Mimmi zusammen, dass es oft eine wahre Freude ist.

Freilich es braucht noch ein paar Jahre guter, harter Arbeit, guten eintheilens und sparens, besonders um den Anfang wieder zu machen, die alten Schulden zu bezahlen und wieder neuen Credit zu schaffen, dann kommt hoffentlich auch wieder die Zeit, da Land vortheilhaft verkauft werden kann. [...] Dein Otto

Adelaida, January, 30. 1889

Liebe Schwester Emilie!

Es ist schon eine Woche, seit die letzten Zeilen fort sind, und ich will Dir vorerst für die lieben Zeilen danken, die uns alle am Tage nach Weihnachten in bester Stimmung antrafen, denn auf Weihnachten hatten wir Bruder Oskar und Carolinens Briefe. Jetzt ist Seline Streuli fast 4 Wochen hier, und wenn auch noch lange nicht Alles sauber und in Ordnung ist, so hat doch der Laden und Wohnraum bereits ein ganz anderes Gesicht, und alle Leute gratulieren mir.

Ich selbst bin täglich draussen, pflüge und säe, denn im Laden habe ich wenig und die Strassen sind noch schlecht, wie sie überhaupt diesen Winter fast schlechter waren als je. Ich selbst schlafe und esse wieder, die Kinder sind versorgt, und nach und nach wird aufgeräumt; doch Anfangs hatte Frl. Sträuli manchmal den Kopf ganz unglaubend geschüttelt und gesagt: «Ueber so vill Sach wird me nöd fertig und suber, s'isch alles durenand, und wänn d'Wiiber scho mittgna händ, was ne gfalle häd, hänns rächt ghaa».

Ich hatte nämlich zwei Nachbarsfrauen gehabt zum Aufräumen, aber in Wirklichkeit kehrten sie Alles drunter und drüber und nahmen mit, was ihnen gefiel.

Und vorher, die Schweizerin Mrs. Graves, frühere Frau Hössli, war zwei mal 4 bis 5 Tage hier im Juli und August, aber mit Aller ihrer Selbstüberschätzung ihrer Arbeit sah es für mich nur fast komisch aus, wie sies ordnen wollte. Zwei Nachbarinnen, die auch öfters helfen wollten und früher je mit einem Pfund Thee, oder Caffee und was Zucker da war usf. in einer Nachtwache fertig wurden, liess ich leider nicht aufräumen, was sie aufbrachte.

Den Kindern die Kleider zu machen, waschen und sonst zu helfen hatte ich über ein Dutzend Offerten – doch sagt Seline, es sei ja mehr wie genug da, und was macht sie selbst – ein paar «Müsterli».

Mimmi muss anfangen etwas zu thun und es dann auch fertig machen, während die kleine Alice schon gelernt hatt, dass «Sine» sie nicht immer voll Koth sehen will. [...] Otto

Die finanzielle Lage – nicht rosig.

Adelaida, Februar 18. 1889

Lieber Vater!

Ich hatte schon mehrmals im Sinn, Euch etwas Aufschluss über meine finanzielle Lage zu geben, doch einen Theils waren meine Bücher noch nicht in Ordnung, andererseits konnte ich es nicht mit einem Brief mit gewöhnlichen Neuigkeiten mischen, und so komme ich denn zu Figuren und Zahlen, und um mein anstossendes Land hier erklärlicher zu machen, so habe ich eine besondere Skizze [verloren gegangen] davon gemacht, da sind also die 80 Aker [32 ha] die als Regierungsland unter dem Ankaufrechte mir 1883 erwarb. Sodann die 160 Aker [64 ha] auf Heimstätte, wo ich meist wohne und wofür ich die vollständigen Papiere für einen Wiederverkauf etc. erst in 1¼ bis 1½ Jahren bekommen werde.

Die 89 Aker, um die alte Quecksilbermine herum, in der ich anno 76 bis 79 arbeitete, kaufte ich letzten Sommer, und die Hauptursache davon war, es ist ein grosse Quelle dort – 30 bis 40 Liter Wasser pro Minute in der trockensten Jahreszeit, das ich in Röhren bis vors Haus gebracht habe. Freilich es kostete Geld und kam zu schlechter Zeit. Ausser diesem habe ich noch 160 Aker, etwa 1 Wegstunde entfernt, gute Weide und Wasser, wofür mir $ 1000.– offeriert sind, doch verlange $ 2000.–, werde es wohl diesen Sommer los werden.[59] – So will

---

[59] Wyss besass also insgesamt 195,6 ha Land, von denen er allerdings 64 ha verkaufen will, weil diese eine Wegstunde entfernt liegen.

ich denn den jetzigen Verkaufswert und Hypotheken und Schulden darauf etc. etwas zusammenstellen:

Landstück Nord (N) ¹/₂ und Nordwest (NW) ¹/₄ sec. 34
80 Aker, Hypothek $ 300.– und 15 % Zins = $ 45.– pro Jahr
gegenwärtiger Verkaufswert $ 15.– pro Aker = $ 1200.–
– lots 1,2 und 4 Südost (SE ¹/₄) sec. 33 (89)
89 Aker, Hypothek $ 600.– und 9 % Zins = $ 54.– pro Jahr
gegenwärtiger Verkaufswert mit Haus und Keller = $ 1100.–
– Nordost (NE) ¹/₄ von sec. 33 – Heimstätte frei –
wurde mir schon offeriert: = $ 3000.–
– Nordost (NE) ¹/₄ von sec. 17
160 Aker, Hypothek $ 500.– und 10 % Zins = $ 50.– pro Jahr
für dieses Land $ 100.– offeriert; verlange: = $ 1200.–

Wert meines Landes ohne Heimstätte = $ 3500.–

Geborgt auf Hypotheken $ 1400.– mit jährl. Zins $ 149.–
Schulden in San Luis, San Francisco etc.
addiere auf über $ 800 sage = $ 850.–
Zinsen = $ 150.–

= $ 1000

Die $ 500.– auf letzte Hypothek sollte im May diejenige auf 80 Aker
für $ 300.– lösen. Mit Zins etc. $ 375.– bleibt = $ 125.–
Guthaben $ 250.– in Noten, gut für $ 150.–
Guthaben $ 800.– wird kaum gut für $ 400.–
Pacht auf Haus auf Lot 1 $ 60.– = $ 735.–

So bin ich noch über $ 300.– zurück für dieses Jahr, denn die voraussichtlichen Einnahmen vom Laden sind jetzt gleich Null und Vieh musste ich das letzte Jahr mehr als mir lieb war verkaufen, und da der Winter vorher kalt war, etwas Schnee und erst spät Futter brachte, so dass ¹/₃ des jungen Viehs verloren ging. So habe ich jetzt nicht genug Vieh und muss sehen, im Mai oder Juni entwöhnte Kälber zu kaufen à $ 6–8 das Stück.

Der Werth des Landes ist so geschätzt, wie ähnliches Land hier

herum verkauft wurde, während man erwartet, dass wenn die Eisenbahn einmal gebaut sei, der Werth sich verdopple, natürlich das kommt auch erst, nachdem dasselbe mehr benutzt und angebaut wird. Die Zinsen sind zu hoch, und bloss Vieh zu halten, wie ichs jetzt thue, wirft leider fast nichts ab, wenn man alle Arbeit noch bezahlen muss.
[...]
Otto

Heiratspläne.

Adelaida, California, Februar 20. 1889

Lieber Vater!
Ich will gerne noch einige Zeilen beifügen auf besonderem Blättchen. – Ich hatte mit Ottilie gesprochen für den Fall ihres Hinschiedes, und wie ich auch ihre Hoffnung für Genesung unterstützte, so rieth sie mir selbst für's beste für mich und die Kinder, wieder zu heirathen, für den Falle.

Ottilie hatte etwas Erspartes und eine kleine Erbschaft $ 300–400, und das versprach ich den lieben Kindern zu sichern. Wie Ihr seht, habe ich immerhin etwas Eigenthum, aber es ist nicht so, dass es viel abwirft, besonders unter den jetzigen Verhältnissen. Ich habe im Sinne, das Land, Vieh etc. separat – im Laden aber Karl Meier als rechten Associé einzunehem und wo möglich ihm die Post Office zuzuhalten. Besonders die viele Schreiberei thue ich doch nicht gerne, und damit ist oft eine Hauptsache vernachlässigt.

In Betreff der Heirath sehe ich in Jgfr. Streuli eine gute, aufrichtige Schafferin, sie ist reinlich, offenbar ans Eintheilen und Ordnung halten gewöhnt und hat doch heiteren Muth.

Die Kinder hat sie gern, wenn sie auch die Fehler sieht, so sehe ich, dass sie Freude an ihnen hat. Etwas Heimweh hat sie noch und wird sich nicht so leicht an hier gewöhnen, sondern wünscht in ein paar Jahren wieder zurück ins schöne Zürich oder Zürichbiet.

Wäre sie nicht hier und ich würde eine Amerikanerin (!) heirathen, so wäre mein Heimkommen gewiss in weiteste Ferne gerückt.

Sie hat keine Verbindlichkeiten draussen, und was ihre Neigung anbetrifft, so ist mir weder bange, sie zu erwerben noch sie zu erwiedern. Gegenseitiges zusammen Schaffen, Ordnung und Reinlichkeit sind die Grundlagen der Achtung und diese wiederum der Familie und der Liebe. – Damit Gott befohlen.

Lieber Vater, ich erwarte eine Antwort, bevor ich etwas entscheiden-

des thue, und hoffe auch wieder auf bessere Tage, denn ich brauche sie.
Herzlichen Gruss und Kuss, Euer dankbarer Sohn, Otto

Februar 22. 1889

Es hat einen langen Stillstand gegeben; doch die Briefe müssen fort. Miss Selines Koffer war auf der Reise von New York bis San Francisco erbrochen worden, Regenschirme und einige Kleinigkeiten herausgenommen, doch sonst noch gnädig durchgekommen. – Das Haus kam ihr von Anfang an luftig vor, und sie fror, während wir uns ganz comfortabel fühlten. Ich trat ihr gleich meine Stelle neben den lieben Kindern ab und richtete mich in der früheren Post Office ein. Mit dem Essen meinte sie, drei Mal Fleisch im Tag sei unnöthig und reduzierte es auf zwei. Zu waschen gabs und gibt's noch viel, aber sie ist angriffig, und es geht ihr Alles aus der Hand.

Im Laden habe ich wohl noch viele Sachen, aber es fehlen die gangbarsten Zeuge sowie Spezereiwaren, und bei den schlechten Strassen war an ein profitables zuführen nicht zu denken; zudem kommt, dass Seline noch wenig englisch gelernt hat, denn die Kinder reden mit Vergnügen «Züridütsch».

Jetzt erwarte ich in einer Woche Karl Meier – eine Todesnachricht an Karl Meier von Rudolf Frei im Hard als Vormund von Karls 15jährigem Sohn Henry geöffnet, brachte mir Karl Meiers Adresse, und Karl war bald bereit hieher zu kommen, hat bereits in Missoury seinen Platz von 80 Aker verkauft und wird schon auf dem Wege hieher sein. Er hat eine zweite Frau, auch Zürcherin, den 15jährigen Knaben und Frau und 4 Kinder auch im Grabe. – Leider ähnliche Schicksale.

Dort wo er war, sind die Winter kalt, er war von Rheumatismus geplagt und sucht drum gerne ein wärmeres Klima auf. Wir waren ja 2 Jahre in der Sekundarschule zusammen, wohnten 70 und 71 in der Schipfi im gleichen Zimmer, und ich zweifle nicht, er macht den besten Associé im Laden, den ich finden könnte. Dann hoffe ich den Laden in Gang zu bringen, wie früher auch schon – denn, wie man hier zu Zeiten schneller vorwärts kommen kann, so geht [es] noch schneller rückwärts – bergab.

Freilich mit Credit muss ich vorsichtiger sein, doch habe ich den Vortheil, ich kenne jetzt die Leute hier; wie ich mich wegen diesem und jenem einrichten will, werde ich sehen, wenn Karl Meier kommt, der wohl nicht viel Kapital mitbringt, aber doch genügend, sein eigenes

Plätzchen zu kaufen. Rudolf Frei verwaltet für seinen Sohn Henry etwa 9000 fr.; was freilich Karl sollte beziehen können, und es auch nach kürzlichem Entscheid des schweiz. Bundesgerichtes wird thun können; trotz des Wiederstandes der Heimatbehörden. [...]   Otto

«Ich habe wohl keine Stadt und kein Städtchen gesehen, das ihm [Zürich] gleichkäme.»

Adelaida, California, Februar 24. 1889

Mein lieber Neffe Hans!

Deine vielen schönen und lieben Photographien haben mich wirklich gefreut, und während ich Grossmünster, Rathaus, Schipfe und Lindenhof wie alte Bekannte begrüsste, so waren die beiden Löwen und deren Umgebung mir noch theilweise fremd, bis Jgfr. Streuli mir die nahmhaften Verschönerungen Zürichs sowie deren Situation am Ende der Bahnhofstrasse erklärte.

Die Bahnhofstrasse ging eben vor 17 Jahren noch nicht bis an den See. Ganz vorzüglich ist gewiss auch Papas und Euer Aller Häuschen, gut gemacht mit Deiner Erklärung kann ich mir auch fast immer die innere Einrichtung denken.

Das Bild, das Dich selbst mit Schwester und Bruder, Pascha und Meersäuli vorstellt, ist ebenfalls gut. Du selbst scheinst gross und stark, ebenso in der Velokleidung, Oscar auch kräftig, und Alma macht ein freundliches Gesicht. – Das Bild Pascha's sieht unserm Watch (Wächter) nicht unähnlich, unsrer sei etwas kürzer und nicht so fett (sagt Seline), er ist Neufundländer, und Alice reitet ihn oft. Zudem haben wir einen kleinen schwarzen Schäferhund, der gut zum Viehtreiben ist.

So regen alle diese Photographien den Wunsch in mir, wieder ein Mal heimzukommen und die Verschönerungen Zürichs zu sehen, denn an Naturschönheiten fehlts hier nicht, und ich habe noch keine Stadt und kein Städtchen gesehen, das ihm gleich käme, auf meiner langen Weltenreise.

Schreibe mir wieder, lieber Neffe, grüsse mir Deine Schwester Alma und Bruder Oscar – dem ich auch ein paar Zeilen beifüge wenn noch Zeit –, und selber sei gegrüsst von Deinem Onkel im fernen, fernen Westen   Otto Wyss

«Das Schnapstrinken habe ich ihm schon abgewöhnt» – aber die Schulden!

Adelaida, den 22. März 1889

Sehr geehrter Herr Dr. Wyss!

Aus Kummer und Verlegenheit muss ich zur Feder greifen, um Sie leider mit einem Anliegen zu belästigen, weil Ihr Herr Sohn es nicht gerne thun will, so thue ichs, denn ich weiss mir nicht anders zu helfen. Herr Wyss ist nämlich gegenwärtig in grosser Geld-Verlegenheit. Er bekam vorgestern zwei Aufforderungen im Betrage von 90 Thlr. mit der Bemerkung, dass es bis nächsten Mittwoch bezahlt sein müsse, sonst werde gepfändet. Es war ihm schon am Anfang Februar 500 Thlr. versprochen auf eine Hypothek, es wurde aber immer aufgezogen, endlich kam gestern Bericht, dass man das Geld nicht haben könne, und er weiss nicht was thun. Es sind eben etliche hundert Thlr. andere Schulden, welche bis spätestens Mai bezahlt sein müssen, aber für ein paar Wochen würde ihm sein Schwager, Herr Meier, welcher am 5. diess hier angekommen ist, etwa hundert Thlr. leihen. Er hat eben auch nicht viel.

Die Schuldbetreibung ist eben hier zu fürchten, denn es ist Gesetz und Mode, dass der Gläubiger einfach den Constabler (Landjäger) schickt, oder es einem Advokaten übergibt, so hätte er z. B. letzten Herbst 6 Thlr. für eine Zeitung bezahlen sollen, weil er es unterliess, so schickte man vor 3 Wochen den Constabler von San Luis Obispo, dieser verlangte 14 Thlr. für seinen Gang, und jetzt gibts zusammen 20 Thlr.

Da ich keinen Ausweg finde aus dieser bedrängten Lage, so wende ich mich an Sie, geehrter Herr Dr., ob Sie nicht etwa 2 bis 3000 Frk. besorgen könnten, damit man nur das Nöthigste bezahlen könnte, für den Zins werde ich schon bestmöglichst sorgen, und auch das Kapital glaube ich in nicht langer Zeit wieder zurückgeben zu können. An meinem guten Willen, am Arbeiten und Sparen solls nicht fehlen.

Hier hat man oft schnell viel verdient, aber wenns rückwärts gehen muss, so gehts um so schneller wieder bergab. Herr Wyss hat Ihnen annähernd Aufschluss über seine ökonomischen Verhältnisse gegeben, sowie auch seine Absichten gegenüber mir, denn ich sagte ihm, dass ich ohne Wissen seiner geehrten Familie nichts thun werde, das erfordere schon seine Sohnes- und Bruderpflicht, auch Er fand das für gut. Dieser Brief wird jetzt wohl in Ihren Händen sein. Meine Reise von Newyork bis hieher kostete 270 Frk., als ich hier ankam, hatte ich noch 50 Thlr. Die habe ich eben Herrn Wyss schon gegeben.

Das Schnapstrinken habe ich ihm schon stark abgewöhnt, es geht jetzt ziemlich gut. Er schafft fleissig, und ich habe Hoffnung, dass ich ihn mit Ernst und Güte wieder als Mann herstellen kann; wohl brauchts ein wenig Mühe und Geduld, aber ich beharre auf meinem Vorsatz.

Mit 15. Sept. geht die Pachtzeit mit der Trink-Kneipe zu Ende, und ich werde nicht ruhen, bis sie geschlossen ist. Noch kann ich nicht unbemerkt lassen, dass die Schuld dieser misslichen Lage nicht nur Herr Wyss, sondern hauptsächlich dem unverantwortlichen liederlichen Haushalt seiner verstorbenen Frau zuzuschreiben ist.

Wenn Sie alles sehen und hören könnten wie ich, so würden Sie sich über die jetzigen Verhältnisse nicht wundern. Wie schon erwähnt ist Herr Meier mit Familie hier. Er hat eine Meile von uns entfernt 120 Aker Land gekauft und muss jetzt noch eine Hütte bauen. Bis diese erstellt ist, essen sie bei uns und schlafen im alten Haus oben. Er ist ein sehr tätiger und sparsamer Mann; seine Frau von Schwamendingen gebürtig ist ebenfalls sehr thätig und ordentlich. Sie entsetzte sich ob dem früher hier geführten Haushalt, denn obschon ich so vieles in Ordnung gebracht, so sahen sie noch Spuren genug, um sich von der Nachlässigkeit ihrer verstorbenen Schwägerin zu überzeugen. Den Garten haben wir schon Anfang Februar angepflanzt, die Zwiebeln, welche ich gesetzt, sind schon gross, auch die Käfen sind schön, welche Sie mir mitgegeben, nur haben mir die Hühner eine Anzahl heraus gescharrt.

Ich muss mit schreiben abbrechen, es ist schon 10 Uhr, ich habe gestern und heute gewaschen mit Schnuppen und Zahnweh. Morgen geht die Post fort.

Die Kinder sind gesund und munter. Mimmi geht jetzt wieder in die Schule; ich muss es aber immer schicken, damits nicht zu spät kommt. Noch muss ich bemerken, dass heute Ihre Briefe eingetroffen sind und vorgestern diejenigen von Frau Professor; auch wieder die Bürkli Zeitung.

Entschuldigen Sie nun geehrter Herr Dr. meine Unverschämtheit, ich wusste nichts anderes zu thun, denn ich habe Tag und Nacht keine Ruhe, bis alles geregelt ist. Herzliche Grüsse an Sie und Ihre werthe Familie von Ihrer dankbaren   Seline Streuli
Das Schulhaus ist nur 3 Minuten von uns entfernt.

«Ich bitte Sie, mich als Ihre Schwiegertochter anzuerkennen.»

Adelaida, den 23. April 1889

Geehrter Herr Dr.

Schon sind wieder mehrere Wochen vorüber seit meinem letzten leider unangenehmen Schreiben an Sie, und ich hatte im Sinn, schneller wieder einen Brief folgen zu lassen, doch stets viele Arbeit und in letzter Zeit viel Unwohlsein und wohl auch meistens einen zu vollen Kopf haben mich gehindert, Ihnen dieses zu sagen, was ich jetzt sagen muss.

Wohl komme ich jetzt unerwartet zu spät mit meiner Bitte, und ich kann Ihre Antwort leider nicht mehr abwarten, was Sie mir gütigst entschuldigen wollen. Morgen muss Otto nach San Luis Obispo in Geschäften, und ich soll durchaus mitgehen, um uns dort trauen zu lassen, da wir es hier beim Friedensrichter nicht thun wollten. Wohl werden Sie finden, die Sache sei übereilt und unbesonnen, das wäre auch meine Meinung, wenn ich noch in Zürich wäre.

Nun jetzt muss ich mich eben den amerikanischen Verhältnissen anpassen, welche ganz andere sind. Es ist nämlich nicht Mode hier, dass Frauenzimmer bei einem Mann dienen, wo keine Frau da ist, hier hält man in solchen Fällen immer männliche, und zwar mitunter Chinesen, oder dann heiratet der Mann wieder, und wenns auch nur 1 Monat nach dem Tode einer Frau ist. Schon in den ersten 4 Wochen meines hierseins wagte einer Otto zu sagen, er solle heirathen, es schicke sich nicht gut, dass ich so bei ihm sei, worüber ich ganz böse wurde, als er mir das mittheilte. Das sagte mir auch Frau Meier, sie sei kaum 8 Tage bei Mr. Meier gewesen, da habe man ihr das gleiche auch gesagt, und ihr Mann sei nur 4 Monate Wittwer gewesen, sie ist 48 Jahre alt.

Um nun den guten Namen beizubehalten, weiss ich nichts anderes zu thun, als zu heirathen oder fortgehen, und letzteres wäre nicht angenehm, umherzureisen, und eine andere Stelle suchen will ich nicht. Würde ich letzteres thun, so wäre in kurzer Zeit die Familie ruiniert, und so hoffe ich, dass ich alles wieder ins bessere Geleise bringe. Als Frau habe ich natürlich mehr Macht als als Haushälterin, und ich darf auch gegenüber anderen Leuten energisch auftreten, was bei dieser meist gemeinen Menschenrace hier sehr oft nöthig ist. Die Unordnung und Gleichgültigkeit hier wurde genug ausgenützt und nun hab ich schon oft zu ihm gesagt, das muss einmal aufhören, wir müssen für uns sorgen. Natürlich hätte ich ein ungesorgteres und freieres Leben, wenn ich nur mein Interesse im Auge behalten wollte, und ich könnte für meine alten Tage schon sorgen, Otto sagte aber schon im ersten Monat: Er könne mir keinen Lohn geben, und er lasse mich nicht mehr fort. Freilich hätte er mich ja nicht binden können, und er hatte mir jetzt schon hunderte von Malen versprochen, das Trinken aufzugeben, natürlich kann eine schlechte Gewohnheit nicht von heute auf Morgen weggeblasen werden, aber Gottlob geht es jetzt schon viel besser, und er schafft ziemlich fleissig, letzte Woche hat er mir auch versprechen müssen, die Kneipe zu schliessen im Herbst, auch wegen den Kindern, Mimmi steckt so gern dort, wenn ein paar Bengel ihren Muthwillen treiben, ich habe es schon oft geholt, weil es natürlich nichts gutes lernt. Mit schwerem Herzen gehe ich Morgen nun, denn ich sehe ja für längere Zeit noch Mühe und sorgenvolle Tage vor mir, doch wenn Gott uns gesund lässt, werden hoffentlich auch noch schönere Zeiten kommen, und ich bitte Sie, geehrter Herr Dr., mich als Ihre Schwiegertochter anzuerkennen, und ich werde nach Kräften bemüht sein dafür zu sorgen, Ihnen Ihre alten Tage nicht mehr schwer zu machen. Otto erwartet schon seit 14 Tagen mit jeder Post eine Antwort von Ihnen und ist sehr ungeduldig. Er hat nun vor 14 Tagen 500 Dollar von einem Juden in San Luis Obispo entlehnt, damit er das Nothwendigste zahlen kann, aber 15 % Zins sind eben zuviel.

Vorgestern hat er 160 Aker, welches 6 Meilen weit im Berg oben liegen, verpachtet an einen Amerikaner. Er wird es bei der nächsten Gelegenheit verkaufen, ich bin sehr froh, denn wir haben ja keinen Nutzen davon, anderes Vieh frisst das Futter. Es sind hier in der Nachbarschaft 160 Aker zu verkaufen. Er hat Lust es zu nehmen, was ich nicht geschehen lasse, wir haben noch mehr als genug am alten, es ist noch vieles zu verbessern, und erst gestern sagte ich ihm, du darfst hier keinen Schuh breit Land mehr kaufen, ich möchte lieber das noch verkaufen, denn in diesen Hügeln und Bergen kann man mit Mühe nur sein Leben durchbringen, wenn man nicht andere Einnahmen daneben hat. Er muss bis Ende Mai noch ein paar hundert Dollar haben, ich weiss noch nicht, wie wirs machen.

Mr. Meier wird nächste Woche in sein neues Haus einziehen. Bis jetzt waren sie immer noch bei uns. Er ist sehr solid und thätig und bereut es, hieher gekommen zu sein. Otto sucht jetzt für ihn die Post Office wieder zu bekommen, den Laden haben wir allein, wir sollten eben auch wieder die gangbarste Waare anschaffen, um das alte zu verkaufen. Wir haben schon recht heisses Wetter, die Nächte kühl und mitunter noch Frost. Man hofft auf ein gutes Jahr, weils diesen Frühling viel geregnet hat. Futter hat es viel, wenn wir nur mehr Vieh hätten. Die Gartengewächse sind schön, hätten eben noch etwas Regen nöthig, Bohnen kann nicht gut pflanzen weil zu trocken, und früher als bei uns kann man sie nicht setzen wegen dem Frost.

Die Kinder sind gesund und munter, lieb Alicli hat sich stark entwickelt, seit ich hier bin, es schwatzt schon alles und singt wie eine Schülerin, mit Mimmi habe ich viel zu thun wegen seiner Unfolgsamkeit und flüchtigem Wesen, es will sich im Hause gar nicht verwenden lassen. Wenn wir es nur in eine bessere Schule schicken könnten, auch in die Kirche, hier erhalten sie eben kein Religions Unterricht.

Mein Bestreben ist immer, wieder einmal in die liebe, alte Heimat zurückzukehren, wenn wir gesund bleiben, hoffend dass wir Alle und besonders Sie, geehrter Herr Dr., noch gesund antreffen werden; ich habe immer besonders in trüben Stunden noch Heimweh. Damit Gott befohlen. Herzliche Grüsse an Sie und Ihre geehrte Familie von Ihrer Ergebenen   Seline Streuli

«Den Geldsack habe ich in meinen Händen.»

Adelaida, den 9. Mai 1889

Lieber Vater!

Ihren Brief vom 16. April mit Inhalt der 175 Dollar habe ich gestern auf der Post abgeholt, und es ist mir wohl wie ein Glücks-Engel erschienen, denn wir werden in den nächsten Tagen Gelegenheit haben, es nöthig zu verwenden. Für Ihre Güte vielmal herzlichen Dank und ich hoffe, wenn wir weitere 400 Dollar noch haben, dass wir Sie nicht mehr plagen müssen.

Obschon wir ja dennoch Schulden genug haben, so können wir jetzt das Nöthigste bestreiten; ein wenig Rechnen und Sorgen schaden nichts, damit man sich nicht leicht zu wohl fühlen kann.

Meine 270 Frk., welche ich von Newyork bis hieher brauchte, senden Sie mir noch nicht sowie die andern 50 Dollar. Wir werden es jetzt sonst zu machen suchen; ich kann das immer noch einziehen, wenn ich es für nöthig finde. In diese Hügel und Berge hinein lasse ich kein Geld mehr stecken, ich bin stets darauf bedacht, bei jeder günstigen Gelegenheit von hier fortzukommen, nur ein Jahr müssen wir noch hier auf diesem Platze ausharren, und nachher kann man schauen, das verkaufen geht eben nicht so schnell, obwohl wir noch einen der günstigsten Plätze haben in dieser Gegend.

Mein Verhältnis zu Otto betreffend, thut es mir leid, ohne Ihre gütige Einwilligung in dieser Sache vorangegangen zu sein, wie ich es Ihnen in meinem Brief vom 23. April mittheilte (welcher nun bereits in Ihren Händen sein wird), und aus allen diesen angeführten Gründen einerseits und dem Setzkopf Ottos (welchem man auch mitunter einmal nachgeben muss) anderseits bitte ich Sie, guter Vater mein Vorgehen zu entschuldigen, denn es ist weder aus Leichtsinn noch aus Gleichgültigkeit geschehen.

Ihren Grund zur einstweiligen Verweigerung unseres Vorhabens begreife ich wohl, was aber seine Oekonomischen Verhältnisse anbetreffen, so ist es eben gut, wenn ich Sie Ihm regulieren helfe. Den Geldsack habe ich in meinen Händen und werde denselben immer bestmöglichst zu unserm Oekonomischen Nutzen und Fortkommen verwalten. [...]

Otto und Seline

«Ein Civilstandsregister existiert hier nicht.»

Adelaida, California, Mai 13. 1889

Lieber Vater!

Seline erhielt letzte Woche einen registrierten Brief mit $ 425.–, macht $ 600.–. Ich muss gestehen, wie es mir zukam und Eure heutigen Briefe las, freute mich wenig, aber lieber wäre mir gar nichts, als bei missverstandenen oder gänzlich unverstandenen Verhältnissen alle Schuld und Fehler mir zuzuwälzen.

Ich hatte fürwahr wenig Freude am Leben, seit ich meine drei Buben ins Grab gelegt, aber gesorgt und geschafft habe ich immer. – Es gibt mir jetzt Gelegenheit, die 15 %tigen Schulden los zu werden, und dann wirds auch wieder besser kommen. [...]

Was mich selbst anbetrifft, so glaube ich, mein Name ist noch gut und ich bin meinen Verpflichtungen bestmöglichst nachgekommen, dass Krankheit und Todt von 4 Kindern und schliesslich der Mutter jeden Mann zurückstellt, lässt sich wohl nicht in Frage stellen.

Wenn mir aber etwas geblieben ist, so ist es der Fluch einer elenden Lehrzeit!

Ein Civilstandsregister existiert hier nicht, und Geburts- wie Todesfälle werden nirgends registriert. In San Luis ist auch kein deutscher Pfarrer wohnhaft jetzt, und nach vielen hin und her habe ich nur die

Wahl, ein Verzeichnis selbst zu machen, es beim hiesigen Friedensrichter zu beglaubigen, nachher beim Gericht vom Country und schliesslich vom Consul.

Es ist bereits gemacht, aber noch nicht richtig beglaubigt, wird aber so bald als möglich nachfolgen. – So hoffe ich dann, nicht noch schlechter angesehen zu werden, verbleibe mit Liebe, Euer Otto

«Etwas Rechthaberei und Eigensinn ist immer noch in seinem Kopf.»

In diesem Brief vom 31. Mai 1889, den wir auszugsweise wiedergeben, schildert Seline die Zustände, die sie im Haushalt angetroffen, und ihre entsprechenden Sanierungsmassnahmen.

Adelaida, den 31. Mai 1889

Lieber Vater!

Soeben haben wir die Eintragungen der Geburten und Todesfälle sowie unseren Heirathsschein vom Schweizerischen Consulat erhalten und werde ich demselben noch einige Worte beifügen. Dass wir Ihre Geldsendungen erhalten, werden Sie bereits aus meinem und Ottos Briefen vernommen haben, nochmals sage Ihnen tausendmal herzlichen Dank für Ihre gütige Hülfe. Ich athme jetzt wieder etwas freier auf und werde Ihnen über die Verwendung des Geldes gerne die gewünschte Auskunft geben. Wie Ihnen Otto bereits mittheilte, haben wir die 300 Dollar mit Zinsen 367 $^1/_2$ Dollar betragende Hypothek bezahlt. Ich habe Sie am 16ten diess selbst in Paso Robles auf die Post getragen, wohin ich mit Mr. Meier mit unserem Fuhrwerk gefahren war, um verschiedenes nöthiges einzukaufen, wozu ich auch 14 Dollar brauchte.

130 Dollar haben wir gestern fortgeschickt nach San Francisco, für nur die gangbarsten Spezereiwaaren in den Laden. Wir hatten von diesem gar nichts mehr und um es dann billig verkaufen zu können, so haben wirs baar bezahlt. Wir haben eben wieder etwas anschaffen müssen, um die noch in ziemlichen Vorrathe befindlichen Ellen- und Merceriewaaren zu verkaufen und hauptsächlich, da wir gedenken, nächsten Frühling (wenn die Heimstätte unser eigen ist), den Laden zu vermiethen; so wollen wir jetzt *nicht* ganz aufhören. Es geht jetzt immer etwas, und Otto sagt: in den heissen Sommermonaten, wo viele Geschäftsleute und Familien hier vorbei nach der Küste ziehen, brauche es viel eingemachte Früchte, Fische und Fleisch, auch Creakers

(eine Art Confekt), welche hier in allen Läden gehalten und viel gebraucht wird; das geht dann auch immer um baares Geld fort. Ueberhaupt werde ich für das leichtsinnige Credit geben möglichst sorgen, ich habe erst gestern Abend einen, welcher Taback holen wollte ohne Geld, fortgeschickt. Er ist auch noch 20 Thlr. Schuldig. Den Rest des Geldes haben wir noch und noch etwa 40 Thlr. Von den 500, welche Otto in San Luis aufgenommen auf das Land, welches wir verpachtet haben, und aus diesem Pachtzins wir den Kapitalzins decken können. Otto will noch für 50 bis 150 Dollar Vieh kaufen. Aus letztern 500 Dollar haben wir fast alles 1, und 2 und dreijährige Ladenschulden mit ihren 15prozentigen Zinsen bezahlt; auch für Steuern und Zeitungen, für den Arzt noch 35 Dollar und dem Countri Clerk 1 Dollar bezahlen müssen; und muss ich Ihnen sagen, dass wir immer noch über 200 Dollar schuldig bleiben müssen. Ich rechne das aber von noch ausstehenden Rechnungen, die wir nächstens einziehen werden, zahlen zu können. [...]

Er war wohl etwas ungehalten darüber, dass Sie das Geld an mich adressierten, ich habe ihm aber gesagt, dass es ihm schon längst angestanden wäre, den Vater über seine Verhältnisse näher Aufschluss zu geben; im übrigen habe ich ihm seine Pflichten als Gatte und Vater, als Sohn und Bruder schon oftmals auseinander gesetzt, und Er nimmt sich wohl zusammen, und es geht ordentlich fort; es vergehen aber wenige Tage, wo ich diese nicht mache, und das muss ich immer mit Güthe thun, mit bös sein würde ich nichts ausrichten, denn etwas Rechthaberei und Eigensinn ist immer noch in seinem Kopf, und das wird man nicht so leicht wegbringen. Er hört so oft viel auf mich und thut nicht viel, ohne meinen Willen, und es ist ohne mein Wissen jetzt noch kein Ct. Weggekommen.

Noch bin ich sehr begierig zu wissen, was Er Ihnen geschrieben, ob Er Sie etwa beleidigt habe in seinem Schreiben, da Sie das Geld nicht an seine Adresse geschickt haben; sollte das der Fall sein, bitte ich Sie, Ihm das nicht hoch anzurechnen, sondern Es seinem Eigensinn zuzuschreiben. Er hatte mir jedesmal die Briefe, die Er an Sie geschrieben, gezeigt, aber den letzten nicht, wohl aus Furcht, dass Er ihn anders aufsetzen müsse. Aus Ihrem letzten Briefe an Ihn sah ich, dass Sie ziemlich klar in seine Wirthschaft und in seine Verhältnisse hinein sehen, und diese Mahnungen haben gar nichts geschadet, obschon Er meinte, Er sei kein Schuler Bube mehr, und mir bereits Vorwürfe machen wollte, dass ich zu viel an Sie geschrieben. Sie schreiben unter Anderem, dass wahrscheinlich die Post Office wegen Unordnung weggekommen sei; das ist wahr, und ein Wunder ists auch nicht, wenn man die Unordnung darin gesehen.

Wohl wünschen es jetzt die meisten Leute wieder hieher, seit aufgeräumt ist, denn sie ist jetzt für den grössern Theil unbequem.

Otto hatte Ihnen auch gesagt, dass seine Frau sel. einige hundert Dollar erspartes Geld hatte, wie er mir selbst sagte, hatte Sie nicht ganz 300 Dollar, und das hatte Sie zum grössten Theil geerbt, nämlich 1200 Frk. Als Sie schon einige Zeit hier war, etwa 100 Dollar hatte sie in San Franzisko erspart, wo sie noch ein Jahr diente, bevor sie heirateten. Als Sie in Zürich war, arbeitete Sie bei Leuthold in der Enge. Ihr Bruder, welcher hier ist, hat Sie immer unterstützt. Als Otto Sie nach Amerika kommen liess, hat ihr Bruder ihr 600 Frk. Reisegeld gegeben und es dann von diesen 1200 Frk. Betragenden Erbe wieder abgezogen.

Herzliche Grüsse von Allen, von Ihrer dankbaren   Seline

Ein Hilferuf aus tiefer Not.

Der nachfolgende Brief ist das Dokument eines Dramas, wobei wir die seelische Verlassenheit und Verwundung Ottos nach all den Schicksalsschlägen nachempfinden können.

Adelaida, den 9. August 1889

Lieber Herr Vater!

Kummer, Aerger und Verdruss treiben mich zum schreiben. Schon seit 2 Monaten habe ich dieser Sachen so viele, dass ich endlich voll Verzweiflung fragen muss, was soll ich thun? Diese Frage hat mich schon manchen Tag und manche Nacht schon beschäftigt und gequält, dass ich es endlich an der Zeit finde, meinem Herzen Luft zu machen, da ich körperlich so abgenommen, dass mir oft Thränen in die Augen kommen, wenn ich in den Spiegel schaue.

Von März bis Juni gings recht ordentlich, dass ich Hoffnung hatte, unser Dasein wieder verbessert zu sehen, besonders da Sie Guter Vater auf mein Gesuch so schnell uns zu Hülfe kamen. Am Pfingstmontag erhielt Otto den Brief von der Schwägerin, Frau Professor, und das war ein wahrer Fluch für mich. (Ich bitte Sie sehr, lieber Herr Vater, mir diesen Ausdruck nicht übel zu nehmen, und bitte Sie, dieses für sich zu behalten.) Otto ging gleich nach Empfang desselben in die Kneipe und trank zu viel, und mir Vorwürfe machend, ich habe zu viel heim geschrieben, verlebte ich dann eine Nacht wie ich solche in meinem Leben nie durchgemacht. (Seither aber schon manche.) Er glaubt jetzt so sicher, ich habe keine Unterstützung mehr von Ihrer Seite, und hält mir jedesmal, wenn Er zu viel getrunken, die Stiefmutter vor. Er ist in der Trunkenheit sehr bös, sogar gemein, wie ich es noch an keinem anderen gesehen. Es ist jetzt Nachmittags 2 Uhr; er sitzt wieder in der Kneipe, nachdem Er schon Vormittags zu viel getrunken (und nur Schnaps). Ich holte Ihn zum Mittagessen, suchte Ihn vom Wiedergehen abzuhalten, aber vergeblich, ich machte Ihm, wie schon einige Male den Vorschlag, Er müsse mir den Lohn bezahlen oder ich gehe fort, worauf er mir jedesmal zu Antwort gibt: ich müsse diesen von Frau Professor verlangen, immer im festen Glauben, ich finde kein Recht mehr bei Ihnen.

Ferner sagt er mir jedesmal, Er lasse sich nicht meistern von mir. Wenn die Kinder nicht wären, ich wäre (offen gestanden) nicht 2 Monate hier geblieben. Die Entschädigung des Reisegeldes hätte keinen Anstand dazu gegeben, aber weil ich die lieben Kinder bedauerte und Mimmi mich oftmals weinend zurückhielt, wenn ich Ihm drohte fortzugehen, so entschloss ich mich dann noch, Ihn zu heirathen in der Hoffnung, dass es vielleicht dann besser gehen werde und da ich als Haushälterin nicht länger hätte bleiben können und wollen. Meine Hoffnung ist immer, dass ich über dieses noch einmal mündlich mit Ihnen sprechen könne, aber sehr oft will es mir scheinen, dass mir dieses nicht mehr vergönnt sei und dass ein Flecken Erde zu meiner letzten Ruhe mir hier bereitet sei.

Vorgestern hatten wir einmal die traurige, seit Jahren vernachlässigte Buchhaltung in Ordnung gebracht. Die Guthaben alle im Tagbuch und im Hauptbuch ausgezogen; ich liess Ihm desswegen keine Ruhe mehr, ich half Ihm dabei und so hatten wir 15 Nachmittage zu thun, bis es in Ordnung war. Wohl schauderte es mich manchmal beim Durchgehen dieser Bücher, und ein Bild der leichtsinnigsten und traurigsten Krämerei bot sich meinen Augen dar.

Viele Rechnungen waren schon seit Anfang des Jahres 1885 nie mehr oder gar nie ganz nachgerechnet worden, was da für Zahlen zum Vorschein kamen; ich musste oft sagen zu Otto, Ihr hattet nur Angst, bis die Waaren fort waren, fürs Geld zu bekommen nicht. Ich hatte Ihnen im letzten Briefe geschrieben, dass Otto noch für 50 Dollar Vieh kaufen werde, das hat Er unterlassen. Ich sagte Ihm, dass Er diese 50 Dollar abzahlen solle an die mit Zinsen 320 Dollar betragende Schuld in Cambria, wo Er vor zwei Jahren für 500 Dollar Kälber kaufte, von denen Ihm letztes Jahr so viele zu Grunde gegangen. Die Hälfte hatte Er damals daran bezahlt. Nun schuldet er noch 272 Dollar. Es sind in letzter Zeit in der Umgegend wieder da und dort Kühe zu Grunde gegangen, wir sind gottlob bis jetzt verschont geblieben; diese Krankheit kommt scheints fast alle Jahre um diese Zeit, wenn alles trocken und dürr und fast kein Wasser mehr ist.

Man sieht dann die todten Thiere manchmal erst nach ein paar Tagen, weil sie oft weit herumlaufen. Sie werden dann von den Vögeln und von Hunden aufgefressen, von der Haut bekommt man hier so viel als nichts. Ferner sind wir in San Luis etwas über 300 Dollar schuldig mit Zinsen, schon über drei Jahre, für Spezereien. Letzte Woche hat Er 15 Dollar daran bezahlt. Etwa 12 Dollar sind noch Schulden für Samen in San Franzisko, 90 Dollar in Cajuccos für Wiski auch schon seit drei Jahren, denn Wein und Schnaps hatten Sie hier bei der Flasche verkauft, bevor die Wirtschaft existierte. Es ist bei diesem hier guten Verdienst, das war aber, wie ich mir sagen liess, das Verderben für Otto

Die Guthaben nun, die wir noch einzuziehen haben oder hätten, übersteigen die Schulden bereits ums Doppelte (ich habe noch nicht alles genau zusammen gezählt); ich denke aber, wir bekommen kaum ein Drittheil davon, und das wird man meistens noch an Produkten oder Vieh einziehen müssen und wann?

Neue Schulden sind bis jetzt keine gemacht worden, wir haben vorweg alles bezahlt, was wir bestellt haben. 60 Dollar haben wir letzte Woche nach Cajuccos geschickt, und so bleiben noch dreissig übrig. Es geht nicht gar viel im Store, es ist mir recht, wenn diese nicht kommen, welche nicht zahlen, und solche hat es hier viele. Ob ichs dazu bringe, die Kneipe zu schliessen, weiss ich noch nicht, Otto hatte mir im März versprochen zu schliessen mit 15. Sept., und nachträglich kommt Er und sagt mir, der Vertrag sei beim Kauf des Landes letztes Jahr auf zwei Jahre ausgestellt worden, so viel er aber wisse, der Vertrag beim Counti Clerk nicht beurkundet worden, und dann werde er wohl für ein Jahr gültig sein; im anderen Fall würde der Wirth natürlich unverschämte Entschädigung verlangen, wenn man ihn wegschicken wollte. Ich werde mich in den nächsten Tagen über dieses erkundigen beim Friedensrichter, welcher jetzt das alte Haus bei der Quecksilber Mine gemiethet hat für 2 $^1/_2$ Dollar per Monat. Seine Frau ist Lehrerin hier.

Ich muss sagen, ein ganzes Jahr könnt ichs nicht mehr aushalten, wenn diese Kneipe nicht wäre, dann liesse sichs wohl machen, und es ist eben auch für die Kinder sehr nachtheilig. Lieb Alicli kann Wein, Schnaps und Bier trinken schon lange. Wenn oft ein so unvernünftiger Betrunkener ihm zu trinken gibt, wenn es hinspringt oder wenn der Vater selbst zuviel hat, ich habe zwar immer Achtung, aber ich sehe es nicht jedesmal.

Sonntag, den 11. August.

Mein Schreiben zu schliessen, muss ich zu meinem Aerger sagen, dass Otto heute schon wieder seit 11 Uhr in der Kneipe sitzt und schon wieder zu viel hat. Er hatte soeben Mimmi nach dem neuen Pferd geschickt (sie laufen im Freien manchmal weit), es ist ein Mann hier mit Wagen und zwei Pferden, hier in der Kneipe, und Otto will mit ihm tauschen. Mimmi musste gehen, ich sagte ihm aber noch, dass es das Pferd nicht heimbringen soll. Es ist jetzt halb sechs Uhr Abends; er ist noch dort, wenns nur schon Morgen wäre.

Am Freitagabend hat er den Kindern (wie jedesmal wenn er zuviel hat) erzählt, dass ich nur die Stiefmutter sei, das ist peinlich! Besonders da ich mit gutem Gewissen sagen kann, dass ich die Pflichten als solche mehr als erfüllt habe, dass aber in solchen Verhältnissen eine gute Erziehung doppelt schwer ist, ist wohl begreiflich, besonders da man von Seite der Schule gar keine Hilfe hat. Mimmi geht jetzt das 5te Jahr in die Schule, es hat noch nicht das Einmal Eins gelernt. Ich nehme es alle Tage mit ihm durch und habe es ihm bereits eingedrillt; von Religionsunterricht ist keine Rede. Mimmi hat so sehr sehr gute Erziehung und Bildung nöthig, doch ich habe schon viel Kummer und Sorge auch desswegen gehabt, denn dass ein ungeratenes Kind auch für eine ordentliche Stiefmutter nicht gleichgültig sein kann, das wird jeder vernünftige Mensch zugeben müssen, wenn ich vom Vater auch in dieser Hinsicht etwas mehr Hülfe hätte, so würde es wohl noch gehen. Er ist eben auch da nicht bloss zu gut, sondern zu gleichgültig; Er lässt gehen was geht. Ich bitte Sie sehr, lieber Herr Vater, mir dieses nicht übel zu deuten, weil ich Stiefmutter bin, denn ich bin mich stets gewohnt, die Sache so darzustellen, wie ich sie anschaue und wie sie ist, und ich kann nur sagen, dass ich mit beiden Achseln zu tragen habe mehr als mir oft möglich scheint.

Wie geht doch die schwerste Arbeit noch so leicht, wenn man glücklich und zufrieden dabei sein kann; wie viel habe ich das schon gewünscht, ohne Kummer, Verdruss leben zu können, ob mir das wohl noch beschieden ist?

Ich schliesse endlich wieder einmal mit der Bitte, mir offen und unbefangen Ihre Meinung über dieses auszudrücken, weil ich denke doch, dass ich von Ihnen als erfahrenen Arzt und Vater am ehesten einen guten Rath erhalten kann. Meine herzlichsten Grüssen von Ihrer Ergebenen   Seline

Adelaida, den 22. August 1889

Lieber Herr Vater!

Schon wieder komme ich, aber diessmal zu Ihrer Beruhigung Gottlob mit etwas besserem Bericht, als der letzte war. Es thut mir sehr leid, Sie immer mit solchen unangenehmen Nachrichten belästigen zu müssen, aber ich weiss nichts anderes zu thun als mich an Sie zu wenden, da ich ja aus Erfahrung weiss, dass man nur bei den Eltern am besten Rath und Hülfe findet.

Noch zwei Tage hatte Otto leichtsinnig zugebracht, und so wurde ich dann in Folge dessen von Aerger und Verdruss krank und musste drei Tage im Bett bleiben, bin noch jetzt nicht ganz in Ordnung aber Gottlob besser. Otto ist nun wieder ordentlich und recht; Wills Gott wird es lange andauern. Ich habe es nun mit viel Mühe durchgesetzt, dass die Kneipe geschlossen wird, nachdem ich noch mit Mr. Gibons, Friedensrichter, gesprochen, welcher mir sagte, dass nach Contract wir den Tessiner nicht fortschicken könnten, es gebe aber ein anderer Weg Ihn zu vertreiben, wenn Otto mit einverstanden sei, so werde er durch eine Petition mit ein paar Unterschriften beweisen, dass diese Wirthschaft der Nachbarschaft Aergerniss sei, und dann müsse Er gehen.

Otto hat nun letzten Montag gütlich mit dem Tessiner abgemacht, nur musste Er Ihm noch einen Monat länger Zeit geben, damit Er seinen Vorrath aufbrauchen könne. Ich hatte eben Otto entschieden gesagt, dass das entweder aufhören müsse oder ich gehe fort, was ich auch gethan hätte, und Mr. Gibons hatte Ihm auch recht zugesprochen.

Meiers unterstützen mich auch kräftig, und von Mr. Meier kann ich immer nur sagen, dass Er solid und thätig ist. Otto ist heute fort um Guthaben einzuziehen; gestern zählte ich alles zusammen, und so bekam ich die Summe von 1305 $; wenn wir nur 500 $ davon bekommen, dann bin ich zufrieden. Wir haben jetzt grässliche Hitze, und bin ich froh, wenn der Monat bald vorbei ist.

Indem ich hoffe, dass mein letzter Brief Sie nicht allzusehr beunruhigt habe und dass diese Zeilen Sie in bester Gesundheit antreffen werden, grüsst Sie recht herzlich Ihre dankbare			Seline

Es geht aufwärts.

Adelaida, den 30. September 1889

Lieber Herr Vater!

Endlich komme einmal dazu, über den Empfang Ihrer Briefe Mittheilung zu machen, welche am 19ten diess hier angekommen sind. Vor allem meinen herzlichsten Dank für Ihre freundliche und liebevolle Aufnahme als Glied Ihrer Familie, der ich ja nur zur Ehre und zum Wohl zu leben und zu wirken bestrebt sein werde.

Sehr wohltuend ist es, wenn man weit weg von allen seinen Lieben ist, man dennoch in Sorgenvollen und trüben Tagen auf ihre Hülfe und Unterstützung rechnen kann, besonders wenn man noch das Glück hat, auch nur ein treubesorgtes Elternherz noch zu haben, das in hohem Alter noch warm für seine Kinder schlägt. Das lernt man wohl erst recht erkennen, wenn man auf sich selbst angewiesen, wenn man frühe gute Eltern verloren hat.

Schon dreizehn Jahre sind vorüber, seit ich einen guten Vater verloren, und obschon ich auch damals kein Kind mehr war, so habe Ihn doch schon so viel und schmerzlich vermisst und fühle mich um so glücklicher, wieder einen liebenden und guten Vater mein eigen zu nennen. Möge Gott uns Ihn noch recht lange erhalten.

Für den Rest meiner Reisekosten habe ich ferner noch recht herzlich zu danken, ich habe das zwar nicht mehr erwartet und auch nicht verlangt, brauchen können wird freilich wohl, aber dessenungeachtet verlange ich kein Geld mehr von aussen, denn (obschon wir ja noch zu sorgen genug haben) wenn Otto mir schaffen und sparen helfen will, wie ich es immer gewohnt war, so können wir uns schon heraus arbeiten, dass wir in wenig Jahren wieder leichter haben; könnte das nicht sein, so wärs ja noch schade für das, was Sie gespendet haben. Für Ihre guten Ermahnungen auch betreff der Kinder danke ebenfalls, ich werde auch in dieser Hinsicht mein möglichstes thun, sie zu Ihrer eigenen und der ganzen Familie Nutzen und Ehre zu erziehen. Sie sind gottlob immer recht gesund und munter, und besonders die lieb Kleine hat mir mit ihren naiven Plaudereien schon manchmal in trüben Stunden Zerstreuung gebracht.

Den 3. Oktober, meinen Brief endlich fertig zu bringen.

Aus Ihrem Briefe an Otto musste ich leider entnehmen, dass Er Ihnen mit Undank entgegengekommen ist, was ich wohl ahnte, ich bitte Sie für Ihn, dass Sie Ihm seinen Undank und Eigensinn verzeihen mögen, indem ich hoffe, dass Er wohl noch selbst zur rechten Einsicht seiner Fehler kommen möge, um den lieben Vater Abbitte zu thun, der Es ja nur recht gut mit seinen Kindern meint. Seinen Brief hat Er mir freilich nicht gezeigt, aber ich habe ihn doch gelesen, was Er zwar noch nicht weiss. Ich danke Ihnen noch für die guten Mahnungen, die Sie Ihm darin geben, sowie für den Segenswunsch.

Wills Gott wird er nicht ohne Segen bleiben. Die letzten paar Wochen gings so ziemlich ordentlich, und jetzt soll etwa innert zehn Tagen die Kneipe geschlossen werden, was wohl eine grosse Erleichterung für mich ist. [...]

Letzten Montag ist die kleine Stadt Cambria ganz abgebrannt, in Folge Unvorsichtigkeit, indem Asche, welche noch nicht ganz erloschen war, am nicht feuersicherem Orte aufbewahrt wurde; bei dieser Hitze und Dürre waren natürlich diese Holzhütten in wenigen Stunden ein Raub der Flammen. Man baut schon wieder. [...]   Seline

Es geht tatsächlich aufwärts. Das Schlimmste ist überstanden. Die Bemühungen Selines scheinen langsam Früchte zu tragen. Im Brief vom 8. Dezember 1889 schreibt sie z. B.:
Wir alle sind gesund und munter, Otto vergisst, wie ich glaube, das Trinken. Er schafft ziemlich fleissig, die Wirthschaft ist seit 20. Oktober geschlossen, und nun geht's ordentlich im Frieden fort. Auch mir geht natürlich die viele Arbeit viel leichter, und so wird, wie ich hoffe, allmälig alles wieder ins Geleise kommen, was ja sehr nöthig ist, man hat ja immer der Sorgen genug.

Die Briefe Selines enthalten viele Angaben zum Alltag in Adelaida. Sie belegen u. a., wie selbstverständlich die Menschen viele Arbeiten erledigten und Aufgaben erfüllten, die in unseren Breiten spezielle Handwerker ausführten. Dazu einige Auszüge:

Über das Schlachten der Haustiere.

Vor 14 Tagen haben wir ein 4jähriges Rind geschlachtet, wir haben verkauft, was wir konnten zu 6 Ct. das Pfund, über einen Zentner ist uns geblieben, wir haben es gesalzen, und Otto hatte eine provisorische Einrichtung gemacht zum Räuchern im Maschinenhaus der Quecksilbermine. Auch haben wir vieles verwurstet, ich sagte, wenn wir nur ein rechtes Stück nach dem Steinhof schicken könnten, es ist sehr gutes Fleisch. Der Metzger hatte im Sommer 16 Dollar dafür geboten, und so fanden wir, es sei vortheilhafter, es selbst zu schlachten. Nun haben wir für 15 Dollar verkauft und haben noch viel Fleisch, die Viehpreise sind eben gegenwärtig schon niedrig.

Ende Oktober haben wir auch ein Schwein geschlachtet, welches wir an eine Schuld nehmen mussten, etwas davon haben wir auch verkauft, ich hatte dann auch die Därme genutzt und Blutwürste gemacht nach Zürcher Mode (hier kennt man das nicht). Ich hatte freilich ein wenig Angst, dass sie mir nicht gerathen werden, sie waren aber zum Glück so ausgezeichnet fein, dass ich das nächste Mal wieder machen muss, wenn wir ein Schwein schlachten. Ich hatte das daheim gelernt, indem ich manchmal dem Metzger behülflich war, wann wir ein Stück Vieh schlachteten.

Weihnachtsvorbereitungen.

Adelaida, den 8. Dezember 1889
Wohl habe ich diess Jahr auch wieder fröhlichere und angenehmere Weihnacht als letztes Jahr, da ich auf der Reise war, es wird hier am Vorabend des heiligen Weihnachtstages im hiesigen Schulhaus auch eine Weihnachtsfeier abgehalten, wo auch ein schöner Christbaum aufgestellt wird.
Vorgestern Abend waren hier auf Anregung Mr. Gibons, Otto und noch eines anderen Nachbars 5 Männer beisammen, welche das Komitee bestellten, dazu natürlich auch eine Anzahl Frauen gewählt wurden zum dekorieren und Schmücken des Baumes. (Darunter auch

ich mit meinem Züridütsch.) Die Kinder freuen sich jetzt schon darauf, Alte und Junge, Grosse und Kleine werden beschenkt. Jede Familie muss einen Beitrag geben. Wenn das Fest vorbei ist, so gibt's eine Tanzunterhaltung in unserem alten Haus bei der Quecksilbermine. Das Tanzen bildet hier immer das Hauptfest. (Ohne Tanz kein Fest.) Für die Kinder habe ich jedem eine Plüschmütze kommen lassen, durch meinen Bruder in Zürich. Sie sind am Freitag angekommen, auch eine wollene Kappe für Otto, wenn Er aus dem Haus geht, seinen Kopf in eine warme Kappe, dann bekommt er noch eine wollene Jacke, wir haben noch eine solche im Stoor, und dann habe ich für ihn noch eine kleine Halsbinde angefangen. Mimmi sollte sie machen für den lieben Vater, aber sein Eifer ist schon wieder vorbei, nachdem es ein paar Nadeln gestrickt, und ich werde sie jetzt selbst machen müssen.

Für die Kinder gibt's natürlich auch Schleckzeug und ein paar Spiele. Wir machen Ihnen dann statt an Weihnacht am Sylvester-Abend noch einen kleinen Baum, damit Sie dann auch noch ein wenig Freude haben. Lieb Alicli will noch ein Bäbi haben, es wolle Ihm es guets Müeterli sii, sagte es gestern, es ist recht gesund und lustig und hat fast um einen Kopf gewachsen dieses Jahr, es plaudert den ganzen Tag und ist immer geschäftig. Seine Lieblingsarbeit ist das Waschen, sonst springts viel dem lieben Vater nach, und wenn Er den Wagen anspannt, dann ist's nicht mehr zu halten im Haus. Mit Mimmi habe ich immer die gleiche Plage, es hat keinen Augenblick Sitzleder, und ich muss immer und immer es treiben, wenn's gilt, ein Pferd oder die Kuh heimzutreiben. Auf dem Pferde, das muss man Ihm dann nicht zweimal sagen. Das muss freilich auch sein, und es verliert weniger an Zeit als der Vater, aber ich muss Es dann doch daran mahnen, dass es ein Mädchen und nicht ein Knabe sei und desshalb die Hausgeschäfte auch lernen müsse. Es ist schon so recht Amerikanerin.

Das Strümpfe-Stricken.

1890

Im September hatte ich ihm ein Paar Strümpfe angefangen für sich und sagte Ihm, es müsse dieselben auf Weihnacht fertig machen, sonst komme das Christkind ganz sicher nicht zu Ihm; dessenungeachtet hat Es mir diese Arbeit nie ungeheissen zu Handen genommen, nun hat es, weil Es wegen vielem Regenwetter nicht in die Schule musste, die Strümpfe fertig bis an einen halben, nun ist das Garn ausgegangen, und ich kann hier nicht ähnliches bekommen, weil das von Zürich geschickt wurde. Mimmi sagte, es sei von den Tanten. Ich lege Ihnen ein Muster bei und bitte Sie, Sie möchten doch, wenn Sie ähnliches bekommen können, solches schicken. Ich habe wohl noch manche Strange verschiedenes Garn gefunden, alles aus der Schweiz stammend, auch etwas Wolle, aber vieles war von den Mäusen verfressen oder sonst verdorben, und ich musste es wegwerfen. Wenn ich nur noch einen rechten Bündel mitgenommen hätte, für mich brauche ich keines als zum flicken, und das habe ich noch. Aber für Otto und die Kinder hier ist eben das flicken und stricken nicht Mode, und man bekommt kein rechtes Garn; Wolle noch weniger und sehr teuer. Hier kauft alles die gemachten Strümpfe, welche sehr schlecht und flüchtig gearbeitet sind. Otto hatte auch solche Socken, aber kein ganzes Paar mehr, und Er war sehr froh über die, welche Ihm die Nichte Alma gestrickt hatte. Ich habe Ihm auch zwei Paar gemacht, die gefallen Ihm besser als die gestrickten.

Wie man selber Matratzen macht.

Letzte Woche habe eine Matratze gemacht. Wir hatten Haar gekauft. Trilch hatten wir noch, und weil die Matratzen hier schlecht gearbeitet sind und schlechte Waare darin, so habe ich sie Selber gemacht. Wir hatten auch im Sommer unsere Gänse gerupft, man hat mir eine Decke gegeben, welche ich auch vorletzte Woche fertig machte, so haben wir jetzt ein warmes gutes Bett, und ich muss nicht wieder frieren wie im letzten Winter. Auch Otto gefällt es sehr gut; den Kindern habe auch ein besseres hergestellt. So habe ich immer noch etwas zu verbessern und einzurichten, nun ist's bald besser, und wir fühlen uns ziemlich wohl. Otto ist gottlob immer recht gesund und hat guten Appetit, und ich habe nur dafür zu sorgen, dass ihn stillen kann. Doch für diesen Winter haben wir jetzt ziemlich gesorgt, auch bin gottlob, seit es kühler geworden, gesund und habe guten Appetit und so geht auch die Arbeit besser.

Nun hätte bald noch das wichtigste vergessen, dass wir bis im Frühjahr (April) einen Bueb erwarten, was mir wohl bei den hiesigen Verhältnissen ein wenig Kummer macht, wo man ungeschickten Falls den Arzt so weit holen muss und ich eben auch nicht mehr zwanzig Jahre alt bin.

Von den Gartenarbeiten.

Otto hatte meist den Garten besorgt, und Er war wohl ein wenig stolz darauf, wenn mitunter Einer zu Ihm sagte, Er habe den schönsten Garten. Ich habe natürlich genug zu thun, im und um das Haus Ordnung zu halten, hier gibt's immer viel zu waschen, besonders beim Regenwetter, ich habe jede Woche einen Haufen Wäsche und nach dieser natürlich jedesmal viel zu flicken.

Von der Kondition der Frauen in Amerika.

Wohl sagt man draussen, die Frauen müssen in Amerika nicht so viel arbeiten, das kann man aber auch hier machen, wie man will, wenn man nicht im Schmutz stehen will, wenn man die Kleider gehörig in Ordnung haben und ausnützen will, so findet man gerade so viel Arbeit, oder noch mehr wie draussen. Wohl ist hier das fliken und striken nicht Mode, und Mimmi meinte eben auch, als Es mir stricken lernen musste, hier thue ja Niemand stricken und die Mutter habe das auch nicht gethan. Ich sagte Ihm dann, Du musst Deine Strümpfe selbst stricken oder ohne solche gehen. Die Frauen und Mädchen laufen daheim meistens zerrissen herum, wenn's ein Loch gibt oder gar ein Schranz, so wird mit einer Gufe geheftet, so lange es noch deckt; und wenn ein Knopf abfällt, so wird er wieder durch ein Gufe ersetzt, und wenn alles zuletzt nicht mehr aneinander hebt, so wird es weggeworfen und neues gekauft. Sonst sind die Frauen hier sehr eitel, wenn Sie auf die Reise gehen, oder gar zum Tanz, dann muss das schönste angezogen sein, und wenn alle 14 Tage Tanz wäre, so muss wieder ein neues Kleidchen her, jede will die schönste sein, und wenn Sie auch sonst nie kein Geld haben, für dieses muss immer noch ein paar Dollar zusammengeschunden sein.

Von der Schule und dem Englisch-Reden.

Mimmi lernt in der Schule ziemlich gut; an Geschicklichkeit fehlts Ihm nicht, aber es wird eben hier gar wenig verlangt, was Es in der Schule jetzt lernt, lernen Sie in Zürich schon in der zweiten und dritten Klasse, und dann ist hier eben auch nicht die Disziplin wie draussen. Dort erwartet man von den Schülern betreff Kinder Erziehung so viel, und hier hat man gar keine Hülfe von dieser Seite, so ist's für die Eltern doppelt schwer. Sie fragen mich, ob ich bald englisch verstehe; verstehen kann ich wohl das meiste, aber noch nicht viel sprechen; wir sprechen immer unser Züridütsch, ich muss jetzt dann aber an den langen Abenden ein wenig üben, damit ich bis Frühling etwas lerne, wenn ich nur mehr Zeit hätte.

Die Gründung einer Genossenschaft.

Adelaida, Ostern 1890

Lieber Vater!

Am Donnerstag wurde meine liebe Frau von einem Mädchen entbunden. Beide sind ziemlich wohl, doch beim Anlegen des Kindes an die Brust verursachte es ihr Schmerzen und Stechen, und es ist wohl besser, die Kleine mit Kuhmilch aufzuziehen.

Die Hebamme meinte in 1 bis 2 Tagen wäre das besser, doch jetzt am vierten ist's noch nicht besser, wenig und wässrige Milch. Die Kleine wiegt 8 $^{1}/_{2}$ Pfund, ist fett und kräftig. Wir haben ein Dienstmädchen angestellt, da ich 9 Kühe melke und so mit dem Milchgeschirr und Butter machen doch Hülfe brauche. Mimmi geht in die Schule, und sie und Alice freuen sich des kleinen Schwesterchens. Voraussichtlich wird die Mutter noch 10 bis 14 Tage das Bett hüten. Das Wetter ist warm und trocken nach einem sehr nassen Winter. Gras und Futter ist gut, während Getreide und Heu noch zurück ist und mehr Regen braucht, während anderorts das Heu bereits zum Schneiden gut ist.

Vieh hatte einen guten Winter, verlor keine, dafür fanden wir vor 14 Tagen eine junge Stute todt, die ein Füllen bringen sollte. Ein Fuchs oder Wildkatze raubte 3 Gänse, die brüteten, und 6 kleine Schweinchen fanden wir auch todt. Butter ist sehr billig, kaum 10 Ct. (50 Rp.) das Pfund. Weizen kaum 1 Ct. das Pfund. Rindfleisch bloss 4 Ct. per Pfund nett; resp. 2 Ct. per Pfund lebend Gewicht.

So sind die Aussichten auch dieses Jahr nicht glänzend. Wir haben hier kürzlich einen Verein gebildet, die «Adelaida Farmers League» zum Zwecke besserer Verwerthung der Produkte, gesellschaftlicher Belehrung und Unterhaltung und Aushülfe in Noth und Krankheit. Versammlungslokal ist unser altes Häuschen, und bin ich deren Sekretär. Bis jetzt sind 24 Mitglieder und mehrere neue angemeldet. Es wird eine Weile gehen, bis wir's ordentlich im Gange haben, es drängen sich viele Lumpen herein, die nur daran denken etwas zu profitieren.

Die Schule geht auch nicht recht; noch bin ich Schulpfleger, aber die beiden andern stecken zusammen und thun alles, wies ihnen passt, es ist kein Geld da, das Dach lässt den Regen überall ein, und noch andere Schulden, und da sollte ich dann Geld für die nöthigen Reparaturen zusammenbetteln. Es wird spät, herzliche Grüsse den Schwestern und Tante Ryffel von meiner lieben Frau und den Kindern, Euer   Otto

«Von der Farmerei, wie sie hier betrieben wird, hat man draussen keinen Begriff.»

Adelaida, den 11. Juni 1890

Lieber Herr Vater!

[...] Die frühere kleine Post Office, welche früher allein stand, wurde im Jahre 1887, als der Store vergrössert wurde, rechts an denselben angehängt und vermittelst einer Thüre durchgängig gemacht. Da habe ich, nachdem ich gründlich ausgeräumt, unser Schlafgemach eingerichtet. Die Kinder schlafen im hintern Raum des Store, abgeschieden, und hinter demselben ist die Küche angehängt. An frischer Luft fehlts uns nicht stark, wir sind unmittelbar unter dem Dache, wir haben, wie viele Farmer hier, keine Zwischendecke. Zur Winterszeit wünschte ich's oft etwas weniger luftig, wenn der Wind durch die Wände und unter dem Dach herein bläst. Bei lang anhaltendem Regenwetter ist's manchmal ein wenig feucht im Hause, und was Reinlichkeit anbelangt, so thue ich mein möglichstes. Ich mache alles ziemlich nach Zürcher Stjl. Die meisten Farmers Häuser sind nur einstöckig, die Decken, wenn solche gemacht werden, bestehen aus leichtem baumwollenem Tuch und werden im Wohnraum unter der Dachhöhe auf allen 4 Seiten angeheftet, eine solche ist auch in unserm alten Häuschen droben, wir hatten sie letzten Sommer, bevor Gibones dort einzogen, heruntergenommen und gewaschen und das ganze Haus gründlich geputzt. Das war keine leichte Arbeit, wir brauchten Gartenrechen und Schaufel in der Küche. Das Wirthschaftsgebäude ist recht gut gebaut. Es besteht aus dem Vorderraum, wo die Wirthschaft war, ein grosser Zwischenraum, wo man zwei schöne Schlafräume einrichten kann (wir haben ein Bett dort, weil im Sommer manchmal Durchreisende übernachten, das kostet ein Dollar mit Nacht- und Morgenessen), zu hinterst eine kleine, aber nette Küche, ein guter Keller, in welchem wir jetzt das Milch- und Buttergeschäft haben.

Noch muss ich Ihnen Aufschluss geben wegen dem Missgeschick unsres Pferdes, weil Otto immer so kurz in seinen Briefen ist. Von der Farmerei, wie sie hier betrieben wird, hat man draussen keinen Begriff; alles was Vieh heisst, läuft Jahr aus Jahr ein auf den Ranches herum; die Kühe kalbern ohne Aufsicht, die Pferde werfen Ihre Füllen ebenso, nur wenn man sieht, dass ihre Zeit bald da ist, so geht man dann und wann nachzusehen. Jeder Farmer muss seine Ranch einzäunen, wenn Er will, dass nicht anders Vieh auf derselben weidet. Das haben lange nicht alle gut in Ordnung, man hat hiezu eigenen Draht mit Stacheln versehen, welcher alle 8 bis 10 Fuss weit auseinander an einen Pfosten geheftet werden, mitunter werden sie vom Vieh durchbrochen, wenn sie darüber springen, und so muss man sie wieder flicken.

Für Gemüse, Gärten und Baumgärten macht man Zäune von diken Holzstäben, um 2 und 4 beiniges Vieh aussen zu behalten. Wir haben in dieser Beziehung immer noch viel zu verbessern und könnten wohl für hundert Dollar Draht brauchen, um alles einzuzäunen, wie es sein sollte, nach und nach wird alles in Ordnung kommen.

Um Haus und Hof sieht's jetzt schon etwas besser aus, wir sind immer ein wenig damit beschäftigt. Um nun noch einmal auf unser Pferd zurückzukommen, muss ich Ihnen sagen dass wir es etwa 10 Minuten weit oben auf unsrem Land todt gefunden. 2 junge rohe Söhne eines Nachbars Marshall, deren Pferde auf unserem Land herumliefen und die sie dann heimtreiben wollten, sind auf unsrem Land herum gerannt, Hügel auf und Hügel ab, mit den Ihrigen haben Sie dann auch unsere Stute herumgetrieben, von welcher wir in den nächsten Tagen das Füllen, es war das zweite, das sie bringen sollte, das erste Mal ging alles glücklich vorüber. Otto schimpfte damals mit den Kerls, und sie muss gleich am Morgen darauf oder vielleicht noch am gleichen Tage zum Werfen des Füllens gekommen sein, denn sie kam alle Tage zum Haus oder zur Scheune, nur von diesem Tage an sahen wir sie nicht mehr. Am dritten Tage nach diesem Rennen wurde ich unruhig, wir sandten Mimmi um nachzusehen. Es setzte sich aufs alte Pferd, und sah sie dann schon in einiger Entfernung todt ausgestreckt. Es ging nicht näher und kam dann schnell zurück mit dieser Botschaft, ich musste fast weinen, denn uns reut sehr das gute Thier. Otto ging am Morgen darauf mit zwei Männern hinauf um nachzusehen, und diese behaupteten, das Füllen sei schon vor dem Werfen todt gegangen und das sei vom Rennen her, die Lage beweise das und Er

Familie Wyss-Streuli mit Seline als Mutter ihres ersten Kindes, v.l.n.r. Alice, geb. 1886, Otto, Mimi geb. 1878, Seline mit Töchterchen Seline, geb. 1890.

könne mit Recht Schadenersatz verlangen. Sie wollen Ihm Zeugen sein. [...]
Viele Grüsse von Otto, den Kindern und von Ihrer Seline

Von der Butter, die man nach San Francisco spediert.
Adelaida, den 14. Juni 1890
Liebe Schwestern Hanneli und Emilie!
Meinen herzlichen Dank für Eure lieben Briefe, komme endlich auch wieder einmal sie zu beantworten. Es geht eben immer geschwinder mit meiner Schreiberei. Besonders Dank noch für das geschickte Garn. Ihr habt aber die Rechnung dafür nicht geschickt. Mimmi hat noch nicht viel davon gebraucht. Mit nächstem Mittwoch gibt's Ferien, der erste Termin ist aus, und der zweite wird erst Ende Juli oder Anfang August wieder beginnen. Hier wird die Schulzeit immer in zwei Termine eingetheilt und fast jedesmal gibt's eine andere Lehrerin, was natürlich für die Kinder ein Nachtheil ist. Sie sind darum immer auf dem gleichen Punkt. Mimmi sagte mir letzte Woche, Sie haben das Einmal Eins lernen müssen. Es sei von Allen das Einzige gewesen (mit Ausnahme eines 15jährigen Knaben), das dasselbe recht gekonnt, und Es hat dann der Lehrerin gesagt, die Mutter habe es ihm gelernt. [...]

An der Auffahrt ging ich mit Alice nach Cayuggos, ein Mann (Schmid zur Profession), welcher hier ein Schmiede bauen will, führte uns dorthin, weil wir beide, Otto und ich, miteinander nicht fortgehen können und Er mit dem Vieh viel zu schaffen hat, so schickte Er mich. Wir hatten eine Kiste Butter mitzunehmen, um Sie per Dampfschiff nach San Franzisko zu schicken. Bei heissem Wetter kann man ihn nicht per Eisenbahn spedieren. Da ich sonst natürlich nie von Hause weg komme und auch noch nie an der Küste war, so ging ich einmal gern, nur war es mir nicht ganz recht wegen der Kleinen. Doch der Vater meinte, Er könne das mit Mimmi schon besorgen. Für Alice war das natürlich ein Haupt Vergnügen. Als wir das Meer sahen, war sie ganz erstaunt und sagte, so ein grosses Wasser habe Sie noch nie gesehen. Wir übernachteten dort, und am Freitag Morgen fuhren wir von dort nach Cambria, das war 15 Meilen. Da gings eine lange Strecke dem Meer entlang, und wir waren dann glücklich, Abends 4 Uhr wieder daheim bei unsern Lieben zu sein.

Nun muss ich Euch noch erzählen, wie der Butter hier behandelt wird, bevor man ihn zum Verkauf bringen kann. Ich finde es etwas umständlich. Er wird allen gesalzen und in Rollen gemacht mit einem Modell, welches wir auch kaufen mussten. Eine Rolle wiegt zwei Pfund. Jede wird extra in weisses leichtes Baumwollzeug eingewickelt. Zum versenden muss man eigene Kisten haben. Wir kauften zwei, welche je 32 Rollen enthalten. Um ihn lange aufbewahren zu können, packt man ihn in Fässchen und macht Salzwasser daran. Wir haben gestern wieder 40 Rollen gemacht, und haben diesen auch eingesalzen, um ihn noch zu behalten, bis er besseren Preis hat. Wir haben jetzt nur 12 Ct. per Pfund erhalten und noch die Fracht bezahlt. So kommt er nur auf 10 Ct. [...]

Für den Monat April hatte ich eine Magd angestellt, da Otto natürlich mit der Melkerei und allem nicht hätte allein sein können. Aber am 13ten Tage nach der Geburt bekam sie ein wenig Reumatismen ins linke Bein, und dann ging Sie wieder heim, und ich musste wieder alles selber machen. Wahrscheinlich war es ihr ein wenig zu viel Arbeit. Hier kann man eben von einer Amerikanerin nicht verlangen was von einer Schweizerin, und wir hätten Ihr auch 15 Dollar geben müssen für den Monat. Die Hebammen besorgen hier nur die Geburt, nachher kommen sie nicht mehr. Das kostet 10 Dollar. [...]

Heute haben wir die Gänse gerupft. Wir haben im ganzen noch 5, und 5 sind uns von wilden Thieren gefressen worden. Letzte Woche sagte mir eine Nachbars Frau, von 80 Trutthühnern, welche über nacht an einer Schaar bei einander gesessen, seien ihr bis am Morgen noch 26 geblieben! Ist das nicht verdriesslich? Hier haben nicht alle Farmer Hühnerställe, nicht einmal jeder eine Scheune. Die Hühner übernachten dann auf den Bäumen und die Gänse und Trutthühner am Boden. Noch muss ich erwähnen, dass der 4te Juli Feiertag ist, welcher im ganzen Lande hoch gefeiert wird, zur Erinnerung da die U.ST. als Republik erklärt wurde. Dieses Jahr wird die Feier auf unserem Platze im Freien abgehalten für die Bewohner von etwa 4 Schuldistrikten. Hier werden die Feste alle im Freien abgehalten. Es wird ein Stand aufgestellt, wo Limonade, Süsses und Frucht verkauft wird. Unter den Bäumen wird ein langer Tisch aufgestellt, ein Ochs geschlachtet und am Feuer gebraten. Das Backwerk, Brod, Zucker und alles Erforderliche bringt jede Familie mit. Jede Hausfrau will den besten Kuchen backen, und des Nachts ist Tanz.

So muss ich wieder schliessen. Es ist zwölf Uhr, und am Morgen muss ich waschen. Mimmi hat keine Schule an Samstagen. Die herzlichsten Grüsse von   Otto, den Kindern und Seline

Noch gibt es Rückfälle bei Otto, besonders beim Alkoholgenuss. Er werde von vielen ausgenutzt, klagt Seline im Brief vom 1. Oktober 1890, «weil Er dann gar freigiebig ist». Seline erwägt sogar, mit den Kindern Otto zu verlassen. Dieser Brief enthält eine Schilderung des Wahlvorganges, wie er damals in den USA auf dem Lande üblich war:
[...] Diesen Monat finden die Wahlen statt für alle Counti Beamten, welche alle 3 Jahre neu gewählt werden, und diese Art Wählerei, wie sie hier betrieben wird, ist gar eine eigenthümliche und noble! – Für einen Umkreis von etwa 20 Meilen finden die Wahlen auf unserem Platze statt. Zuerst werden die Delegierten gewählt, welche nach San Luis gehen müssen, um die Kandidatenliste aufzustellen, Republikaner und Demokraten je für sich selbst. Diese Wahl fand vor 4 Wochen statt. Otto mit noch drei anderen musste dann als Delegierter der Demokratischen Partei nach San Luis vor drei Wochen. Er hätte wieder Friedensrichter werden können. Er wollte nicht, denn das ist kein gefreutes Amt hier. Mit jedem Wahlgang kommen hier neue ans Rueder, und diese reisen dann vor der Wahl im Counti herum, empfehlen

sich auf jedem Wahlplatz und bezahlen zu trinken, wenn's ein fettes Amt ist, so bezahlt einer wenigstens 10 bis 20 Dollar.

Alice ist sehr begabt und geschickt. Sie hat freilich auch etwas sehr zähes und stetiges in Ihrem Kopf, doch ich denke das ist jetzt noch zu brechen, wenn nur der Vater energischer wäre. Sehr schade ist's, dass man beide nicht in bessere Schulen schicken kann. Die Kleine ist ebenfalls schon munter, geschickt und zeigt ja auch schon Ihre Bosheiten, was uns jetzt freilich nur noch Vergnügen macht. Anfang September bekam Sie heftige Diarrhe, welche 14 Tage anhielt, und ein paar Tage hatten wir grosse Angst, Sie zu verlieren. Jetzt ist Sie wieder in Ordnung. [...]

Die Leute verstehen das Weinmachen nicht, die Tessiner, deren es in dieser Gegend sehr viele hat, kaufen jeden Herbst viele Trauben und machen Wein. Sonst wird hier nur Bier und Wjski getrunken (das Schnaps trinken «Diese schöne Sitte»), trifft man nicht gerade an einem Ort wie in dieser Gegend, und schon manchmal sagte ich, man sollte das Schweizerische Alkohol Gesetz auch hier anwenden können.

Otto ist Schulpräsident und prozessiert.

Adelaida, den 27. August 1891

Lieber Herr Vater!

[...] Nun muss ich Ihnen noch über unser neues Familien Ereigniss Mittheilung machen. Ich bin nämlich am 2ten Juli wieder mit einem munteren Mädchen glücklich entbunden worden, und sein Name ist Maria Mathilde. Wir hatten Niemand Fremder angestellt. Mimmi hatte Ferien, und so musste es dann die Hausgeschäfte machen so gut es ging. Wir sind alle gesund und wohl, und es geht uns ziemlich ordentlich.

Die Schule hat seit Mitte Juli wieder begonnen. Alice besucht sie jetzt auch regelmässig. Sie lernt gut. Wir haben einmal einen Mann als Lehrer, und Er ist wohl einer der besten, der noch hier gewesen ist. Er ist bei uns an der Kost. Otto ist Schulpräsident. In Kürze muss ich Ihnen noch mittheilen, dass wir vorgestern das Patent zu dem gekauften Land (darauf die Quecksilber Mine steht) erhalten. Es ist jetzt gerade drei Jahre, seit Otto es gekauft. Der Verkäufer (ein Tessiner) hatte nicht lange vorher auch (wie wir letztes Jahr mit unserer Heimstätte) das Eigenthumsrecht erhalten. Nachdem es Otto gekauft, hatten neidige Nachbarn Protest eingelegt, um den Besitz des Patent zu verhindern, indem Sie unter anderen Schwindel als Hauptgrund angaben, dass es Mineralland sei. Diese benützen nämlich eine Strecke weit unser Land als Strasse, um bessern und kürzeren Weg zu ihren Plätzen zu gelangen, ferner ist es das beste Futterland, das wir haben, und Ihr Vieh hatte das auch immer benutzt. Es ist jetzt ein Jahr, seit wir etwas von dieser Hintertreibung erfahren haben. Otto übergab das Nachforschen einem Advokaten an der Land Office in San Franzisko. Dieser erhielt Bericht von Washington, dass in Folge Protestes das Patent suspendiert sei. Otto musste dann durch ein vom Advokaten ausgefertigtes Papier, in welchem Er mit Unterschrift von drei Zeugen bestätigen musste, dass alles in Ordnung sei, bezeugen, dass dieser Protest grundlos sei. Es gab viel Schreiberei und kostete noch über 30 Dollar, aber wir haben es jetzt, und es ist mir ein schwerer Stein vom Herzen, denn ohne dieses hat das Land für den Eigenthümer nicht so viel Werth und Er kann nicht regieren, wie er will. Zu unserer Heimstädt haben wir das Patent noch nicht, doch das werden wir ohne Anstand erhalten. Gegenwärtig beschäftigt die Viehstehlerei unsere Gegend, es sind nämlich ein paar junge Lümmel, welche sich schon seit langer Zeit mit Viehstehlen erhalten, und wir hoffen, dass sie einmal erwischt werden. Es ist fast kein Farmer in der Umgegend hier, der nicht um ein oder mehrere Stücke gekommen ist.

Herzliche Grüsse von Otto und den lieben Kindern und von Euer
Seline

Seline erzählt vom nachbarlichen Streit mit der Familie Meier – Streit, der oft wegen einer Kleinigkeit entsteht.

[...] Den 4. Dezember. Nach langer Unterbrechung kann endlich wieder einmal mein Schreiben fortsetzen. Wir haben in dieser Zwischenzeit wieder einen Familienzuwachs erhalten, ein Mädchen und wird das Schreiben immer schwieriger für mich. Es ist ja fast nicht mehr möglich, nur eine Stunde ruhig zu sitzen. In Ihrem letzten Brief machen Sie Otto betreff Eintragung der Kinder ins Zivilstandsregister Affoltern aufmerksam; schon letztes Jahr redete ich davon, und er meinte, es gehe in den gleichen Kosten eins oder zwei, jetzt aber sind es ihrer drei und ist es jedenfalls nicht mehr zu früh, dass das in Ordnung kommt.

Wir sind eben immer kurz an Geld, aber ich denke im Laufe des nächsten Jahres wird es möglich sein, das zu besorgen. Letzte Woche hatten wir 7 Tage und Nächte fast ununterbrochen Sturm und Regen. Jetzt ist es seit zwei Tagen wieder schön, aber kalt bei Nacht. Schon befürchtete man allgemein, dass wieder ein trockener Winter folgen werde; diese Furcht ist jetzt beseitigt. Das Vieh wird bald ein wenig grünes Futter bekommen, wenn nicht immer anhaltend kalte Nächte dasselbe zu stark zurückhalten. Mit Januar werden wir wieder 5–6 frisch gekalbte Kühe haben und dann nach und nach mehr, und so können wir mit nächstem Jahr wieder früher mit dem Butter machen anfangen als das letzte, nur wird er auch wieder billiger werden. Vieh ist so billig wie noch nie.

Otto schafft seit 4 Wochen beim Lehrer Mr. Minesch für 1 $^{1}/_{2}$ Dollar per Tag. Freilich hätte er daheim Arbeit mehr als genug, wir sollten selbst Hülfe haben, aber wir müssen Lebensmittel haben für den Winter, und dann möchte er noch eine neue gute Egge kaufen für etwa 30 Dollar, und das könnte er sonst nicht, da man zu dieser Jahreszeit keine Einnahmen hat aus der Farmerei. So wird er jetzt noch bis Weihnacht fortschaffen, und dann geht Er ans Pflügen.

So muss ich wieder einmal schliessen. Zum Jahreswechsel wünsche ich von Herzen Glück, gute Gesundheit und Gottes Segen und hoffe, dass diese Briefe alle in bestem Wohlsein antreffen werden.

Herzliche Grüsse von Otto den Kindern und Seline

«Meine Füsse sind wie Eiszapfen.»

Adelaida, den 30. Oktober 1892

Liebe Schwestern Hanneli und Emilie!

Am meisten Freude hatte Mathilde an dem roten Röckli, das Ich Ihr vor ein paar Wochen gemacht, aber Seline meinte dann, das Ihrige sei nicht minder schön. Wir haben wieder von einem Familienzuwachs zu berichten, den wir am 1. August erhalten, nämlich ein Mädchen, das Johanna Pauline heisst. Der Vater wollte durchaus ein Päuli haben, weils wieder kein Hansli ist. Es ging auch diesmal alles ziemlich gut, nur habe seither immer Rückenschmerzen, dass ich manchmal des Nachts fast nicht liegen kann. Am 4ten Tage war ich wieder auf. Der Vater und die Kinder sind alle gesund und munter. Mimmi und Alice gehen in die Schule, welche mit nächster Woche wieder aufhört bis nächsten Frühling. Alice spricht gut Englisch, und Seline fängt auch an, Englisch zu sprechen. Es lernt viel von Alice, dann desertiert es mir manchmal in die Schule, und ich muss es gewöhnlich nur dort suchen, wenn es zu Hause nicht zu finden ist. Mathilde läuft seit letztem Monat. Es will auch schon alles nachschwatzen. Es ist gesund und recht dick, ein ächtes Wysse Göfli. Auch die Kleine ist munter und lustig, und die grösseren haben ihre Freude an ihr. Letzten Frühling hatten alle drei, Alice, Seline und Mathilde, sehr stark Keuchhusten. In einem Nachbarhause, wohin Sie eines Abends mit dem lieben Vater gegangen waren, hatten Sie ihn gekriegt. Fast zwei Monate waren Sie mit diesem peinlichen Husten geplagt. Mathilde noch länger, und wir hatten grosse Mühe die Kleine durchzubringen. Sie drohte manchmal völlig zu ersticken. Ich hatte schwere Zeit, Tag und Nacht. Mimmi war letzten Winter in Oakland, das ist eine grosse Stadt nahe bei San Franzisko. Es ging dort in die Schule und war bei einer Wittwe in Kost für 12 Dollar im Monat. Es hatte dort die Gelegenheit, die Sonntagsschule und die Kirche zu besuchen und jede Woche eine Stunde Klavierspiel zu lernen. Mr. Minegg, unser Lehrer, hatte für diesen Platz gesorgt und auch bezahlt, da er meinte, er sei uns etwas schuldig, weil Otto ihm zu seinem Land verholfen. Wir hätten das nicht bezahlen können, und ich war zuerst gar nicht einverstanden, dass Mimmi bei Amerikanern sein müsse, da es das flüchtige und oberflächliche Amerikanerzeug schon genug angewöhnt hat. Anderseits wusste ich wohl, das es Ihm gut thue, einmal andere Leute und bessere Sitten zu beobachten, als hier in unserer Gegend gebräuchlich sind. Es war gerne dort, aber im zweiten Monat schrieb Es doch, Es sei am liebsten daheim. In der Schule hat es ein wenig mehr gelernt als hier, aber Schweizerschulen findet man hier eben nicht, und so schicken auch die Tessiner (deren es in Californien viele hat) fast alle, welche vermöglich sind, Ihre Kinder heim in die Schweiz in die Schule. Mimmi war von Ende Januar bis Ostern fort. Das ist natürlich nicht lang genug. Es muss nochmals in die Fremde, um an einem anderen Orte zu lernen, was Es hier nicht lernen will, sobald es uns diess die Verhältnisse irgendwie gestatten.

Ihr fragt, ob die Kinder hier auch Religionsunterricht haben? Das findet man hier auf dem Lande nirgends. In den Schulen ist es von Gesetz wegen verboten, weil da Kinder von allen Nationen und Confessionen in der gleichen Schule sind. Sonntagsschule ist in unserem Schulhause schon über drei Jahre keine mehr gehalten worden, und Prediger sind auch schon lange keine mehr hier gewesen. Einen Deutschen habe ich, so lange ich da bin, nie gesehen. So hatten wir leider auch noch nie die Gelegenheit, die Kinder taufen zu lassen. Alice ist auch noch nicht getauft. Ich hoffe, dass wir vielleicht einmal in San Luis Gelegenheit finden. Gegenwärtig ist kein Deutscher Prediger dort, und bei einem Englischen lasse ich das nicht thun. Das Taufen ist ja bei denen sonst nicht Brauch, aber getauft müssen unsere Kinder schon sein, das thue ich nicht anders. Das hat mir schon genug gemangelt, dass man für Religiöse Zwecke und Handlungen hier keine Gelegenheit finden kann, und ich kann leider in dieser Beziehung jetzt zu wenig thun mit den Kindern. Ich muss froh sein, wenn ich Sie neben aller Arbeit von Morgen früh bis Abends spät immer in Ordnung halten kann, soweit es die Gesundheit und der Anstand erfordert. Es ist jetzt ein Jahr, seit ich zu einer Nähmaschine gekommen bin. Die alte habe ich einer Nachbarsfrau für 7 Dollar verkauft und dafür eine Singer Maschine von einem Mann, dessen Frau gestorben, für 10 Dollar gekauft. Sie ist nicht neu, aber noch recht, und so kann ich eher nachkommen, was mir ohne diese Hülfe nicht mehr möglich gewesen wäre, denn für 5 Meitli alles zu nähen gibt viel zu thun, und zu dieser Arbeit muss ich die Zeit nur stehlen.

Hanneli frägt ferner, ob wir auch ein grosses Haus zu putzen haben? Dieses zu beantworten, wie ich es gerne möchte, ist mir unmöglich, ich kann nur so viel sagen, dass ich gerne jede Woche ein grosses Haus ausputzen wollte, wie ich das draussen gethan, und dann könnte ich mich wohl fühlen. Hier habe ich einen Schopf auszuräumen jeden Tag. Gewöhnlich mehr als einmal jeden Raum auskehren, und schön ists halt doch nie. Von dem dicken Staub im Sommer und von dem Koth im Winter zur Regenzeit hat man draussen keinen Begriff, und weil unsere Hütte ganz nahe an der Hauptstrasse steht, so habe ich natürlich desto mehr zu reinigen. Wie schwer man in einem so ganz uneingerichteten Haus schafft, begreift nur der, der die Arbeit thun muss, denn wenn einem immer noch die Hühner und jungen Schweine ins Haus marschieren, so kann man den Besen den ganzen Tag in der Hand halten; es ist kein fertig werden.

Angestellte [offizielle] Kaminfeger existieren hier keine. Ich mache den Kamin alle 5–6 Wochen selbst, freilich ist das hier viel einfacher eingerichtet als draussen. Man hat nur den Kochofen und das Rohr, das von demselben zum Dach hinaus geht, zu reinigen. Am schlimmsten ist das immer frieren im Winter; so sitze ich gerade jetzt nahe am

Feuer, und ich friere trotz warmen Kleidern allenthalben. Meine Füsse sind wie Eiszapfen, weil ich sie zum Schreiben nicht zum Feuer strecken kann. Ihr könnt Euch diese Einrichtung am besten vorstellen, wenn Ihr denkt, Ihr hättet in Eurer Scheunentenne ein Feuer in einer Ecke, wo Ihr Euch wärmen könntet. [...]

Der Brief von Seline schliesst mit einer Nachricht über den Stand der Kulturen.

Adelaida, den 9. August 1893

Lieber Herr Vater!
Ihre Briefe vom Januar haben wir wie immer erhalten und freut es uns herzlich zu vernehmen, dass bei Euch alles gesund und munter ist. Es wird Sie natürlich auch wieder einmal interessieren, wie es bei uns geht, und so kann ich, was besonders die Gesundheit anbetrifft, mit Befriedigung berichten, dass alles ziemlich munter ist, besonders die lieben Kinder, welche auch alle Gottlob gut über den Winter gekommen sind. Mimmi ist seit 2 Wochen wieder in Oakland und geht dort in die Schule. Es ist wieder bei der gleichen Frau, bei welcher Es ohne Kostgeld sein kann, dafür muss Es Ihr in den Hausgeschäften helfen. Sie hat Kostgänger. Alle anderen Kosten haben wir zu bezahlen. Vor ein paar Jahren war Otto der Meinung, Es hinaus zu schicken, doch jetzt haben sich seine Ansichten geändert, und Er meint, es komme leichter durchs Leben hier, das ist ja die Hauptsache für Mimmi.

Über die diessjährige Erndte ist man in unserer Gegend nicht zufrieden. Wir hatten von Ende Januar bis Ende März zu viel Regen und dann keinen mehr, so war der Frühling zu trocken und auch zu kalt. So hatten wir im März noch fast jede Nacht Frost, sogar bis Mitte Juni noch manchen. Obst gibt es viel, aber Heu und Weizen nicht. Letzterer gilt nur 75 bis 85 Ct. Per Zentner. In der alten Sunderland Quecksilber Mine wird wieder gearbeitet, man glaubt Sie wieder betreiben zu können. Ein Privater, Ed. Smith, welcher letztes Jahr ein grosses Vermögen von seinem Vater geerbt, lässt jetzt arbeiten. Wenn so viel herauskommt, dass es sich rentiert sie zu betreiben, so wird Er sie an eine Gesellschaft verkaufen, welche das Geschäft betreibt, was für unsere Gegend natürlich ein Vortheil wäre. Otto geht seit 4 Wochen auch dorthin und arbeitet in dem Tunnel für 2 Dollar per Tag. Es ist eine Meile von hier. Daneben muss Er am Abend noch die Kühe melken, welche jetzt nicht viel geben. Am Morgen melken wir nicht. Wir wer-

den nächste Woche noch den letzten Butter fortschicken, und erst im April konnten wir den ersten abschicken. Ende Mai war schon alles trocken und dürr, so hatten wir dieses Jahr wieder nicht viel Verdienst, nur viel Arbeit. [...]
Viele herzliche Grüsse Otto und Seline und Kindern

Adelaida, den 13. August 1893
Liebe Schwestern Emilie und Hanneli!
[...] Du frägst liebes Hanneli, ob Du der Kleinen nicht Gotte sein dürfest. Wir werden diese Frage gerne mit Ja beantworten und für diesen Dienst herzlich dankbar sein, wenn wir nur bald einmal dazu kämen, alle taufen zu lassen. Wie wir von einem Deutschen vernommen, ist in Creston, 14 Meilen von Paso Robles und etwa 30 Meilen von hier, eine Lutherisch reformierte Kirche. Dort predigt jede 2. Woche einmal ein Deutscher Pfarrer. Es sind in dortiger Gegend fast alles Deutsche Ansiedler. Wir haben im Sinn, einmal dorthin zu gehen, doch dieses Jahr wird's nicht mehr dazu kommen, da wir bis im November wieder ein Meidli zu erwarten haben. Wir haben fürchtig heiss, unser Garten ist dieses Jahr in schlechter Ordnung. Der Frühling war zu trocken, und das hohe Wasser hat uns im Winter die Röhren, welche über den Bach gehen, weggeschwemmt. Die anderen alle waren verstopft, und Otto konnte sie nicht auseinander schrauben. Das Reservoir war schon lange schlecht. Das Wasser rinnt immer heraus, wir sollten ein neues machen, so muss ich auch immer jeden Tropfen Wasser aus dem Bach herauf tragen.

Ich muss schliessen, es ist schon wieder zeit zum Kochen. Viele Grüsse an Tante Ryffel, Sie hat gewiss schwere Zeit mit Ihren Augen. Viele Grüsse auch an Euch beide von uns allen   Otto und Seline

Ein gesundes Knäblein – «des Vaters liebste Weihnachts Gabe».
Adelaida, den 29. Dezember 1893
Lieber Herr Vater!
[...] Wir sind am 29. November mit einem gesunden kräftigen Knaben erfreut worden, welcher des Vaters liebste Weihnachts Gabe ist, und die Schwestern haben viel Freude an dem kleinen Bruder. Es ist im Ganzen alles gesund und munter. Die lieben Kinder haben jetzt auch die Freude an Ihrem Christbaum. Mimmi ist immer noch fort und wird vor März nicht zurück kommen. Otto schafft jetzt wieder in der

Quecksilber Mine, welche zwar noch nichts sicheres bietet. Für fast zwei Monate hatte Er nicht viel Arbeit dort, jetzt wird er wieder für einige Wochen dabei sein. Man hat immer noch mit den Vorarbeiten zu thun, die noch ein paar Monate andauern werden. Doch hofft man nach den jetzigen Aussichten auf guten Erfolg, was natürlich für unsere arme Gegend ein grosser Vortheil wäre, wenn ein solches Geschäft in Betrieb gebracht werden könnte. Die Zeiten sind gegenwärtig traurig schlecht; kein Verdienst, nur hohen Zins. Das Vieh ist nichts wert, und in Folge dessen sind die Güterpreise zurückgegangen; viele Farmer verlieren ihr Heim. Die Weizenernte war in unserer Gegend nicht ganz mittelmässig und der Zentner ist nur 80 bis 85 Ct., was eben zu den hohen Arbeitslöhnen viel zu wenig ist. Obst gab es viel, es war aber auch alles spottbillig. Wir haben genug für unsern Gebrauch.

Otto, Seline und Kindern

N.B. Noch will ich Ihnen einiges über unsere Ökonomischen Verhältnisse mittheilen und benütze dazu ein eigenes Blatt. Wir sind gegenwärtig ein wenig in kritischer Lage. Wie Sie wissen, hat Otto vor 4 Jahren von dem Tessiner Rufino Petraita 89 Aker Land samt dem dazu gehörenden Haus gekauft. Er hatte demselben 300 Dollar als Anzahlung gegeben, und für 600 Dollar wurde Hypothek darauf gemacht, während man sonst hier in unserer Gegend nicht mehr als 3-4 Dollar per Aker bekommen kann. So hätte auch Otto nicht mehr als 300 Dollar bekommen können auf dieses Land, allein die Kreditoren, ebenfalls Tessiner, sind in San Franzisko, sie haben ein grosses Handelsgeschäft dort, und hatte Otto für ein paar hundert Dollar Stör Waaren von Ihnen bezogen, das Er Ihnen schuldete, so musste denn das zur Hypothek genommen und 600 Dollar daraus gemacht, und sollte das in 4 Jahren abbezahlt werden. Letzten Oktober war nun die Zeit abgelaufen, wo es hätte sollen bezahlt sein, und da jetzt noch für drei Jahre Zins dazu gekommen, so ists zu einer Summe herangewachsen, die fast unmöglich wäre zu entrichten. Wenn die Kreditoren darauf beharren wollten, so wüsste ich nicht, wie weit es noch kommen könnte. Es war nämlich Otto nie viel daran gelegen, den Zins zu bezahlen. Da wir bedeutende Auslagen hatten für das Patent heraus zu bekommen, hätten wir das nicht erstritten, so hätten die Kreditoren die ganze Hypothek verlieren müssen. Otto suchte Geld in San Luis Obispo. Mr. Brunner, Kassier in einer Bank in dort, welchem diese unsere Angelegenheit bereits durch Petraita bekannt war, rieth Otto, Er solle nur nicht mehr als 500–600 Dollar bezahlen. Er sei damals doch bei dieser Summe etwas beschwindelt worden und Er solle nur gerade Ihn, Brunner machen lassen, Er werde das ausfechten und auszahlen, und wir haben dann mit Ihm abzumachen. Sollten Sie Rechtlich vorgehen, was Ihnen bedeutende Kosten verursachen würde, so werde Er auch dabei sein, zahlen könne man immer noch. Otto hatte im Oktober bereits für Geld gesorgt, bevor Er mit Mr. Brunner darüber gesprochen. Er hatte dann geschrieben nach San Franzisko, dass Er 500 Dollar zahlen werde und 100 Dollar nächstes Jahr und 100 Dollar in zwei Jahren. Den Rest müssen Sie schenken. Sie nahmen das Anerbieten an mit der Bedingung, dass Er für die anderen 200 Dollar gute Bürgschaft leisten müsse. Zwei Wochen später erhielten wir einen Brief, worin Sie mit Zins und Zinseszins fast 800 Dollar rechneten. Das zu bezahlen wäre uns fast unmöglich, und wir würden das wahrscheinlich nicht thun, käme was da wolle. Unzweifelhaft ist von Jemandem gegen uns gearbeitet worden, und das ist Niemand anders als Petraitas Schwager, der ehemalige Wirth hier, der thut gegen uns, was Er kann, seit wir Ihm die Wirthschaft gekündigt haben. Er ist ein schmutziger Müssiggänger, mit welchem sein Schwager Petraita selbst nichts zu thun haben will. Otto schrieb dann auf den letzten Brief, nachdem Er mit Mr. Brunner gesprochen, dass Er keine Bürgschaft stellen könne und auch die 500 Dollar nicht mehr bekommen, welche Ihm versprochen waren, was zwar nicht so ist. Bis jetzt haben wir auf dieses noch keine Antwort erhalten und wir wissen jetzt gar nicht, was geht. Dieses Land würden wir nur sehr ungern verlieren, und ich hoffe, dass das irgendwie gemacht werden kann. Ich habe immer noch etwas über 400 Dollar (2000 Franken) draussen, welches gesichert ist auf dem Väterlichen Heimwesen, das an meinen drittältesten Bruder übergangen.

Er war in den letzten Jahren zweimal mit Bürgschaft zahlen geplagt (zusammen 3000 Franken), und so bat Er mich, noch ein wenig zu warten, bis Er wieder ein wenig nachgearbeitet habe. Letzte Woche erhielt ich einen Brief, dass ich das Geld in ein paar Monaten erhalte, worüber wir jetzt natürlich froh sind. Wir müssen jetzt wieder auf ein anderes Stück Geld aufnehmen, das wir vor drei Jahren aus Ihrem Geld abbezahlt hatten, nebst noch anderen alten Schulden mit den hohen Zinsen. Ich hatte im Sinn, ausführlich über unsere Verhältnisse zu berichten, aber der heutige Datum (und ein vorwurfsvoller Brief

von meinem Bruder, der gestern angekommen) mahnt mich zum
schliessen.   Seline

*Der Knabe Hansli (Johannes) starb schon im Oktober 1894 und
wurde auf dem nahen Hügel neben Ottilie und ihren drei verstorbenen
Kindern beigesetzt.*

                                                        Adelaida, Juni 2. 1895
Lieber Vater!
[...] Letzten Februar wurde hier eine Cooperative Gesellschaft organisiert für Erstellung einer Gerberei. Ich offerierte 3 Aker Land frei und was mehr als nöthig wäre à $ 10.00 pr. Aker, und jetzt haben sie etwa 8 Aker und 9 Gruben, und ein Gebäude ist bereits erstellt, und ein Gerber (ein Schwede) ist mit 40 Häuten bereits an der Arbeit. Letzte Woche habe ich die Rinden Mühle aufgestellt, und morgen wird mit einem Pferd und Göpel Rinde gemahlen. Die meiste Arbeit wird von den Aktionären selbst verrichtet, es sind deren etwa 100 – die Aktie à $ 5.00 sind deren etwa 400 unterschrieben theils Geld, grösseren Theils Arbeit, doch so weit geht Alles ordentlich vorwärts, und in 3–6 Monaten wird bereits etwas Leder gemacht sein. Schwager Meier führte gestern auch zwei Fuder Eichenrinde zu.
   Wir sind z. Z. alle wohl, auch Polly die Kleinste ist wieder z'wäg, vor etwa 4 Wochen, als Alice eine Pfanne siedender Milch vom Ofen nahm, rannte Polly gegen sie und die Milch vergoss sich über ihre rechte Backe, Schulter, Ohr und etwas vorn und hinten herunter, am Hals und Kinn war die Haut weg. – Wir liessen sogleich frischen Kalk holen, und mit Leinsamen Oel und Kalkwasser und Watte hielten wir es bedeckt, und es eiterte nur wenig. [...]
   Mimmi ist immer in Oakland und geht dorthin in die Schule, hilft daneben im Haus einer Wittwe ihr an der Hausarbeit; es wird noch ein oder anderthalb Jahre dort sein, bis es mit der Grammar Schule zu Ende ist. Nachher sollte es noch ein bis zwei Jahre in die Normal Schule, wenn wird's machen können, und könnte dann Schulmeisterin oder Lehrerin sein mit etwa $ 60.00 Gehalt pro Monat. [...]   Otto
Letzter Donnerstag 30. Mai war Gräberschmücktag und wir vergassen auch unseren nicht, besonders Hanslis Grab war ganz grün und weiss von Rosen und Immergrün von liebenden Händen geordnet.

«Es würde mir eng im weiten Land.»

Adelaida, October 14. 1895

Lieber Vater!
Die Photographien schicken wir wieder zusammen, separat, und die Taufscheine lassen wir folgen, wenn die Consul- und anderen nöthigen Beglaubigungen drum und dran sind. – Wir waren so frei, Euch lieber Vater mit Emma als Taufpathen für Seline, «die zweitgrösste auf dem Bilde» einzutragen. Voraussichtlich werden wir den Religionsunterricht resp. Unterweisung später mit dem gleichen Pfarrer arrangieren können. Mit Mimmi haben wir es einigermassen versäumt, und ein Baptistict Pfarrer (Wiedertäufer) schrieb mir, er wolle sie zum Christen machen, was ich ihm aber höflich ablehnte, alldieweil es protestantisch getauft sei. [...]

Die Gerberei, am tiefsten Punkte, wo der Bach mein Land verlässt, gelegen, etwa 10 Minuten (halbe Meile) vom Haus, geht langsam vorwärts.[60] Die Gruben mit Stein gemauert, aber wohl nicht dick genug, an Stellen weniger als ein Fuss dick, und dann mit Cement bestrichen, erhielten Risse und verloren viel Lohwasser. Kalb- und Ziegenleder sind manche Häute fertig und bald auch grössere, doch ist der Preis von Häuten um mehr wie das vierfache gestiegen und so weniger erhältlich.

Die rothe Rinde der immergrünen oder Californischen Live Oak wird meist gebraucht, sie enthält viel Gerbstoff, gibt aber dem Leder eine etwas dunkle Farbe. Schwarzeiche erwies sich leicht in Gerbstoff, während die zahlreiche Weisseiche noch nicht ordentlich probiert ist. Häute mit Fell von Reh oder Hirschhaut werden mit Alaun gegerbt.

Werde ich jemals für bleibend zurückkehren? Ich denke nicht; auf Besuch oder so, und wenn Zeiten besser wären, so hätte man bald den Platz verpachtet und wäre für ein Jahr frei – aber draussen – was wollte ich anfangen? Alles zu klein, zu eng, kein Pferd zum Reiten und Fahren – «Es würde mir eng im weiten Land.»

Hier hat sich manches gebessert, ein ordentlicher Dr., M.D., der sein Diplom hat, kann man jetzt in 6 Stunden zum Kosten von 10 bis 15 Dollar bekommen, zehn Jahre zurück warens 24 Stunden und 40 bis 50 Dollar, unsere Strassen sind noch schlecht, aber 10 bis 12 Meilen von hier ist man schon auf etwas besseren.

---

60 Ausführlich berichtet Otto von diesem Projekt im Brief vom 2. Juni 1895.

Eier und Hühner kann man in dem wachsenden Paso Robles immer für Baar verkaufen, und so wird's in 10 bis 20 Jahren noch besser kommen. Zudem wir habens ja nicht schlecht, wir haben, was wir brauchen, und wenn die Preise für die Produkte der Farm, besonders Fleisch und Butter, besser wären, so hätte man auch Geld um wiederum zu verbessern. – Ja und da ist gerade das Wasser. Hier im trockenen Californien ist es Wasser zur Bewässerung, das Alles wachsen macht, und da könnte ich viel, viel thun. Vom Bach nicht zu reden, sollte ich die zwei grossen resp. Grosse und kleine Quelle in ein Teich-Reservoir leiten, in einer Höhe, vertikal von 100 Fuss, über den Häusern und von dort mit Röhren heruntergeleitet. Es braucht etwas über 1000 Fuss und weniger als anderthalb-zöllige Röhren sind zu klein, um z. B. die Wassermenge anzuwenden.

Jetzt habe ich das Wasser in Rinnen, zwei Bretter 4–5" breit V-förmig zusammengenagelt, bis 450 Fuss vom Haus in ein kleines hölzernes Reservoir 4x6 Fuss und 4 Fuss tief und von dort in 1 ½ zölligen Röhren durch den Garten und zum Haus, aber die Rinnen sind oft 6 mal in der Woche unterbrochen, Vieh und Schweine zertreten und werfen sie auseinander, und je heisser das Wasser und weniger das Wasser, desto mehr treten sie gern beim nassen Plätzchen herum.

Die beste Pflanze zum bewässern ist Lucerne oder Alfalfa, wie es hier genannt wird. Einzelne Stöcke im Garten wachsen bis im Dezember und sind Anfang bis Mitte April wieder ein Fuss hoch.

Ein Reservoir, das alles Wasser von einer Woche halten könnte, sollte etwa 20 Fuss im Durchmesser sein und 8 bis 10 Fuss tief. Ich habe den Wasserfluss gemessen, 7 Gal. – oder etwas über 28 Liter pro Minute; jetzt freilich in der trockensten Jahreszeit ist's weniger. Abgesehen von der Bewässerung liesse sich mit einem kleineren oder besser grösseren, schmalen oberschlächtigen Wasserrad eine Kraft entwickeln, die zum Buttern, Futter schneiden, Getreide brechen, Schleifstein drehen und gar Vieles verwendet werden könnte, bevor das Wasser zur Bewässerung dienen würde. – Nebst etwas mehr Scheune und Stall-Platz wäre die Wassereinrichtung mir eines der ersten Verbesserungen. [...]

Ich muss doch auch noch ein Mal danken, dass Ihr mir den «Bürkli»[61] als stets willkommenen und immer gern gelesenen alten Bekann-

---

61 Gemeint ist der «Züricher Kalender» und die Freitagszeitung von David Bürkli, die, stets einige zusammengefasst, in Abständen geschickt wurden.

ten im Abonnement erhält. Mit dem «Bürkli» eigentlich ja nicht mehr, aber der Freitagszeitung bin ich so ziemlich im laufenden der schweiz. und Zürcherischen Politik und wäre bei einem allfälligen Besuch ein Mal schon mit so Vielem Bekannt.

PS: Sollte ein Schriftchen zu haben sein über Bau von Reservoir und Wasserleitungen, würde es mir gut an die Hand gehen, denn hier ist kein Sachverständiger weit und breit, mit dem man sprechen oder fragen könnte.

Eine Frage findet Ihr wohl im Lexikon: Wie lange soll Kalkstein gebrannt werden, um brauchbaren Kalk zu machen?

Im Oktober 1895 wird endlich die Taufe nachgeholt für alle Kinder in einer deutschsprachigen protestantischen Kirche, eine Tagesreise – zehn Wegstunden – von Adelaida entfernt. (Brief vom 14. Oktober 1895)

Adelaida, October 14. 1895
Liebe Tante Ryffel!
Es sind bald neun Jahre, seitdem Ihr offeriert, dem damals angekommenen Kindlein Taufpathin zu sein. Endlich kamen wir dazu und haben alle unsre Kleinen taufen lassen in einer protestantischen Deutschen Kirche etwa 30 Meilen, 10 Wegstunden, also eine Tagreise von hier.

Susanna Alice – hat also Euch und Bruder Oscar als Taufpathen eingeschrieben und als Stellvertreter hatten wir eine Frau Stennger geborene Schweizerin von Gontenschwyl, Aargau; und ein Herrn Friedrich Hirt, ein Deutscher, der ein recht artiges Plätzchen hat dort, nicht weit von der Kirche. – Die Kirche, oder besser gesagt das Schulhaus, liegt in einem Tälchen, in dem in nächster Nähe 12 oder mehr deutsche Familien im Umkreise bis zu 10 Meilen angesiedelt sind.

Der Pfarrer Mr. Klaus, ein Norddeutscher, hat auch 160 Aker und grosse, bald erwachsene Kinder. Die Schule war voll, etwa 60 Erwachsene und da der Micheli's Tag als Bettag gehalten wurde, so wurde das Abendmahl genommen. Es wurden – uns weniger bekannte – deutsche Lieder zum Harmonium gesungen; wir wurden auch mit Büchern versorgt. – Die Leute blieben alle zu Taufe, und der Herr Pfarrer betonte besonders, das der Taufe später der Unterricht, resp. Unterweisung und Confirmation folgen solle. Für Emilie (Mimmi) gab er mir ein

Empfehlung mit an einen protestantischen Pfarrer in Oakland, das ich ihr zuschickte.

Am folgenden Tag, auf der Heimreise in Paso Robles, wollten wir uns und den fernen Lieben zur Erinnerung an die Taufe auch das Bildchen der schon ordentlich grossen Taufkinder verschaffen, und wir denken, es ist ordentlich gelungen. Euer Pathenkind ist die grosse Alice, ganz das Gesicht ihrer Mutter sel. Ihr langes, reichliches Haar aufgelöst, die Ohrringe zeichnen sich, während sich das helle Kleid nicht gut abhebt. – Links von ihr ist Seline, auch gut, sie drückt sich ein wenig an den Stuhl, die Hand hebt sich dunkel ab auf dem hellen Kleid, sie ist ein ängstliches gutes Kind. Aber die beste ist Mättie, rechts; während aller vier Aufnahmen stand es immer wie ein «Pätz», und ihr Kleid hebt sich sehr gut ab. Als sie ganz klein war, hatten alle Leute eine Geschichte, sie wäre mit ihrem krausen Haar das schönste Baby in der Gegend.

Und die kleine lebhafte Polly, ihr war's am schwersten still zu sein, den Kopf ein bisschen tief, macht es ein wenig «Lampelimul», aber ist doch so, wie sie ist, und auch ihr Kleidchen macht sich gut. [...] Otto

Meiers haben sich bekehrt.

Adelaida, den 15. Dezember 1895

Lieber Herr Vater!

Schon wieder neigt sich ein Jahr seinem Ende entgegen, und das heutige Datum mahnt mich zum Schreiben, um noch rechtzeitig mit unserem Glückwunsch in die liebe alte Heimat zu gelangen, da es doch so gar weit entfernt ist. Man hat eben immer mehr zu thun, als man mag, besonders wenn das Wetter so schön ist. Letzte nacht hats aber angefangen zu regnen und Stürmen. Es schien, als ob die nasse Jahreszeit in Strenge Ihr Recht behaupten wollte, doch jetzt ist's Abends 4 Uhr, Sonntag, und es wird heller, und das Regenwetter scheint wieder für eine Weile vorüber zu sein. Der kleine Regen hat gut gethan, zu viel wünscht man noch nicht, da die Farmer alle geschäftig sind am Pflügen. Otto hat etwa 10 bis 12 Aker gepflügt und zum Teil eingesät und ist noch nicht fertig. Er will noch mehr machen. Vor zwei Wochen hatten wir einen älteren Wallisser, welcher Arbeitsuchend hieher kam. Er wäre gerne geblieben, um eine Weile auszuruhen, und Otto stellte Ihn an für 50 Ct. per Tag. Er blieb zwei Wochen, dann ging Er wieder fort. Jetzt haben wir einen 16 jährigen Burschen für eine weile. Er ist des

Gerbers Sohn. Für den gleichen Lohn und schafft ziemlich gut. Was vor Neujahr eingesät wird, ist eben immer das beste. Otto hatte seit einiger zeit Rückenschmerzen, besonders am Morgen; am Nachmittag war's immer wieder besser. Er meinte, es seien Reumatismen. Jetzt ist's wieder ziemlich gut. Er muss sich vor Verkältung hüten.
Der Gerber und seine Frau sind Schweden. Die Ehrlichsten und Ordentlichsten Leute, die wir noch auf dem Platze gehabt. Mit der Gerberei geht's langsam vorwärts. Die Comp. hat nicht viel Geld. Jetzt ist schon ziemlich viel Leder fertig, und man spricht davon, einen Sattler und Schuhmacher anzustellen. Letzteres würde ich sehr begrüssen, dass man einmal die Schuhe ausflicken lassen könnte, sowie auch die Pferdegeschirre, ohne 16 Meilen weit zu gehen. Mit Mr. Meier und Familie haben wir wieder Freundschaft geschlossen, nachdem Sie uns freundlich entgegengekommen sind. Mit Mr. Meier selbst sind wir schon seit lieb Hanslis Tod wieder in freundschaftlichen Verkehr getreten. Im Hause waren wir nie, bis vor ein paar Wochen ging ich einmal hinauf, weil Frau Meier auch zu uns kam. Die ganze Familie war kürzlich zur Methodisten Kirche übergetreten. Ein eifriger, frommer Prediger ist vor etwa zwei Monaten hieher gekommen und ist zwei Tage in Meiers Haus geblieben vom Samstag bis Montag. Er hat dann Mr. Meier völlig bekehrt und seinen Sohn und seine Frau getauft in hiesiger Kirche. Seither ist Mr. Meier ein Eifriger Apostel fürs Wort Gottes, und wir haben jetzt auch Sonntagsschule in unserem Schulhause, welche Er und ein früherer Nachbar von Ihm in Missouri, welcher jetzt auch hier ist, leiten. Das gefällt mir, dass die Kinder Religionsunterricht bekommen. Wir gehen natürlich auch, möge es gute Früchte tragen bei allen, besonders bei den vielen kleinen Dieben, die es hier hat.
Zum Jahreswechsel wünschen wir von herzen Glück, Gesundheit und Gottes Segen und viele Grüsse von Otto den Kindern und Seline Wyss

Von Viehdieben und «durchtriebenen» Politikern.

Adelaida, January, 26. 1896

Mein lieber Neffe!

Es sind zwei Jahre, seit dem ich Deinen lieben Brief erhalten, und hatte damals gut im Sinn bald zu antworten, aber ich schreibe überhaupt wenig mehr. – Jetzt stürmts und regnets draussen, schon die zweite Woche, ein warmer Wind geht, und Gras fängt an zu grünen und die Frucht kommt auch. Es ist auch gut, wenn wieder ein besseres Jahr kommt, die beiden letzten waren schlecht, Futter oder Weide Gewächs war gering. Vor 2 Jahren wars zu trocken, und letzten Frühling fehlten die späten Frühlingsregen, so dass hier Futter – Heu und Frucht – nur einen sehr mittelmässigen Ertrag brachte und dazu noch die Preise für Alles so niedrig.

Im Vergleich zu zehn Jahre zurück, sind die Preise von Weizen, Fleisch, Butter usw. um die Hälfte zurückgegangen, was die Folge hat, dass man wohl mit Allem nöthigen Proviant wohl versehen ist, aber doch nie viel Baargeld in den Händen hat, was eben doch nöthig ist, wenn man seinen Platz verbessern, bessere Gebäude, Zäune und Geräthschaften anschaffen will. Dieser Regen wäscht auf meinen Platz vielerorts 2 bis 4 Fuss breite und ein bis zwei Fuss tiefe Gräben ins schön gesääte Ackerland, macht mehr Arbeit zum erndten, und guter Grund ist fort auf nimmer wiedersehen, während die Steine an die nöthigen Stellen geführt und als Staumauer aufgeführt das ganze Feld wieder verbessert hätten.

Freilich viele Leute sind auch froh, wenn ihnen der Regen den Düngehaufen wegwäscht, damit sie ihn nicht wegzuführen brauchen, ganz besonders noch, wenn es gepachtetes oder gereutetes Land ist, es wird viel eingesäät so, und der Pächter liefert den vierten Theil von Weizen oder Ertrag als Pachtzins ab.

Auf Deinen Brief zurückkommend; hier ist es unter den Deutschen gebräuchlich, sich Alle mit Du anzureden, und scheint auch praktischer, als auch der Engländer und Amerikaner das gleiche – You – für Alle braucht.

Du bist also jetzt schon zwei Jahre Student, während Dein Bruder Hans bereits zum Dr. M.D. avancirt ist, wozu ich Ihm bestens gratuliere, und seine Inaugural-Dissertation über das Ekzem ist auch für den Laien interessant und verdanke ihm bestens. Du schreibst, ein Freund von Dir geht an den Zambesi, also ins dunkle Afrika. Es sollte mich nicht wundern, wenn in einer grösseren oder kleineren Zahl von Jahren der Strom der Auswanderer sich nach Afrika anstatt Amerika wenden würde, besonders in die deutschen Colonien; obschon man englisch lernen kann, ist es natürlich, dass hier der englische oder irische Einwanderer einen grossen Vortheil hat vor den Deutschen und ist er auch der grösste Ignoramus, so denkt er sich doch viel besser und hält, er gehöre zur grossen Nation – wie z. B. die Franzosen bevor 1870.

Es ist geradezu lustig, wenn man so einen geborenen, eingebildeten, gescheidten Amerikaner über die gespannte Lage mit England sich ausdrücken hört – «Ja natürlich, Amerika für Amerikaner, Fremde fareigners (geb.) haben hier nichts zu suchen» – «Aber es wäre doch schade, wenn sich zwei englisch sprechende Nationen bekriegen sollten, während sie zusammen die ganze übrige Welt klopfen könnten» – «Das aber – ja es gibt schon keinen Krieg!»

Politik treiben thut hier ein jeder, der etwas zu werden an Office (es Ämtli) im Sinn hat, und je mehr er ein Faulenzer, Schelm, Spitzbub oder wenigstens ein Insolvent ist, desto mehr denkt er sich berechtigt und hat bessere Aussichten – er muss einfach «durchtrieben» sein.

Hoffentlich haben wir Ruhe von Viehschelmen, es sind gegen ein Dutzend z.Zt. aus dieser Gegend eingesteckt (2 haben 7 Jahre Zuchthaus schon), und andere haben ein «gesünderes Klima» aufgesucht, letztes Jahr verschwanden uns 4 Stück Vieh und ein Zuchtschwein mit fünf Ferkeln.

Es stürmt, blitzt und donnert und löscht fast das Feuer im Kamin; Temperatur 55 Grad Farenheit oder 13 Grad Celsius, also angenehm für Januar.

Gute Nacht, Prosit Neujahr für 96 und will sehen, dass ich dem lieben Vater am Morgen schreibe, antworte gelegentlich Dein Onkel

Otto Wyss

In einem Brief an seinen Bruder vom 27. Januar 1896 schildert Otto den Charakter und die Entwicklung der vier jüngsten Kinder und geht dann neckisch auf seine Frau ein:

Und Frau Wyss, die früher immer verkaufen und anderswo hinziehen wollte, fängt sich an darin zu schicken, ihre Gesundheit ist besser als je, macht den Kindern ihre Kleider, und es gibt auch sonst immer genug zu thun. Ich selbst habe immer alle Hände voll Arbeit, leider fühle ich, dass das letzte Jahr nicht so gut war. Ein Jahr zurück brach etwas am Wagen, so dass ich die Zügel fest haltend auf einmal herunter gezerrt und etwas fortgeschleppt wurde. Seitdem habe ich zuweilen Schmerzen im Rücken in der Nierengegend, besonders nach Erkältung oder nachdem ich schwere Stücke hebe oder trage. Im warmen Wetter ist's besser. Herzliche Grüsse von deinem Bruder

Am 30. Januar 1896 erzählt Otto seinem Vater von der Sonntagsschule und den behelfsmässigen Gottesdiensten:

Wir haben hier eine Sonntagsschule angefangen, Schwager Meier Superintendent mit Lesen in der Bibel für kleinere und grössere Kinder und Erwachsene und singen von christlichen Liedern. Wir singen auch Deutsche Lieder zuweilen und haben 4 Kirchgesangbücher, und am Christtag hatte Meier eine Deutsche Ansprache und Gebet – wir sind etwa 6 Familien, die regelmässig kommen, und ebenso viel, die nur gelegentlich kommen. Ab und zu kommt ein Prediger, doch auch Meier ist nicht ungeschickt, eine Bibelstelle auszulegen, und hat wohl etwas ererbtes von seinem Grossvater Pfarrer Locher und etwas Übung, und einige Notizen helfen ihm ordentlich auch im englischen.

Otto wird Schulverwalter.

Adelaida, Juni 7. 1896

Lieber Vater!

[...] In nächster Nähe arbeitet die Gerberei mit 2 oder 3 Mann, ein Sattler und Schuhmacher haben ebenfalls angefangen, aber Geld haben Alle zusammen sehr, sehr wenig. – Sie verlangen jetzt, dass ich ein Stück Terrain in Bauplätze eintheilen soll, und sobald sich ein Dutzend oder mehr verpflichtet, Bauplätze zu kaufen so kann ich etwas thun, aber zuerst muss ich doch sicher sein, dass ich Unkosten und einen guten Preis für das Land herausschlage.

In der benachbarten Quecksilbermine wird auch wieder gearbeitet, doch bis jetzt schlagen die 7–8 Mann auch so gerade einen bescheidenen Taglohn heraus, aber mit guten Aussichten für später.

Letzten Freitag haben die Bürger dieser Schulgemeinde mich als Schulverwalter gewählt, es wird je einer gewählt jedes Jahr für 3 Jahre, da deren drei sind. – Schüler sind 39, und wenn möglich werden wir vorrücken zur Grammar Schule, etwa wie Realschule – während bis jetzt nur eine Primarschule gehalten wurde.

Alice und Seline besuchen diese, und erstere sitzt mit 15jährigen Bengeln in gleicher Klasse, die zudem noch weit zurück sind. – Mattie und Polly, die beiden Kleinsten, halten sich gut Gesellschaft, mischen ihr Züridütsch und englisch oft zum Lachen durcheinander, so sagte Mättie gestern zum Kätzchen: «J have too putz your Nase!» Mimmi schreibt, das sie ordentlich vorwärts kommt in Oaklands Grammar Schule, mit vielen Aufgaben zu Haus, sie wird damit nächsten Dezember fertig, und in 10–14 Tagen erwarten wir sie hier für 5 Wochen Sommerferien. Sie Schreibt oft und freut sich wie Alle eine Woche heimzukommen. Unser Viehstand ist nicht sehr gross, aber alles fett – 9 Kühe, 2 grössere und 3 kleinere Rinder, 3 Ochsen, Zuchtstier, sehr zahm, 9 Kälber, 2 Arbeitspferde und 5 junge Fohlen von 1–3 Jahren; 4 grosse Schweine und 16 junge von allen Grössen, für die ich bessere Stallungen einrichten muss diesen Sommer und Herbst und bin froh, die Mittel jetzt an Hand zu haben es zu thun. [...]   Otto

Von Mimmi lässt sich viel Gutes berichten, sie hat das Abschlussdiplom der Grammarschule erlangt und tritt nun ins Lehrerinnenseminar in San José über, wobei sie einen Teil ihres Unterhaltes selber durch Aushilfe in einer Familie verdienen soll.

Von der Schweiz trifft die Trauerbotschaft vom Hinschied der Tante Ryffel ein. Die gute Tante dachte in ihrem Testament an ihre Verwandten in Amerika.

                                      Adelaida, den 28. März 1897
Lieber Vater!
Vorgestern kam Euer lieber Brief mit dem Inhalt des Vermächtnisses, das mich freudig überraschte. Die gute Tante zeigte so noch, dass sie es ja immer gut mit mir meinte. Mir selbst ist es eine so grosse Hülfe, so dass ich Emilie (Mimmi), der Ältesten, doch etwas mehr helfen kann, denn ihr Wohnungswechsel nach San José, in das Seminar von California, frische Kleider, Bücher und alles kostete eben mehr als erwartet. Am 2. Februar musste sie dann noch eine Aufnahmeprüfung machen, und von 11 Applikanten war sie unter den 6, die angenommen wurden.
    Noch eine Woche zurück schrieb sie mir, sie habe eben Geld borgen müssen für 5 $^1/_2$ Dollar Bücher und sie bete, dass die Zeiten besser kommen und sie die Schule nicht verlassen müsse, um anderweitig etwas Verdienst zu suchen. Für die zeit der Ferien, von Mitte Juni bis Mitte August, habe sie schon nachgefragt, dass sie dann etwas verdienen könne. – Jetzt hat sie mit einer anderen Schülerin ein Zimmer zusammen und sie kochen und halten Haus zusammen, es kostete sie letzten Monat ein wenig über $ 8.00. – Mit dem Legat von Tante Ryffel sel. ist sie also jetzt für ein ganzes Jahr und mehr wieder sichergestellt. [...]
Herzliche Grüsse und vielen Dank von Eurem fernen   Otto

Adelaida, den 28. März 1897

Liebe Schwester Emilie!
Die Brief mit dem Check für $ 600.00, das Vermächtniss von Tante Ryffel sel. Enthaltend, kam letzten Freitag hier an und war für mich eine äusserst freudige, willkommene Überraschung. Ja, ich werde der Tante Ryffel gedenken und auch den Kindern von ihr erzählen, besonders Mimmi, wenn ich sie wieder sehe. [...]
Die Kinder hatten oft aber zu klagen diesen Winter, und Seline klagt öfters über Bauchschmerzen und isst dann ein paar Tage fast nichts. Letztes Jahr sagte sie einmal, sie hätte eine kleine Stecknadel verschluckt, und dann denkt Mamma oft, dass sei ihr Übel, doch ich denke nicht so. – Mamma war im September krank mit Unterleibsentzündung, und wir hatten Dr. Steiner hier, doch nach 2 Wochen war es wieder besser. Seit Neujahr ist sie besser und stärker. Ich selbst hatte wieder guten Winter, ich finde wollene Unterkleider und gute Stiefel im Winter sind mir nöthig, nasse Füsse und nasse Kleider kann ich nicht ertragen.
Wir melken 11 Kühe und 4 mehr werden bald kommen, doch die Hände halte ich geschmeidig mit etwas Unschlitt, so dass ich die Gartenarbeit doch thun kann. Alice hilft recht wacker, ist geschickt zum Kühe holen, lieber zu Pferd. Kürzlich scheute das Pferd beim Nachbar Maghall und warf sie ab, sie schlug mit dem Kinn auf einen Stein, der die Haut abschürfte. Das Pferd blieb bei ihr stehen, und die Leute verbanden ihr Gesicht, und sie brachte das Vieh doch heim, und in wenig Tagen war's wieder gut. [...]   Otto

Vom Gesundheitszustand der Familie ist auch im Brief vom 21. Dezember 97 die Rede, den Seline an den Herrn Vater schreibt:
Das zu Ende gehende Jahr ist bei uns nicht ohne Prüfung und Ungeschick abgelaufen. Im Juni war Mättie krank. Anfang August dann ergriff es Polli. Sie hatte heftiges Fieber und dann nach fünf Tagen bekam sie Diarrhöe, dass wir gar nichts mehr dagegen thun konnten. Endlich als sie ganz schwarz fast dem Tode nahe war, ging der Vater zum Arzt nach Paso Robles, welcher ihr dann Arznei gab, welche bald gute Wirkung hatte. Nach einer Woche konnte sie dann wieder stehen, dann kams aber an mich. Sehr heftiges Kopfweh und Fieber, Gliederschmerzen, besonders im Genick und zuunterst im Rückgrat packten mich so, dass ich fast nicht liegen und nicht sitzen konnte, natür-

lich abgemüdet von Pollis Pflegezeit. So hatte ich 6 Tage starkes Fieber und unauslöschlichen Durst bei der grässlichen Hitze. Die heissesten Tage des ganzen Sommers, was die Krankheit fast unerträglich machte. Zeitweise hatte ich Schwächen und Anfälle übers Herz, dass ich für drei Tage wenig Hoffnung auf Genesung hatte, und die Sorge um die Lieben brach mir noch fast das Herz. Wir liessen den Arzt kommen, welcher sagte, diese Anfälle kommen meistens von der grossen Hitze. Er gab mir Medizin, und nach ein paar Tagen fühlte ich schon ein wenig besser, war aber so schwach wie noch nie. Zu gleicher Zeit war auch Seline krank, nur nicht so heftig wie Polli und ich, aber abgemagert und schwach sah auch Sie aus. So hatten wir ja einen förmlichen Spital. Wir sind jetzt wieder alle gesund und wohl, wofür ich Gott nicht genug danken kann. Meine Reumatismen sind jetzt auch besser, ich denke, ich habe Sie ausgeschwitzt.

Ein anderes Ungeschick ereilte uns dann am 24. September. Morgens 3 Uhr brannte eines unserer Häuser ab. Ein Mann hatte einen Store darin seit Februar. Wir hatten den Keller darunter, wo wir alle Milchgeräthschaften sowie viele Futtervorräthe, Dörres, Fleisch und nahe hundert Pfund eingemachte, eingesalzene Butter nebst anderem Fett, Frucht usw. hatten. Retten konnten wir gar nichts. Es war schon alles in hellen Flammen inwendig, als ich es zuerst sah. In einer halben Stunde war alles zusammen gebrannt, bei dieser Jahreszeit, wo alles heiss und trocken und dürr ist, ist ein Holzhaus bald am Boden. Der Storebesitzer wohnte mit seiner Familie im alten Mine Haus. Er hatte seine Storewaaren versichert. Wir hatten nichts versichert. Der damals herrschenden Windstille war es zu verdanken, dass unser Wohnhaus und Scheune verschont blieb. Wie das Feuer entstanden, wissen wir nicht, wir glauben aber, dass Mäuse in die Zündhölzer geriethen, welche Er in einer Zinnkante aufbewahrt hatte. Auf diese Art sind hier schon viele Feuersbrünste entstanden.

Wir haben das alte Minenhaus abgeschlissen und es jetzt auf dem Brandplatz aufgestellt, da wir ja den Keller brauchen für die Milch. Natürlich haben wir ihn auch ausbessern lassen müssen. Freilich erfordert es auch neues Material, neue Laden, und Otto geht morgen nach Cajuccos um neue Fenster zu holen. Das Haus ist jetzt unter Dach und das Geld ausgegangen. [...]

«**Ich wünschte, ich wäre auf dem Weg zurück.**»

Adelaida, März 11. 1898

Liebe Schwester Hanneli!
Dein und Emmas Briefe kamen heute und ich wünschte immer, es wäre auch nicht gar so weit und ich wäre auf dem Wege zurück. Ich hoffe immer noch auf günstigere Wendung und dass der baldige Frühling auch wiederum seinen Einfluss haben möge. [...]
Ja, jetzt sind's bald 25 Jahre, seitdem ich Euch Lebewohl gesagt und mich der liebe Vater noch bis zum Bahnhof Baden begleitete. Ich wusste nur, dass die Zeit meiner Rückkehr durchaus im ungewissen lag, aber dachte nie an eine so grosse Entfernung. – Jetzt, ja, wäre es mir so wie so unmöglich zu kommen und ich bedaure einerseits, dass Du mit den Schwestern oft allein dort sein musst, bin aber doch froh, wenn Bruder Oscar oft kommen kann.

Wenn jemals, so fühlt man in solchen Stunden, dass man doch einander näher bleiben sollte, aber das ist nun nicht zu ändern. – Nun bitte ich Dich, so viel Du kannst zu schreiben, es interessiert mich alles, so dass der liebe Vater immer noch auf dem Ruhebett schlief, in dem Zimmer neben der Apotheke?

Wir haben einen 10jährigen Knaben hier zum aufziehen, ein etwas älterer Bruder von ihm wurde so angenommen von einem Nachbar, und so wollte meine Frau auch einen annehmen. Er ist ein aufgeweckter Knabe, wir haben 3 Monate Probe und werden dann sehen; sein Vater ist gestorben und es waren 6 Kinder. [...]   Otto

Adelaida, den 8. Juni 1898

Liebe Schwester Emilie!
Die letzten Monate war ich viel, viel in Gedanken daheim im Steinhof und freute mich jedesmal, wenn einige Zeilen etwas von lieb Vaters Besserung berichteten. Wir haben hier in Californien die letzten 5 oder 6 Jahre kein recht gutes Jahr mehr gehabt, die Winterregen, wenn auch genügend, waren kalt und dem Wachstum nicht günstig, und die Aprilregen, die wir nothwendig haben müssen für ein gutes Jahr, waren spärlich oder blieben aus. Zudem, ich weiss oft in den 80er Jahren, dass wir im Januar und Februar besseres Futter hatten fürs Vieh als die letzten Jahre im März und gar im April.

Ob wir die mageren Jahre haben werden wie die Aegypter? Fast scheint es so. Mittlerweile müssen wir's eben machen, so gut wir können. Jüngere Leute sind viel fort, theils nach Alaska, theils kürzlich als Soldaten sich rekrutieren lassend. – Der Krieg[62] hatte erst eine Steigerung der Lebensmittel begünstigt, die jetzt aber wieder zurückgeht, Mehr [Fett] und Fleisch sind gefallen.

Von uns sellbst kann ich sagen, das wir alle einen guten Winter hatten, die Kinder gehen alle zur Schule mit Ausnahme Polly's, die uns noch bleibt, aber auch nicht mehr lang. Mimmi hat wohl auch ein hartes Jahr, denn so wie es ist, kann ich ihr nicht viel helfen, und sie wird in den Ferien suchen zu verdienen, so viel sie kann, aber leider wird es nicht viel sein, und sie wird wieder enttäuscht sein. – Wenn Du ihr etwas in der Sparkasse hast und Du könntest und wolltest es ihr die nächste Zeit zuschicken, es würde ihr sehr gut nachhelfen. Sie wäre gerne heimgekommen, aber mit dem trockenen Jahr kann sie uns nichts helfen, und die Examen machen und bloss Primarschullehrerin sein wollte sie auch nicht, und so schreibt sie, will sie, wenn immer möglich, die ganzen Kurse durchmachen.

Wir haben einen Knaben hier, von einer Waisen Versorgungsgesellschaft. Wir hatten erst den jüngeren Bruder George, jetzt aber den älteren Orlando Albert Padgett, vorläuffig noch auf Probe. Er wäre nicht ungeschickt, aber klein und schwach für seine 14 Jahre, Alice noch nicht 12 ist bedeutend stärker und grösser.

Doch ich will schliessen, damit die Briefe morgen fortkommen. Viele Grüsse von uns Allen an Alle daheim. Dein treuer Bruder   Otto
Ich bin viel mit Kopfweh geplagt diesen Frühling.

Reisepläne.

Adelaida, September 4. 1898

Lieber Vater!

Wir haben wieder September, der Monat des Jahres, der vor allen anderen so viele Erinnerungen wachruft. – Er fängt an mit dem Geburtstag meines Erstgeborenen, der sich vor allen am deutlichsten für [den] Moment dem Gedächtniss einprägt. – Der 4te September, der heutige Tag, war anno 1870 in Paris auch ein Sonntag, und noch erinnere ich mich lebhaft, wies die ganze Nacht unruhig war und viel Strassenlärm;

---

62 Gemeint ist der Krieg der USA gegen Spanien von 1898, wodurch Puerto Rico und die Philippinen unter amerikanische Hoheit geraten. Die USA werden zurWeltmacht.

bevor Tagesanbruch war der alte Graubart Bardian, bei dem ich wohnte, auf den Beinen, und als ich auch aufstehend fragte, was es denn gebe, da theilte er mir mit, während ihm die Thränen in den Bart liefen – Wir sind geschlagen – Sedan – geschlagen, Kaiser gefangen, Kaiserin geflohen. Die Deputée berathen die ganze Nacht – Republik erklärt. – Nachher drunten auf der Strasse wälzte sich durch die rue Fauburg St. Martin – Pferde, Wagen, Kanonen und Soldaten aller Waffengattungen, Verwundete etc. – kurz die Trümmer der Armee im bedauernswerthesten Zustande. Überall wurden die kaiserlichen Abzeichen, Adler heruntergenommen und die Tricolore aufgepflanzt. – Doch genug.

Von den Daten 7–8ten und 9ten in 85 und 88 will ich nicht mehr sprechen, doch hoffe ich, dass diese Zeilen zum 20ten September, zu Eurem Geburtstage, lieber Vater, eintreffen und damit auch meinen Gruss und Glückwunsch bringen zu Eurem 85sten Geburtstag lieber Vater. Am liebsten wäre ich selbst gekommen, aber so Gott will, bin ich am nächsten oder vordem bei Euch. Meine Frau fürchtet sich nicht, eine Zeit lang allein zu sein, und es sind mehrere gute, zuverlässige Bekannte hier, 2 Österreicher, die jeder sein Plätzchen von 160 Aker haben und hier fast zu Hause sind und uns oft aushelfen. Sodann ist Alice gross genug, dass sie bald 12jährig die Pferde holt, sattelt und nach dem Vieh ausschaut. Wegen des trockenen Jahrganges ist unser Viehstand schon etwas reduziert, und mit ordentlichen Preisen würden wir im Frühling noch mehr losschlagen, so dass die kleinere Zahl leicht zusammengehalten würde. […]

So hoffe ich dann lieber Vater, nächsten Winter oder Frühling hier abzukommen, mit wenigen Kühen zu melken werden die Kinder schon fertig, und für diess oder jenes zu thun wären die 2 Österreicher da, auch der alte Mann, ein Nachbar, namens Dodd, ein Amerikaner, ist froh, wenn er ein paar Tage Arbeit bekommt.

Meine Zeit könnte ich auch verwerthen und über verschiedene Sachen Erkundigungen einziehen, das sich nachher verwerthen liesse. – Wie und was ich dort beschliessen würde, kann ich ja nicht sagen, aber meine Frau ist bester Hoffnung, es würde mir so viel besser gefallen dorten, dass ich nur zurückkommen und hier verkaufen würde.

Mit den Deutschen Menoniten, die hier einwandern, liesse sich verkaufen, doch das geht nicht so leicht, und diess trockene Jahr ist ein grosser Hinderlig. Überhaupt zeigten die 80er und Anfang 90er Jahre einen bedeutend besseren Regenfall als die letzten 5 Jahre. […]   Otto

Adelaida, September 4. 1898

Liebe Schwester Emilie!

[...] Mimmi ist jetzt 20 Jahre alt und es nimmt noch 2 $^{1}/_{2}$ Jahre, bis sie mit ihren Studien fertig ist, doch kann sie jetzt in einer Familie aushelfen, wofür sie ihre Kost erhält, und das macht mir somit weniger Kosten, die 30 Dollar werden ihr nahe fürs nächste Jahr reichen, oder bis die Zeiten besser sind.

Ich habe letzte Woche 60 Zentner Heu eingehandelt, d. h. dafür drei Kühe und ein Schwein gegeben und bin froh, dass ich so mehr Futter und weniger Vieh zu füttern habe. [...]

Ja, wenn wir keinen Regen bekommen bis im Februar wie letzten Winter, wär's eine böse Sache, doch gewöhnlich kommt genügend im October und November und hoffen wir das beste. – Wahrscheinlich werden die Kühe und s'Vieh überhaupt mehr gelten im Frühling, wenn die Zeit kommt zu verkaufen; das ist meist im März und April – fettes Vieh immer.

Wir sind viel geplagt mit Banden von Pferden (und auch Vieh in kleinerer Zahl), die einbrechen, über Zäune springen oder eindrücken und alles Wasser wegsaufen, vom Futter nicht zu sprechen. Es kommen oft so 4–5 durstige Pferde, die den ganzen Trog leeren, erstaunlich viel Wasser trinken. Unser Wasser ist eben kühl und rein, die meisten Leute haben nur ein Loch mit stinkendem Wasser fürs Vieh.

Es gibt ziemlich viel Eicheln, gut für unsere Schweine, wir hatten letzte Woche 10 junge von 2 Mutterschweinen. – Viel Frucht geht verloren, der geringe Regenfall letzten Winter und bei der Hitze fällt es ab, bevor es reif ist.

Gottlob, dass wir uns alle guter Gesundheit erfreuen diess Jahr, mit besten Grüssen von uns Allen Dein Bruder   Otto

Adelaida, September 4. 1898

Liebe Schwester Hanneli!

Ich will Dir noch einige Zeilen beifügen, obschon es spät und ordentlich kühl wird. Wir machten noch einen Besuch bei deutschen Leuten, die seit einem Jahre hier sind und sich soeben Scheune und Haus bauen, es sind praktische Preussen, die schon 20 Jahre in Nebraska U. S. gewohnt haben und allem Anschein auch zuverlässige Leute.

Wie ich schon erwähnte, haben wir leider ein trockenes Jahr und kommen so wieso etwas zurück, aber nebst dem ist der Brand vom letzten Herbst und das neue Haus zu bauen zwei andere Ursachen, dass wir immer nur das Geld ausgeben und nichts einnehmen könnten. Ich könnte nun wohl eine Hypothek aufnehmen und das Haus fertig machen und nachher die Reise machen, aber die Zinsen sind 10-12% und das würde uns mehrere Jahre schwer auf dem Magen liegen; ich habe grossen Respekt davor. Lieber will ich das fertigmachen des Hauses ein Jahr verschieben, diesen Herbst nur noch Fenster und Thüren einmachen, und sobald genügend Regen gefallen, eingesäät, die Aussichten für Graswuchs und Futter ordentlich sind, könnte ich abkommen.

Nun Geld brauchte ich wenigstens hundert Dollars, $ 100.00, und sobald das im Besitz hätte, ohne Schulden hier zu machen oder warten fürs Vieh verkaufen, so könnte ich nach genügendem Regen, der im October und November fallen sollte, etwa 3 bis 4 Wochen nach abkommen.

Ich muss machen, dass der Brief fortkommt. Viele Grüsse

Dein Bruder Otto

Vaters Tod.

Adelaida, November 1898

Lieber Bruder!
Heute Nachmittag um 2 Uhr erst erhielt ich Dein Telegramm, das mir den Hinschied unsres lieben Vaters mittheilte. – So hat es eben nicht sein können, dass ich ihn nochmals gesehen hätte. – Es war mir bange letzten Frühling, doch hoffte und hoffte ich immer, er werde sich gut erholen, doch wenn die Schwestern von seinem Frösteln in der Mitte des Tages schrieben, sowie von seinem eng sein, so fürchtete ich für ihn. Leider hätte ich meine Abreise nicht viel beschleunigen können, denn erstens das Fehljahr und gegen alles Erwarten auch diesen Herbst bis jetzt kein genügender Regen, das hält mich hier. [...]

Du erwähntest kürzlich, dass ich mit dem lieben Vater nicht mehr viel plaudern könnte und ihn sehr verändert finden würde. Das hätte ich ja nicht anders erwartet, aber ganz gewiss hätte es ihn gefreut, und ich hätte ihm doch so gerne nochmals Freude gemacht. – Ich stellte mir letzten Frühling vor, wie die Schwestern sich mit dem lieben Vater abgeben und ihn pflegen, was ja keine leichte Sache war für sie; auch Du selbst konntest doch bloss Stunden der Pflege widmen, doch für mich selbst wärs nichts als Pflicht und Schuldigkeit gewesen, auch meinen

Theil zu übernehmen. Freilich das erste ist und war für mich, meine Familie hier zu versorgen, und in einem Jahr wie diess ist das nicht gar leicht. Hätten wir gute Erndte gehabt, so hätte ich im August abkommen können; Scheune mit Heu gefüllt und das Haus mit Proviant. Das Feuer vom letzten Herbst macht sich auch da fühlbar, weil ich so manches wieder kaufen musste, wie alle Geräthschaften zum Butter machen etc.

Sonntag morgen. – Ich habe gestern Abend angefangen zu schreiben und bin aufgestanden, da ich doch nicht schlafen konnte. – Die Depesche war erhalten in San Luis 11.24 Uhr Vormittags 2ten November, dort der Post übergeben, kam erst am 3ten nach Paso Robles (das doch auch Telegraphenstation ist), am 4ten nach Adelaida und der Postmeister – Franzose – hatte die Gefälligkeit nicht, es mir zuzuschicken, bis ich Samstags wie gewöhnlich um die Postsachen schickte. [...]

Otto beschäftigt sich mit der Frage, ob er verkaufen und zuhause den «Steinhof» übernehmen soll. Dabei kommt er auf die unterschiedliche Art, Landwirtschaft zu betreiben, zu reden:

5. November 1898

[...] Für mich selbst ist das unangenehmste – soll ich nochmals Lehrbueb werden, denn «bure» dort oder farmen oder ranchen hier sind sehr, sehr verschiedene Dinge. Ich müsste alles wieder lernen, thun wie andere und ganz besonders ohne Pferde. Hier wird Alles mit Pferden gethan, pflügen, einsääen, eggen, dann wieder abschneiden, rechen usf. Dünger hat's verhältnismässig wenig, und der ist jetzt noch trocken wie Staub und ist bald ausgefahren, aber leider wir haben die trockenen Jahre, und die sieben fetten und die sieben mageren Jahre der Ägypter, [das] kann der Californier ganz gut verstehen.

Otto zählt dann die guten und trockenen Jahrgänge einzeln auf. Als mögliche Käufer kämen Mennoniten in Frage.

Letztes Jahr sind einige Deutsche Familien vom Nebraska Staat hieher gekommen und wäre es ein gutes Jahr gewesen, so wären dieses Jahr mehr gefolgt; so wie es ist, kamen keine mehr. Es ist meist eine Sekte der Mennoniten, der sie angehören, die keinen Militärdienst thun will und darum 20 Jahre zurück aus Deutschland auswanderten, theilweise nach Russland und die nun hier sich schon eine eigene deut-

sche Kirche gebaut haben etwa 8 engl. Meilen von hier. Wenn diese Leute das Land ansiedeln, so werden die jetzigen diebischen und unprogressiven Settler wohl nach und nach das Feld räumen müssen. Doch solche Jahre wie dieses macht eher einen Rückschritt, und es braucht ein halbes Dutzend gute Jahre, um den Schaden wieder gut zu machen. So wären die Zeiten für Ausverkauf hier jetzt auch sehr ungünstig.[63]
Ich gedenke, die Heimreise nun etwas zu verschieben, vielleicht bis nach der Erndte, doch schreibt Ihr wohl darüber. Bis in 10 Tagen werde ich mehr brieflich erfahren, von Emilie und Hanna hatte ich Briefe bloss 4 Tage zurück, die noch nichts von Vaters Unwohlsein meldeten, im Gegentheil. Doch da lässt sich nichts ändern. Ich dachte oft nach dem Hinschied von Tante Ryffel, dass auch dem lieben Vater keine lange Zeit mehr beschieden sein werde, und so habt Ihr wohl Freitag seine irdische Hülle dem Schooss der Erde übergeben, ohne dass ich dabei sein konnte. – Wohl er war ein guter Vater, er ruhe in Frieden. [...] Otto
P.S. Meine Frau hofft und wünscht sehr, in die Schweiz zurück zu gehen, und ist darum wohl einverstanden, dass ich komme. Ein Österreicher Nic Millas würde sein Vieh verkaufen und dann hier bleiben wahrscheinlich, er hat 5 Stück.

In einem Brief vom 14. Dezember 1898 kommt Seline sehr detailliert auf die materielle Situation zu sprechen. Es ist eine Art Rechenschaftsbericht über die vom Schwiegervater gemachten Zuwendungen. Dabei ergibt sich zugleich ein Einblick in die Wohn- und Lebensverhältnisse:
Ottos Briefe werdet Ihr erhalten haben. Ich war gerade unwohl, als Er geschrieben, hatte sehr starke Schmerzen und Husten. Dann bekam ich ein fürchtiges Kopfweh (Neurologie), dass ich für eine Woche jeden Tag bis Mittag im Bett bleiben musste. Vor zwei Wochen war Polli wieder krank an der Gesichtsrose. Sie ist aber jetzt wieder gesund und springt herum. Einen Arzt hatten wir nicht. Gestern Abend hatte ich

---

63 Ottos Angaben zu den Mennoniten sind exakt: Nachdem die Mennoniten, der holländische Zweig der Wiedertäufer, sich in Preussen niedergelassen hatten, folgte ein Teil der Einladung Katharinas der Grossen, in die Ukraine auszuwandern. Später (Ende des 19. Jahrhunderts) zog ein Teil wegen des wachsenden Drucks des Zaren auf Militärdienst nach Kanada und in die USA weiter.

einen Unfall, indem ich einen Holzklotz ins Kamin werfen wollte. Er schlipfte mir aus den Händen und fiel mir auf die Zehen des rechten Fusses, was mich für eine Weile sehr schmerzte. Nachdem ich das Abendessen zubereitet, Kälber und Schweine gefüttert, untersuchte ich nach dem Nachtessen noch den Fuss, welcher mir immer weh that. Die mittleren Zehen waren blau und geschwollen sowie die Fussballe. Mit unserem selbst zubereiteten Gewäsch bestrich ich den wunden Theil, verband ihn und ging ins Bett.

Heute Morgen war es ganz ordentlich, bin den ganzen Vormittag wieder herum gelaufen, die Arbeit gethan, jetzt ist der Fuss bis über den Rist geschwollen und thut mir sehr weh, kann fast nicht laufen. Es ist 5 Uhr, Zeit zum Kochen, aber das Vieh füttern bin ich nicht im Stande, muss dem Vater überlassen, welcher am Pflügen und am Säen ist und nicht vor Nacht heimkommt.

Seline und Mättie tragen jetzt Wasser, Alice ist seit Anfang diese Monats wieder in Creston.

Den 19. Dezember. Komme endlich wieder dazu fortzusetzen, nachdem ich am nächsten Tag zu viel herumgelaufen und den Fuss recht verdarb, musste ich für zwei Tage still bleiben, jetzt geht's wieder besser, werde aber noch für einige Tage herumhinken können, bevor es ganz gut ist. Wir hatten letzte Woche zum ersten Mal ein wenig Regen, aber nicht genug zum Futter anzutreiben. Vor zehn Tagen hatten wir eine gute Kuh todt, und gestern wieder eine, und wie manches Stück noch abliegen wird, weiss man nicht. Schon letzten Winter mussten wir jeden Ct., den wir aufbringen konnten, für Viehfutter hergeben und jetzt müssen wir das schon seit dem September wieder thun, aber wir haben bald keine Mittel mehr, länger Futter anzuschaffen, keine Einnahmen um diese zeit; auch im Frühling werden wir nur wenig Butter machen können. Ja, es ist eine harte Zeit und der Gouvernör ist um Hülfe angegangen worden. Bereits ist Futter für Menschen und Vieh in unserem Nachbar Cti. Montere [County Monterey][64] zu billigerem Preise abgegeben worden. In Paso Robles war vorgestern eine Farmer Versammlung zu gleichem Zwecke zur Berathung einberufen, um auch in unserem Cti der notleidenden Bevölkerung auszuhelfen. Alles redet vom fortziehen, um eine bessere Gegend

---

64 Der Staat Kalifornien ist in Bezirke (County) eingeteilt. Otto lebte im San Luis Obispo County, nördlich lag das Monterey County und südlich das Santa Barbara County.

aufzusuchen. Gewiss, auch ich möchte fortgehen aus dem Ägyptenland, der Herr möge mich doch auch bald wieder in die liebe alte Heimat zurückführen.

Dass wir aber des Vaters Heimwesen übernehmen und dabei ohne Nebenverdienst unser Auskommen finden könnten, halte ich nach unseren gegenwärtigen Verhältnissen für unmöglich; wir können jetzt gegenwärtig gar nicht verkaufen; warten wir ein paar Jahre, so können wir vielleicht 2–3000 Dolllar kriegen, wenn's gut geht. Wir haben 370 Aker Land und keine Schulden mehr darauf. Otto hat mit einem Nachbar eine an unser Land stossende Farm gerentet, 160 Aker, 60–70 Aker haben sie jetzt eingesät, Otto hat 80 Dollar für Samen und 10 Dollar für Heu gebraucht von dem Reisegeld, das Er gehabt, wenn es nun ein gutes Jahr gibt, so kann Er etwas daraus machen, wenn der Weizen wie jetzt guten Preis hat nächstes Jahr.

Ein Dieb, welcher uns immer Vieh stiehlt, hatte diese Farm letztes Jahr gerentet, und um den Weg zu kriegen, hat Otto das für ein Jahr übernommen. Der Eigenthümer dieses Platzes wohnt in San Luis.

Ich finde es für nöthig, auch noch näheres über unsere Verhältnisse mitzutheilen. Der liebe Vater hatte uns, seit ich hier bin, manches hundert Dollars geschickt, aber niemand soll denken, dass ich davon viel Genuss, noch weniger etwas vergeudet habe. Wir haben damit nichts als Schulden bezahlt, welche nicht Ich in besseren Zeiten machen geholfen. Zum gleichen Zwecke habe ich leider auch den letzten Ct. Meines Geldes hier gegeben, und noch manches hundert Dollars haben wir aus unserm spärlichen Einkommen abbezahlt.

Die 500 Franken, die der liebe Vater im Januar vor zwei Jahren geschickt, hatte Mimmi letztes Jahr allein gebraucht. Im ganzen sind seine Auslagen, seit es fort ist, weit über 200, ich denke fast 300 Dollar. Dass wir keines von den anderen mehr vermögen, so lange in die Stadtschule zu schicken, ist selbstverständlich. So viele tausend Franken sind hier vor Jahren verschleudert worden und daneben nie kein rechtes Haus und keine rechte Scheune auf dem Platze, was mich am meisten ärgert und ich sehe gar nicht ein, dass wir derartige Verbesserungen jemals zu Stande bringen.

Nichts, auch gar nichts ist zu meiner Bequemlichkeit gethan worden; wir sind immer noch im alten Schopf, das neue Haus ist nur zu Faden geschlagen, seit vergangenem Winter ist nichts mehr daran gethan worden. Schon so manchen Winter habe ich gesagt: jetzt ist der letzte, den ich in diesem Stall zubringe. Ich bin jetzt zwar immer noch drinnen, aber sicherlich wird das der letzte sein.

Mein Kochofen, der in verrostetem, miserablem Zustande war, wie alles andere, als ich hier ankam, habe ich jetzt mit aller Sorgfalt noch zehn Jahre gebraucht, aber nun ist er so in Stücken, dass ich fast das Brod nicht mehr recht backen kann. Auch meine alte Nähmaschine ist ausgebraucht, und ich muss von Hand nähen oder zur Nachbarin springen, um lange Arbeiten geschwinder fertig zu machen.

Meine Auslagen für mich selbst, seit ich hier bin, sind 6 Dollar für Werktagsröcke und etwa 10–12 Dollar für Schuhe. Meine drei Kinder, die fast das ganze Jahr barfuss und daheim in leichten Zwilchröcken herum springen, haben bis jetzt gewiss zusammen noch nicht 30 Dollar gekostet, seit sie auf der Welt sind. Aus den Hühnern, für die ich ebenfalls keinen geeigneten und gut eingerichteten Platz habe (die Schweine fressen mir jedes Jahr die Hälfte der Jungen), konnte ich bis jetzt nie gar viel machen, 20–30 Dollar im Jahr, neben dem, was wir für uns brauchen vom Frühling bis Herbst, sind die Eier immer sehr billig, 8–10 Ct. per Dutzend. Dann essen wir sie selbst.

Den 26. Dezember. Die h. Weihnacht ist schon vorbei, ohne dass ich den Brief fertig gebracht habe, und, wie jedes Jahr, so ist mir auch dieses Mal grosser Ärger und Verdruss nicht erspart geblieben. Zwei Weihnachtsfeste habe ich hier in Ruhe und Gemütlichkeit zugebracht, seit ich hier bin. Möge mit Hülfe Gottes mir dieses Fest doch noch auf dieser Welt Erlösung bringen. Es ist hier der Brauch, den h. Weihnachtstag mit Saufen zu verherrlichen. Auch Otto findet gewöhnlich Gelegenheit dazu, wenn's nicht im Wirtshaus ist, so ist's bei einem Tessiner Landsmann, die ich die meisten hasse. Mit betrübten Herzen sehe ich manchmal zurück auf die letzten Zehn Jahre, denen ich bei harter Arbeit meine letzten besten Kräfte geopfert und mir dabei nichts übrig bleibt als das Bewusstsein treuer Pflichterfüllung und die Aussicht auf schwere Zeiten in den älteren Tagen. Ich kann nicht verhehlen: die Frage, ob ich noch viel länger hier bleiben soll, hat mich schon seit längerer Zeit viel beschäftigt, besonders in Rücksicht meiner drei noch kleinen Kindern, die ich versorgt wissen möchte, denn meine Gesundheit macht mir viel mal Sorge.

Der Mensch denkt und Gott lenkt, denke ich dann wieder in der festen Zuversicht, dass alle Prüfungen nur zu unserm besten dienen werden.

Zum nahen Jahreswechsel senden wir alle die besten Glücks- und Segenswünsche und dass Gott seine Gnade über uns alle walten lasse dort und hier auch im neuen Jahre. Viel herzliche Grüsse von uns allen,

Eure Seline Wyss

Im Brief vom 13. Januar 1899 an die Schwester Hanna legt Otto die Gründe dar, warum eine Rückkehr in die Schweiz und eine Übernahme des Steinhofes für ihn nicht mehr in Betracht kommen. Der Text belegt, wie klein der väterliche Landwirtschaftsbetrieb war, der vom Vater neben der ausgedehnten Arztpraxis geführt werden musste. Aber er beleuchtet auch das soziale und psychische Dilemma, in dem sich Auswanderer nach so vielen Jahren in der neuen Heimat befanden:

Adelaida, Januar 13. 1899

Liebe Schwester Hanneli!

[...] Für mich ist die Frage der Heimkehr einfach eine Existenzfrage – hier habe ich in ordentlichen Jahren ein gutes Auskommen und in guten Jahren etwas vor, während in solchen wie 98 man allerdings zurückgeht – so ist das jetzt, doch das einzige Fehljahr in 22 Jahren.

Aus wie viel Land besteht unser Heim [Steinhof in Otelfingen], so viel ich mich erinnere, ungefähr wie folgt:

Vor dem Haus, Garten und Baumgarten zusammen etwa	2 Juchart
Hinter dem Haus der Baumgarten in den Steinäckern	1 $^1/_2$ Juchart
Unten an der Landstrasse, nach Büel	$^1/_2$ Juchart
Am Würenloser Strässli, Dreizipfel	$^1/_2$ Juchart
Wiesen gegen Ötlikon zu, – im Aargau	2 $^1/_2$ Juchart
Dazu etwas Holzland, auch im Kt. Aargau, wie viel weiss ich nicht.	
Total	7 Juchart

In guten Jahren erträgt das Heu für eine Kuh, doch ich will rechnen, ich könnte mit Klee etc. genug für 2 Kühe machen und etwas Kartoffelland. – Aber ich sehe nicht ein, wie ich mir hieraus je nur für mich und Frau unsre Bedürfnisse bestreiten könnte. – Den Garten vergrössern und noch etwas mehr Gemüse pflanzen, aber für grössere Ladungen von Gemüse ist die Fracht nach Zürich auch schon bedeutend, und die Züge gehen wohl auch nicht direkt. – Um eine Existenz zu machen, sollte ich wenigstens 6 bis 8 Kühe halten können und für die Zeit des Heumachens jemand anstellen, auch ein Pferd wäre mir um so notwendiger, als ich jetzt nicht mehr alles mit Handarbeit und Kühen besorgen könnte.

Den 14. März. Es regnet, und soeben kommt Dein Brief, den Du in Örlikon auf die Post gegeben und ich will somit sogleich fertig schreiben. Wie gesagt, ich kann rechnen wie und was ich will, es geht nicht. – Das letzte Jahr hier und der Winter dies Jahr brachten so wenig Regen, dass fast alle Leute verkaufen wollen und nach dem Norden ziehen. Unter solchen Umständen kann und könnte man auch hier nicht verkaufen, ausser man gäbe es sehr billig. Es hat keine Käufer, auch zu Spottpreisen nicht. Ich bin sicher, ich würde es bereuen, und habe auch viele Tessiner Bekannte gesprochen, die mit Familie hinausgingen, aber in wenigen Jahren zurückkehrten und erklärten, es befriedige einen nicht mehr dorten. Das ists eben, was ich fürchte, ich käme und könnte diess und jenes nicht kaufen und einrichten, um es profitabel zu machen, und dann würde ich unzufrieden und bitter bereuen, jemals mein jetziges Plätzchen und Heim für einen Spottpreis verkauft zu haben. Nein ich bleibe besser hier. – Auf der einen Seite haben wir wohl ein oft trockenes Klima, aber anderseits leiden wir nie von Kälte und langem Winter, und mit besserem Haus und besseren Stallungen fürs Vieh kann man sich selbst mehr comfortable und die Arbeit mehr profitable machen.

So verkauft, es ist besser so. – Auf dem Hügel droben, wo sechs meiner Lieben schlafen, wird dereinst auch ein Ruheplätzchen mir. – Wenn möglich, so komme ich aber doch noch einmal heim auf Besuch. – Ich schliesse für heute Abend, gottlob dass es regnet. […]   Otto

Adelaida, den 14. Februar 1899
Liebe Schwestern Hanneli und Emilie!
Eure Briefe und Päckli haben wir alle erhalten, am 10ten diess auch die Leichenpredigt, den beiliegenden Brief habe ich Otto nicht gezeigt. Ich wusste, dass er wieder wild darüber würde, weil ich Euch vom trinken gesagt habe. Die Leichenpredigt habe ich zweimal gelesen mit dem Gedanken: Möchten doch alle Eltern Ihrer Pflicht bewusst sein befleissen eines guten Rufes, der auch übers Grab hinaus geht, den Kindern Vorbild, zur Ehre und zum Segen.
Gestern ist auch die dritte Sendung «für Alle» angekommen, die ich

immer recht gerne lese. Ich finde viel Trost und Erinnerung darin. Die Bürkli Zeitung kommt immer regelmässig und wir lesen sie natürlich gerne, aber wir hätten nicht erwarten dürfen, das Ihr Sie für uns bezahlt. Ihr habt gar viel Mühe und Kosten mit uns. Meinen herzlichen dank für Alles, wenn ich Euch nur auch einmal Vergeltung thun könnte, für Eure Mühe und Güte.

Gegenwärtig macht Mimmi mir wieder viel zu denken. Ein Brief von Ihr vom 3ten diess sagt uns, das Sie wie üblich die letzte Woche im Januar wieder einen Termin beendigt habe, aber mit schlechtem Erfolg. Anfang Januar war sie noch krank, an den Masern, und konnte für zwei Wochen nicht in die Schule. Sie sagt, sie sei nur im lesen durchgekommen, alle anderen Fächer müsse es wieder durchmachen. Mimmi denkt, wenn Sie nur 2–300 Dollar entlehnen könnte und wieder ein Zimmer renten, dass Sie alle zeit für sich hätte. Sie könnte dann das Geld wieder zurückbezahlen, wenn Sie Lehrerin sei; in 2–2 $^{1}/_{2}$ Jahren wäre sie durch. So lange Sie für Ihr Essen schaffen müsse, könne Sie nur langsam vorwärts kriechen und vielleicht nie ein Examen machen. Es gibt solche, die aus geborgtem Geld studieren, so hatte es auch unsere letztjährige Lehrerin gemacht. Andere aber gibt es, die 1–2 Jahre studieren, und dann probieren Sie als Primarlehrer eine Stelle zu bekommen; dann gehen Sie wieder zurück und studieren fertig. Freilich haben sich solche, die kein Staatliches Patent besitzen, zuerst einer Vorprüfung zu unterziehen, die in jedem Counti jährlich zweimal im Januar und Juni stattfindet.

Solche die diese Prüfung bestehen können, bekommen dann eine Schule für zwei Jahre, und dann müssen Sie wieder zur Prüfung. Man ist jetzt auch exakter als früher, denn es hat bald Lehrer genug. Ich meinte immer, Mimmi sollte es auch so machen. Sie fürchtet immer, Sie könnte es nicht machen, und will fort studieren, und so lange der Vater das Geld aufgrübeln kann, so lässt Er Ihr wie immer Ihren Willen. Meine Meinung ist: probieren geht über studieren, und es wird Ihr wahrscheinlich nicht viel anderes übrig bleiben, denn Geld borgen zu diesem Zweck wäre für uns eine gefährliche Sache. Ich habe jetzt schon zehn Jahre hart gearbeitet für Schulden, die ich nicht machen geholfen, und jetzt bin ich recht satt daran, das ist ein undankbares und verdriessliches Wirken. Natürlich wäre es auch eine fatale Sache für uns, wenn Mimmi jetzt aufhören müsste, nachdem Sie schon dreihundert Dollar gekostet hat.

Der Vater hatte Ihr geschrieben, was, weiss ich nicht, erwarte wieder Antwort von Ihr, will gern sehen, was Sie sagt. Im ganzen halte ich die Sache für ein wenig gefehlt und ich hatte den Vater manchmal darauf aufmerksam gemacht, dass Mimmi nicht zum studieren geboren sei. Aber jedesmal hatte ich nur Grobheiten und Flüche, wenn Ich etwas in dieser Sache redete. Ich durfte nur sparen und schaffen, dass Er recht unpraktisch das Geld anwenden konnte. Werde auch bald ausführlicher über alles berichten. Jetzt habe Ich nicht viel zeit.

Die Kinder müssen bald wieder in die Schule, und ich habe noch so vieles zu nähen. Der Neujahrstag hatte uns Regen gebracht; am 14. und 15. Januar regnete es wieder, und nachdem fing alles schön zu wachsen an. Anfang Februar hatten wir kalte Nächte, warm zur Tageszeit, und hätten wir jetzt wieder Regen nöthig; hoffentlich wird Er bald kommen. Man ist fast ängstlich wieder für ein trockenes Jahr.

Futter ist noch nicht viel, aber Vieh haben wir bis jetzt keines mehr verloren und ich denke und hoffe, dass dafür jetzt keine Gefahr mehr sei. Von dem todten Vieh können wir nur die Häute brauchen. Das andere gibt Schweinefutter. Eine Kuhhaut bringt 1 $^{1}/_{2}$–2 Dollar. Der Küste nach, wo es sonst zu dieser Jahreszeit genug Futter hat, ist jetzt noch fast weniger als bei uns. Das Vieh gehe dort noch massenweise zu Grunde. […] Seline Wyss

Adelaida, März den 16. 1899
Liebe Schwester Emilie!
Eure lieben Briefe kamen alle an, auch die Nekrologe und Schriften zum Gedächtniss des lieben Vaters sind alle lieb und wir lesen sie gerne. Aber die grosse Frage, wollt ihr zurückkommen, ist sehr schwer zu beantworten und für eine längere Zeit ein Ding der Unmöglichkeit. Ich werde bald Bruder Oskar mehr noch darüber schreiben und auch nur ein Mal mittheilen, das Ihr besser verkauft und nicht auf uns wartet. Hätte ich gewusst vor 10 Jahren, hätte ich viel besser verkaufen können, denn die 80er Jahre waren alle gute, resp. mit genügend Regenfall, während 1894 und 1898 zu den schlechtesten gehören, die die Geschichte Californiens aufweist, und sind deshalb California Ländereien von Spekulanten und solchen, die Farmen kaufen wollen, wenig gesucht. […]

In San Luis Obispo haben letzte Woche 2 Banken und Paso Robles eine Bank ihre Zahlungen eingestellt und zu solchen Zeiten ist man dann auch wieder froh, wenn man nichts in der Bank hat, doch werden sie wohl accordieren.

[...] Alice kommt mit dem Pferd und will zur Post Office, und so will ich schliessen und bald mehr schreiben. Zum Schluss vielen Dank für Euer beider Bemühungen unseretwillen und vielleicht komme ich doch wieder ein Mal um dorten zu bleiben. Indessen herzliche Grüsse von uns Allen mit Liebe Dein Bruder Otto

Ein kleines Blatt mit Notizen von Otto Wyss liegt zwischen den Briefen. Otto macht darin Vorbehalte gegenüber Seline. Sie scheint im Ladengeschäft ungeschickt gewesen zu sein, indem sie sich oft verrechnete; sie weigerte sich, Kühe zu melken, und ertrug Mimmis Frohgemut schlecht.

Es sind elf Jahre, seitdem meine Frau nach Californien kam, und ich will nachsehen, was wir in dieser zeit gethan und nicht gethan haben.

Erst hatte ich im Sinne, das Ladengeschäft wieder zu betreiben, denn das hätte den Werth dieses Landes viel höher im Werth erhalten und es leichter verkäuflich gemacht. – Ich musste damals viel mehr in Geschäften vom Haus weg und so meine Frau und Mimmi das Geschäft besorgen lassen. Aber Mimmi wurde das Vieh oder in der Küche oder für diess oder jenes geschickt, und ich fand bald, dass Frau Wyss sich nicht in das Geschäft fand. Es wird immer Butter, Eier und diess oder jenes an Bezahlung gebracht, und da muss man eben die Preise in der Zeitung nachsehen und so viel wie möglich schnell im Kopf ausrechnen und dazu war sie nicht. Sie verrechnete sich immer zu unserm Schaden. Etwas zu wägen auf der Waage war immer eine ungewisse Sache mit ihr, und sie hats bis heute noch nicht gelernt, etwas genau und exakt abzuwägen. Wenn sie Caffee oder anderes $^{1}/_{2}$ lb. zu viel wog, wollte sie halt gutes Gewicht geben. Kam ich abends heim und sah, was aufgeschrieben war, oder sagte z. B., der Zucker geht hinunter, hast du für Baar verkauft, oh ich habe Thaler dem X verkauft, ja isch es nöd ufgschribe – aber es war nicht, und so sah ich gar oft, dass kleinere und grössere Posten vergessen wurden und überhaupt, dass wir zurück kamen.

Ein Mal kam ich heim, – was – hast du dem Soberanes, dem lumpigen Spanier, Unterkleider, Hemden, Nastücher, Hosen etc. fast zehn Thaler Wert aufgeschrieben. Er mass seine 6 Fuss und konnte ziemlich englisch – sie denkt [hält] immer mehr von grossen Leuten als so kurzen Chrügel [Kerl] und [er] hatte ihr weis gemacht, er hätte Geld, aber könne nicht wechseln etc. – natürlich Ross und Reiter sah man niemals wieder.

So musste ich wohl oder übel das Ladengeschäft aufgeben, und für die Post Office mich wieder zu bewerben kann ich auch nicht daran denken. – So ist es.

Nun fing ich an Kühe zu melken, aber wenn ich für einen Tag weg musste, so musste ich Jemanden anstellen zu helfen und – gut bezahlen oft ein Thaler. – Frau Wyss hätte wohl aushelfen können, aber da kam ich schön an – Sie kam nicht nach Californien, um Kühe zu melken. Jetzt hilft sie ganz ordentlich die Kälber füttern, und wenn sie ein Mal ganz allein aus dem Kübel trinken, auch macht sie die letzten Jahre oft 2 oder 3 Rollen (2 $^1/_2$ lb.) Butter, so lang wir nur wenig Kühe melken, auch rahmt sie jetzt fast alle Milch ab.

Mit Mimmi war sie immer stiefmütterlich, warum? – Mimmi ist ein Sonntagskind und hatte immer ein fröhliches Gemüth. Wenn es ein Lied zweimal hört, so singt es dasselbe zu ihrer Arbeit, abwaschen und zu allem möglichen sang es seine Lieder. – Es wurde leichtsinnig genannt, und selbst der liebe Vater und Schwester Emilie hatten in ihren Briefen einmal eine abschätzige Bemerkung über Mimmi. Einmal komme ich im Winter Abends gegen neuen Uhr heim und finde Mimmi weinend beim Stall – die Mutter wollte es nicht ins Haus lassen, bis es die Kühe finde und es habe gesucht, so lange es sah, aber jetzt in der Nacht – es war kein Mondschein – könne es nicht mehr gehen. Es gab eine ziemlich grobe Szene im Hause – denn wenn ich bös werde, bin ich nicht fein. Kurz es that nicht gut, bis ich Mimmi fort nach Oakland in die Schule schickte, und dann hatte ich Händel, wenn ich Mimmi einige Dollars schicken musste für Schuhe, Kleider und so fort; doch Gottlob ist es ein braves Kind geblieben.

Und wieder kommt Otto in den Briefen auf die Frage einer Rückkehr in die Schweiz zurück. Immer wieder legt er auch seine Gründe für eine Absage dar. So im Brief an den Bruder vom 28. Mai 1899:

Adelaida, May 28. 1899

Mein lieber Bruder!
Vorgestern kam Dein lieber Brief vom 9., und ich weiss wohl, ich hätte schon längst schreiben sollen. Ich wollte weit ausholen, um alles darzulegen, warum ich nicht heimkommen könnte, denn auf der einen Seite wollte meine Frau immer zurück, und zweitens hätte ich so etwas für die lieben Schwestern gethan, die den lieben Vater sel. viele Jahre lang so getreulich gepflegt; aber – es geht nicht. Der Steinhof mit seinen Erinnerungen ist mir lieb und werth, aber mit den umliegenden Aeckern repräsentiert er doch ein ordentlich grosses Kapital, mehr als für mein mehr als 20 mal grösseres Besitzthum hier bekommen könnte, und so müsste ich mich plagen für die Zinsen. Abgesehen davon, dass ich die Farmerei dort wieder lernen müsste, so könnte ich nicht auf die Hülfsmittel rechnen, die ich hier habe, in Pferden und Maschinen, die einem die Handarbeit so sehr wegnehmen und zu alledem wär mirs dort immer zu eng.

Hier weiss ich, ich kann Proviant und alles nöthige für meine Familie beschaffen und am Ende des Jahres, nach einer ordentlichen Erndte, noch etwas vor machen, aber ich weiss einfach nicht, ob ich das thun könnte dorten. – Arbeit, weiss ich, wäre mehr für mich, früh und spät, während wir hier nie gar früh sind, und während es immer zu thun gibt, so ists doch weniger von der anhaltend strengen Arbeit.

Für die Kinder sind die Aussichten, ihr Fortkommen zu finden, später hier auch besser, denn fürs erste ist mehr Gelegenheit für Beschäftigung von Frauen in vielen Richtungen. Die Schullehrer sind $^2/_3$ bis $^3/_4$ Mädchen und Frauen, und das Bestreben ist für Frauen für gleiche Beschäftigung und gleiche Stellung gleichen Lohn.

Hier auf meiner Farm habe ich genug Platz, wenn ich jagen will, wie Hasen und Rebhühner, und kanns jedem Anderen verbieten, draussen gehört das Recht zu jagen dem Staat, und ich müsste ihm wieder das Privilegium abkaufen mit einem Jagdpatent. – Ungünstige trockene Jahreszeiten sind hier vielleicht etwas häufiger wie draussen, doch lässt sich mit Bewässerung und dem Bau von Scheunen für Heu und Stroh auch gar manches versorgen, wozu es aber Zeit nimmt. Dass einem ab und zu ein Stück Vieh gestohlen oder sonst etwas abhanden kommt, ist gerade nicht so schnell zu helfen, aber es kommen auch hier immer neue und bessere Leute, und sobald diese in der Mehrzahl sind, wird das schlechtere Element vertrieben.

Den 2. Januar. – Heute hat's den ganzen Tag gestürmt, und heute Nacht ist's noch das gleiche. Ich bekam nasse Füsse, was ich nicht mehr so gut vertragen kann wie früher.

Der Steinhof hat auch mich viel beschäftigt – natürlich so lange der liebe Vater lebte, war er am besten im Steinhof in der getreuen Pflege der lieben Schwestern. Aber mit seinem Hinschied ist es doch gar einsam für die Schwestern, und es ist nur gut, wenn keine Furcht sie plagt. Ich dachte oft, kann man denn keinen Renter [Pächter] finden, der dort wohnen, das Land bebauen, 1 oder 2 Kühe und ein paar Schweine usf. halten und daneben auswärts Taglöhnen könnte. Im Sommer könnte einer wohl 5 fr. pro Tag bekommen, und das wäre ja so viel wie hier. Ein solcher Mann würde im eigenen Interesse den Boden mehr düngen, Stall und alles, das gebraucht wird, sieht besser aus, und für Käufer muss man's abwarten, besonders wenn die Zeiten nicht günstig sind. Der Krieg wird dort wie hier auch ein wenig rückwirken.

Es war im Winter 1884, als Ottilie sel. und ich so zusammen besprachen, ob und unter welchen Umständen wir wieder heim reisen könnten und eventuell den Steinhof übernehmen. Unser Ladengeschäft und unser Post Office ging gut, neue Leute kamen in die Nachbarschaft, Vieh hatte einen guten Preis, und wir hätten damals verkaufen und 4 bis 5tausend Dollars in der Tasche behalten können. Wir kamen über eins, wenn wir 10000 Dollars mitnehmen könnten, dann unsre Kinder in der Schulen draussen aufziehen, so könnten wir den Steinhof einrichten, um 7 bis 8 Kühe zu halten und die Butter selber machen und auf Commission verkaufen. Natürlich mehr Wieswachs wäre nöthig gewesen, sodann Klee und andere Futterstoffe kaufen. – Alles wäre zuerst für die Kühe und ihr Product gerückt, nebenbei auch einige Schweine und Hühner; für letztere hatte Ottilie mehr Geschick wie Seline, wir lasen eben oft zusammen resp. ich las vor, und dann besprachen wir das Gelesene an den langen Winterabenden. – Wir rechneten, dass wir damit den Steinhof rentieren machen könnten, ganz besonders im Verwerthen der Scheune und Ställe, und wir brauchten nicht mehr unter Dieben und Schelmen von allen Nationen uns sauer durchzuschlagen, sondern im schönen Heimatland – denn schön ist's dorten wie sonst nirgendwo auf Gottes lieber Welt, aber der Mensch denkt. [...]

Seline würde gerne heimkehren in die Schweiz: «Meine Frau ist hier immer noch nicht aklimatisiert», schreibt Otto, und er fährt fort: «Junge Leute nehmen die Umgebung, wie sie ist.»

Adelaida, den 12. November 1899

Liebe Schwester Hanneli!

Ich muss Dir wegen Geldsachen separat schreiben, wegen den 100 $, die Du mir letztes Jahr geschickt zum Heimkommen. Mit dem unerwartet raschen Hinschied des lieben Vaters sel. habe ich es anders verwendet. $ 20 für Steuern, $ 50 für Saamenweizen und den Rest für Heu für das Vieh, das damals $ 20 die Tonne oder 5 Franken per 100 Pfund war. – Jetzt mit dem Weizen sollte das alles zurückbezahlt werden, aber Frau Wyss hat einen Schreiner angestellt und «wott» das neue Haus fertig haben. – Ich sehe nicht, dass ich es diess Jahr zurückzahlen könnte, aber ich möchte Dich fragen, es länger zu behalten und es dann für Mimmi verwenden zu dürfen. Ich will es mit 8 oder 10 % verzinsen, wenn Du so wünschst.

Es ist nämlich so: Mimmi muss noch Geld haben, um seine Studien zu beenden, im ganzen $ 200, und Mamma, Mrs. Wyss will ihr durchaus nichts mehr helfen und mich nicht helfen lassen, sonst gibts Händel, wie es schon oft gegeben. Das macht es schwierig für mich, Geld zu erheben, und darum muss ich Dich bitten, mir noch einmal für Mimmi auszuhelfen. – Ich dachte an Oscar zu schreiben, doch da ich Dir schon schulde, so geht es in einer Rechnung.

Ich bitte Dich, wenn möglich für Mimmi mir nochmals 100 Dollar zu schicken. Ich bürge dafür, dass Mimmi es in 2 bis 3 Jahren, nachdem es verdienen kann, zurückbezahlt. – Ebenso werde ich später eine Erklärung von Dir wünschen, dass ich die $ 110 nebst Zinsen für Mimmi verwenden solle.

Mrs. Wyss ist eben keine Bussiness (Geschäfts-)Frau und in solchen Sachen mehr wie ordinär. […]   Otto

Die Herren Klau treten auf den Plan.

Adelaida, August 6. 1900

Mein lieber Bruder!

Es ist schon eine Weile, seitdem die hundert Dollar richtig zu Handen kamen, und ich war so froh für Mimmi darüber.

Ich danke Dir bestens und werde sehen, dass sie Dir mit Interessen

Die Klau-Mine in der Nähe von Ottos Heimwesen. Sie hiess zuerst Manhattan-, dann Sunderland-Mine.

zurückgestellt werden, sobald Mimmi einmal etwas verdient. – Es hatte kurz vorher geschrieben, dass es in die obere, resp. Senior Classe vorgerückt, aber sehr ärmlich mit Kleidern, Wäsche etc. versehen sei und froh war, dass die Ferien kamen, die bis Anfang September dauern.

Schon längst grollte Frau Wyss jedem Dollar, ja jedem 10 Cent, den ich Mimmi schickte, und ganz besonders darum bin ich Dir dankbar für die Aushülfe. – Wir selber konnten uns ja nicht klagen, wenn wir nicht viel Vieh zu verkaufen hatten, so brachten 3 Stück 80 Dollar, vorher 90 Dollar – auch die Butter war 15–18 Ct. das Pfund; wir melken immer noch 14 Kühe.

Natürlich das neue Haus, Mobiliar, Anstreichen, Schreinerei hat immer gekostet, und noch spricht sie von neuer Nähmaschine, Ofen etc., man wird fast nie fertig. Die letzten Tage gab sie einem Quacksalber $ 2.50 für Salbe, um etwas einzureiben.

Die Welt will betrogen sein, voran meine Frau. Kommt so ein Kerl mit Wasch Amoniak, Campher und Terpentine und ein paar Tropfen Sistoel und preist es an gegen Gicht und Rheumatismus, flugs kauft sie für $ 2.00. etwas Charesalbi [Schmierfett für Wagenräder]

Detailaufnahme der Klau-Mine.

mit ein paar Tropfen Creosot, für 50 Cents Bäredräck und Essig für Husten – Landamin und Pfefferminz für Colics. Jch kaufe ihr gerne etwas Ogodeloc und Campherspiritus, und das ist ja das einfachste und beste gegen Gsüchter [Sammelwort für Rheuma, Gicht, usw.], das weiss ich von der Grossmutter sel. her – und man weiss, was man hat. [...]

Die Quecksilbermine, die anno 1877 geschlossen wurde, resp. nicht mehr bearbeitet, ist endlich wieder im Gang. Auf Veranlassung anderer pachtete[65] ich es für 3 Jahre, und es geht gut, es arbeiten 6–7 Mann, und die letzten 2 Wochen wurden für rund 350 Dollar Silber produziert. – Auf unserem Grund sind 2 andere, die nach Quecksilber suchen. Sie graben einen Schacht, sind 65 Fuss tief jetzt und werden uns 10% abliefern vom Produkt, alles auf ihre eigenen Kosten.

Sodann sind 12 Chinesen auf unserem Platz, die 400000 Backsteine machen für eine deutsche Gesellschaft, Karl Klau Quecksilber Comp.

---

65 Wohl ist eher «verpachten» gemeint.

Ein Adolf Klau hat die benachbarte Quecksilbermine für 50000 Dollar gekauft, und sie lassen die Backsteine machen, um einen grossen Ofen zu bauen zum brennen von Quecksilber Erzen grosser Quantität. Die Herren Klau sprechen geläufig deutsch, der eine war mit seiner Frau vor etwa 2 Jahren in Zürich, sie war auch schon hier. – Es sind Juden, aber sie haben Geld. Wir bekommen 40 Dollar für den Lehm für die Backsteine, die Chinesen kaufen unsere Eier und jungen Güggel und Hühner etc. So wird nach und nach besserer Absatz kommen für alles, was man zu verkaufen hat. Viele fragen, wann ich die Post Office wieder übernehme und ein Geschäft eröffne; aber mit einer Madame Wyss ist gar nicht an so etwas zu denken. Sie taugt absolut nichts für ein Geschäft und für eine Post Office noch weniger; darum lasse ich's einfach bleiben. [...] Otto

«Du würdest die Reise niemals bereuen.»

Adelaida, den 30. October 1900

Meine liebe Schwester Hanneli!

Ich habe Dir so wenig geschrieben, und doch seit dem Hinschied unsrer lieben Schwester Emilie sel. habe ich so oft an Dich gedacht. Auch mir lag der Gedanke nahe, was fängt nun Schwester Hanneli an.

Schon früher hatte ich immer gedacht, das grosse Haus daheim ist eher eine Last, denn es braucht immer mehr Reparaturen, und der Unterhalt ist immer köstlicher als an einem kleinen Haus, um so mehr, wenn nicht ein junger Mann die Reparaturen noch theilweise selber besorgen kann. – Als dann Bruder Oskar den Abschluss des Verkaufs letzten Frühling anzeigte, war ich sehr froh, trotzdem ich mir sagen musste, es war bis jetzt immer noch das Daheim unsrer Jüngsten, unsres Hanneli.

In den Tagen, da Du diese Zeilen erhältst, wirst Du es auch verlassen, und ich frage mich oft, hat es eine andere Stätte in Aussicht. Ich muss gestehen, bei Bruder Oskar sind alle Lücken gefüllt, auch sonst ein anderer Erwerb nicht so leicht offen. – Bei Schwester Emma ist's sowieso überfüllt.

Und bei mir, hier in California, ja da ist freilich viel und genug Platz und auch viel zu thun, aber man übereilt sich mit nichts. – Es ist ja so weit weg, und dann die Sprache erlernt man ordentlich leicht. – Könntest Du Dich entschliessen, uns einen Besuch zu machen, so müsstest

Du ihn doch auf ein Jahr ausdehnen, und da ist es am besten zu probieren, ob und wie Du Dich in unser Leben schicken könntest.

Du wirst fragen, was könnte ich thun, und ich weiss wohl, man fühlt sich am besten, wenn man seinen eigenen unabhängigen Erwerb hat. – Unser altes Ladengebäude steht leer, es braucht nur etwas Spezerei- und Ellenwaaren, um klein wieder anzufangen. – Die Post Office kommt unbedingt vor Jahresfrist wieder in unsere Nähe, denn in der benachbarten Mine Klau wird viel gearbeitet, 20–25 Mann jetzt und wenn einmal der grosse Schmelzofen gebaut ist in 6 bis 8 Monaten, sollen bis 200 Mann dort arbeiten. Das gibt uns wieder lebhafte Zeiten; das Geld fehlt auch nicht, denn der Preis von Quecksilber ist noch im steigen begriffen. Soeben haben 12 Chinesen auf meinem Platze 430 000 Backsteine fertig gebrannt für den Schmelzofen der Mine.

So sehen und hoffen wir den besseren Zeiten entgegen und könntest Du Dich zu der grossen Reise entschliessen, so würdest Du auch in den Kindern viel Freude und Unterhaltung finden. Polly und Mattie hätten keine Ruhe, die Tante müsste auf ihrem Pferde Frank nach den Kühen reiten, Alice und Seline würden mit Dir singen und im reinsten Züridütsch plaudern. [...]

Ich glaube, wenn Du Dich entschliessen könntest, uns einen Besuch zu machen, und nach Jahresfrist heimkehrtest, Du würdest die Reise niemals bereuen, doch wenn Dich die Kinder und die Umgebung freuten, vielleicht würdest Du bei uns Dein Heim aufschlagen und sagen, ja es hat überall gute Menschen, und man hat mehr Platz, es sind bessere Erwerbsquellen offen, und wo man das findet, nun oft da bleibt man.

Ich hoffe und wünsche, nochmals einen Besuch zu machen im alten Heimatland, doch bevor Mimmi aus der Schule heimkehrt, kann ich nicht daran denken.

Ich schliesse mit Grüssen von uns Allen, Dein getreuer Bruder   Otto

Adelaida, den 6ten März 1901

Liebe Schwester Hanneli!

Deine Karte habe ich schon vor einer Woche erhalten, und nun will ich endlich wieder einmal Zeit nehmen zum schreiben, um Deiner Bitte nachzukommen. Die Päckli haben wir alle erhalten, wofür ich herzlich danke. Über die Strumpfwolle bin ich froh, Ich hatte die alte bereits diesen Winter aufgebraucht, und nun habe ich wieder genug für nächsten Winter. Ich brauche sie meistens nur für den Vater und für mich.

Die Kinder brauchen hier nicht viel wollene Strümpfe, weil es hier nicht so kalt ist, und Sie springen ja fast immer barfuss. Das baumwollene Zeug ist recht schön, man bekommt kein solches hier. Der Mimmi haben wir das Ihrige zugeschickt. Sie geht, so viel ich weiss, in die Schule. Sie hat ein Zimmer gerentet und kocht für sich selbst.

Die Blätter (Für Alle) sind alle angekommen, und es ist mir jedesmal eine geistige Erholung, diese zu lesen in den paar Ruhestunden am Sonntag Nachmittag oder des Nachts. Dass Du wohl manchmal Heimweh hast so allein in Deinem Haushalt, begreife ich wohl, obschon Du jetzt nicht mehr allein im Hause bist; fremde Leute sind eben nicht die Eigenen. An Arbeit wird es Dir nicht fehlen, wenn Du noch einen Garten zu besorgen hast. Aber Arbeit ist ja auch der beste Zeitvertreib.

Wir haben jetzt auch wieder Arbeit in Fülle an der Hand; nach einem nassen Winter scheint jetzt der Frühling recht schnell heran zu kommen, es ist seit einer Woche recht warm. Otto hat vor ein paar Tagen fertig gemacht mit Pflügen und Säen, und jetzt fängt Er an, den Garten anzupflanzen. Wir werden dieses Jahr wieder einmal genug Wasser haben für den Garten. Wir haben 14 Kühe zu melken und 19 Kälber zu füttern. Die Kinder können jetzt viel helfen.

Heute Morgen hatte Mättie einen Unfall, als Sie eine Kuh gemolken und das Kessi voll Milch ins Haus bringen wollte, wurde Sie von einer anderen Kuh, die letzte Nacht ein Kalb hatte, ein wenig aufs Horn genommen. Sie fiel um und liess das Kessi voll Milch fallen (alles ausgeleert). Sie weinte, kam aber mit dem Schreck davon. – Letzten Montag hatte die Schule wieder angefangen, und so müssen die Kinder jetzt wieder früher aufstehen. Weil ich nicht mehr immer zuerst aufstehen kann, so macht Alice gewöhnlich Feuer und setzt das Morgen Essen resp. das Habermus an auf dem Herd, und dann hilft Sie melken, und Seline kocht, bis Ich komme. Polli und Mättie müssen auch helfen, Hühner füttern und melken. Über den Winter hat der Vater das Feuer angemacht am Morgen, so lang Ferien war.

Es geht wieder besser seit einigen Wochen; der Herr schenkt mir immer viel Geduld und Kraft, um Frieden zu halten. Wenn nur meine Glieder besser wären. Letzte Woche hatte Ich wieder viel Schmerzen in meinen Armen; so bald es wieder besser wird, dann strenge ich mich wieder zu viel an. Diese Woche ist es wieder besser, aber heute Vormittag habe Butter gemacht, und jetzt thut der rechte Arm wieder weh, weil ich diese Zeilen schreibe. Ich habe Arznei zum Einnehmen gegen Gliedersucht; sie ist gut, aber natürlich wenn man sich nicht schont, so kann die Arznei auch nicht viel helfen. Letzten Monat bin ich 49 Jahre alt geworden und bin immer noch nicht über die böse zeit hinweg.

In unserer Gegend geht's immer ziemlich lebhaft zu. Die grosse Quecksilber Mine ist noch nicht in Betrieb, sie bauen immer noch; es sind viele Arbeiter und Bauleute dort. Ein Store ist jetzt auch dort.

In unserer alten Mine gings eine Zeit lang langsam; das anhaltende Regenwetter hat die Arbeiten gehindert, jetzt sind's wieder an der Arbeit. Die Zeiten sind jetzt ziemlich gut hier; alle Geschäfte gehen gut, und auch der Farmer hat wieder Aussicht auf ein besseres Jahr. Das Vieh hat guten Preis, wie seit langem nicht mehr. Wir haben bereits für über 200 Dollar wegverkauft, ein paar Kühe und Schlachtvieh.

Butter ist schon ziemlich billig, 15–18 Ct. per lb. Eier 10 Ct. Es ist alles schön grün, und Blumen blühen auf den Wiesen; die Kinder bringen jeden Tag einen Strauss. Ich muss schliessen für diessmal. Am Morgen muss ich mit Butter nach Paso Robles und Sachen heimbringen. Hoffe, dass diese Zeilen Dich in guter Gesundheit antreffen, und erwarte auch bald wieder viel neues von Dir.

Viele Grüsse von und Allen Deine   Seline Wyss

Muscheln suchen am Meer.

Einleitend berichtet Otto von den guten Leistungen der Tochter als Schülerin, von den Ernteerfolgen und geht dann auf die Fertigstellung des neuen Hauses ein:

17. Juli 1901

Das Haus ist fertig, innen und Aussen angestrichen, Küche weiss getüncht, das andere Tapeten, Holzdielen oder Decken, im Wohn- und Visitenzimmer Teppiche, aber im Wohnzimmer hab ich's nicht gern, denn da kommen die barfüssigen Kinder und reiben sich die Füsse rein, auch Hühner, Katzen und Hunde (selten) kommen herein und der Teppich ist und bleibt schnell alt und schmutzig. Ein gut gefügter und geölter Holzboden ist viel besser – und sauberer.

Eine neue grössere Scheune habe ich in Arbeit und werde für kommenden Winter wenigstens für die Kühe, die wir melken, im Winter ein trockenes Obdach haben. […]

Seit letztem Jahr ist die alte benachbarte Santa Cruz Mine von einer deutschen Comp. – Karl Klau Q.S. Comp. erworben und bearbeitet worden. – Das ist nicht die Mahoney, die hier nahe dran liegt, sondern die grössere 20 Minuten südwestlich von hier. Sie haben viele Gebäude, einen grossen Schmelzofen etc. erstellt und gehen tiefer, wo sie denn auch gutes Erz finden. Es arbeiten etwa 40 Mann dort, später wohl mehr. Die nahe Mine, wo ich früher war, habe ich gepachtet und wieder an andere ausgegeben, so dass es mir auch einen kleinen Profit abwirft. Es hat genügend Erz hier, aber es ist nicht sehr reich; so dass es nur etwas über die Auslagen ergibt.

Immerhin zeigt die nahe Mine, dass, wenn in grösserem Massstabe betrieben, es rentabel gemacht werden kann, nun habe ich alles anstossende Land ein Stück zwischen beiden Minen, das wertvollste, und wenn mir ein ordentlicher Preis für das ganze geboten würde, so würde ich mich nicht lange besinnen und verkaufen. Daneben kommt eine andere Frage: Soll ich die Postoffice wieder übernehmen? Der Superintendent der Klau Mine wollte eine Office dort haben, aber es wurde ihm verweigert. Grund, es sei kein Platz, alles zu sehr eingeengt. Nun möchten aber die Deutschen, die in diese Nachbarschaft gekommen sind, in ihrer Nähe ein Post Office etablieren, 4 Meilen oder etwas 5 $^{1}/_{2}$ Kilometer von hier, und ich denke daran, für mich selber die Adelaida P.O. mich wieder zu bewerben. – Ich müsste und könnte mich wohl auf Alice zur Hülfe verlassen, denn Frau Wyss ist vielen Leuten so verhasst, dass mir bedeutet wurde, ich müsse sie besser von der Post Office fernhalten. Es ist eigenthümlich, aber wenn sie ein Vorurtheil gegen gewisse Leute hat, so ist nichts gutes an ihnen, während sie dann mit anderen freundlich ist, die ihr Vertrauen nicht im entferntesten verdienen. – Belehren lässt sie sich wenig.

Die Kinder suchen auch einen Ausflug ans Meer zu machen, bevor die Schule wieder anfängt, am 5. August. – So ist der Plan, 30. Juli von hier nach Cambria ans Meer bis Mittag, dann fischen oder Clams, Muscheln, suchen und essen, abends zu einem Bekannten Tessiner, wo ich Kälber kaufe, und über Nacht bleiben. Am nächsten Tag nach Morro Rock, etwa 3 Std. fahren, dem Meer entlang, an sandiger Küste, dort ein Lager aufschlagen und nächsten Tag zurück mit unseren 2 Pferden und Bernerwägeli – so wird's geschehen.

Dass Du Dich nicht entschliessen konntest, uns einen kurzen oder längeren Besuch abzustatten, fürchtete ich wohl. – Wenn sich hier nach und nach die Verhältnisse so gestalten, dass ich ganz oder theilweise

verkaufen könnte, so wäre mein erstes ein Besuch nach der Schweiz.
[...]
   Mimmi könnte nur zeitweise helfen, und wie sie mir einige Zeit zurück schrieb, hat sie einen jungen Herrn van Horn, der sie mitunter zu einer Ausfahrt mit Gefährt und zu einem Besuch bei seiner Mutter abholt. So findet sie vielleicht in wenig Jahren ihr eigenes Heim, hier war sie der Stiefmutter immer ein Dorn im Auge. Die Leute hier kannten eben das fröhliche, singende Kind mit dem lächelnden Gesicht, das immer plaudernd überall Auskunft wusste, und daneben wurde die Frau Wyss nur verächtlich angesehen. Man muss nicht vergessen, es ist ja in Otelfingen nicht anders, der alte Schmied Meier sel. sagte einmal zu mir: ja Du bist hier geboren, aber Dein Vater ist nur ein Hintersäss –, ich verstand es damals noch nicht.
   Ich gehöre hier zu den ältesten Ansiedlern, und kürzlich in San Luis stellte Dr. Norton mich anderen vor als den Vater der Adelaida Gemeinde.
   Es ist jetzt der 19. Juli, und ich will abbrechen, dass er fortkommt. Kürzlich war ein Zeitungsvertreter hier und machte eine Aufnahme von Haus und Familie, und 3 Stück sind soeben angekommen. Es freut mich, Dir eins schicken zu können, und wenn ich mehr bekommen kann, so sende Bruder Oskar und Schwester Emma auch je eine später. Du wirst diese Ihnen zeigen. Es zeigt unser neues Haus – auf der anderen Seite der Strasse vom alten vis à vis. Wir waren morgens gerade fertig mit dem Kühe melken, Polly hat eine Puppe, die anderen kleine Kätzchen, Alice hält die grosse Katze; alles im Werktagsgwändli. Unter der Porch (Veranda) sitzt Fred, der Zimmermann, der an der Scheune arbeitet, vor ihm, im Schatten der Hund Mops. Im Hintergrund die grosse Lebenseiche (live oak) immergrün. Die Fässchen für's Regenwasser unter der Dachtraufi, ein paar Sonnenblumen, Pfeffermünz, blaue Lilien im Vordergrund. [...]   Otto

Mimmi ist alt genug, Bekanntschaft mit Männern zu machen. Seline dankt zuerst für die erhaltenen Sachen, u.a. für die «Prämienbilder», welche die Wände verzieren werden. Dann – wie meistens – folgt ein Bericht über den Stand der Kulturen und der Viehhabe.

Adelaida, den 22. April 1902

Liebe Schwester Hanneli!
[...] Die Kinder gehen alle in die Schule, und daneben müssen Sie nach dem Vieh gehen und melken helfen. Alice hilft mir mit waschen. Seline kann auch schon ordentlich helfen, Sie ist willig. Mimmi ist schon seit letztem Sommer verlobt, mit einem George van Horn; auf deutsch: (von Horn). Ich weiss weiter nichts von Ihm, nur so, wie sie ihn beschreibt, hat er keine Fehler. Mimmi sagt, Er habe ein Haus östlich von San José. Seine Eltern und seine Geschwister sind auch dort. Er schafft immer bei den Farmern. Gefragt hat sie freilich nie, ob es Jemanden gefalle, auch den Vater nicht, von der Stiefmutter natürlich nicht zu reden. Sie hatte vor einem Jahr geschrieben, sie denke, sie sei alt genug, Bekanntschaft mit Männern zu haben. Sie hat sogar eine Bemerkung gemacht von einer alten Jungfer, aber Sie hat nicht daran gedacht, dass Sie zu alt sei in die Schule zu gehen. Ich denke, Sie hat schon lange mit dem Bekanntschaft gehabt. Als Sie vor drei Jahren im Sommer daheim war, schwatzte Sie mir immer von heiraten. Sie sagte zu mir, Sie werde niemals einen heirathen, der trinke, Sie habe genug gesehen von dem. Ich sagte Ihr, Sie habe schon recht, aber so lange Sie in die Schule gehe, habe Sie sich nicht mit heirathen zu beschäftigen, oder Sie soll aufhören zu studieren. Nachher schwig Sie über dieses Thema.

Sie ist jetzt bis letzten Monat März immer noch in die Schule gegangen; da wurden Ihre Augen wieder so bös, dass Ihr der Augenarzt sagte, Sie habe sich einer Operation zu unterziehen, wenn Sie nicht aufhöre zu studieren. Und im Februar sagte der Lehrer, Sie sei sehr zurück in der Englischen Sprachlehre und Sie müsse wenigstens ein Jahr (das heisst bis nächstes Jahr im Juni) studieren, bevor Sie Examen machen könne. Das hat Ihren Kopf endlich gebrochen und des Vaters auch. So hat Sie, wie ich aus Ihrem letzten Brief sehe, die Kontos und anderes zu bezahlen, über 50 Dollar. Schon seit zwei Jahren hat Sie immer mit den Ärzten zu thun gehabt, Zahnarzt, Augenarzt und andere. Letzten Sommer in den Ferien hatte Sie noch Difftritis, das kostete 52 Dollar. Im September bekam Sie wieder ein Geschwür am rechten Backen, dass der Arzt es aufschneiden musste.

Sie hatte jetzt ein Jahr lang ein Zimmer gerentet und für sich selbst gekocht. Den Vater hat das freilich unangenehm berührt, dass sie aufgeben musste. Er hat immer gemeint, Er könne es noch erzwingen, dass Sie den Namen Lehrerin habe, und ich habe es ihm immer gesagt,

Mimmi wird nie Lehrerin! Als Er Sie zur Normalschule schicken wollte, sagte Ich Ihm, Du kannst jetzt Mimmi studieren lassen, und dann musst Du Ihr auch gerade noch die Aussteuer bereit machen. So ist's gekommen, denn ich wusste wohl, dass Sie in der Wahl eines Mannes nicht gar exakt ist. Sie sagte in Ihrem vorletzten Briefe, Ihre Freunde in San José haben Ihr schon lange gesagt: Du gehst besser an einen Platz und schaffst, Du wirst niemals Lehrerin, warum probierst Du das, und Mrs. Colvards (bei der Mimmi für das Essen schaffte) habe Ihr immer gesagt: Du gehst besser an einen Platz und schaffst, Du wirst niemals Lehrerin. Aber solches hat Sie uns vorher nie gesagt. Sie will Sich freilich wieder rechtfertigen, denn an Ausreden ist Mimmi nie verlegen. Sie schrieb in Ihrem letzten Brief, Sie denke nicht, dass Sie Unrecht gethan habe, Sie habe jetzt etwa so viel Bildung, wie jede vernünftige Person brauche. Sie könne sich nützlich machen in Ihrer Umgebung. Ich sehe nicht ein, dass es zur Geflügelzucht, welche den meisten Frauen hier Ihre Beschäftigung ist (und auch Mimmi hat diese Aussicht), eine so lange Bildung nöthig ist. Dann schimpft Sie jetzt noch, Sie habe zu viel schaffen müssen neben der Schule. Wenn man nur der Stiefmutter Schuld geben kann. Mimmi hat jetzt beinahe 1000 Dollar gekostet. Ich denke, es wäre jetzt besser, sie hätte $^2/_3$ davon in der Tasche. [...]

Viele herzliche Grüsse von uns Allen. Deine Schwägerin   Seline Wyss

Eine Hochzeit ohne die Stiefmutter.

In ihren Briefen teilt Seline viele menschliche Schicksale, «faits divers», mit, welche oft tragisch sind, so etwa das des alten Morton:

Adelaida, den 10. Dezember 1902.

Liebe Schwester Hanneli!

[...] Bei uns fehlt es an Abwechslung gar nicht, so oder anders. Vor zwei Wochen musste Otto nach San Luis in den Spital, um den alten Morton[66] zu besuchen, von welchem Ich in meinen Briefen wohl auch schon bemerkt habe. Er klopft ja die meiste Zeit bei uns an. Vor etwa vier Wochen fuhr er von hier nach der Küste (Cajuccos) mit seinem jungen Hengst. Auf dem Wege scheute wahrscheinlich das Pferd ein wenig, und Morton wurde aus dem Karren geworfen und am Kopfe

---

66 Morton Waterman, geb. 1827 in New Hampshire, verheirat sich 1884 in Las Tablas mit Martha Griffith.

schwer verletzt. Er wurde bewusstlos aufgehoben und in den Counti Spital geschafft. Der Spital Arzt machte uns Mittheilung über den Vorfall, und so ging Otto dorthin. Morton wollte dann mit ihm heimkommen, was man natürlich nicht geschehen liess. Das fehlte mir noch, Kranke zu pflegen neben meiner vielen Arbeit. Er ist am rechten Ort versorgt. Letzte Woche wollte Er sich dann den Hals durchschneiden mit seinem Taschenmesser, man fand ihn dann im Blute liegend ausserhalb des Hauses, was uns der Spitalverwalter mittheilte. Er ist jetzt wieder besser. [...]

Dann kommt sie auf Mimmis Hochzeit zu sprechen, der sie fernblieb, wohl auch fernbleiben musste, da nicht beide Erwachsene längere Zeit von zuhause abwesend sein konnten. Aber der Brief Selines zeigt auch ihre tiefe Verstimmung:

Letzten Freitag, den 5., ging Otto wieder nach San José, um Mimmis Hochzeit beizuwohnen, so bin ich wieder allein mit meinen drei Kindern. Alice ist schon lange droben bei Mimmi. Diese Heirath hat schon fast ein Jahr lang viel Schreibens und Vorbereitung gekostet. Vom Geld nicht zu reden, das bekomme ich nicht zu wissen. Mimmi hatte im Juni Ihren Platz gewechselt, wo Sie es weniger streng und 25 Dollar pro Monat verdient, bei reichen Leuten. Sie haben einen Chinesen als Koch. Sie blieb dort bis am 6ten November.

Seit letztem Winter hatte Sie immer von Ihrer bevorstehenden Hochzeit geschrieben und Pläne dafür gemacht. Im Sommer schrieb Sie, Mrs. Edwards habe Sie eingeladen, in Ihrem Hause sich trauen zu lassen und das Hochzeitsmahl zu halten. Ich merkte wohl, was diese Schreiberei immer zu bedeuten habe, aber weil Ich zu Ihrem Fortkommen auch nie nichts zu sagen hatte, nur schaffen! so nahm Ich mir entschieden vor, mich in Ihre Heiratsangelegenheiten in keiner Weise hineinzumischen. Und darum habe ich weder Mimmi noch Ihren Bräutigam eingeladen, hier Hochzeit zu feiern. Das ärgerte Sie weidlich und noch mehr den Vater, der Ihr ja noch nie ein Begehren abgeschlagen, und wenn es Haus und Heim kosten würde.

Wenn Sie ungeladen gekomken wären, so hätte ich Sie selbstverständlich nicht weggeschickt, aber das wollte Sie auch nicht. So hatte Sie dann Ende August entschieden, in San José zu heiraten. Ein anderer Grund, wieso ich in dieser Angelegenheit hartnäckig war, ist dieser: Sie hatte sich das letzte Mal recht falsch und wüst benommen, als Sie daheim war, gegenüber mir, Ich werde es Ihr noch nicht so bald vergessen. […]

Dann geht es um Alice. Soll sie ebenfalls in die Fremde auf eine höhere Schule gehen, wie es Mimmi und der Vater planen. Seline sperrt sich dagegen; sie fürchtet, dass das Mädchen in der Fremde «verderbt» werden könnte, und braucht ihre Hilfe vorläufig noch zuhause.

Meine Nachbarinnen alle sagen mir, Ich soll Alice nicht fortlassen, Sie sei jetzt ein ordentliches Kind; wenn Sie fortkomme, so werde Sie nur verderbt. Ich fragte dann Alice, ob Sie im sinne habe, in die Schule zu gehen. Sie sagte nein, Sie wolle mir jetzt noch helfen, bis die kleineren Geschwister etwas grösser seien, und dann etwa nächstes Jahr einen sechsmonatlichen Geschäftskurs nehmen, wie es hier viele thun. Ich habe nichts gegen das. Seit Juni ist Sie nicht mehr in die Schule gegangen hier; vor einem Jahr hat Alice das Diplom für Grammerdrond erhalten, dann ging Sie ein Jahr in die Schule, aber weiter kann Sie hier nicht mehr gehen.

Jetzt muss Ich wieder auf die listig planierten Pläne von Vater und Mimmi zurückkommen. Ich schickte dann Alice Ende August nach Breston in die Visite; Sie hatte schon lange vorher im Sinne zu gehen. Sie blieb drei Wochen draussen, und dann entwarf der Vater wieder einen anderen Plan.

Es begab sich dann, dass eine Nachbarstochter gleichen Alters, Jda Goetschi, Deutsche (sie ist zwei Meilen von hier), nach San Franzisko zu Verwandten ging. Diese lud Alice ein, mitzufahren nach San José, und weil Alice noch nie auf der Eisenbahn war, so sagte Ich, Sie könne besser mitgehen; das war Ihr auch recht. So gingen Sie miteinander, Sonntag, den 13. Oktober, und am Tage vorher weinte Sie fast immer. Miss Goetschi kam nach zwei Wochen zurück, und Sie sagte, Alice habe geweint auf der Eisenbahn; Sie sei nicht gerne gegangen. Im ersten Brief schrieb Alice, Mimmi und Ihr Bräutigam seien ungleich. Er schwatze nicht viel, sei gross, 6 Fuss lang, und dünn und Mimmi sei kurz und dick und schwatze viel. Sie sagt, Sie denke, Er sei ein guter Mann. Die Mutter lebt nicht mehr. Der Vater habe ein Heimwesen gehabt in San José, aber die Bank habe alles genommen. Ich muss dann weiter hören, was Alice sagt.

Sie hat alles geschrieben, George baue noch eine Küche an am

Hause und müsse alles noch zuweg machen vor der Hochzeit. Es ist Mittwoch heute, und Ich habe soeben einen Brief von Alice erhalten, dass der Vater und Sie Morgen Donnerstag in Paso Robles ankommen, wo Sie jemand von uns erwarten mit Pferden und Wagen, um heim zu kommen. So schicke ich Morgen einen Mann dorthin. Er wohnt mit seiner Familie in unserem alten Haus; Er schafft in der Mine.
Der alte Morton ist vor einer Woche im Spital gestorben. Am Morgen gehe Ich mit dem Vater nach Paso Robles, um einiges nöthige und etwas für die Weihnacht zu kaufen. Die Kinder haben den Baum gestern schon gehauen. Gott befohlen.

Seline Wyss

«Es sieht bei Mimmi besser aus als erwartet.»

San José, den 10. August 1903

Liebe Schwester Hanneli!

Es sind schon wieder zwei Wochen, seit Ich Dir die Karte geschickt, und Ich bin nicht dazu gekommen zu schreiben, so lange ich in San Franzisko war. Ich ging am 24. August Morgens halb 9 in Paso Robles auf den Zug und stieg dann in San José aus um halb drei Uhr, wo Mimmi mich abholte. Alice hatte Ihr geschrieben, dass Ich nach der Stadt gehe, und dann bat Sie mich, Sie zu besuchen, was Ich nun auch that. Ich wunderte natürlich auch, wie es aussehe in Ihrem Heim.

Was ihre Hausordnung anbetrifft so bin Ich ziemlich zufrieden, es sieht besser aus, als Ich erwartet. Sie hält alles ziemlich sauber und ist, wie Ich sehe, ordentlich sparsam mit dem Geld. Mit Ihrem Mann lebt Sie glücklich. Er ist gutmütig und thätig, und das ist gut, Er muss halt jeden Tag zur Arbeit gehen. Wenn Sie fortkommen und etwas ersparen wollen. Sie findet, dass es viel kostet, wenn man alles kaufen muss. Sie haben eben nur das Haus hier und ein wenig Garten und ein Schopf, wo Sie den kleinen Wagen hinstellen. Mimmi sagt, Sie haben im Sinn zu verkaufen hier. Ein Mann habe Ihnen 700 Dollar offeriert, dann wollen Sie auf dem Land etwas kaufen, wo Sie Hühner und Vieh haben können, und könne George beim Regenwetter doch daheim etwas thun. Er ist ziemlich geschickt zur Handarbeit. Er hat der Mimmi alles gut eingerichtet im Hause, besonders in der Küche. Ich warnte Sie freilich, gut Achtung zu geben, was und wo Sie kaufen, damit Sie nicht noch das wenige verlieren, das Sie haben.

Mimmi ist sonst immer guten Mutes, dick und fett und eine ewige Schwatzerin. Als ich von hier nach der Stadt ging, sagte sie mir, etwa in

zwei Monaten werde sie ins Kindbett kommen. Wir waren ganz allein, Mimmi und ich, und so sprachen wir auch über unsere Verhältnisse daheim. [...]
Nun muss ich einmal etwas von San Franzisko erzählen. Am Sonntag den 26. Nachmittag 2 Uhr ging Ich dann wieder auf den Zug und kam um 4 Uhr in der grossen Stadt an, wo meine Freunde mich erwarteten. Sie warteten bei der näheren Station (Sie wohnen weit draussen). Ich fuhr aber in die Stadt hinein, und so hatte Ich dann das Vergnügen, die Leute aufzusuchen. Ich benützte natürlich die Strassenbahn, und bei ein paar Mal Nachfragen fand ich meinen Bestimmungsort bald. Mrs. Johnson wunderte sich, wie Ich Sie so bald gefunden. San Franzisko ist bald eine mächtige Stadt, und zu sehen gibt es viel. Die Zeit ging mir schnell vorbei, aber ich ging 6 Tage lang jeden Tag zum Zahnarzt, das war kein Vergnügen. Ich hätte diese Arbeit schon lange unternehmen sollen, aber wir haben so weit nach Paso Robles, und nun wollte ich die Gelegenheit benutzen, es hat mich hier noch weniger gekostet, aber doch genug: 40 Dollar. Ich hatte nur noch 4 Zähne unten und die mussten gefüllt sein, Goldfüllung. Das andere, Silber, sei nicht dauerhaft, sagte der Arzt. Die und neun Zähne sind neu. Ich müsse jetzt in meinem Leben nichts mehr machen, sagte Er.

Weil Mimmi eine Frühgeburt hat, bleibt Seline noch einige Zeit bei ihr, um auszuhelfen. Dabei kommt es zu einer gewissen Annäherung und Verständigung zwischen den beiden Frauen.
[...] Fast zwei Wochen war ich in San Franzisko und habe noch lange nicht alles Interessante gesehen, aber es war mir dann verleidet in dem Lärmen und Treiben der Stadt. Heute vor acht Tagen, am 7. August Nachmittag, ging ich wieder auf den Zug, um 4 Uhr in San José zu sein, wo ich Mimmi beim Bahnhof erwartete, sie war aber nicht dort. So nahm Ich einen Wagen hieher, es ist 2 Meilen vom Bahnhof. Als ich zum Hause kam, war alles geschlossen, und dann kam eine Nachbarin und sagte mir, Mimmi sei krank im Sanatorium (Privat Spital). Sie habe ein Mädchen (Frühgeburt), darauf kam Mimmis Schwiegervater und eine Stunde nachher ihr Mann von der Arbeit. Er sagte mir, das Kind sei 6 Wochen zu früh geboren, es lebt und ist jetzt ziemlich munter. Es hat 6 Pfund gewogen nach der Geburt.
Den 14. August. Am 30. Juli war das Kind geboren und Mimi sagt, sie wisse nicht, warum es zu früh kam, Sie sei immer gesund und stark

gewesen. Am Mittwoch Nachts habe Sie Wehen bekommen. Sie wusste nicht, was es war; am Donnerstag Morgen sei Ihr Mann zum Arzt gegangen (Dr. Heines, ein Schwiegersohn von Edwards). Als Er kam, sagte Er, Sie habe eine Frühgeburt, Sie solle besser zum Sanatorium hinaus kommen. Er fürchtete, es werde viel Mühe machen und Sie habe da keine Pflege. So spannten Sie dann den Wagen an und gingen zum Spital, und um 1 Uhr war das Kind geboren. Es habe noch fast keine Haut gehabt und wurde dann immer mit Öl gewaschen, das sei eine neue Methode, und Ich glaube, das ist gut. Das Kind ist jetzt zwei Wochen alt, und es sieht fast aus wie ein völlig ausgetragenes. Ihr Mann hat sie gestern heim geholt. Sie hatte gute Pflege und ist jetzt wieder ziemlich munter. Am nächsten Dienstag, den 18. diess, gehe Ich heim, bis dann ist Mimmi wieder im Stande, leichte Hausarbeit zu thun. [...]

Den 17. August. Mimmi sagte zu mir, Sie wünsche jetzt bald, dass der Vater einmal das zu viel trinken sich abgewöhnen würde. Er sei letzten Winter, als Er nach San José kam zur Hochzeit, ziemlich angetrunken gewesen. Sie habe sich weidlich geärgert und geschämt. Sie meint, Er wäre bald Alt genug zum recht thun.

Vor ein paar Stunden haben wir Briefe von ihm erhalten, Mimmi und Ich. Er sagt, Sie seien froh, wenn Ich bald heimkomme. Ich denke, es ist gut für den Vater, dass Ich einmal eine Weile fort gewesen bin, Er respektiert mich und meine Arbeit ein wenig mehr, wenn Ich wieder zurück bin. Alice hat mir auch geschrieben und Seline, Ich solle wieder heimkommen, Polly habe das Heimweh nach Mamma.

So werde Ich Morgen in Gottes Namen meine Heimreise antreten; um halb zehn Uhr geht der Schnellzug hier fort, wo um 2 Uhr der Vater und Polli mich in Paso Robles, erwarten und so bin Ich auch froh, wieder bei meinen Lieben meinigen daheim zu sein. Wenn Ich nur noch die kühlere Luft hier mitnehmen könnte. Es ist immer so heiss daheim in Adelaida; der Vater sagt in seinem Briefe 100–106 Grad am Schatten. Es ist ein heisser Sommer für uns daheim. Hier, wenn es auch warm ist, es kommt jeden Nachmittag ein kühler Wind. Es ist eine schöne und fruchtbare Gegend hier, schöne Palmenbäume und hübsche Blumengärten fast das ganze Jahr durch. Aber das Land ist theuer hier im Verhältnis zum Nutzen. Die Fruchtbäume sind ein Hauptertrag hier. Viel hundert Meilen nichts als Bäume, alle Sorten.

Sei vielmal gegrüsst von Mimmi und von Deiner Schwägerin

Seline Wyss

Mimmi sagt, Sie wolle Dir auch schreiben, wenn Du Englisch lesen könntest.

«Ich hatte viel Sorge.»

Adelaida, December 13. 1903

Liebe Schwester Hanneli!

[...] Ich wäre gern nächsten Sommer gekommen, aber ich kanns nicht machen. Für bleibend heimzukommen kann ich nicht daran denken, und ihre Familie [Selines] sind ja alle verlumpet, 2 im Irrenhaus und ein früherer Liebhaber von ihr im Zuchthaus – oder war drin, wegen Fälschung.

Nun noch einiges von meinen Kindern. Mimmi hat einen Mann, der gut und ehrlich seine Arbeit thut, aber er ist nicht haushälterisch, sie werden wohl kaum vorwärts kommen. Sie haben schon eine 3 $^1/_2$ Monate alte kleine Alice; Mimmi ist ganz voller Mutterfreude, doch sie wünscht sich aufs Land, denn es kostet zu viel in der Stadt. – Ich schreibe Dir Mimmis Geschichte später. Alice ist wieder in Creston, um noch den Confirmationsunterricht zu nehmen, und wird nachher auf einen Platz gehen zu Deutschen in San Francisco. Es wäre auch gerne Lehrerin geworden, aber ich vermags ja nicht. [...] Seline ist ein liebes, gutes Kind, ist ordentlich gut in der Schule wie auch Mättie – Mathilde – ist meine Hülfe, gut zum Reiten, Vieh treiben und hilft wohl am besten mit melken. Und Polly ist fast die schwerste der drei, wenn auch die jüngste. Im Rechnen ist sie schwach und hat so Anfälle, auf einmal stiert sie auf etwas hin und hört nichts, ich habe bange Sorge. Wir haben den Arzt consultiert, aber die Arzneien haben soweit nichts ausgerichtet.

Morgen gehe mit Seline nach Paso Robles und hole Alice ab für 2 Wochen Ferien. Zu Weihnachten beste Wünsche, sowie zum Neujahr und das Versprechen ich werde Dir bald wieder schreiben. Mit Liebe und Kuss, Dein Bruder Otto

Von Krankheiten und einem dramatischen Unfall.

Adelaida, März 27. 1904.

Liebe Schwester Hanneli!

[...] Für heute wäre ich gar gern nach Dreston gegangen, wo Alice heute in der deutschen Kirche bei einem deutschen Pfarrer – Jakob Gundlach – confirmiert wird. Leider sind die Strassen so schlecht, es hat viel geregnet letzte Wochen, und die Pferde sind mager, zudem sind 8 Kühe zu melken, und sie sind noch sehr zerstreut, erst nächsten Monat kann ich Einzäunung wieder zurecht machen und sie besser zusammenhalten.

Für Alice hätte ich gar gerne ein Büchlein gehabt, wie man es Konfirmanden schenkt, ein christlicher Wegweiser fürs Leben, etwas kurzes, kleineres, vielleicht würdest Du ihr etwas so schicken. Ich bin Dir noch vielen Dank schuldig für alle Sachen, Päckchen und Freitagszeitung ganz besonders. Doch Alice ist das einzige der Kinder, die ordentlich deutsch lesen und schreiben kann, und sollte sich etwas hier ein Mal ändern, so könnte sie doch schreiben, und darum möchte ich alles befördern, dass sie das Deutsche etwas pflegen würde. – Sie ist auch musikalisch am besten veranlagt und hat seit 4 Jahren eine Violine, auf der sie manches selbstgelernte Lied spielt und mit den jüngeren Schwestern einübt. – Sie bleibt noch in Creston bis Ostern und wird dann heimkommen, um nach einigen Wochen Aushilfe hier wahrscheinlich nach San Francisco zu gehen, wo ihr bei vermögenden deutschen Leuten eine Stelle offeriert wurde. – Sie wäre gerne noch in eine Schule gegangen, aber ich vermags ja nicht.

Meine Frau ist die letzten 2–3 Monate mit Excème geplagt, eine langwierige Krankheit, eine Art wie Aussatz. – Sie hatte früher schon Flechten, nasse Flechten, doch mit einigen bottles Sarsaparilla wurde es ja wieder besser. Jetzt trinkt sie Medizinen fast einen Liter und schmiert und salbt und hätte sich kürzlich mit zu starker Carbolsäure Salben etc. fast vergiftet.

Ich selber hatte den schlechtesten Winter, den ich je hatte. – Im Dezember kam ich mit Alice und Seline von Paso Robles, es war fast dunkel und an einer schlechten Stelle fiel ein Hacken am Zugriemen im Pferdegeschirr aus, und die junge, etwas nervöse Stute sprang seitwärts und kehrte den leichten Wagen um. Alice konnte noch abspringen, während ich selber unter den Wagen kam, den die Pferde noch wegrissen, bis sie los kamen und heim sprangen. Ein Nachbar nahm uns dann heim, der Schaden war zum Glück nicht gar gross, Seline und ich hatten kleine Abschürfungen, aber nichts gebrochen. Seline war in einer Woche wieder zwäg, während ich selber in Folge der Erkältung Rheumatismen im rechten Arm bekam und gleichzeitig im linken Bein, besonders im Knie. Ich konnte zwar immer gehen, doch plagt es mich jetzt noch beim aufstehen z. B. beim Melken. In Schultern und im kleinen Finger des rechten Armes fühle ich es immer noch, trotzdem ich manches zum Einreiben auch eine Flasche von Dr. Norton hatte. Mit dem warmen Wetter will ich einige Bäder in Paso Robles nehmen. [...] Die Kinder Seline und Mattie kommen recht ordentlich vorwärts in der Schule und helfen recht gut die Küche halten, auch melken. Mattie ist das kleinste, etwas kürzer als die anderen, aber das thätigste, mir die beste Hülfe, und reitet so sicher und gut, als man nur wünschen könnte. – Seline ist mehr bedächtig, aber ein sehr gutes anhängliches Kind. Polly ist zurück in der Schule, besonders in Arithmetik, und es hat so Anfälle, auf einmal steht es still, schaut hinauf und kehrt die Augen, und wenn man es schüttelt und zu ihm spricht, so sieht es aus, als ob es aus dem Schlaf erwache. – Wir hatten schon von zwei Ärzten Medizin für sie, aber es scheint nicht zu helfen.

Der kleine Hansli hat oft die selben Augen gemacht, bevor die Hirnentzündung ihn schliesslich von uns nahm. Es plagt mich viel wegen Polly. Kurzum ich habe geplagte Existenz, eine immer klagende unzufriedene Frau, und ich kann kaum mehr genug arbeiten. Ich wünsche so sehr, ich wäre näher bei Dir, aber das lässt sich nicht machen. Schreibe bald wieder. Herzliche Grüsse und gute Ostern.

Dein ferner Bruder Otto

Viel Lob für Mimmi.

Adelaida, Januar 1905

Liebe Schwester Hanneli!
Ich hatte eine so frohe und gute Weihnachten, dass ich Dir gerne davon erzählen will. – Freitag, zwei Tage vor Weihnachten ging ich nach Paso Robles, Mimmi, ihren Mann, George van Horn und die Kleine, Alice abzuholen. Sie kamen und wir kamen gut nach Hause, nur auf dem Weg wurde die kleine 16 Monate alte Alice durstig, und ich nahm sie in ein Haus zu Bekannten, wo sie Milch trank.

Nächsten Morgen regnete es und so sassen wir im alten Haus vor dem Kaminfeuer und erzählten, fragten und antworteten und tauschten Ansichten und Erlebnisse aus. – So fragte ich dann George, wie er lebt und zufrieden sei mit Emilie, denn er nennt sie immer mit dem ganzen vollen Namen.

Ich wusste, dass Emilie gut und aufrichtig war, aber sie ist in Allem noch besser, als ich erwartete. Wenn ich nach der Tages Arbeit oder auch nach der Woche Arbeit heimkomme, ist Alles gut und in Ordnung, Baby ist immer sauber, meine Wäsche bereit und geflickt. Will ich etwa morgens 3 oder 4 Uhr fort zu jagen oder fischen, immer steht sie auf und kocht mein Frühstück. – Sie kauft alles sehr gut ein, billiger, als ich es könnte, und Unterkleider oder was immer, es geht besser, als wenn ichs selber auslese. [...]

Meine 4 Brüder, sagte George van Horn, sind alle verheirathet, aber mein Vater sagt, er will bei uns bleiben, denn ich habe die beste Frau.

Und Emilie, sie ist so ruhig und gefasst, nicht mehr das singende, lebhaft plaudernde Kind von ehedem, aber immer guter Laune, immer ein gefälliges Wort im Mund. – Alte Bekannte sagen, ja das ist noch Mimmi, schade das wir sie nicht hier haben können. [...]

George van Horn ging am 3. Januar wieder zurück, nachdem wir noch am 31. Dezember eine Kuh und am 2. Januar ein Schwein geschlachtet hatten. Emilie half noch 2 Wochen, besonders zum Würste machen. Ich machte etwa 300 Pfund Würste, salzte Fleisch und rauchte es, so dass wir einen Vorrath an Hand haben. Die kleine Alice ist ein gutes Kind und sieht einem mit seinen braunen Augen so treuherzig, offen an, gerade wie sein Vater. Trotzdem es mit 7 Monaten zu früh kam, ist es immer gesund wie gottlob alle in der kleinen Familie.

Otto

«Es scheint einem Alles so gross und so leer.»

Adelaida, June 9. 1905

Mein lieber Bruder Oskar!

Soeben kommt die Trauerbotschaft aus Deinem Hause, um so überraschender, als ich ja längere Zeit wenig von draussen hörte. Ich wusste nur, dass Deine Frau weniger krank war, während Du selber mehr zu leiden hattest.

So lebhaft muss ich denken, wie vor bald 17 Jahren ich mich mit den zwei kleinen Mädchen so mutterseelenallein fühlte. Es scheint einem Alles so gross und so leer.

Mit meiner Frau gehts nicht sehr gut, d. h. ihr Excema ist bald gut, aber sie ist gewiss nicht ganz recht im Kopf zu Zeiten. Alice ist froh, wenn sie bald fort kann auf einen Platz, für andere Leute arbeiten. Die Zeiten wären ja nicht schlecht, aber mit einer Frau, die meist nur studiert, wie sie einem um Alles bringen könnte, ist kein Weiterkommen.

Polly hat ihre Anfälle ins Leere zu starren, während Seline und Mattie beide gute arbeitsame Kinder sind.

Ich selber bin so ziemlich über meinen Rheumatismus weg, ein verrenkter Fuss macht mich herumhumpeln und werde bald mehr Briefe zuschicken. Die Post kommt. Versichere Dich, ich fühle Deinen unersetzlichen Verlust. Dir selbst und Deinen Kindern meine besten Wünsche von deinem Bruder   Otto Wyss

Fremde werden beherbergt.
                                                    Adelaida, den 10. December 1905
Meine liebe Schwester Hanneli!
[...] Diese Woche, Freitag nach 11 Uhr kam, ein Elsässer Jude, ein Brillenverkäuer. Ich gab ihm etwas Fleisch, und die Frau gab ihm Suppe und etwas Essen, und dann kaufte sie noch eine Brille von ihm für 2 Dollar (10 Frk.) – sie hatte es nicht sehr nötig. Vor 2 Jahren kaufte sie eine gelbe (goldene?) für 8 Dollar, sage 40 Franken, und letztes Jahr eine solche von Neusilber für 2 ½ oder 3 Dollar und hatte beide noch. Um 12 Uhr setzten wir uns zum Essen, die Kinder kamen aus der Schule, und dann fing Frau Wyss an, ihre goldene Brille zu suchen. – Nichts gefunden, und sie erklärte, der deutsche Jude hat meine Brille fort genommen. – Zuerst wurde ihm Mattie nachgeschickt, dann Polly und schliesslich Frau Wyss selber. Um 1 Uhr kam der ganze Zug zurück, und der «Julien» erklärte, er gehe nicht von der Stelle, bis die Brille gefunden sei. Ich ging an meine Arbeit, während Frau und Händler jede Brille in seinem Gepäck untersuchten, aber nichts fanden. Zwei Stunden später, nach 3 Uhr, fand sie die Brille in ihrer Kommode. – Der Mann kochte dann noch Fleisch für 5 Tage Lunch und blieb über Nacht, immer über «e so ne Frau» schimpfend. Nachts kam ein Herr und eine Frau mit Chaise und zwei Pferden und blieben hier, doch sie bezahlten gerne 1 ½ Dollar für 4 Essen à 25 cts. Und 2 Betten à 25 cts. Und dann $ 1.00 für 2 Pferde zu füttern. Die 1 ½ Dollar behält die Frau, 1.00 für Futter ich selber. Ebenso behält sie, was sie an Eier, Milch und Butter gerade hier verkaufen kann, was im Monat 5 Dollar und mehr ausmacht. Ich habe nichts dagegen, wenn sie nur dann etwas Futter für die Hühner kaufen würde, aber da muss alles aus dem Alten raus. Wenn sie 10 Dl. Von mir nach Paso Robles nimmt, so macht sie noch Schulden dazu und meint dann: «Ja wäme in en Store (Laden) in chunt und 10 bis 15 s'pent (ausgibt), dänn isch me eschtimiert.»

Otto beim Melken. Gemolken wurde immer im Freien.

Kommentar zu zwei Fotografien.

Adelaida, den 18. März 1906

Meine liebe Schwester Hanneli!
Vor 10 Tagen habe ich ein Päckchen mit Meermüschelchen, Steinchen Sand und einigen Stückchen Quecksilbererz etc. auf die Post gethan und hoffe, dass es gut ankommt. [...]
   Die Muscheln hat Alice selbst zusammengesucht in Cambria und Carmel, wo sie von Mitte Januar bis Februar 20. bei ihrer Schwester Emilie war, um auszuhelfen, da dorten ein gesunder Junge Otto Benjamin van Horn eingetroffen ist. Es ist alles gesund und munter, worüber ich sehr, sehr froh bin. George van Horn arbeitet, was es zu thun gibt.
   Ich will noch einiges zur Erklärung der Photographie nachholen. Ich melke die Bianchi (spr. Biänggi), eine gute rothe Kuh, rechts die Chueli, links die grosse weisshäuptige Greta, dahinter Dolly, Speik

Familie Wyss vor ihrem Haus, das heute (2001) noch steht, links Mr. Morton, dann Otto und Seline und die drei Mädchen Seline, Mattie und Polly. Es fehlen die Töchter Mimi und Alice.

und Bossi oder Patti, dahinter ist etwas höher der Rücken vom Zuchtstier zu sehen. Links ist heisses Wasser im grossen Waschkessel und die zwei grossen Wassertröge bis zum Baum rechts, der eine junge Eiche ist, die vor 25 Jahren etwa 6 bis 8 Zoll, jetzt nahe 2 Fuss im Durchmesser misst. Auf der anderen Seite der 70 Fuss breiten Landstrasse ist der Gartenzaun, dahinter das alte «Loghouse», Balkenhaus, das ich als Wagenschuppen benutze, rechts vom Baum der Giebel der neuen Scheune mit Felsen im Hintergrund.

Nun will ich noch eine Photographie beschreiben, die wir vor etwa 3 Jahren haben machen lassen. Meine Frau wollte mir keine lassen und steckte alle auf die Seite, doch nach und nach kriegte ich doch einige, die ich in einigen Tagen schicke. Es zeigt unser Haus, Selina, Polly und Mattie, jedes mit einer Katze und dann Mamma mit Mop, dem alten Schäferhund, zwischen uns und links Mr. Morton, der bei uns war (seit

2 Jahren todt) und dazwischen Bigelow (Pig), der junge Kuhhund, excellent zum Viehtreiben. Vorn die Frontporch (Veranda), links die Küche mit Fenster, 2 Fenster zum Wohnraum und das obere Fenster in der Kinder Zimmer. Ich lege noch ein Plänchen vom Haus bei, die beiden Seiten vom Haus messen 24 $^1/_2$ Fuss Tiefe bey 28 Fuss Breite, resp. 16 Fuss und 12 Fuss für den Küchenanbau. Das Haus ist vollkommen gross genug, es hat nur einen Ofen und kein Kamin, das Kamin ist nur für den Kochofen. Im Hintergrund die grosse, immergrüne Lebenseiche (live oak), etwa 5 Fuss Durchmesser, rechts sieht man den chinesischen Himmelsbaum, Ailanthus, grosse gefiederte Blätter, an den sich Hopfen an Stangen hinaufspinnen. Rechts am Eingang sind 3 Regenschirm Bäume (Umbrella treu), die aber nicht sichtbar sind. Im beiliegenden Plänchen zeigt sich die Einrichtung des Hauses, Wohnzimmer mit Tischchen in der Mitte, die geräumige Küche, von wo man die Treppe hinauf geht, wo im oberen Theil 2 Zimmer sind. Die Kinder haben viel Platz, die ganze Tiefe des Hauses. Droben sind 2 grosse und 1 kleines Bett, im unteren Theil je 2 grosse Betten. – Ich hätte immer lieber mehr einschläfige Betten gehabt, besonders im Visitenzimmer, doch die Frau hat noch die alte Mode von draussen in Bauernhäusern, die grossen Betten für 2 und 3.

Etwa 20 Schritt die Treppe hinunter ist der Brunnen und darunter der Bach im kühlen Schatten der «live Oak».

Eine andere Photographie von bekannten Leuten von Mr. Morton, es sei eine schwedische Familie, lege ich gerne bei, es zeigt eine Familie auf einer Weizenfarm, alles Pferde, meist starke Arbeitspferde, die 3 Jungens und die Mutter mit dem Kleinsten und dem Füllen im Vordergrund. Es ist etwas grösser und schützt so gewissermassen die anderen. [...] Otto

Otto bestätigt seinem Bruder die Ankunft von Erbschaftsgeld aus dem Nachlass seines Vaters («die Summe überstieg weit meine Erwartungen.» – «Meine Frau weiss nichts davon, und es ist besser, sie erfährt nichts davon»). Dann schreibt er weiter vom Alltag auf der Farm:
[...] Den 22. Juli. Es ist heiss, 104° F. = 40° C und schwühl. Frau und Kinder sind in der Sonntagsschule, wo gesungen, Bibel gelesen und erklärt wird.

Alice ist seit einem Monat in San Luis, wo sie eine Geschäftsschule besucht für Buchführung und com. Correspondenz. Es dauert etwa 6

Eine schwedische Familie auf einer Farm.

Monate und etwas länger, wenn sie Type writing, Schreibmaschine und Stenographie nehmen will. Doch will sie nach Neujahr so wie so zurück kommen, da dann Selina und Mattie wieder nach Creston gehen in die deutsche Schule, den Confirmanden Unterricht zu nehmen. Ich selber rechne wie gewohnt etwa 16 bis 20 Kühe zu melken, genügend Weizen, Gerste und Haber einzusäen; für Heu und etwas wie 12–15 Stück jedes Jahr zu verkaufen, meist zum Schlachten für den Metzger, doch auch für Milchkühe. Käse habe ich nie probiert zu machen, denke, es nimmt mehr Zeit, doch habe immer einen guten Gemüsegarten, und die Kinder haben diess Jahr einen ausserordentlich reichen Blumengarten.

Mit den Hühnern hatte meine Frau wenig Glück. Letzte Woche fanden wir einen Skunk (Stinkkatze) unter dem Holzhaufen, der ich einen Schrotschuss gab, dann schoss Mattie mit ihrem kleinen 22 Stutzer, und als wir den Haufen ganz auseinander zerrten noch 2 Junge, fast erwachsene, die der Hund tödete, denn mit dem Schiessen wurde der ganz eifrig und wollte helfen. Wir fanden ein Dutzend und mehr Stücke von jungen Hühnern und Frau Wyss erklärte: «Nüd e wunder, han i kei chlini Tschiggi meh!» Auch Coyotes (Wolfähnlich) hat es ungewöhnlich viele. Schweine habe ich nur 5, aber alle fett, doch ist es zu heiss zum schlachten. [...] Otto

So geht das Leben in Adelaida weiter; es ist kein trauliches Zusammensein, sondern es knistert von Spannungen. Dabei sind in den Briefen eigentliche Tiefs auszumachen, wo das gegenseitige Misstrauen geradezu fühlbar wird, wie etwa im langen Brief Selinens vom 25. Juli 1906:

Adelaida, den 25. Juli 1906

Werthester Herr Schwager!

Schon seit Wochen, ja ein paar Monaten beschleichen mich unheimliche, drückende Gefühle, wie wenn ein schweres Verhängniss über unsrer Familie läge, eine schwere Last, die nicht von meinen Schultern weichen will. Der Vater brütet immer über etwas, wie wenn Er kein gutes Gewissen hätte. Ich kann kein Wort mehr vernünftig mit Ihm reden, ohne dass Er mir die traurigsten Flüche und Schimpfnamen anhängt. Er sucht immer Händel, will immer da und dort Fehler sehen und sagt Er, Er kann nicht mit mir reden, wenn Er mich nicht zum Wort kommen lässt. Er reitzt mich so und fordert mich heraus, dass Er meint, Ich solle Ihm bevor den Kindern wüste Worte anhängen. Aber Gott schenkt mir immer die nöthige Geduld, dass Ich mich auf diese Art nicht versündige.

Vor einer Woche, als Ich Ihn warnte wegen dem trinken, gabs wieder eine Anzahl Flüche, und als Ich Ihn wieder daran erinnerte, dass Er nicht immer sein eigenes Fleisch und Blut verfluchen soll, sagte Er wie schon vielmal, Sein Vater habe das Lehrgeld bezahlt für sein Fluchen.

Er kann mir nicht Unordnung oder Verschwendung vorhalten, zu welchem Er zwar immer eine Ursache sucht, auf schlechtem Wege. Er behält alle seine Werthpapiere, Ihre Briefe und Alles im alten Haus drüben, wo sein Pult ist, und wenn jemand kommt, etwas zu zahlen, so nimmt Er die Leute immer dorthin, damit ich nichts sehe und höre. Manchmal verbirgt Er gewisse Papiere und dann nach einer Weile kommt Er und flucht, wo ist das oder dieses hingekommen und will mich der Unordnung beschuldigen. Ich darf meine Ordnung sehen lassen, meine Sachen muss ich nie suchen, weder Briefe noch Papiere oder Photographien. Aber kommt und sehet seine Ordnung an.

Vor 7 Jahren, als Mimmi daheim war in den Ferien, gab der Vater Ihr ohne mein Wissen (Ich war damals nicht daheim) die Photographien von seinem Vater und Mutter sel. Die Absicht, die Er dabei hatte, kannte Mimmi freilich nicht. Die Bilder alle waren in einem Album in der Kommode, als Ich hieher kam, und Ich hatte Sie auch immer neben meinen eigenen am gleichen Orte aufbewahrt. Ziemlich lange nachher, als Mimmi fort war, wollten die Kinder wieder einmal die Photographien anschauen, und dann vermisste Ich das alte Album. Ich fragte den Vater darüber, da wollte Er nichts wissen, und sagte zu mir, Du wirst es, denk ich, den Kindern gegeben haben zum zerreissen. Als Ich dann vor drei Jahren in San José droben war, zeigte mir Mimmi Ihr Album, und da sah Ich diese Bilder von Vater und Mutter sel., nebst anderem. Nach meiner Heimkehr sagte Ich es dem Vater, dass Mimmi gesagt habe, der Vater habe Ihr die Photographien gegeben. Da wurde Er wild und sagte mir Lügnerin, obschon Er vor Gott wusste, dass es wahr ist.

Ihr grosses Bild, das Sie vor einigen Jahren geschickt auf dem Carton, hängt in der Stube. Ich hatte eine Rahme dazu gekauft. Jetzt beschuldigt Er mich auch schon lange, dass Ich Ihn angelogen habe wegen meinem Geld. Er sagt, Ich habe Ihm mehr angegeben als Ich hatte und mein Bruder habe mir nicht alles geschickt. Er weiss, dass auch das eine unverantwortliche Lüge ist. Ich hatte Ihm treu und Ehrlich alles Gesagt, die reine Wahrheit, und mein Bruder hat mir alles geschickt, was Ich durch Papier und Briefe beweisen kann.

Aber jetzt will Er mir immer die Hälfte davon ableugnen, Er, der Vater meiner Kinder. Ich hatte noch über 52 Dollar in meiner Tasche, als ich ins Haus kam hier, und das hatte Ich Ihm geliehen, bevor wir heirateten. Er zahlte Schulden damit, weil Er damals fast jeden Tag gedrängt wurde. Das alles leugnet Er jetzt. Ich muss Ihnen noch ausdrücklich sagen, dass Er von seines Vaters Geld nie einen Ct. für mich verwendet hat; Ich habe es auch nie begehrt. Ich war nur froh, dass Er Schulden zahlte damit. Von seinen Erbschaftsangelegenheiten seit der Vater sel. Tode weiss Ich gar nichts. Ich habe Ihn nie darum befragt, und Er hat nie nichts gesagt.

Wenn Sie oder Schwester Hanneli dem Otto Geld geschickt haben, so hat Er das irgendwo auf einer Bank verborgen. Er bestreitet immer alles von unseren Einnahmen. Er hat jetzt wieder etwa 250 Dollar Werth Vieh verkauft. Ich sehe keinen Ct. davon; von dem macht Er jedes Jahr auf die Seite. Vom Buttergeld habe Ich auch nichts. Ich bin nur gut für die Arbeit. Ich glaube nicht, dass es meine Pflicht ist, mich viel länger knechten zu lassen. Ich mache kein Anspruch auf sein ererbtes Gut, aber was Ich geholfen zusammen sparen mit meiner harten Arbeit und von meinem eigenen Geld von daheim, habe ich wohl ein Recht, etwas zu haben.

Otto hat jetzt den Nutzen davon über 17 Jahre gehabt.

Mit meinen Stiefkindern hätte Ich nie kein Verdruss gehabt, wenn der Vater Sie nicht immer gegen mich aufgehetzt hätte, und Er thut das immer auf eine schlaue Art und Weise. Sie wissen Es nicht, wenn Sie mir Unrecht thun. Der Vater braucht seine zwei älteren Kinder immer als Werkzeug gegen mich, besonders die Mimmi. Die Alice war sonst immer sehr anhänglich an mir.

Meinen drei flatiert der Vater immer und sucht Sie möglichst an sie zu ziehen, aber das kann keine aufrichtige Liebe sein, sonst könnte Er Ihnen die Mutter nicht so quälen. Sie sind alle drei so Ehrlich und aufrichtig und thun dem Vater alles um Frieden zu halten. So wie Ich auch selbst tagtäglich bemüht bin, alles zu thun um Streit zu verhindern, aber der Vater findet immer eine Gelegenheit dazu. Ich rede fast nie nichts mit Ihm, nur um Ihm das Fluchen zu ersparen.

Noch muss Ich bemerken, dass Ich weder über Sie noch über die Schwestern jemals etwas nachteiliges gesagt oder geschimpft; falls Otto solches schreibt. Ich gebe Niemandem Schuld an meinem Unglück Und wenn Otto manchmal schimpft, dass sein Bruder mich hieher geschickt, so sage Ich Ihm, wenn Du nur halb so gut wärest wie Deine Geschwister, so hätte Ich keinen Verdruss.

Alice ist seit einem Monat in San Luis in der Schule, für 6 Monate. Sie nimmt einen Geschäftskurs. Seline hat letzten Monat das Grammer Examen bestanden und Sie wird jetzt noch die neunte Klasse durchmachen. Sie ist bald so gross wie Ich. Die Maettie ist kurz und dick. Die Polly ist die schwerste von Allen, aber wegen Ihrer Gichter macht Sie mir viel Sorge.

Oh wie viel tausend mal habe Ich schon gewünscht, dass Jemand von Ihnen hieher kommen könnte, wenn Ich das Geld hätte, so käme

Familie Wyss vor ihrem Haus, links Tochter Alice, daneben Seline und Otto mit den Kindern Seline, Mattie und Polly.

Ich heim, um einmal Mündlich zu erzählen, aber der Vater will mich nicht gehen lassen. Meine Gesundheit wäre jetzt so ziemlich ordentlich, meine Beine sind beinahe gut. Aber Ich bin doch gegenwärtig so mager, dass Ich kaum zusammenhalte, von nichts als Ärger und Verdruss.

Nun am Ende dieses Schreibens kommt mir in den Sinn, dass wir vor ein paar Tagen die Verlobungs Anzeige von Ihrer Tochter Alma erhalten haben, Und bitte um Entschuldigung, dass Ich erst damit komme. Ich wünsche Ihr von Herzen Glück und Gottes Segen, zu einem glücklichen Familienleben.

Nun will Ich wieder einmal schliessen. Ich habe die getreue Wahrheit geschrieben und bitte Sie, das auch als solches anzuerkennen. Ich habe ein reines Gewissen vor Gott und Menschen, und der himmlische Vater, den Ich jeden Tag anrufe, wird alles zum besten lösen. Viele

Grüsse an Sie und Ihre werthe Familie von Ihrer Schwägerin

Seline Wyss

Wieder einmal ein Schweizerfest.

Adelaida, December 9. 1906

Meine liebe Schwester Hanneli!

[...] Wir scheinen ein rechtes Erdbebenjahr zu haben, denn letzten Donnerstag Nachts um 10.20 min. wurden wir durchs Wackeln des Hauses geweckt, die Kinder kamen die Treppe herunter, aber es war glücklicherweise wieder vorbei, und nachdem wir über den Schrecken weg waren, gingen wir wieder ins Bett.

Im September war in Cajucos ein Schweizerfest. Es sind dort viele Tessiner, und so alle paar Jahre wird zur Erinnerung ans Geburtsland, die schöne Schweiz, ein Festchen veranstaltet. Einige Wagen mit Jungfrauen und Mädchen, die Helvetia, Columbia, Berna, etc. vorstellend und die kleineren die verschiedenen Kantone mit ihren Wappen, sodann Musik, Tanzbühne und Reden in italienisch und englisch und dann Essen – Brod, Käse und gebratenes Rindfleisch, so viel einer unter Dach bringen kann. Es wurden 3 Stück Rindvieh gebraten und vertilgt. Alice war auch da von San Luis her, mit einem jungen Deutschen – Herman Suderman. Wir ergingen uns an (Ocean) der Meeresküste und sammelten noch einige Muscheln etc., und gegen 5 Uhr machten wir uns auf den Heimweg. Freilich wir gingen nur zu Bekannten, zu Frau Haase, die nebst ihrer Mutter auf einem Platz etwa 10 bis 11 Meilen etwa halbwegs wohnen. – Der eine Herr Haase war etwa 7 Jahre in Alaska, wo er in den berühmten Klondyke Goldminen grub und Gold wusch und sehr schöne Stücke hatte. Ich wollte ihm eines für Dich abkaufen, aber er schenkte mirs, so dass Ich Dirs schicken könne, und so werde in einigen Tagen wieder ein kleines Kistchen schicken und das Goldklümpchen in eine Muschel stecken, dass es nicht so leicht verloren geht. [...]

Otto

Im Brief an seine Schwester Hanneli aus dem Sommer 1907 erinnert sich Otto an seine Jugendzeit im Steinhof und seine Beziehungen zu den Schwestern:

Ich hatte immer an «Fehlerfinden» zu leiden, wenn ich aus der Lehrzeit oder später heimkam. Die älteren Schwestern waren so streng, wenn ich ein Gesellenliedchen oder so sang; nur Emilie und mein liebes Han-

Vor dem Schulhaus in Klau. Das Schulhaus stand unterhalb der Mine. Hinten links Otto Wyss, zweites Mädchen stehend von links: Alice Wyss. Links neben der rechten Holzsäule Mattie, rechts davon Polly.

neli konnten so recht herzlich lachen und auch später; Du meine liebe Schwester hattest mich nie zu tadeln wie die anderen fast Alle, und darum gehören wir zusammen.

Mimmi und ihr Mann George van Horn ziehen von San José weg und lassen sich mit ihren drei Kindern in Adelaida nieder. «Du kannst Dir denken, dass ich mich dessen freue.» Otto erhält so Hilfe durch seinen Schwiegersohn.

Warum Adelaida so heisst oder von der Wichtigkeit, eine eigene Poststelle zu haben.

Klau, Post Office, Januar den 19. 1908

Meine liebe Schwester Hanneli!
Es ist neblig und regnerisch draussen, und so habe ich mich hier in der Post Office, beim guten Kaminfeuer hingesetzt, um Dir einmal zu

schreiben, wies bei uns steht und geht. Das erste und wichtigste ist, dass Emilie mit ihrem Mann George van Horn und ihren 3 Kindern hier bei uns ist und hier bleiben werden. Er hat bereits alles für mich gepflügt und eingeeggt, während ich selber gesäät habe, aber so ist diese Arbeit fertig, und bald geht's an's melken und Butter machen. Fünf, die wir melken, besorgen Mattie und Polly allein, und die «Separator» zum Nidel abnehmen werden wir erst in 2 bis 3 Wochen gebrauchen, wenn wir 8 bis 10 Frische Kühe haben.

George und Emilie wohnen in einem Häuschen, das ich von einem früheren Pächter gekauft, dann hatte ich noch ein anderes gekauft, das er abreissen und auf einem 40 Aker Stück Land, das uns im Osten anstösst und das Alice gehört, wieder aufbauen wird. Die 40 Aker werden sie von Alice kaufen und dort ihr Heim machen. Er rechnet, dort in 4 bis 5 Wochen das Haus gebaut und zum Einziehen bereit zu haben. Sie haben gutes Mobiliar, Betten etc. und seit ihrer Heirath, 5 Jahre zurück, hatten sie noch keine Krankheit in der Familie, ist auch ein kleines Kapital werth.

Er hat mir oder für uns zusammen ein Räucherhäuschen gebaut, von Eisenblech, das er mitbrachte und räuchern 3 Schweine und werden in einigen Tagen noch eine junge Kuh; die ein Hüftbein brach und kaum läuft, aber sonst gut frisst. Das gibt's mitunter vom herunterfallen, wenn sie von grösseren gestossen werden. [...]

Sonntag Nachmittag. – Polly und Mattie sind ins «Flat» hinunter zu Mimmi, es ist dort kurzweiliger mit den Kleinen, Mamma liest und schläft ein bisschen, und ich will Dir noch von der Post Office erzählen. – Als ich 1876 hieher kam, mussten wir unsere Post in Paso Robles holen, 16 engl. Meilen oder etwa 20 Km., 5 Stunden. Dann reichte der Superintendent der hiesigen Almaden Mine und derjenige der benachbarten Sunderland Mine Ersuchen (Petitionen) ein für die Erstellung einer Post Office. Unser Superintendent, van Jeinsen, überliess es den Arbeitern, einen Namen vorzuschlagen und, da wir eine ziemlich cosmopolitische Mischung waren, schlugen wir «Cosmo» vor, währen Mr. Sunderland den Namen seiner Braut «Adelaida» vorschlug; sie war eine Adelaida Lane von Virginia. (Lane und van Horn stammen aus dem Holländisch), und Mr. Sunderland war mit dem 1. Januar 1877 Post Master (PM). Die Post kam 2mal pro Woche und retour, San Miguel – San Simeon. Als die Mine aufhörte zu rentieren, musste ich ab und zu Stellvertreter des Post Masters machen, und 1880 kam sie auf meinen Platz. Nördlich und östlich von hier sind 2 grosse Bauerngüter, der eine Ed. Smith hatte über 2000 Aker, der andere Wes. Burnett nördlich hatte 8–10000 Aker, beides Spekulanten, und die machten von 1882 bis 88 alle Anstrengungen, die Adelaida Post Office in ihre Nähe zu bekommen, und so kam sie 1889 an Ed. Smiths Platz und ein Jahr später zu Dubost, einem Platz zwischen den beiden. Sodann 1894 wollten sie westlich eine Post Office haben, sie ist «Gibbons», 6 oder 7 Meilen von hier, und bekommen die Post 2mal die Woche, es ist aber nicht viel dort. Anno 1900, als Mr. Adolf Klau, ein Deutscher Jude unter Mithülfe anderer und «Unsere Leit», man sagt Rothschilds, die Quecksilber Mine kaufte, wollte er auch eine eigene Post Office und erhielt sie, «Klau» wurde sie genannt.

Die Produktion der Klau Mine wurde forciert, grosse Reduktionswerke «furnaces» gebaut, die 60–80 Tonnen Erz brannten und eine Weile bezahlte es sich gut, so etwa 100 flaks die Woche. Aber der Preis fiel von $ 55 zu 45 und 34 Dollars. Die Flask und die Produktion fiel ebenfalls, und so verkaufte Mr. Klau die Mine.

Ein «Grüner», Mr. Pearson von Boston, kaufte sie und fand zu seinem Erstaunen dass es sich nicht bezahle. Er ist fort, wohl auf Nimmer wiedersehen, und die Postmeisterstelle war wieder vakant.

Wir hatten es bereits bequem gefunden, 6 mal die Woche die Postkutsche von Paso Robles her zu sehen, und es war so bequem, Butter, Eier etc. von hier zu befördern, und so kamen Nachbarn, die wünschten, ich möchte es wieder übernehmen. Zwei derselben, Mr. Bagby und Mr. Kuhlman versprachen mir die 2000 Dollar Bürgschaft zu stellen (Noch ein Anderer offerierte es), und so sagte ich ja, denn Adelaida ist jetzt doch 3 Meilen von uns entfernt.

Als ich zusicherte, ich werde die Stelle als Post Master soviel als möglich selber besorgen, wurde Klau auch als «Money Order Office» angezeigt, und so kann ich auch Postanweisungen schreiben fürs ganz Gebiet der U.S. [...]

Sonntag Abend nach 4. – Die Sonne kommt schön warm, und ich will besser den Brief fertig machen, muss noch Vieh füttern und nachsehen, ein Nachbar verlor 12 Stück an einer Krankheit, so heisst's aufpassen.

Die Finger werden etwas steif, wenns melken kommt, so zeigt sich immer etwas Rheumatismus, doch im übrigen wünsche ich, Du könntest Dich so gut fühlen wie ich, mein Appetit ist gut, ich nehme meine

Zeit zum Kauen, aber ich hab immer noch meine eigenen Zähne; des Morgens, wenn's taget, das ist jetzt $^1/_2$ 7 Uhr, mache ich Feuer wärme ein bisschen Rest Kaffe und nehme einen Schluck, dann kommt Mamma und die Kinder und lösen mich ab. – George thut die anstrengendere Arbeit, und er ist's zufrieden hier und sagt, es ist ja gut leben, Holz braucht man nur zuzugreifen und es haken. [...]   Otto

Die Reisepläne konkretisieren sich.

Klau, den 24ten Januar 1909

Meine liebe Schwester Hanneli

Deine lieben Zeilen wollte ich auf Neujahr beantworten; kam aber nicht dazu. Besten Dank für deine freundliche Einladung, und werde ichs schon profitieren und so viel als practicabel Dein Gast sein; obgleich ich gar nicht so viel Platz brauche und in irgend einer Ecke zufrieden bin. Ich zweifle, dass meine Frau zu gleicher zeit kommen würde, aber das nächste Jahr dann etwas längere Zeit. Jedenfalls würde ich viele alte Freunde aufsuchen, so nebst den Schulkameraden der Heimatgemeinden, besonders in Winterthur, Töss, Eglisau und bei Schleitheim an der badischen Grenze u.v.a.m. Meine Zeit werde ich schon auf 2, vielleicht 3 Monate ausdehnen, aber nicht mehr, wo möglich suche ich früher als July abzukommen hier. Ich wünsche noch praktische Wasseranlagen zu studieren, auch Verwerthung mit kleinem Wasserrad und Turbine und bin sicher, ich kann meinen Separator damit treiben, elektrisches Licht etc. Ebenso wegen Kalkbrennen und Cementfabrikation wünsche ich mich zu erkundigen und dann noch vieles andere mehr. [...]

Doch noch einiges von unserer Weihnacht.
Am Samstag vorher holten Mamma und Polly Selina und Alice von Paso Robles ab, nächsten Montag holte ich Mattie von der Küste, und am Tag vor Weihnachten machten sie den Baum fertig. Mamma wollte 2 Güggel dran glauben lassen, denn wir hatten nur 4 Gänse, aber der alte Gänserich, ein rechter Streithahn, wollte den Zuchtstier von seiner Gerste wegjagen und fand den «Lätzen», denn der stampfte ihm ein Bein entzwei, und so mussten wir ihn gleich in die Küche liefern. Er machte einen guten, grossen Braten.

Wir hatten den Baum am Vorabend, Donnerstag, und wir sangen noch viele alte Schullieder, Kirchenlieder etc., alles englisch, mit Alice und Mimmi, denn beide haben eine so sichere Stimme, Mimmi Sopran, Alice Alt, ich Bass. Weihnachten musste ich Alice schon wieder nach Paso Robles nehmen, denn in San Luis musste sie am Weihnachtsabend in der Deutsch-Lutherischen Kirche singen helfen und kam am nächsten Morgen zurück noch für einige tage. – Selina ging am 2ten Januar nach San Luis, wieder für die Schule. Eine Woche später kam ein Brief von Alice, Selina, haben Fieber, und sei im bette, sie glaube, sie habe die Masern. Wir schrieben gleich, sie solle Dr. Norton holen, und schickten dann Polly nach San Luis, doch es war nur Masern oder leichte, rothe Blattern, und Selina war bald darüber weg und ging wieder in die Schule. Gestern vor 8 Tagen kam Polly wieder heim. Mit alledem hatte ich noch mehr Arbeit, denn Sturm oder Regen, s'Vieh und die 25 Kälber und 9 oder 10 Pferde müssen doch alle gefüttert sein. [...] Otto

«Ich werde wenig Gepäck mitbringen.»

Klau, den 7. Februar 1909

Meine liebe Schwester Hanneli!

Es stürmt und regnet nun seit vollen 5 Wochen, kaum dass 3 oder 4 Tage es «schonet» und die Sonne wieder herauskommt. In der Zeitung liest man von Überschwemmungen im Sacramento Thale und von Häusern und fast Dörfern, die verlassen werden müssen, sogar in diesem County (Bezirk) mussten nahe dem Meer Leute die Häuser verlassen und das Vieh auf höheres Land treiben. Doch auch das wird aufhören, denn: «Drängen die Nebel noch so dicht sich vor den Blick der Sonne, sie wecket doch mit ihrem Licht, ein Mal die Welt zur Wonne», sagt der Dichter, und dann ist viel Arbeit zu säen, eggen, fencen (Einzäunen), fixen, flicken, und dann wächst das Gras schnell, und es ist als ob 4 oder 5 Kühe nur warten für schönes Wetter, um Kälber zu bringen und 5 haben wir schon. So bloss Sonne, und wir fangen an zu melken.

Wir schicken jetzt 1 Gallon (4 Liter) Milch jeden Tag in die Mine und bekommen 10 Ct., 50 Rp. pro Tag, das ist besser wie Butter machen, aber nur grad so viel, und wir schickens mit der Post hinüber, nur Sonntags reiten die Kinder, Polly und Mattie und bringen sie hinüber. Der Koch dort ist ein ganz anständiger Japanese und gibt ihnen öfters «Cookies», süsses Backwerk. – Der «Jap» (spr. Tschäpp) schickte jeden Monat seinen Lohn an die Japanesische Bank in San Francisco an Mr. Tokoshima, natürlich in Geldanweisung von hier, er schreibt sich Tom Shiomi. [...]

Wenn Dir etwas in den Sinn kommt, das Du besonders von hier wünschen könntest, so bitte lass es mich wissen, denn ich werde wenig Gepäck mitbringen und sehr wenig Kleider ausser dem Werktagsanzug, blaue Twilchhosen und Jacke. Ich weiss nicht, ob Du ein Zimmer extra engagiert hast, denn im oberen Stock hast Du doch kein Gebrauch dafür, wenn Dich fast niemand besucht. Überhaupt mache Dir gar keine besonderen Auslagen. [...]
Alice ist immer noch beim Metzger Jakob Gingg, einem geborenen Appenzeller, der mit mir s. Z. in San Francisco im «Schweizerbund»-Gesangsverein war; kürzlich kamen 2 seiner Neffen, Alice verstehts gut, «si chönne gad na nüd änglisch!» Sie macht dort die Buchhaltung und wohnt mit Selina in 2 Zimmern, wofür sie 12 Dollar, sage 60 Fr. pro Monat bezahlen müssen. Das bezahlt Alice, um Selina zu helfen, und ich begreife dass sie nichts auf die Seite legen kann. Alice nimmt immer noch Klavierstunden, Selina in der Polytechnischen Schule in San Luis, daheim würde man es landwirtschaftliche Schule nennen.

«Es sind zwei Wanderprediger hier.»

Klau, den 26. März 1909

Meine liebe Schwester!
Ich weiss nicht, habe ich geschrieben, seitdem Du die hübschen Bilder vom altbekannten Otelfingen schicktest. Und die Telefon und Telegraphen Stangen sieht man ja auch. – Wir sind gerade jetzt daran, auch das Telephon von Paso Robles nach Adelaida und Klau zu bauen, doch diese Woche hat es so viel geregnet, dass die Arbeiten unterbrochen wurden. [...]

Kürzlich in Paso Robles sprach ich mit dem Agenten wegen dem Ticket, ich würde es nehmen von Paso Robles–Zürich und retour, 4 Monate und wahrscheinlich deutsches Schiff, aber ob ein Weg über Genua, das macht eine längere Reise. – Werde sehr wenig mitnehmen und reise als Arbeiter, wie ich immer war, mit Geld kann man sich immer extra Vergünstigungen kaufen; z. B. Bett im Bahnzug etc. [...]

Es sind 2 Wanderprediger hier, und heute Abend von 7 bis 9 Uhr ist Gottesdienst, dann am Sonntag von 11 bis halb ein Uhr, dann Lunch, ein kurzes Mittagessen, das die meisten mit haben, und dann um 2 Uhr bis halb 4 Uhr Nachmittags kurze Predigt und mehr singen und beten. Es ist etwas unangenehm, sie haben hier immer neue Gesangbücher, so dass nur die 2 Prediger vorsingen und die Leute mit ganz wenig

Büchern eben nachsingen, so gut es eben geht. – Der eine ist ein Mr. Ducomune, geborener Neuenburger, spricht noch gut französisch, ist aber als 12 oder 14jährig nach Amerika gekommen mit grosser Familie. Er predigt gut, doch sind seine Familie und Schwestern etc. im nördlichen California und wird er dorthin zurückgehen. Der andere heisst Dreier, fast ein Deutscher Name, er spricht zu schnell, auch wenn er predigt, so das man kaum folgen kann. – Sonntag Abends werden sie den Hut herum halten, die 5 bis 10 Dollar zusammenziehen und weiter wandern. [...] Otto

Der Inspektor kommt.

Klau, den 2. Mai 1909

Meine liebe Schwester Hanneli!
Wie Du oben siehst haben wir einen neuen Poststempel und der Cautschouk macht einen besseren Abdruck, besonders die Zahl des Datum. [...]
Es kam mir gelegen, als am letzten Montag ein Herr mit Pferd und Gefährt angefahren kam und sagte: «Sind sie Postmeister Wyss?» und «Der bin ich» antwortete ich, worauf er sich als J. Warren, Post Office Jnspector präsentierte. Er war freundlich, und nachdem ich das Pferd versorgt, entschuldigte er mich für's Melken, denn er werde Alles Morgen nachsehen. Es ist das erste Mal, seit ich die Post Office wieder habe, dass einer hierher gekommen ist. – Morgens 5 Uhr hatten wir Mimmi zum helfen, und bald nach halb 7 Uhr waren wir fertig zum Frühstück, und nachher von 7 bis 11 Uhr waren alle Stamps, Karten, Enveloppes etc. gezählt und gebucht und Geld und Alles Balanced, auch die Geldanweisungs-Abtheilung, die natürlich ganz separat ist, stimmte auf den letzten Cent, und er war's zufrieden. Er gab mir noch eine Reihe von Rathschlägen, Anweisungen und wie da und dort machen, meinte, ich sollte Boxen verpachten und so mein Einkommen vergrössern, und schliesslich riet er mir zur Post Office zu stehen, so wie es jetzt sei, könne ich sie nicht mehr verlieren wegen Politic's.
Siehst Du, wäre der gekommen, nachdem ich fort war, hätten sich die Kinder etwas ungeschickt benommen, und wegen dem Urlaub sagte er, ich könne mich auf ihn berufen, es sei alles in Ordnung, und ich brauche nicht nach Washington zu schreiben. – Auch gut und erspart mir die Sorge. [...]

Deine Briefe habe ich schon Alle und wegen Geld, ich werde nebst Retourbillet, immerhin $ 200.– oder mehr mit haben, es ist bloss, man könnte möglicherweise von mir noch Militärpflichtersatz verlangen wollen und das wären vielleicht dankt nach 37 Jahren doch Niemand mehr daran; aber ich muss mit der Möglichkeit rechnen.

So wie Alles jetzt ist, kann ich nicht daran denken, draussen zu bleiben, denn siehst Du, wenn die Kinder nach meinem Heimgange Alles ordentlich vertheilen, so hat jedes etwa Hundert Aker (etwa gleich Jucharten) Land, jedes kann 4 Kühe halten, und 2 von ihnen oder 3 könnten im Frühjahr die Kühe melken 7 Monate, etwas mehr oder weniger, dann kann ein Angestellter pflügen und säen, das Heu machen etc., sie ziehen die Kälber nach, und sie können die, so etwa 20–25 Stück, mehr oder weniger, wenn bald 2 bis 3 Jahre alt, verkaufen und ein ordentliches unabhängiges Leben führen. – Man könnte auch einen kleinen Store (Laden) neben der Post Office betreiben und das Land verpachten für 250 bis 300 Dollars pro Jahr. – George van Horn mit seinen Kindern würde nie hinauskommen, und er selbst ist kein Geschäftsmann, er ist auch nicht angelegt, die Pferde zu halten, nachzuziehen etc. und siehe, «was nicht ein Holz ist, macht keine Pfeiffen».
[...]
Auf Wiedersehen denn bald liebe liebe Schwester und habe Dank, dass Du immer so getreulich bei Deinem Bruder gestanden bist auch in der Lehrzeit. Mit Kuss und Liebe   dein Otto

Am 26. Juni schreibt Otto seiner Schwester, dass das Telefon nun gut funktioniert, die Kinder brauchen es viel, und am 12. Juli 1909 teilt er Hanneli die definitive Reiseroute mit:

Ein Peter Stamper aus Creston, 10 miles von Paso Robles, hat 2 Töchter und 3 Knaben, einer davon verheiratet, und ich kenne ihn schon 10 oder 12 Jahre. Er ist ein guter Reisecollege, ein Deutscher von Luxemburg, und kommt mit; wir haben unsre Tickets: Paso Robles – Zürich via New York – Hamburg bereits angemeldet, reisen also direkt von Paso Robles – San Francisco – Omaha – Chicago – New York – Hamburg – Basel – Zürich und differente Route im Rückweg, wenn möglich Genua – Neapel – Gibraltar – New York – St. Louis. MO. – El Paso – Los Angeles – Paso Robles. In einer Woche reisefertig machen, New York 29. oder 30. Dann Steemer, ein neuer mit 3ter Cayüte, 31ten morgens. –

Das ist jetziger Reiseplan. – Heiss, viel Arbeit v. 5 Morg. bis 8 Abends. [...]

«Auf in die wogende See.»

Klau den 16. July 1909

Meine liebe Schwester Hanneli!

Ich habe heut morgen das letzte Heu geführt, jetzt etwas Holz einfahren und Montag, Dienstag einpacken und Mittwoch (21. Juli) nach Paso Robles; von wo ich noch eine Karte schicke und gleichen Tags fort.

Inliegend ein Sträusschen, das ich gestern pflückte und das schon trocken ist. – Habe heute Morgen eine Klapperschlange getödtet und will ihr die Haut abziehen und mitnehmen. Habe noch einige andere Thiere und Häute für Al. Güller in Hüttikon. – Heiss wie im Backofen 104–106° (F), mein Mann, Fischer, trippelt herum, aber mit Heuen und Heu führen hat er mir wacker geholfen. – Soeben wurde weggerufen, es Telephonierte einer, der wollte meine blaue Stute – Pferd –, die Lizzie kaufen, mein bestes Pferd verkauf ich nicht. Bald kommt die Post. Muss noch eine Rinderhaut einpacken. Regulären Pass habe nicht, aber Ausweisschriften, so dass ich mich überall leicht ausweisen kann, wer ich bin.

In 14 Tagen in New York bereit in den wogenden See zu gehen, 3. Cayüte.

Herzliche Küsse und Grüsse von Deinem Dich liebenden Bruder   Otto

VIII

Der Patriarch

Otto ist nun 63 Jahre alt und zu Besuch in der alten Heimat, die er vor 37 Jahren verlassen hat, als ihn damals, 1872, sein Vater noch über Baden bis Wildegg begleitete. Frau und Kinder lässt er in Kalifornien. Er fährt mit dem Schiff Cleveland in einer Viererkabine in elf Tagen von New York nach Hamburg und von dort in vier Tagen mit der Eisenbahn nach Zürich.

In der alten Heimat besucht er Zürich, Otelfingen und weitere Orte. Er sucht seine Familienmitglieder und alte Freunde auf. Sein älterer, verwitweter Bruder Oskar wohnt draussen in Wollishofen. Die ältere Schwester Emma Schmid-Wyss, die sieben Kinder hatte, wohnt in Höngg und die jüngere unverheiratete Schwester Hanneli lebt damals in Otelfingen.

Im Verlaufe der Jahre in Amerika hatte Otto immer wieder von einem Besuch in der alten Heimat geträumt, besonders wenn wieder ein Familienmitglied gestorben war. Auch ein gänzliches Heimkehren wurde einige Male erwogen. Als dann aber die Familie heranwuchs, die Töchter in Kalifornien heirateten, Kinder hatten, sich seine Situation allmählich verbesserte und er älter wurde, spürte er, dass nur noch ein Besuch in Europa in Frage kam.

Von den zehn Kindern, die Otto mit beiden Frauen hatte, sind fünf Mädchen am Leben geblieben, nämlich: Emilie (Mimmi), geboren am 1. September 1878, Alice Susanna, geboren am 9. November 1886, Seline, geboren am 3. April 1890, Maria Mathilde (Mättie) geboren am 2. Juli 1891, und Pauline (Polly), geboren am 1. August 1892.

Die zweite Frau versuchte Ordnung in den Betrieb zu bringen. Otto war eigensinnig, sie lebten sich auseinander, blieben aber zusammen.

Wieder zurück in Amerika fliesst das Leben gemächlich dahin. Auch die jüngeren Töchter heiraten und haben Kinder. Otto wird Grossvater und Urgrossvater.

Die jüngste, Polly, heiratet Eduard Dodd, der auf dem Hof bleibt und diesen später übernimmt. Polly wird Postmasterin bis zur Aufgabe der Poststelle.

Otto altert, verliert z.T. sein Gedächtnis. Ab diesem Zeitpunkt

Heimatbesuch in Otelfingen vor dem alten Schulhäuschen, Herbst 1909, Jakob Otto Wyss (l.) und sein Bruder Johannes Oskar.

schreibt Seline wieder, die seit dem Heimaturlaub von Otto für Jahre verstummt war. Nach einem Unfall stirbt Otto, und Seline korrespondiert noch Jahre intensiv weiter

Die Zeit von 1909 bis 1935 ist mit vielen, vielen Briefen dokumentiert, die das dahinplätschernde Leben, das Wachsen der Familie, den Alltag, das Wetter und den Betrieb schildern. Nur ein kleiner Bruchteil der umfangreichen Korrespondenz kann hier Ottos letzten Lebensabschnitt dokumentieren.

Zürich, Wollishofen, Oct. 4. 1909
Meine liebe Schwester Hanneli!

Als Ihr Regenstorf zugepilgert am letzten Freitag, nahm ich noch ein wenig z'Abig und ging von Elise begleitet zum Tram in Höngg, aber da alle Wagen voll und noch ein Haufen Leute da stand, marschierte ich drauf los, kam nach Wipkingen, dann Aussersihl, und ein ordentlicher Mann zeigte mir den Weg zum Tram Enge, das mich zu Bruder Oskar führte. Am Samstag regnete es, und ich schrieb einige Karten. Ich will morgen oder übermorgen nach Winterthur und Schaffhausen. Vielleicht Mitte Nächste Woche fängt der Wümmet an, und da Bruder wünscht, würde ich ihm dabei helfen und bis Anfang übernächster hier sein, ihm den Wümmet nachzusehen, zwar nicht alles, aber doch das Ende. Gestern war ich bei Hans und sass neben Herrn Diener, und Hans liess mich hochleben. – Mit Herrn Diener unterhielt ich mich gut, Herr Thomas war auch da, Alma nicht. Ich dachte mir, vielleicht kämst Du morgen nach Zürich und will nachsehen bei der Ankunft des $^{1}/_{2}$ 10 Uhr Zuges und käme dann mit Dir zurück. Mit Kuss und Liebe,
Dein BruderOtto

«Am Nachmittag war ich im Damensalon.»

An Bord des Dampfers Kaiserin Auguste Victoria,
den 10. November 1909.
Mein lieber Neffe!
Heute haben wir den ersten ordentlichen Sturm, und ich kann nicht spazieren, so will ich Dir gern schreiben, wenns auch ein wenig krumm wird, denn das Schiff rollt oft bedenklich auf die Seite. – Doch mein Kopf ist nicht schwindlig. – Am Donnerstag, den 4., stachen wir gegen 12 Uhr in See, und um $^{1}/_{2}$ 2 Uhr wurde zum Mittagessen geklingelt. Es waren unser 10 am Tisch, Peter Stamper, dann ein Pole mit seinem Bruder, eine Polin mit einem kleinen Mädchen, ein Deutscher mit Frau und eine Engländerin mit Töchterlein. Unsere Tischgesellschaft war zwei Tage zusammen, dann fehlten einige, am Sonntag wars schön und heiter, und unserer 4 liessen ein Photo aufnehmen, das mich mit drei Gefährten zeigt. Wir haben an Bord etwa 450 Passagiere in der 1. Klasse, etwas mehr in der 2. Klasse und sodann etwa 1800 im Zwischendeck, so dass wir mit der Mannschaft nahezu 4000 Personen an Bord sind. Wir haben auch eine Musik mit 14 Mann, und wenn ein fremder Dampfer herankommt, wird die entsprechende National-

Zu Besuch in Otelfingen mit den Geschwistern, v.l.n.r. Johanna Wyss, genannt Hanneli, Otto Wyss, Oskar Wyss, Emma Schmid-Wyss.

hymne gespielt. Die Wellen schiessen jetzt über das Deck – Geschrei und Gejohle.

Den 11. November. Gestern wurde es zu ruch und schreibe nun weiter. Das Mittagessen wurde auf einem Tisch mit Rahmen serviert, so dass die Teller gerade hineinpassen, denn sonst würde Alles herunter rutschen. Wir wenige lassen uns den Appetit nicht verderben, wir nahmen Hering à la Bismarck, d.h. den Grat ausgezogen und sauer gewürzt, und den Gurkenteller leerten wir zwei mal.

Am Nachmittag war ich im Damensalon, und da waren drei Württemberger Mütter mit je einem kleinen Kind, und da sie alle seekrank waren und elend fühlten, so machte ich ihnen den Kinderwärter. – Abends spielte die Musik wie gewöhnlich im Speisesaal – doch die Reihen der Gäste war stark gelichtet, und wir hatten Platz. Ich schlief gut,

Auf dem Dampfer «Kaiserin Auguste Victoria», Ansichtskarte.

trotz dem mitunter eine volle Welle das Schiff flach treffend einen Lärm machte wie ein Kanonenschuss. Die runden Fenster der Cayüten wurden gestern alle hermetisch geschlossen mit einem Deckel darüber, denn in einer Cayüte II. Kl. wurde eine solche fingerdicke Scheibe von den Wellen gebrochen und eine Lady verletzt. – Die Passagiere II. Kl. sind meist Deutsche, sodann Polen, Ungarn, Franzosen, Engländer, Schweizer und Russen. – In den Zwischendecks sind meistens Litauer, Russen, Polen, Ungarn und etwas Deutsche und einige Italiener. Sie tanzen und machen Musik und singen und hauen sich zum Vergnügen, aber gestern und heute ists still, denn jetzt müssen sie Luft schnappen. Nochmal meinen herzlichen Dank für Deine gütige Bewirtung und das Auto fahren. Entbiete Herrn Diener, deiner Frau und Kindern und Dir selbst meine besten Grüsse,   Dein Onkel Otto

Auf der Rückreise in die USA auf der «SS Kaiserin Auguste», v.l.n.r. William Biedermann aus New Jersey, Hermann Leist aus Los Angeles, Peter Stamper aus San Luis Obispo, Otto Wyss aus Klau bei Paso Robles.

«Die Gans ist gegessen.»

Am 16. Januar 1910 schreibt Otto seiner Schwester Hanneli:
Es ist Sonntag Morgen, die letzten zwei Tage Regen und jetzt noch, und ich habe soeben die Schweine gefüttert, eine extra ist eingesperrt zum mästen, sie hat sechs Junge. Kühe, Kälber, alles Jungvieh, Pferde sind auch hier, um ihr Heu, Chrüsch und Gerste zu reklamieren, denn am Sonntag ists ein bisschen später wie sonst, besonders wenns regnet. – Frühstück vorüber, auf Mittag haben wir eine Gans, Mimmi, George und die drei Kleinen werden mit sein zum Mittagessen. George hat für uns gepflügt, diese Woche habe ich etwa 6 Aker gesät, und George hat es eingeeggt. – Die Gans ist gegessen, wir waren Alle fröhlich und hatten das Lachen der Kinder. Ich habe auch eine Photographie, die ich beilegen kann, zwar dunkel, aber doch nicht schlecht gemacht. Da ist der grosse George, Mimmi so klein daneben, den ganzen Kopf kürzer,

die kleine Alice sieht lächelnd drein, der Otto-Bub schon etwas sauer und in der Mitte Aeggie mit einem ordentlichen positiven Wyssechopf. Natürlich fehlt der Hund auch nicht.

Ich habe einen Eisen Ofen hier, die Wände und Decke von Leinwand und «gwissget». Es ist bald warm hier – doch da kommt Mattie mit den Kühen, sagt aber, ich mues no es paar go hole, und fort geht sie wieder in den Regen. Inzwischen war ich drüben und nahm einen Schluck Kaffe. Mama war auch aufgestanden. Wir haben Habermehlmues, braten Eier und einige Eierschnitten. Mama hat Cornflakes, es ist ein dünnes Scheibengebäck wie Hüppen oder ähnlich, ganz gut zum essen und bereit vom Pack auf den Teller. Eine Viertel Stunde später sind wir am melken. – Von Oskar vernehme ich, dass Alma gut von einem Mädchen entbunden wurde. Sodann schreibt mir der Bruder, dass Du ihn gefragt, was Du tun sollst wegen dem Orgelspiel in Otelfingen, wo sie Fr. 50.– weniger offerieren als in Regenstorf; Du hattest recht es abzulehnen. Freilich letzten Winter dachte ich mehr wie ein Mal am Sonntag Morgen, ja jetzt muss Hanneli, mein Hanneli schon wieder auf dem Weg sein nach Regenstorf, es ist doch auch ein bisschen hart fürs Hanneli. Aber dann hat es doch seine Freude an der Orgel und am Spiel, und es weiss, die Leute hören ihm zu und es macht Freude und eine weihevolle Stimmung zur Ehr und Lob dem allmächtigen Vater. Ich schreibe schnell, und die Feder ist nicht gut; jetzt nimm ich e Röslifädere. – Wenn die Post kommt, muss ich abkürzen. – Soeben kommt Deine liebe Karte, die Deine Besorgnis um Bruder Oscar ausdrückt. Ich habe einen Brief von Neffe Oscar, er sagt, Vater hat eine Brustfellentzündung, und sie haben in zwei Malen Wasser abgezapft und er hoffe, es gehe jetzt besser. Hoffentlich kommen keine Complikationen dazwischen. Ich bin so froh, dass ich ihn und Dich besucht letztes Jahr, denn jetzt bin ich für diess Jahr mehr angebunden. Im Juni wünscht Mättie einen kommerziellen Kurs zu machen wie Alice, und wenn auch Selina für kurze Zeit heimkommt weiss man nie wie lang. Selina ist die erste in ihrer Klasse, die diess Jahr die Polytechnische Schule absolviert, und soll die Abschiedsrede machen und halten. Sie ist ein bisschen schüchtern, aber ich hoffe sie thuts und werde selber mit Mamma hingehen. – Alice theilt mir im Vertrauen mit, dass sie ihrem Frankie das Jawort gegeben und will diesen Sommer auch heimkommen. – Gestern habe ich zwei junge Pferde verkauft. Alice kommt heim, die Aussteuer zu machen, da sie Anfang August Hochzeit ma-

> Mr. and Mrs. Otto Wyss
> request your presence
> at the marriage ceremony of their daughter
>
> Susanna Alice
>
> to
>
> Mr. Frances Adolph Witcosky
>
> on the evening of Wednesday, the tenth day of August,
> Nineteen hundred and ten
> at eight o'clock
> Lutheran Church
> San Luis Obispo, California

Hochzeitsanzeige der Tochter Alice mit Adolph Witkosky.

chen will mit einem Frank Witcosky, ein polnischer Name. Sein Vater spricht deutsch, er auch. Er kann Vieh kaufen für Metzger und bringt sie dorthin; er verdient jetzt 60 Dollar pro Monat bei Metzger Gingg. Am 10. August gingen Mama und ich nach Paso Robles und per Zug nach San Luis, wo wir um 4 Uhr anlangten. Um 8 Uhr gings in die schön geschmückte Kirche; viele weisse Lilien, Meierisli, meist die Arbeit von Selina und Mättie. Selina war die Brautjungfer und Mattie arrangierte. Alice war weiss mit grossem Schleier, gar schön aufgeputzt. Der Pfarrer hielt zuerst eine kurze Ansprache in Deutsch, dann aber Trauung etc. englisch; einige Töchter sangen, und um halb neun waren sie Mann und Frau. – Es wurde soupiert, getrunken, gesungen, Truthühner und alles Gute serviert. Am anderen Morgen um 7 Uhr zurück, und gegen 1 Uhr war ich mit Mama, Selina und Mättie daheim. – Bald kam die Nachricht, bei einer Dreschmaschine sei Feuer ausgebrochen, und ich spannte wieder an und führte einige Mann hin zum Löschen. Am nächsten Tag brach an einem anderen Platz Feuer aus, und über 1000 Jucharten, meist Weideland, brannte. Heiss ist es noch immer, heute 105° hier in der Küche, so siehst Du an meinem Schreiben, es könnte besser sein.

Und am 20. Oktober 1910, ebenfalls an Hanneli:
Wir schliefen nicht am besten, denn der kleine Otto hatte immer mit den Füssen zu strampeln, und wir sinds eben nicht mehr gewohnt. Gegen 11 Uhr kam Polly heim mit dem Bericht, Mimmi hät en Bueb, en schöne grosse. – Am Morgen gingen wir, Mama und ich, und fanden die Mrs. White bei Mimmi, und sie schaute fröhlich lachend drein und zeigte uns ihren 9pfündigen Bueb mit rundem Kopf und Gesicht, ähnlich wie Aeggie, schaut mehr ins Wyss Gschlächt hinein. Alice und Otto haben mehr schmale Gesichter und Kopf. Wie soll er heissen? Sein Vater heisst ihn Loyd und Emilie Freddie, so wirds Loyd-Frederic sein. – In einer Woche, am Dienstag, den 8. November, sind die Wahlen oder Abstimmungen für den Staat California. Ich bin in der Regel dabei als Clerk, Schreiber, thätig, und es fällt mir auch diessmal zu, es sind unser zwei, die die Stimmen zu registrieren und zu zählen haben, und sie sagen, mein Report war immer korrekt, und dann fülle ich alle Titel, Datum des Morgens und den Tag über aus, wenn man Zeit dazu hat, denn nachts geht Alles langsamer. Vor 4 Jahren wars Mittwochnacht vorbei, als wir fertig waren. Vor 2 Jahren halb 11 Uhr Präsident-Wahl und viele Leute und Frauen, die warteten nachher anzufangen mit Tanzen.

Wieder an seine «liebste Schwester Hanneli!» am 21. Juni 1911:
Wir haben den längsten Tag heute, und ich bin mitten im Heuet. Seit zwei Wochen meist auf der Mähmaschine oder auf dem Pferderechen, heute auf dem letztern, und der rohe Grund mit vielen ausgewaschenen Rinnen machen es schlecht im Sitz zu bleiben, und ich muss mich oft halten, so gut ich kann, um nicht herunter zu fallen. – Die Kühe besorgen Polly und Seline allein recht gut, aber die Preise die letztes Jahr 30 Ct. und drüber per Pfund waren sind jetzt so 22–24 Ct., was einen vollen Drittel weniger Einnahmen bedeutet. Die Kosten sind dieselben zum Schicken, und statt $ 300.– und mehr werden diess Jahr nur $ 200.– oder weniger einbringen. Zudem, die Mine steht still, fast keine Milch zu verkaufen, und in der Post Office geht wenig, ein Drittel wie letztes Jahr zu dieser Zeit. – Aber wir sind gesund und fröhlich und haben guten Appetit, wir müssen wohl diess Jahr zu keiner Hochzeit, doch die Alice Witkowsky erwartet Mutterschmerz und Freude, möge ihr das erstere in bescheidenerem, das letztere in vollem Masse beschieden sein. Von Mättie hatten wir eine gute Photo, eine Freundin

Die grossen Töchter Alice (l.) und Seline.

von ihr hatte das Photo gemacht; sie spreche Deutsch und erzählte ihr, wie die Schweiz ein wunderschönes Land sei und sie müsse es auch besuchen. – Wir haben heiss, 100° und darüber Tag für Tag, und ich habe noch immer viel Heu zu führen und wenig Hülfe. Am 4. Juli gingen Polly und Selina nach Paso Robles, es war ein Fest dort mit vielen Paraden, Musik, Reden und abends Feuerwerk, und das müssen die jungen Leute eben auch sehen. Am Freitag Morgen brachte das Telephon die Neuigkeit, dass Alice von einem munteren Mädchen entbunden worden sei und Alles wohl sei. Mimmi ging vor 14 Tagen hinunter mit ihren zwei Kleinsten, um Alice auszuhelfen. Sie haben 250–300 junge Hühner, klein Alice kann die helfen besorgen. Wir melken immer noch, doch lass ich die Töchter das besorgen. – Ich habe jetzt noch die Postpferde hier zu füttern, macht auch immer etwas zu besorgen und einzurichten. – Mama hat die Betten ordentlich renoviert, aber an heissen Nächten kommen immer noch ein paar kleine Säugethiere einem den Schlaf zu stören, und dann bin ich so müde am nächsten Tag bei der Hitze. Bei Alice ging alles gut, sie wollen das Töchterchen Evaline heissen, und Alice ist wieder auf und munter. Mättie hatte Pech, als es auf den Heuboden steigen wollte, brach ein Ziegel der Leiter, und es fiel herunter und verstauchte den Fuss, dass es zwei Wochen meist liegen und daheim bleiben musste. Jetzt nach drei Wochen hinkt es zur Arbeit ins Bureau und wird dort Mittags zum Lunch und Abends heimgebracht mit Pferd und Wagen. Sein Herr schicke ihr jeden Samstag den Zahlcheck – und er sei doch e gueti alti Seel, schreibt Mättie und man sieht, dass sie eschtimiert ist. –

Am 12. November 1911:
Gestern kam noch ein Tessiner seine Post holen, brachte eine Flasche neuen Wein zum versuchen; so plauderten wir, und ich kam nicht mehr zum schreiben. Heute morgen ists wieder kalt. Der Nachbar, dem ich Flinte und Patronen gab zum jagen, brachte heute morgen einen grossen Hasen und zwei Rebhühner – für unseren Theil, so muss ich jetzt den Hasen aushäuten. Ich gehe wenig mehr weiter weg zum jagen; in der Nähe der Scheune, Garten oder Feld schiesse ein paar Rebhühner oder wilde Tauben, Haasen sind nicht mehr so viele wie früher. Die Frau Nachbarin geht oft jagen und ist eine gute Schützin. [...]

Klau, den 16. Januar 1912
Meine liebe Schwester Hanneli!
[...] Zu Weihnachten hatten wir einen guten Truthahn und eine grosse Gesellschaft, Alice mit Baby Evaline, ihr Mann, Polly, Mättie von San Luis, Van Horn und Mimmi und ein Freund Hobson und vier Kinder und ein paar Nachbarskinder und Abends beim Baum 2 oder 3, die möchten gerne meine Schwiegersöhne werden, Nachbarn mit 6 Mädchen und Buben. Es wurde gesungen, gespielt, getanzt, auch der Jig oder Jrländer und Negertanz wurde aufgeführt. Erst um halb 11 fingen welche an anzuspannen und heimzufahren.

Das Frauenstimmrecht kommt – «Die Welt geht vorwärts».

Klau, den 21. Januar 1912
Mein lieber Bruder!
[...] Zu Weihnachten hatten wir grosse Gesellschaft zum Truthahn und Güggel – Festessen, – Emilie van Horn, ihr Mann und 4 Kinder, sein Schwager Hobson, Alice und ihr Mann und Baby Evaline, Polly,

Polly und Mattie.

Mattie und Seline und ein paar Nachbarn. Zum Christbaum Gesang und Musik und Tanz, denn der Christbaum beim Wyss füllt immer das Haus. – Heute hatten wir noch als Nachtrab sieben Nachbarskinder zum Mittagessen, weil sie an der Weihnacht nicht Platz hatten, und sie erfreuten sich der Musik des Grammophons, nachdem sie sich an Schweinebraten, Wurst, Kuchen, gekochten Zwetschgen etc. gütlich gethan. – Mit dem neuen Gesetz, das auch den Frauen das Stimmrecht gibt – die Welt geht vorwärts –, kommt mir auch wieder mehr zeitraubende Arbeit. Ich bin nämlich seit langen Jahren Deputy County Clerk, und alle zwei Jahre müssen alle Wähler neu registriert werden, und wir haben in unserm Las Tablas Wahlbezirk etwa 75–85 Stimmende; früher über 100, aber es wurde abgeschnitten, um den Paso Robles Wahlbezirk grösser zu machen. So hatte bisher 40–50 zu registrieren, denn der P.M. in Adelaida registrierte auch, und so ging das so nebenbei, ohne viel Zeitverlust, bekomme 10 Ct. pro Name. Aber jetzt die Frauen zu registrieren, rechne ich mit viel mehr Zeit, denn da werden Fragen kommen ohne Ende, und dann das Alter korrect zu bekommen wird ein anderer Schwerpunkt sein. – In einigen

Tagen kommt ein anderer Fragebogen vom Agricultural Landwirtschaftl. Departement in Washington, denn seit etwa 15 Jahren bin ich korrespondierender Bürger, soll wissen, wie die Saaten stehen, Weide, Vieh, Pferde, Preise etc. von Allem, sogar Bäche, Flüsse, Quellen, Brunnen und ihre Tiefe wird nachgefragt, keine Bezahlung, aber die Ergebnisse, Bücher von der Regierung herausgegeben, wird mir frei zugeschickt.

«Härt schnufe.»

Am 24. April 1912 in einem langen Brief an Hanneli:
Halb nach acht, und wir sind fertig mit den Kühen und melken, ich melke gewöhnlich 3, Selina und Polly jedes 4, und ich drehe den Centrifugen ¹/₄ Std. bis 20 Min., was mich anstrengt und macht schnufe, so dass ich eine Weile absitzen muss. Überhaupt, seit einem Jahr muss ich nach jeder Anstrengung «härt schnufe», und das meint: «Du wirst halt älter!» – [...] Ja und jetzt wirst Du also aus dem Steinhof ausziehen, und ich möchte Dir nochmals sagen, verkaufe von den Möbeln, was Du nicht brauchst, und auf der Winde sind noch so viele alte Sachen, die Dir nur eine Bürde sind. Fort damit. – Es scheint mir immer, Du solltest in Regenstorf später doch ein Mal eine Wohnung finden und dann dort bleiben. – Wer spielt jetzt in der Kirche in Otelfingen? – Meine Frau geht jetzt zurück nach San Luis und will bei Alice bleiben, da sie eine gute Badwanne hat, warmes und kaltes Wasser. Ich werde eine Badwanne kaufen und es einrichten hier, denn sie spricht von sechs Wochen länger Bäder nehmen. Werden dann die Beine gut sein?? Ja, ich han e tüüri Frau! Sie hat ein Fass Lehm dazu gekauft für $ 10.–, dann Kräuter, Pillen für so viel mehr. – Die Post kommt – jetzt per Automobil – ja, die Welt geht auch hier vorwärts! Leb wohl mit Kuss und Liebe   Dein Bruder Otto

Am 13. Juni 1912:
Ich habe jetzt so wenig Zeit zum schreiben, und Abends bin ich Todtmüde, denn ich bin am Heuen. Ich dachte, ich hätte einen Mann zum helfen, aber er kam nicht. So habe denn letzte Woche zwei Tage auf der Mähmaschine gesessen und die fünf Jucharten auf der Hügelseite geschnitten, nachher zusammengezogen mit dem Pferderechen, und jetzt bin ich fertig mit Haufen machen. [...]

Seline und Alice.

Die Frau hat immer ihre mehr oder weniger bösen Beine, steht selten vor 11 Uhr auf und braucht jetzt Naturkur, trinkt California reines (?) Olivenöl und isst nur zweimal im Tag, trinkt fast nur Wasser, Limonade und Buttermilch. Sie hatte ja früher Farnis Alpenkräuter Blutbeleber Heilöl etc. in Dutzend Kisten von Chicago kommen lassen, und für mich heisst es immer bezahlen bezahlen. Es war ja von Anfang an so, sie brachte die bösen Beine mit, doch damals wars nur nasse Flechten oder so etwa genannt. Nachmittags füttert sie Hühner und Gänse und holt die Eier, von denen sie als ihr Privateigenthum immer verkauft, was sie kann. [...]

«So habe ich also einen dritten Schwiegersohn.»

Otto, am 27. September 1912 an Schwester Hanneli:
Polly hat vorgestern geheiratet, einen John Eduard Dodd, der hier arbeitete. – Er wird hier bleiben und übernimmt alle Arbeit zu thun auf der Farm, und ich denke, es ist das beste, was ich thun konnte, so muss ich nicht immer Löhne auszahlen, und dann wird nicht die Hälfte gethan. Er schafft gut, ist stets früh und stark und milkt gut und geht gut

mit den Pferden um, alles Hauptsachen. Er geht mit Polly mehr oder weniger seit zwei Jahren.

Sie selber ist ja die grösste und Stärkste meiner Kinder, stärker auch in den Händen wie ich selbst. – Jetzt sind sie in Los Angeles auf der Hochzeitsreise, um sich das wunderschnell entwickelnde Südland zu sehen. – So habe ich also einen dritten Schwiegersohn mit meiner Polly, die jetzt Misstress John Edward Dodd heisst. Er ist 27 Jahre alt und geborener Californier, seine Eltern leben in Cambria und sind von Kentucky hieher gekommen Mitte der 70er Jahre. Die Eltern haben nicht viel; ein Halbbruder ist verheirathet, dann sind zwei jünger Brüder, etwa 22 und 18, und eine Schwester von etwa 16. Er trinkt nicht, raucht auch ein Pfeiffchen und ist ein guter Jäger und Schütz. Es ist mir kein Bange, und ich hoffe, ich habe es gut gemacht.

Am 10. November an Bruder Oskar:
Früher war ich gewöhnlich der erste, Morgens das Feuer zu machen, jetzt ists Ed. und bald Polly, und erst wenn ich die Kaffeemühle höre, so stehe ich auf, um auch beim Frühstück zu sein. Wir haben alles schriftlich festgelegt für fünf Jahre, wir theilen alles, die Hälfte was einkommt und Haushalt zusammen. Zur Hochzeit schenkte ich Polly eine 3 Jahr alte, zahme Stute, sie wird sie auch bald reiten.

Ein respektables Besitztum.

Klau, den 7. Februar 1913

Mein lieber Bruder!
Wir haben Regenwetter, und ich wills benutzen, um Dir zu schreiben und Dich ein bisschen besser bekannt zu machen mit meinem Besitztum, und so habe ich ein Kärtchen gemacht von meiner Bueno Vista oder Klau Rancho. Den Bach habe ich blau markiert, auch die Quellen mit blauem Ring. Die Prëimtion ist das erste Stück, worauf ich zur Zeit von Vater sel. 70ten Geburtstag (IX. 1883) mit zwei Zeugen nach San Francisco ging, um die Fertigung, Papier und Bezahlung von 2 $^{1}/_{2}$ Dollar pro Aker machte. Ich hatte dort eine Cabin, Häuschen, da ich eine gewisse Zeit dort wohnen musste. – Die ersten Papiere für meine Heimstätte konnte ich erst bekommen, als mit der Wahl des Demokratischen Präsidenten Cleveland[67] anno 84 das für die Eisenbahn reservierte Land den Ansiedlern zurückgegeben wurde, weil ihre Zeit, die

Bahn zu bauen, schon mehrere Jahre abgelaufen war. So wurde ich und blieb dann auch ein Demokrat. – Das Duncan Mc. Nee Land pachtete ich seit 25 Jahren, kenne den Mann, er hat viel Land, war früher in der U.S. Land Office in San Francisco und hat viel Land aufgegabelt, er wills nicht verkaufen, ich bezahle 1 fr. 20 pro Aker = $ 16 im Jahr, kommt billiger als Zins und Steuern, aber im Fall er stirbt, hätte ich ein Vorrecht, es zu kaufen, und da er jetzt nahe den achzigen ist, so muss ich immer bereit sein, denn Du siehst, der Bach kommt dort herein und hat über 20 Fuss Fall, bis er weiter unten in mein Land kommt. Die 89 Aker rings um die Buena Vista Mine habe ich von dem Tessiner Ruffino Pedraita abgekauft, denn es lag mir gegenüber und hat eine prächtige Quelle hoch droben. – Es machte mich schwitzen in den 90er Jahren, bei den niedrigen Preisen für Vieh und Butter die nöthigen Zinse zusammenzubringen und mit den 18, 19 oder 20 Kühen alle andere Arbeit thun und Butter machen und bei jedem Wetter um 2 bis 3 aufstehen, den Butter arbeiten, packen, dann melken und dann nach Paso Robles fahren und wieder zurück und wieder melken, das war viel Arbeit. [...] Von der Buena Vista Mine ist die Hälfte Gebüsch und Stein, das andere profitiere ich immer das Futter. Es wird jetzt wieder ein wenig bearbeitet. – Das ausliegende Land hat 2 oder 3 Locationen, und eins hat schöne Quecksilbersteine, Erz aber viel Eisen drin und ist schwieriger zu brennen, zu reduzieren. Sodann hatte ich Gelegenheit, das ruche Land, die 116 Aker billig à $ 4.– pro Aker zu kaufen, so machen wir die Einzäunung gerade auf dem Hügelrücken in nahe gerader Linie. – Nun noch vom «Bell»-Land, das ich dazu gezeichnet habe. Die 116 Aker haben keine Quelle, bloss nahe der Linie ist Felsen, und wenn die Quelle auf dem Bellland nach reichlichem Regenfall im Winter gut Wasser hat, so hats auch dort immer Wasser. Es ist nichts oder wenig zu pflügen, der obere Theil hat schön Futter, und würde auch jene 80 Aker noch kaufen, wenns ein mal für weniger wie $ 10.– pro Aker offeriert würde. Die nicht roth markierte Hauptstrasse, die vom County unterhalten wird, folgt dem Bach mehr oder weniger, mit zwei Brücken auf meinem Land, die Brücken sind jetzt gut gemacht und werden in Ordnung gehalten. Du siehst eingezeichnet zwischen Bach

---

67 Stephen Groved Cleveland, Präsident der usa von 1885–89, kämpfte gegen die Korruption in seiner eigenen Partei.

Polly auf einem Strauss in Los Angeles.

und Strasse W.fl. Wohnhaus auf der Linie, das ich anno 1899–1900 baute, es ist comfortabel im Sommer, aber im Winter ein bisschen luftig, meine Frau wollte kein Kamin, weil sie immer die Pantoffeln und Schuhe verbrannte, wenn sie die Füsse wärmen wollte. So haben wir dort nur Feuer in der Küche, und die ist ziemlich gross. Vis à vis über der Strasse ist unser altes Haus, wo ich das Ladengeschäft hatte mit Post Office in einer Ecke, 2 Zimmern hinten als Anbau mit Porch, Terrace hinten gegen den Hof, wo wir melken. Etwas weiter oben die alte Scheune, hält 12–15 Tonnen Heu, wird baufällig, dann das alte Häuschen, wo wir in den Anfangsjahren wohnten; habe gutes Kamin und 2 Betten für allfällige Arbeiter oder Uebernächter. Auf der anderen Seite der Brücke, 200 Schritt von hier, ist das Schulhaus, oberhalb davon die neuere grössere Scheune, die 25 Tonnen Heu fassen kann, ich brauche es meist nur für junge und alte Pferde. Auf Alice's 40 Aker ist ein niedriges grosses Wohnhaus, das George baute. [...] Otto Wyss

«Ein jeder ist nur für sich, um Geld zu machen.»

Klau, den 2. Juli 1913

Meine liebe Schwester Hanneli!

Ich habe soeben meine Geldanweisungsrechnung abgeschlossen, den Report ausgeschrieben, und mehrere Einträge werden mit dieser Tinte (rot) gemacht, und die Feder geht auch gut, und so schreibe auch Dir damit. Vor acht Tagen ging meine Frau wieder nach San Luis und Los Angeles zu Doctor Schulz. Habe einen Brief von ihr, die 25 Dollar seien gebraucht, und ich solle 50 Dollar mehr schicken. Der Dr. habe gesagt, sie sei letztes Jahr nicht lange genug dort gewesen und dass es jetzt auch am Kopfe ausbreche. In letzter Zeit fingen beide Ohren zu fliessen an und Flecken am Kopf, und auch 4 Buckel wachsen wieder. Sie hatte 3 Buckel am Kopf, als sie hieher kam; liess sie dann aufschneiden, und sie heilten zu. Nach längerer Zeit kamen sie wieder und ging nochmals zu Dr. Glass in Paso Robles, der wieder operierte. Sodann massierte sie immer den Kopf besonders die Beulen, aber sie hatte wieder. Sie konnte sie ziemlich verdecken mit einer Perücke. Der Dr. verlangt 25 Dollar für 11 Tage Behandlung, immerhin Fr. 11.– pro Tag und Kost und Logis hat sie auswärts bei einer Jgfr. Mac Donald. Ja – das mach halt e tüüri Frau! – Selina besucht sie, wenn sie kann. Sie ist als Pflegerin im Hospital angenommen und hat wenig freie Zeit. – Wir füttern zwei Postpferde für 12 Dollars pro Monat und nebst dem bringt die Post Sachen, Rahm, Kannen etc. von und nach Paso Robles für uns frei. Zudem liefert er Gerste oder Hafer für die Pferde. [...]

Das Telephon ist eine schöne Sache, aber kommt schon wieder eine Rechnung für $ 8.– seit Januar/Februar. – Die Schwierigkeiten mit Japan, dass Japanesen kein Land kaufen und besitzen sollen in Californien, hat gute Gründe, denn Rassenmischung, wie mit Negern im Süden, ist durchaus nicht wünschbar. [...]

Bleib gesund und munter, ich fühle mich so recht, wenn meine Frau in Los Angeles ist. Bin froh, wenn sie wieder heimkommt, und mit Kuss und Liebe Dein getreuer Bruder   Otto

Sylvesterabend 1913

Wir haben Mattie hier auf Besuch seit Christmas, aber jeden Abend ist es bei Polly und Ed. im alten Häuschen droben und kommt erst um 10 oder 11 Uhr herunter mit Laterne, und da schlafen wir schon, denn um 9 Uhr gehen wir gewöhnlich zu Bett. Draussen stürmts und regnets schon seit einer Woche und die drei letzten Tage ohne aufzuhören, langsam aber stetig. Meine Frau oder die Mamma sitzt neben mir und liest, gesprochen wird wenig. Und morgen geht Mattie wieder zurück nach San Luis, um am 2. wieder auf ihrem Posten zu sein. Ich hatte gehofft, sie würde doch einen Abend herunterkommen und sagen, wir wollen ein paar Lieder singen, wie wirs gewöhnt waren in früheren Jahren, aber nein, sie denken nicht daran, wie sie den «Alten» ein bisschen Freude machen könnten. Der Ed. singt nicht, hats nie gelernt, geht auch selten, wenn ein Prediger kommt, und wir haben Gebet, Predigt und singen, es kommen gewöhnlich 30–35 Personen ins nahe Schulhaus, aber er hat keine Zeit. Ein jeder ist nur für sich, um Geld zu machen und sich durchzudrücken, wie er kann.

«Glücklich ist, wer vergisst, was einmal nicht zu ändern ist.»

Am 8. Februar 1914 an Schwester Hanneli:
Wir haben wieder Sonntag, und in den Tagen vom 12.–25. Januar hatten wir die grössten Regen, die ich hier gesehen. Polly wohnt mit ihrem Eddie im eigen Haus und ist froh, wenn ich ihr helfe, denn ich kann Dir sagen, es ist kein Vergnügen, wenn alles nass und kalt ist morgens, unter dem Kessel draussen ein gutes Feuer zu machen für Badwasser, denn Madame will baden, nachholen, was sie mit dem Kräuterbaden versäumt hat. Wir haben jetzt das dritte Schwein geschlachtet, es machte 220 Pfund Fleisch netto, und hörte vorgestern Mamma sagen beim Schmalz auslassen, sie sei froh, dass es nüd mee hebi, sie heb alli Töpf und Chäntli und no en Chübel voll Schmalz. Das Metzgen ist ihre starke Seite, früher machte sie sogar Blutwürste, denn ihr Bruder Ruedi ging immer den Leuten metzgen und brachte dann Abgang und Sach heim zum verwursten. Das ist sehr gut, dass sie darin Erfahrung hat. Sie kann damit regieren wie der Metzger selber. Gerade jetzt hat sie wieder ein Sitzbad genommen und schält die Schuppen weg von den Beinen. Die Ohren und der Kopf sehen noch schlecht aus, und sie hälts immer noch eingewickelt. Ich habe und halte so gut es geht Frieden, denn glücklich ist wer vergisst, was einmal nicht zu ändern ist. [...]

Otto im Garten.

Das Auto beginnt die Pferde zu verdrängen.

Klau, den 21. Februar 1914

Mein lieber Bruder! Gestern ist Dein lieber Brief mit Check richtig angekommen und sage Dir besten Dank für deine gütige Besorgung. Ich habe diess und jenes noch zu thun, besonders am Dach zu flicken, denn der wüthende Wirbelsturm hat viele Schindeln abgebrochen, so dass ich für 200 neue geschickt und daran denken muss, die verschiedenen Dächer neu zu schindeln das kommende Jahr. Ich werde mir überlegen müssen, ob ich nicht zum Theil wenigstens galvanisiertes Eisenblech kaufen wolle, denn im Falle von Feuer im heissen Sommer wäre weit grössere Gefahr, so wie es jetzt ist. Letzten Sommer machten Schuljungens auf dem Heimweg ein Feuerchen auf meinem Land auf dem Hügel ¼ Meile von der Schule, es war Nordwind, der es bis zur Hügelspitze jagte, und bald kam mit Telephon gerufen 20–30 Mann, so dass wirs bald kontrollieren konnten, doch eine Wache von 4–5 Mann blieb dabei. [...] – Pferde werden zu billig. Auto und Gasoline Tractor nehmen vielerorts seinen Platz; habe ein Pferd für 75 Dollar verkauft, das mir vor vier

Mattie beim Melken der Kuh Fanny.

Jahren 150 Dollar gebracht hätte. Vieh bringt gute Preise und mit Aussicht auf viel gutes Futter wurden nahe 1000 Stück in Mexiko gekauft und kamen letzte Woche hier an. Ich hoffe, sie bringen keine Krankheit mit sich. Deine Anweisungen betreffs Kastrieren habe ich kürzlich wieder gelesen und werde sie gut befolgen. Wasser habe immer sauberes Regenwasser in Flaschen, behalte es auch zum Waschen der Augen besonders von Pferden, wenns nöthig wird. Unser Quellwasser ist alles hart, kalkhaltig. [...]

Am 13. März 1914 an Schwester Hanneli:
[...] Seline bekommt 2 Wochen Ferien und kommt dann heim, sonst scheint sie zufrieden zu sein. Wärterinnen und Nurses dürfen nicht mehr als 8 Std. arbeiten nach einem neuen Gesetz, unsereins schafft gern 10 und 12 und 14 Std; natürlich das meint nicht jetzt mich selbst, sondern als ich jünger war und alle Arbeit thun musste. – Vorgestern war eine Mondfinsterniss so 7–9 Uhr Abends, gerade die beste Zeit sie zu beobachten, auch natürlich dann früh Morgens. Gestern kam Deine liebe Karte mit dem hübschen Blumenstrauss, gut gemacht; besten Dank. [...]

Polly – neue Postmeisterin.

Den 3. April. Mein vierteljährlicher Posthalterbericht ist bereit zum fortschicken, der nächste wird vielleicht schon von meiner Tochter Polly als Postmeisterin unterzeichnet, denn sie ist zu meinem Nachfolger bestimmt und rekommandiert, von einen P. O. Inspector der hier war. Er sagte, es sei keine Klage und kein Fehler gegen mich, bloss von 65–70 Jahren werden Postmeister zurückgezogen. – Natürlich, ich werde doch als Assistant Post Master die meiste Arbeit thun wie gewöhnlich, bloss bei Ankunft der Post wird dann Polly den Briefsack öffnen und sortieren und ich selbst die Pakete und Zeitungen. Die Parcels oder Gepäckpost hilft sehr bedeutend. Von $^1/_3$ mehr Marken gebraucht meint so viel mehr Einnahmen. [...]

Kürzlich bei einer Schulwahl für neuen der 3 Schulverwalter wurde von 8 oder 9 Stimmen Mimmi einstimmig gewählt und musste dann auch den Platz als Clerk annehmen, der alle Schreiberei, Einkäufe in Ordnung halten etc. zu machen hat und so dem George ab und zu etwas Arbeit geben kann.

Am 7. Juni 1914 an Bruder Oskar:
Vorgestern war ich in Paso Robles, um dort die Papiere für Pollys Postmeisterstelle, Bürgschaft für 500 Dollars zu unterzeichnen, ein Mat. Claus, dessen Vater früher Pfarrer in Creston war und s. Z. Polly, Mattie und Selina taufte, war der andere Bürge. [...] Das kürzlich gebaute Centrifugenhäuschen hat einen Cementboden, auf dem der Centrifugen fest steht und alles sauber, mit Oeffnungen auf allen vier Seiten, die mit Drahtgeflecht geschützt sind gegen Fliegen. Ich selber habe diese Woche das Dach gemacht, denn ich mache immer meinen eigenen Zimmermann, doch gings langsamer als früher, denn besonders aufs Gerüst muss vorsichtig sein. So ist es bald fertig, wenn der Inspector kommt die Milchwirthschaft anzusehen, wird er nicht mehr so viel auszusetzen haben. – Ich habe mit Interesse die Einweihung der Universität Zürich dann auch im Bürkli gelesen, und jetzt ist wohl die Landesausstellung in Bern im gange, worüber er auch viel berichten wird, und das führt mich in Gedanken gern wieder in die alte Heimat und mache in Gedanken den Besuch bei Neffe Fritz Schmid mit Dir wie vor 5 Jahren. Peter Stamper, der mit mir die Reise machte, ist letzte Woche plötzlich gestorben, Herzkrankheit sei die Ursachen. [...] Meine Frau

fühlt sich besser, und die Beine sind fast geheilt, sie nimmt immer noch Kräuterbäder und Fornis Medizin. [...]

Den 4. Juli. Wir haben recht viel mit Seline geplaudert gestern Abend, sie erzählt gut, das Spital kann 160 Kranke aufnehmen, ist fast immer voll, Kosten 15 Dollar pro Woche im Saal und 25 Dollar pro eigenes Zimmer für Patienten. Das erste Jahr hatte sie mehr gewöhnliche Krankheiten und Kinder; das zweite Jahr bei Operationen etc. und im dritten in der Maternity, Gebäranstalt. Kranke kommen jederzeit, solche, die sterben, werden in der Regel nach Dunkelheit abgeholt. Polly und Ed sind noch so gut wie in den Flitterwochen, und die grosse starke Polly hilft auch Mamma mit Waschen und Allem. Sie ist immer fröhlich und aufgeräumt, und wenn sie mir auch die Post Office fast ganz überlässt, so reklamiert sie wenig mehr als ihre Marken. – Ed ist früh immer mit seiner Arbeit die Kühe melken, und auch die andere Arbeit ist er nie zurück. Da ist George Van Horn schon anders, der ist immer ein bisschen hintennach. [...]

Der Schatten des Weltkrieges.

Klau, den 14. August. 1914

Meine liebe Schwester Hanneli!

Der Krieg und nichts als Kriegnachrichten in den Zeitungen regt mich immer auf. Ich kann gar nicht ruhig denken und noch weniger schreiben; doch wir hatten kürzlich Selina 10 Tage hier und auch Mattie ein paar Tage und hatten einen gemüthlichen frohen Sonntag zusammmen, wie Dir inliegende Photos eine Idee geben werden. [...]

Wir sind anbefohlen, für Post nach Europa möglichst wenig Gewicht zu senden, weil englische, deutsche, französische Dampfer nicht Post nehmen können, wegen dem Risiko, und so werden gewöhnliche Zeitungen und Gepäck zurückgestellt oder retour geschickt. Ich kann einfach nichts ordentliches schreiben, und das Thermometer zeigt 104° F. über 40° C., so will ich Dir versprechen, wenn mal kühleres Wetter kommt, gemütlich zu plaudern.

Am 10. Januar 1915 an die Gattin seines *Neffen, Ida Wyss-Diener:*
Verehrteste Frau Dr. Wyss!
Mit dem bösen Krieg in Europa muss auch der Onkel in California gar oft an seine Schwestern und Bruder und die Neffen und Grossneffen

Otto und Seline mit Enkel.

im lieben alten Zürich denken. Dass Ihr Gatte und der Vater der Kinder auch an die Grenze muss, um dem lieben Vaterland seine Pflicht zu erfüllen, das lässt Sie auch allein mit den Kindern, und Sie haben viel mehr Mühe und Arbeit und Sorgen zu wachen über Alle. Ich hoffe, dass die Schweiz nicht mehr bedroht und hinein gezerrt werde, denn Krieg ist heutzutage gar grausam und mörderisch. – Ich freue mich heute noch der Stunden, die ich in Ihrem Hause verlebt, des schönen Spazierganges nach Fluntern, auch in Begleitung Ihres Herrn Vaters und wünsche, ich könnte es noch ein mal machen. Es wäre mein sehnlichster Wunsch, dass bald eine Botschaft des Friedens käme.

«Meine Frau macht Sitzbäder.»

Den 3. Februar. Mein lieber Bruder! Ein gutes Feuer im Kamin wärmt, denn die Sonne thuts nicht, obschon Wind und Regen aufgehört haben. Ed und Polly gingen fischen und brachten soeben einen 9 $^{1}/_{2}$pfündigen Lachs, fein, sie sind gut essen. – Ein deutscher Dody geht soeben vorbei mit einem 4 Pferde Wagen. Er sagt, er habe Fracht in Paso Robles zu holen. Mit guter Strasse könnte ers holen mit 2 Pferden, aber mit den schlechten jetzt haben 4 genug zu thun. Es wurde die letzten 6 oder 8 Jahre fast kein Grien [Kies] gefahren, und so ist der rothe Lehm fast nicht zum Durchkommen. – Da habe ich ein gutes Bildchen der Van Horn Familie, das ich Dir beilege, ganz gut eine Far-

Familie van Horn.

merfamilie zeigend mit dem Chinderwage voll Chind und Emilie und George auf jeder Seite und den 2 Hunden. Wenn der George etwas schaffiger wäre und die Vortheile besser ausnützte, die er hat, könnte er sich ganz gut stellen, aber er hat nicht einmal ein Schwein, die gefallenen Aepfel zu füttern, und sie faulen, wo sie liegen. Die Lehrerin wird nächsten Montag kommen, aber bei diesen schlechten Strassen wird sie in der Nähe, wahrscheinlich bei Polly Kost nehmen und das Zimmer bei uns, das bringt Mamma $ 5 im Monat. Pollys Mann Ed. muss noch lernen, wenn die Kühe kalben, muss man sehen, dass die Nachgeburt völlig weggeht. Ein Rind verloren wir kürzlich, die Nachgeburt war nicht völlig weg. Am 2. Tag muss man mit der Hand hinein, lösen und ausputzen. Seither hat ein Nachbar geholfen für 2 Dollar, denn jetzt kann ichs nicht mehr wie früher selbst thun, wegen der Rheumatism. – Meine Frau macht Sitzbäder, Schwitzbäder im Kasten und jeden Sonntag ein Ganzbad, kocht dazu Haferstroh, Wermuth, Farrenkrautwurzeln und andere und braucht immer Fornis Blutreinigung, das ich immer per Dutzend von Chicago kommen lasse.

Den 28. Februar. Und in San Francisco hat die Weltausstellung ihren Anfang genommen mit dem gewöhnlichen Pomp und Pracht – schicke Dir auch eine Zeitung. – Ich weiss noch nicht, ob ich hingehen werde, denn ohne einen guten Bekannten als Führer würde ich mich nicht mehr gern in das Gedränge mischen. Es ist 1. März, ein kalter Tag, ein Regen mit Hagel und ab und zu etwas Sonne.

Zeitungsnotiz: «Der deutsche Kaiser ein aufrichtiger Friedensfürst.»

Klau, den 9. März 1915

Mein lieber Bruder!

Soeben kommt Dein Brief vom 15. Februar, in dem Du mir von dem Bethanienheim erzählst, und ich bin froh dass Du wieder Genesender bist. Der erste Brief von Oscar[68] erschreckte mich, denn ich fürchtete, Du könntest es nicht überstehen, doch ein operativer Eingriff heutzutage scheint bei weitem nicht mehr so gefährlich, wies noch vor 20 Jahren war. Freilich glaube ich, hier wäre mehr zu riskieren, denn so gut prepariert ist man hier noch nicht. [...] Das Bethanienheim ist, wie ichs verstehe, ein Privatspital der Gesellschaft, und Oscar ist leitender Arzt. Krankenpflegerinnen werden also dort auch ausgebildet ähnlich wie Seline in Los Angeles; z.B. war sie in der Maternity. Jetzt ist sie im Operationssaal, und im Anfang vor 2 Jahren war die Arbeitszeit 9–10 Stunden, während jetzt nur noch 8 Stunden, und das wollen auch die Farmarbeiter durchführen, was aber zur Folge hat, dass das Dreschen für Getreide viel höher kommt.– Auch unsere Zeitungen bringen überraschendes, so ein englisches Blatt bringt Deutsch mit gothischen Buchstaben: «Der Deutsche Kaiser ein wirklicher und aufrichtiger Friedensfürst.» – «Keine Absichten auf Weltherrschaft» und historische Interviews. Darunter übersetzt ins englische. Aber es ist noch Nirgends eine Aussicht auf baldigen Frieden. Leider. – Polly schafft gut mit ihrem Ed zusammen, er ist jetzt am Pflügen für den Mais, mitunter wenn sie allein ist, helfe ich 4 oder 5 Kühe melken, aber die linke Hand ist nicht mehr kräftig. Jeden Tag beschneide auch Bäume, so 1 bis 2 Stunden ist lang genug auf der Leiter zu stehen. [...]

«Vor 35 Jahren hatte ich auch einen Jungen.»

Klau, den 1. August 1915

Mein lieber Bruder!

---

68 Karl Max Oscar Wyss 1874–1956 war der zweitälteste Sohn von Bruder Oskar Wyss und Chefarzt im Spital Bethanien in Zürich.

Otto und Seline mit Tochter Seline, die als Krankenschwester arbeitet.

Es ist Sonntag Nachmittag, 100° F. und darüber, doch jetzt kommt ein Lüftchen, das die Hitze erträglicher macht. Es ist Pollys Geburtstag, der 22. Sie lebt gut mit ihrem Mann, und er hat eine Lebensversicherung für Polly für $ 1500 gemacht, für den Fall, so dass sie ordentlich versorgt wäre. Sie erwartet auf November einen neuen Bürger, möge er gut kommen und alles gesund bleiben. Da habe ein Bildchen, das bringt meine Erinnerungen zurück, 35 Jahre, 1880, da hatte ich auch einen Jungen (den ersten), hatte Weizen gesäät, etwa 6 Juchart, und es war die Zeit, da er reif war. Eine Dreschmaschine für eine kleine Erndte kostete zu viel, so machte eine Bretterboxe auf dem alten Wagen, den ich eingehandelt hatte, mähte mit der Sense früh Morgens bis 10 Uhr und Nachmittags und Abends machte mit breiter Gabel Häufchen und führte es unterhalb der Scheune, wo ich einen ebenen runden Platz, etwa 50 Fuss Durchmesser, mit gelbem Lehmboden geebnet hatte. Ich legte den Weizen rund herum und fuhr mit 2 Pferden und Wagen drauf herum bei 110° F. und drosch es so aus. Eine Windmühle hatte geborgt, und meine Frau half auch wacker, so dass wir 35 Säcke à 140 Pfund bekamen. Wir hatten Hühner und Schweine, so

dass nichts verloren ging, und keine Arbeitslöhne. Natürlich die Jahre haben Alles geändert, die Eisenbahn, eine Mühle in Paso Robles, aber sie nehmen nichts an zu mahlen, der Weizen wird gekauft und das Mehl zu fixem Preis verkauft, nur Gerste oder Hafer wird geschrotet für die Pferde. Dieses Jahr ist eine gute Weizenerndte, und die Preise sind gut. Ja und heute vor 6 Jahren war ich auf dem Dampfer, der mich wieder übers Meer zurücknahm nach der alten Heimat und wo ich so recht herzlich gut wieder empfangen wurde. Ja es freut mich, dass ich damals noch ging, denn zur jetzigen Zeit könnte man so etwas gar nicht unternehmen. [...] Ja der böse Krieg, und ich bin wiederum froh, dass ich weit weg davon bin. Es wird viel geredet, dass die Quecksilberminen wieder bearbeitet werden sollen, man brauchts eben auch für Munition, Zündhütchen etc. – Desto besser, denn das würde der Post Office helfen und Jedermann mehr Verdienst bringen. [...]
Den 12. August. Eine Karte hat Dir wohl bereits die Ankunft eines 7. Kindes von Emilie angezeigt, er soll Oscar Bernhard heissen, und alles ist wohl. Mättie reitet jeden Morgen zu ihr mit dem bald dreijährigen Frank Witkosky hinter ihr auf dem Pferd, könnte runterfallen, no! Er ist ein kecker Junge, schreit nie, ausser wenn er jubelt, und will schon überall dabei sein und helfen. Die Post kommt jetzt früh per Auto, wir haben auch hier jetzt mehr Autos als Pferde und Wagen. Ein Engländer, Mr. Sutton, bringt sie. Es hat viele Engländer hier, die das amerikanische Bürgerrecht nicht begehren, auch Schweden sind solcher Meinung. [...]

«Die obersten Äste auf schwankender Leiter machen mir Schwindel.»
Den 5. Dezember
[...] Nun muss ich doch auch auf Deinen lieben Brief antworten, Deine Glückwünsche zu Geburts- und Namenstag verdankend. Ja ich gehöre jetzt auch zu den 70zigern und muss zugeben, dass ich bei irgend welcher Arbeit bald müde werde. Den guten Ertrag der Aepfel- und Birnbäume habe ich alles selber gepflückt, aber nur so nach und nach, ein wenig jeden Tag, denn mit ein bis zwei Stunden auf der Leiter hörte ich wieder auf, und die obersten Aeste auf schwankender Leiter machten mir Schwindel. – Ja die Briefe kommen jetzt ganz offen, einmal geöffnet, dann ein Streifen zugeklebt und nachher wieder geöffnet. Ja und der böse Krieg, das schilderst Du ja ganz recht, und ich sage immer,

Otto Wyss mit Enkel.

Gottlob dass die liebe Schweiz verschont bleibt und bleiben wird hoffentlich. – Leider ist noch kein Ende vorauszusehen. [...]

Klau, den 28. Januar 1916

Meine liebste Schwester Hanneli!
Der Nachbar hat meine schwarze Tinte geborgt und noch nicht zurückgebracht, so gebrauche diese (rote), und sie fliesst gut aus der Feder. Der Sturmwind gestern brach etwa ein Dutzend Aeste von dem alten 5–6 Fuss dicken Lebenseichbaum unterhalb des Hauses, das macht viel weniger Schatten nächsten Sommer, und der wohl 150 bis 200 Jahre alte Baum wird nach und nach absterben. Es geht auch so mit den Fichten, wo man in der Nähe pflügt, sterben sie ab, alte Pinien mit langen Nadeln, daran Tannzäpfe, die mit kleinen Nüssen voll sind, und die wir nachher brauchen, um unser Fleisch zu räuchern. [...] Ich schreibe hier in der Post Office neben dem Kaminfeuer, und soeben fängts wieder an zu schneien. Am Weihnachtstag ging ich mit meiner Frau zu Emilie van Horn, fanden die Kleinen fröhlich um den Baum, der George erzählte, wie er mit Arbeit an der Dreschmaschine und an der Heupresse den Pachtzins von $ 100.– wieder fürs kommende Jahr bezahlt habe und wie er mit dem ägyptischen Korn, das er gepflanzt habe, sehr guten Er-

Otto und Seline mit den Enkelkindern Dodd.

trag hatte, und er werde dieses Jahr 10 Aker = Jucharten pflanzen. Die gebratene Gans fehlte auch nicht beim Festessen, und Mimmi und alle Kleinen sangen «Merry merry Christmas» etc. [...]

Wegen des Krieges wird die Mine wieder betrieben.

Den 11. Februar. [...] Vom Hügel herunter knallen die Sprengschüsse, denn zwei Mann arbeiten dort auf der alten Buena Vista Mine und finden ordentlich gutes Erz. Die benachbarte Klau Mine ist verkauft an vier Männer im County, für $ 20000 – oder 100000 Fr., zwei Amerikaner und zwei Tessiner. Die werden bald anfangen zu arbeiten, und das bringt Geschäft auch im Post Office. Dank der amerikanischen Munitionsfabrikation ist das Quecksilber auf den fünf und sechsfachen Preis angestiegen, und drei Minen in der Nachbarschaft produzieren wieder Quecksilber. [...]

Klau, Cal. 27. Februar 1916

Mein lieber Bruder!
Diese Woche kam «Schweizerland Wach auf» 1914/15 und wurde von

Dutzenden mit grossem Interesse angesehen, ganz besonders von mir und der Familie, dann auch von Tessinern und einem Schweden, der einige Tage hier weilte. Die Bilder sind sehr gut, und so viele zeigen, wie Soldaten auch viel nützliches und Gutes schaffen und hoffentlich seinen Zweck erreicht, fremde Truppen von der lieben Schweiz fernzuhalten. [...]

«Chüechli für die Herrenfasnacht.»

Am 5. März 1916 an Schwester Hanneli:
Wir haben den ersten Sonntag im März, Herrenfasnacht, und Mamma hat etwas «Chüechli» gemacht, will aber mehr für «D'Burefasnacht»[69] machen. Jetzt ist bald Dein Geburtstag, und ich kann Niemand fragen, obs der 23. ist, wie ichs im Kopf habe, also zum 58ten Geburtstag wünsche Dir beste Gesundheit und den Entschluss, alles, was kommt, von der besten Seite zu nehmen. Wers thun kann, spart sich viel Aerger. [...]

St. Valentinstag.

Klau den 14. Februar 1917
Meine liebste Schwester Hanneli!
Nun einige Zeilen, denn heute ist St. Valentinstag, an dem jeder Jüngling seinem Herzchäferli ein hübsches Bildchen schickt. Habe gestern und heute Morgen gegen 50 solcher Karten verkauft. Heute schöner Regen, der macht das Gras wachsen für 12 Kühe, die wir melken, 6 mehr bald. Das besorgt Ed und Polly diess Jahr. Alles ordentlich wohl, nur Pollys Buebli zerrte eine Kaffeekanne voll heissem Kaffee vom Ofen, das Gesicht und das rechte Aermchen verbrannte, es hatte Blasen, doch besserts wieder schön. [...]

---

69 Die Tage nach Aschermittwoch.

Otto Wyss im Garten.

Die Jungen müssen in den Krieg.

Klau, den 16. September 1917

Mein lieber Bruder!
Wir haben recht heissen Sonntag, 108° F. = 42° C. Nachmittags und kein Lüftchen. Das Hauptgespräch ist natürlich die Conscription der Jungmannschaft.[70] Ein früherer Nachbar, Joe Tartaglia, der jetzt seit mehreren Jahren eine Milchwirtschaft resp. Dairy gepachtet hat bei Cambria mit 45 Kühen, hat 3 Jungens in der Militärschule, und 2 von hier sind in San Francisco, und unser früherer Postmann ist beim Aviationscorps in Texas. Zwei andere sind vorläufig noch excused, als Jüngste sind sie noch nöthig auf der Farm. Frank Witkosky ist noch excused als Versorger von Frau und 4, bald 5 Kindern, zudem ist er als Viehhändler wohl excused für die Verproviantierung. Pollys Mann ist bereits 32, sein jüngster Bruder Alonzo, hat Frau und Kind und wurde einberufen, kommt wahrscheinlich aber wieder los. – Eine unerwar-

---

70 Am 4. April 1917 hatten die USA Deutschland der Krieg erklärt, am 7. Dezember 1917 folgte diejenige an Österreich-Ungarn.

tete Neuigkeit kam von Selina, dass ihr bester Mann, William Sonntag, der bei Bells Telephone & Co. eine gute Stelle hat, in der zweiten Woche October sie heiraten wolle, und dann werden sie uns besuchen. Selina hat eine gute Stelle, und sie sagte bei ihrer Visite, dass sie oft ihre $ 5.– pro Tag verdienen könne. [...]

Am 15. Dezember 1917 an den «lieben guten Bruder!»:
Es hat mich so gefreut die Erzählung Deiner Ausflüge, und in Gedanken habe ich die Plätze, besonders die Hochwacht Lägern, Burg und Boppelsen, wieder gesehen. Ich habe alles auch Mattie und Seline vorgelesen, sie sagten, sie könnens so viel besser verstehen, als wenn sies selber lesen würden. Selina kam mit ihrem Mann gleich nach der Hochzeit auf Besuch. William Sonntag ist ein starker, breitschultriger Mann, der seine 6 Fuss misst. Er erzählte, dass sein Vater, ein geborener Berliner mit guter Schulbildung, nach Amerika auswanderte und zuerst in Missouri eine Buchhalterstelle bekleidete, dort ein Frl. Reel heirathete, nach einigen Jahren nach Texas übersiedelte, eine gute Stelle als Cassier einer Bank inne hatte, und wo er William geboren und aufgewachsen und Vater dort gestorben ist. Als dort Telephons gebaut wurden, fand er Arbeit und hat immer an Installationen und in Ordnung halten solcher Linien als Linienmann gearbeitet und hat so seine Stellung mit 4 $^1/_2$ Dollar pro Tag. Er hat einmal den linken Arm gebrochen, der immer noch nicht ganz gerade ist, und hofft, das werde ihn vom Militärdienst befreien. Selina will nun nur noch die Haushaltung besorgen und will nur selten zur Aushülfe als Nurse etwas thun. – Und kaum war Selina in ihrem neuen Heim eingerichtet, so kam Mattie nach Los Angeles mit einem Mr. Smalling, den sie als ihren Bräutigam vorstellte, und ersuchte Selina und ihren Gatten als Zeugen, und sie wurden getraut. – Nun, Mr. Smallling ist ein Wittwer mit Knaben von 6, 9, 12, 14 und 16 Jahren. Der Aelteste hat Anstellung bei der Eisenbahnlinie in San Luis. Letzten Sonntag wollte Mamma selber nach San Miguel und so spannten wir unseren alten Billy ins leichte Buggie, aber er ging langsam, und etwa zwei Meilen vor San Miguel, kam ein Frachtzug mit schwarzem Rauch puffend, und unser Billy erschrak und retirierte, doch Mamma sprang aus dem Buggie und konnte ihn am Gebiss halten und mit Reden besänftigen, bis der Zug vorbei war, und in einer kleinen halben Stunde waren wir bei Mattie und wurden bestens bewillkommt. Er hat ein ordentliches Häuschen

Familie Dodd-Wyss, v.l.n.r. die Kinder Eroll, Shirley, Jane, James, Raymond.

mit Land und Garten, Hühnerhof und 2–3 Dutzend Hennen, Windmühle und Wasserreservoir, elektrisches Licht. Er hat eine stetige Anstellung bei der Salinas Valley Cumber Cie, verkauft das Bauholz und Gerste für Pferdefutter.

Bruder Oskar ist tot.

Klau, Val. den 22. Juni 1918.

Mein lieber Neffe Hans!

Schon zwei Wochen ist es, seit ich Deinen Brief und drei Tage später die Trauerbotschaft erhielt, dass mein einziger lieber Bruder uns verlassen und hinüber gegangen ist ins bessere Jenseits. Es schnürte mir die Brust zusammen und die Temperatur war 100° F., ich konnte nicht schreiben. Vor neun Jahren hatte er mich mitgenommen hinauf zum Enzenbühl und zeigte mir das Grab seiner Caroline und daneben, wo er ruhen werde und jetzt ruht; auch die zwei Gräber von Alischen und Margritli zeigte er mir, und jetzt ist er mit ihnen, wie unser schöne Christenglaube uns lehrt. – Ich danke Dir, dass Du mir geschrieben, als Du das schlimmer werden sahest, denn ich wusste, ich verliere den Bruder und den besten Freund und Berather, den ich hatte und weinte und weinte. [...]

Am 11. August 1918 wieder an den Neffen Hans:
[...] Morgen wollen Polly und ihr Mann, Ed. Dodd, mit ihren zwei Buben Errol und Raymond an die Küste, um dort abzukühlen im Salzwasser. Polly machte sich ein Badekleid, grün mit schwarzem Rand, brodiert, geht bis an die Knie und zeigt ihre volle Gestalt, sehr gut, sie ist zwei Zoll grösser wie ich. – Gerne erinnere ich mich des Tages vor 9 Jahren, da ich mit Herrn Diener und Deiner Frau einen Spaziergang machte und Herr Dieners Bemerkungen über Bauen und Häuser ect., und ich sagte mir, da könnte ich lernen. Dann hatte ich eine hübsche Autofahrt in Deinem Auto und bewunderte das Ausweichen und Drehen im Stadtgewühl, und dann im Hard drunten flogen wir fast, wos gute Strasse war. – Beim Abschied sagte ich noch, sollte ein Mal dem Bruder etwas passieren und er abberufen werden, würdest Du mein kleines Guthaben vom Vater sel. übernehmen und verwalten, Du hast es mir versprochen; so hoffe und erwarte, es ist in deinen Händen. [...]

Und am 20. Oktober 1918 wieder an die «liebe einzige Schwester Hanneli!»:
Jetzt sind wir die zwei letzten der einst so frohen Kinderschaar von 7 im Steinhof Otelfingen. Der liebe Bruder hat ja in den letzten Jahren noch so viel Schmerzen erdulden müssen und ging ein zur wohlverdienten Ruhe und liegt jetzt zur Seite seiner lieben Gattin Caroline. Und die liebe Schwester Emma ist ihm unerwartet schnell gefolgt. Neffe Hans hat mir geschrieben, wie sie an Herzschwäche allmählig eingeschlummert ist, ohne Schmerzen und einging zur ewigen Ruhe. Ja, es thut mir leid, dass wir so weit entfernt von einander sind, denn es wäre für uns ein Trost, könnten wir noch zusammen plaudern, noch zusammen sein. [...]

Auch in Amerika wütet die Grippe.

Klau, Cal. 8. Januar 1919.

Mein liebes einziges Schwesterchen Hanneli!
Ich bin immer noch allein, d.h. meine Frau ist immer noch bei Mattie, denn es scheint, der neugeborene Buebli verträgt seiner Mutter Milch nicht gut. Ich koche für mich selber ausser etwa Mittags. Es thut mir so leid, dass die Grippe Dich schwächer gemacht hat, und dann kommt so ein Cattarrh leichter an einen, und man kann ihn nicht los werden. Wir mussten auch hier etwa 20 Tage Tücher über Mund und Nase

tragen Anfangs November, aber Niemand wurde ernstlich krank, während in Paso Robles nahe 20 Personen starben, besonders mehrere Frauen mit vielen Kindern. – Weil ich daran denke, schreibe nicht mehr Postmaster nach meinem Namen, denn Polly Dodd ist jetzt der wirkliche Postmeister, und ich unterschreibe pr. O. Wyss Ass. P.M., aber einfach mein Name und Klau, California U.S.A. ist am besten. Ich arrangierte es so, dass Polly alle Details recht gut lernt, so dass die Post Office hier bleibt, auch wenn ich nicht mehr hier bin. Ich lege Dir auch ein gutes Bild unseres Präsidenten[71] bei und glaube, dass mit nächstem Frühling ein gesicherter Frieden zu Stande kommt. – Das gebe Gott! [...]

«Es ist nichts so köstlich wie Erinnerungen, die wir haben.»

Am 19. Januar 1919 wieder an Hanneli:
Es ist Sonntag Abend und will noch ein wenig mit Dir plaudern. Wir hatten geplant heute zu Mattie und Mamma zu gehen, d.h. ich mit Polly und Ed in Eds Automobil nach San Miguel und dann von dort nach Paso Robles zu Emily mit ihren 8 Kindern, aber es sah so nach Regen aus, dass Ed. sagte, er dürfe es nicht wagen, denn im Heimweg, wenns regnet, würden die Räder schlipfen, und er könnte stecken bleiben. Und gerade jetzt kommt ein schön warmer Regen, den wir nöthig haben. Die letzten 14 Tage hatten wir harte Fröste bis minus 8° R. Ich lege Dir meinen Brief an meine Frau und ihre Antwort und eine Karte, die sie mir zu Weihnachten schickte, bei. Der Spruch heisst übersetzt: «Es ist nichts so köstlich wie Erinnerungen, die wir haben. Und da ich weiss, bist wirklich reich im Erzählen von Geschichten, die nie alt werden. Ich liebe neben Dir zu sitzen und hören während Du erzählst – Von all den anderen Weihnachtstagen, deren Du Dich so gut erinnerst.» Es sollte eigentlich reimen, aber ich bin halt kein Dichter. [...]

Am 17. Mai 1919 nochmals an «meine liebe treue Schwester Hanneli!»:
[...] Emiliy ist mit ihren 8 Kindern noch in Paso Robles, die ältern zwei gehen in die high School, etwa wie Sekundarschule, und sie sind

---

71 Woodrow Wilson (1856–1924), Präsident von 1913–1921.

jetzt alle besser, denn sie hatten lange Zeit Keuchhusten. Ihr Mann arbeitet in Santa Barbara, etwa 80 Meilen südlicher in Bohnenfeldern, und sucht ein Plätzchen von ein paar Juchart Land zu erwerben. Mattie ist noch in San Miguel, und ihr Buebli, das einen Zwerchfell-Bruch hatte, ist wieder gesund. Sie hat ja ihr eigenes Auto und war kürzlich allein mit ihrem Buebli zusammen zu ihrem Mann in die Oelfelder gereist, wo er arbeitet, und kam mit ihm zurück. [...] Nun will Ed. Dodd ein neues Haus haben, und das alte Häuschen, das ich zuerst vor 43 Jahren auf dem Platze baute, ist baufällig, so ging ich mit Ed nach Paso Robles, wo wir gesägtes Bauholz kauften für ein Haus von 20 x 30 Fuss. Das Bauholz kostete $ 250.– und das Haus wohl über $ 300.–.
[...]

Auf allen Seiten Nachwuchs.

Am 19. September an «meine einzige inniggeliebte Schwester!»:
[...] Letzten Sonntag vor acht Tagen war Ed. vor Tagesanbruch am Telephon, und mit 6 Uhr war Dr. Dresser hier, und zwei Stunden später war Polly von einem 8 $^{1}/_{2}$ pfündigen, gesunden Mädchen entbunden. Er brachte die Frau Weidenbach als erfahrene Pflegerin, und Polly war froh, sie zu haben. Die Bill von Dr. Dresser war $ 40.– (sage 200 fr.) und die Nurse erhielt $ 2.50 pro Tag. Gottlob sind Polly und Baby doch gesund. Polly gibt ihr die Brust, und es wird wahrscheinlich Pauline genannt werden. Sie sind jetzt froh im neuen Haus zu sein. Ed. milkt nur drei Kühe ein Mal im Tag, und die Weide ist kurz, so füttert er Alfalfa. Aber der Bach ist trocken, wie ich ihn noch nie gesehen habe, und auch die Quelle gibt wenig Wasser für den Garten, doch gibts ziemlich Blumenkohl, Kohl, Rüben und Bohnen. – Alice erwartet auch Zuwachs in San Luis, und ich möchte ihr gerne noch einen Besuch machen diesen Herbst. – Emily hat ein Haus und Plätzchen gekauft nahe von Paso Robles und war am Camp Meeting beteiligt, es hilft besonders auch beim Singen, denn es hat eine sichere Stimme und macht den Führer beim Anstimmen. Den 3. Oktober. Wir erhielten die Nachricht von Alice, dass sie von einem 11 $^{1}/_{4}$ pfündigen gesunden Buebli entbunden wurde, der Leonhard Charles heissen soll, und alles sei gesund. Es hat also 3 Bueben und 3 Meitli. [...]

Seline im Garten.

Seline beginnt wieder zu schreiben.

Klau, den 4. Dezember 1921.

Liebe Schwägerin!

[...] Meine Karte wirst Du wohl erhalten haben, und gestern ist auch Dein Brief vom 16. November hier angekommen, wofür wir herzlich danken. Der liebe Vater sagte, ja ich muss der Hanneli schreiben, als ich ihn mahnte, aber er kann und thut es doch nicht, so muss ichs besorgen, obschon mir das Schreiben auch nicht mehr meine liebste Arbeit ist. Mit meinem Gedächtniss ist es auch bald schlecht bestellt, aber der Vater hat beinahe keines mehr. Du wirst es wohl an seinen letzten Briefen noch gesehen haben. Es freut ihn immer, wenn Briefe kommen, und lesen kann er noch alles, aber er vergisst es grad wieder. Seit letztem Neujahr hat er weder Brief noch Karten geschrieben. Er weiss nicht mehr sein Alter. Am letzten Geburtstag meinte er, er sei 78. Dann sagte ich nein, er sei 75 Jahre alt, nicht wahr, so ist es? Im Februar werde ich auch 70, kann immer noch meine nöthige Arbeit thun, aber wenn ich zu viel gehe, so habe ich wieder zu leiden in den Beinen. Sonst geht alles im Alten, Ed. und Polly besorgen die Räntsch, sie haben 4 Kinder. Der jüngste ist 8 Monate alt, James ist sein Name, und der Aelteste ist 6 Jahre alt und geht jetzt in die Schule. Raimond ist 4 Jahre alt, und Gorrli, das Mädchen, ist 2 Jahre alt. So hat Polly auch genug zu thun, die Postoffice hat sie letzten Februar aufgegeben, es gibt mehr zu laufen, als es einbringt. Die Post ist jetzt in der Mine drüben. Vorletzte Woche am Danksagungstag war auch Alice und Mättie hier mit ihren Familien. Alice hat 6 Kinder, das Jüngste ist 2 Jahre alt. Es geht ihnen recht; ihr Mann betreibt eine Metzgerei und Viehhandel mit 3 anderen Partnern. Mättie wohnt seit zwei Jahren in Templeton, 16 Meilen von hier, wo ihr Mann Fracht Agent ist und das Getreide-Warenhaus zu besorgen hat. Sie hat einen Bueb 3 Jahre alt, zur Ernte Zeit hilft sie ihrem Mann mit der Buchhaltung. – Im September war Selina hier auf Besuch. Er hat guten Verdienst in Los Angeles, und sie schafft in einer Doktor Office für 100 Dollar im Monat. – Es geht allen recht, nur die Mimmi ist immer etwas zurück, hat 8 Kinder, und sie wohnen in Paso Robles. Ihre älteste Tochter ist jetzt aus der Schule, 18 Jahre alt und verdient 12 Dollar die Woche. [...]

Vom Heimweh im Alter.

Seline schreibt am 7. Oktober 1923 an die Schwägerin:
Zum Schreiben kannst Du den Vater nicht mehr bringen. Ich wäre selbst froh, wenn er diese Arbeit noch selbst besorgen könnte, aber sein Gedächtniss nimmt immer mehr ab, trotzdem meinte er gestern, er habe noch ein gutes Gedächtniss, als ich ihn über etwas fragte, das er mir nicht beantworten konnte. Er hat manchmal Heimweh Anfälle. Vor ein paar Tagen ging er zu Polly hinüber und fragte, ob nicht seine Schwester da sei. Du musst uns halt einen Besuch machen, wenns nicht so theuer wäre das Reisen, so käme ich noch einmal nach der alten Heimat, aber allein gehen mag ich auch nicht mehr. Unsere Tochter Mattie hatte am 10. August eine Frühgeburt, ein Bueb, welcher nur 10 Stunden lebte. Sie ist jetzt wieder gesund, Selina kam und pflegte sie. Ihr Mann holte mich, als sie ins Bett kam. Am 4. Tag ging ich wieder heim, da ich den Vater nicht mehr allein lassen kann, wenn schon die Polly um ihn besorgt ist. Er ist sonst ganz gesund, hat immer guten Appetit und klagt über nichts. Seine liebste Arbeit ist noch ein wenig Holz spalten für die Küche, anderes will er nicht mehr thun. Manchmal

kommt es ihm in den Sinn, er wolle nach Otelfingen gehen, aber dann sage ich ihm, den Plan müsse er jetzt wohl aufgeben. [...]
Wir sind fast in der Mitte zwischen Paso Robles und der Küste. Cajuccos 18 Meilen, Cambria 20 Meilen. Paso Robles ist die nächste Stadt, wo wir geschäftlich meistens verkehren, 15 Meilen. San Luis Obispo, unser Counti Sitz, ist 40 Meilen. Dort wohnt unsere zweitälteste Tochter Alice. Sie hat vor zwei Wochen geschrieben, sie habe noch nie Frost gehabt diesen Herbst. Dort ist es wärmer im Winter und kühler im Sommer, weil es nur 3–4 Meilen vom Meere entfernt ist. Dort wachsen Orangen und Zitronen in den Gärten. Im Januar und Februar fängt man hier schon wieder an den Garten zu bepflanzen, die Narzissen und Veilchen blühen dann schon. Wir können das Gemüse den ganzen Winter aus dem Garten holen, der späte Blumenkohl fängt nach dem ersten Regen erst recht zu wachsen an. Wir sind, wie ich glaube, dass der liebe Vater früher einmal sagte, etwa 2000 Fuss über dem Meer. Vor zwei Jahren hatte der Vater in guter körperlicher Gesundheit sein 78tes Jahr angetreten, wenn nur sein Gedächtnis besser wäre. Jeden Winter kommen Tausende von Einwanderern von Osten her nach dem südlichen Californien, besonders nach Los Angeles, wo jeder Winkel ausgefüllt wird. Die Stadt hat jetzt über 2 Millionen Einwohner. Es hat auch Oelfelder dort. [...]

Die Maul- und Klauenseuche.

Den 10. Juni 1924. Seit 10 Tagen ist es kühler, aber immer recht windig, welcher alles recht austrocknet, man fürchtet einen heissen Sommer. Zudem ist hier in Kalifornien Ende März noch die Maul- und Klauenseuche unter dem Vieh ausgebrochen, und mussten in Folge dessen etliche tausend Stücke Vieh abgeschlachtet werden, was manchen Farmer fast ruinierte. Gottlob ist es nicht in unser Counti gekommen. Die Regierung hat strenge Massregeln angeordnet; bei jeder Grenze von einem Counti ins andere ist ein Creosot Bad[72] eingerichtet worden, und die Automobile und andere Wagen mussten hindurch fahren. Die Insassen müssen aussteigen und auch durchwaten, und dann werden sie noch geräuchert. [...]

---

72 Kreosot ist ein Destillat von Buchenholzteer, hier zur Desinfektion verwendet.

Der liebe Vater hilft mir ein wenig mit dem Garten und spaltet das Holz, aber immer zu klein. Ich hatte Unglück mit meiner linken Hand. Vor drei Wochen wollte ich ein Glas eingemachte Frucht aufmachen, und da kam der Hals abgebrochen, und ein Zinken von Glas machte mir einen tiefen Schnitt und etwa ein Zoll lang zwischen Daumen und Zeigfinger der linken Hand, mit welcher ich das Glas hielt, während ich mit der Rechten mit einem Messer den Deckel zu lüpfen versuchte. Es hat sehr geblutet. Die Polli hat mir die Hand verbunden, und die Wunde ist jetzt am aufheilen, aber ich werde es noch etliche Wochen spüren. Ich kann die Hand noch nicht zu aller Arbeit gebrauchen, der Schnitt ist tief, bis zum Knödli hinein. Die zwei älteren Bueben von Polli waschen mir das Geschirr und helfen mit kleinen Arbeiten; sie haben jetzt Ferien. Ob ich nächstes Jahr noch den Garten besorgen kann, weiss ich nicht. Ich habe jetzt in den letzten drei Monaten meine letzten der drei Brüder verloren; Gottfried im Januar und die zwei älteren im April, dann ist nur noch eine Schwester übrig draussen, die ist auch bald 80 Jahre alt. [...]

Den 21. Oktober 1924. Ende Juli und August hatten wir dann mit dem Bauen zu thun. Wir mussten unser Haus halb herunterreissen, um der Gefahr zu entgehen, dass es umfalle. Es machte mir viel extra Arbeit, und musste ich froh sein, dass mir meine Töchter zu Hülfe kamen. Das Haus ist jetzt nur Einstöckig, nur Platz genug für uns zwei und eingerichtet, dass wir im Winter nicht frieren müssen. Bin glücklich, dass es recht gemacht ist und nicht mehr wackelt. Mit Ende dieses Monats wird die Klau-Postoffice aufhören zu existieren, so müssen Sie alle Postsachen wieder an Adelaida wie früher adressieren; in der Mine wird nicht mehr gearbeitet. Sie steht seit drei Monaten still, der Postmeister zieht fort, und wir wollen sie nicht mehr. [...]

Ottos letzter Brief.

Adelaida, California, November 25. 1924

Meine liebe Schwester Hanneli!

Hier bin ich in California und sende Dir diese Zeilen, so dass Du und meine Lieben wieder etwas von mir hören, und es sollte mich freuen, wenn ich bald eine Antwort von Euch erhalten sollte. – Da lege ich eine Karte von Felix Tartaglia bei, wie Du siehst, er ist Corporal in der

U.S.Army. – Wir haben auch unser Haus verbessert, und es ist jetzt wärmer drin. Wir haben noch kalt Nachts, aber um Mittag noch warme Sonne. Kalt ists nur anfangs der Nacht. – Die Eichbäume haben reichlich Eicheln, und die Schweine sind ordentlich fett. – Es wird mich freuen, wieder von Otelfingen etwas zu hören und besonders, dass Alles wohlauf und munter ist. Hier klagt Niemand viel. Mit besten Grüssen allen, die nach mir fragen, Dein Bruder Otto Wyss

Adelaida, November 28. 1924

Liebe Schwägerin!
Vor ein paar Tagen am Morgen verlangte der Vater Papier, Feder und Tinte. Er wolle der Schwester einmal schreiben. Natürlich gab ich ihm sofort alles, die Polly war gerade da, wir hatten die Wäsche. Wir zeigten ihm dann, wie er anfangen soll, und so schrieb er den beiliegenden kurzen Brief. Es war Dienstag Morgen. Ich bin nicht vorher dazu gekommen, auch zu schreiben, und so will ich es jetzt thun, damit wir alles abschicken können. Es ist ihm eine Photographie in die Hände gekommen, und er will sie Dir schicken, obschon ich ihm sagte, Du kennst diesen jungen Mann ja gar nicht, aber er bestand darauf, und so will ich das Bild mitsenden. Es ist der älteste Sohn von Mr. Tartaglio, welcher vor vier Jahren heim ins Tessin ging. [...]

Den 8. Februar 1925. Die Festtage sind bei uns ruhig vorübergegangen, einen Christbaum haben wir auch gehabt für die Kinder. Der Vater bekam wieder seine Kante Tabak von der Seline und Filzpantoffeln von der Alice; wir sind von Allen bedacht worden. Aber das beste kommt noch. Am 4. Januar wurde der Vater Urgrossvater einem braunem Bueb, welcher wie Mimmi sagt, zwei Monate zu früh geboren wurde. Er lebt, es war eine strenge Geburt, der Arzt musste operativ eingreifen. Die Mutter ist jetzt wieder zweg. Sie sind immer noch in San Mateo droben. Anfang nächsten Monat erwartet die Polly auch wieder ein Kind, hoffe, dass alles gut vorüber geht, so gibt es wieder vermehrte Arbeit, was mir manchmal fast Angst macht, sonst ist alles gesund, nur meine Beine sind jetzt wieder aufgebrochen, und so muss oder sollte ich mich mehr schonen können, man weiss nicht, was man hat mit gesundern Gliedern. Ich habe vor 8 Tagen mein 74. Jahr angetreten. Ich hatte vor zehn Jahren nicht geglaubt, dass ich so alt werde. [...]

«Niemand hat einen Begriff draussen, wie viele Autos es hat hier in Amerika.»

Den 23. März 1925. Die Polly ist am 9. März mit einem Mädchen beglückt worden und ich bin froh wie sie selbst, dass es nicht wieder ein Bueb ist. Jane Ethelin ist dem Babi sein Name (Jane = Hanna). Wir haben ein Jammerjahr vor uns, schon den dritten Winter nicht genug Regen. Im südöstlichen und westlichen Theil vom Staat alles dürr und trocken, das Vieh verhungert, das Heu ist aufgebraucht, und die meisten Leute haben kein Geld zum Futter kaufen. Die Geschäfte spüren es natürlich auch sehr. Die grossen Stors [Verkaufsläden/Warenhäuser] entlassen einen Theil der Angestellten, und so gibts eben viele Arbeitslose; auf den Räntschen wird auch Niemand angestellt. Wir hatten die letzten zehn Jahre guten Verdienst und gute Ernten und, wenn viele Leute es verstanden hätten zu sparen, so wäre der Jammer nicht so gross, aber es wird eben nur in den Tag hinein gelebt, nur von heute auf morgen an vielen Orten, und dann, wenn schlechte Zeiten kommen, wie das ja immer in gewissen Zeiträumen der Fall ist, so geht das Heulen und Jammern an, und so viele denken nicht daran, dass sie an ihrem Elend selbst schuld sind. Wenn noch ein Thaler übrig ist, gehts an ein Automobil oder sonstigen Sport. Niemand hat einen Begriff draussen, wie viele Autos es hat hier in Amerika, besonders in Californien. [...]

Der Vater ist immer gesund und tut, was er will, er meinte, er müsse noch um Arbeit sehen in einem Maschinengeschäft, aber er kann ja nicht einmal mehr einen Nagel einschlagen, ohne dass ich ihm zeige wie.

Ottos langsames Sterben.

Montag, den 22. August 1926

Liebe Schwägerin!
Vor etlichen Wochen habe ich einen Brief für Dich abgeschickt, und nun muss ich leider schon wieder zur Feder greifen, um Dir das traurige Ereigniss mitzutheilen, das Deinen lieben Bruder und unsern lieben Vater ereilt hat. Am letzten Freitag um halb zwölf nahm der liebe Vater wieder wie gewöhnlich eine Rolle Zeitungen und sagte zu mir, Er müsse jetzt Jemand sehen da droben, adiö, ich komme wieder. Ich wollte ihn nicht mehr gehen lassen und sagte, ich habe jetzt bald das

Mittagessen parad und Er müsse da bleiben, aber es half nichts, er lief die Strasse hinauf, ich rief der Polly, und dann sprang Sie Ihm nach und brachte Ihn wieder zurück. Dann ging Er wieder die Strasse hinunter und ich hinter Ihm her und hatte Mühe, Ihn endlich zum Haus zu bringen. Er lief dann ums Haus herum, und ich machte das Mittagessen parad, und ein paar Minuten später hörte ich Ihn jammern und mir rufen. Ich lief die Treppe hinab, und ein paar Schritte unten beim Haus stand Er auf Händen und Füssen gebückt und sagte, Er könne nicht aufstehen, er sei gefallen.

Ich wollte Ihn aufrichten, aber Er jammerte sehr, Er könne nicht laufen, das linke Bein thue weh, und dann half ich Ihm absitzen in der Badhausthür und sagte, ich wolle Polly und Ed. rufen, dass sie mir helfen Ihn ins Haus bringen. Sie kamen sofort und trugen Ihn ins Haus, und wir hatten Angst, Er habe das linke Bein gebrochen. Er sagte aber nein, und wir betteten Ihn auf der Launtsch und Polly und Ed. assen Ihren Dinner, und ich gab dem Vater auch etwas zu essen, und dann sagte Er: O Ich bin so froh, dass mir öper lueget. Er war bleich und das linke Oberbein wurde geschwollen gegen die Hüfte hinauf, und wir konnten nichts sehen von einem Bruch. Nach einer Weile, nachdem ich das Geschirr gewaschen und nach ihm sehen wollte, sass Er auf einem Stuhl, welcher nahe bei dem Bette stand, und dann sagte ich zu Ihm, Er hätte still liegen sollen, sonst bessere das Bein nicht. Wir haben ihm Gewäsch, selbstbereitetes eingerieben, das der Vater auch immer gebrauchte fürs Vieh bei Verletzungen. Er war müde, so nahmen wir an, es sei nichts gebrochen und haben den Doktor nicht gerufen.

Aber am nächsten Tag hatten wir keine Ruhe. Das Bein war so stark geschwollen, und ich sagte der Polly, sie soll den Doktor anrufen, und um zwei Uhr war er da am Samstag. Er sagte, es sei ein Bruch, konnte aber nicht feststellen, wo es war und sagte, wir sollen ihn in sein Office bringen, er müsse die x-ray Röntgen Strahlen anwenden, um festzustellen, wie und wo der Bruch sei. In einer Stunde war der Ambulans (Krankenwagen) da. Der Vater jammerte sehr beim Aufladen, und er kam gut nach Paso Robles. Ein zweiter Doktor half bei der Untersuchung, und sie fanden das obere Hüftgelenk gebrochen und ein Stück Bein abgebrochen. Der Doktor sagte, er werde für ein paar Tage nichts machen, sobald die Geschwulst heruntergegangen, werde er einen Gibsverband anlegen am Mittwoch. Er werde niemals mehr laufen können ohne Krüken. Der Doktor meinte, er wolle abwarten,

manchmal setze noch Lungenentzündung ein in solchen Fällen bei alten Leuten, und das wäre sein Ende. Er hat jetzt jeden Tag Fieber. Wir sind jetzt bei Mättie, es ist nur 6 Meilen von Paso Robles und somit näher beim Doktor; es kostet so weniger, und die Mättie ist gut zum helfen und hat besser Zeit als Polly. Das Schlimmste ist, der Vater versteht Niemand mehr und weiss keine rechte Antwort zu geben. [...]
Er schlägt immer die Decken zurück des Nachts. Mättie und ich haben die letzten zwei Nächte nicht viel geschlafen. Mättie ist jetzt nach Paso Robles gefahren, um etliche Sachen zu kaufen, auch eine Unterlage, der Vater macht manchmal das Bett nass. Ich bin selbst unwohl heute und musste gerade hinausgehen und erbrechen, habe auch recht den Schnuppen, aber das wird hoffentlich bald wieder besser. Werde bald wieder berichten, wie es geht. [..]

Seline beschreibt die schwierige Pflege des ungeduldigen Patienten, der «eben kein Verstand mehr habe», aber immer umsorgt sei.

Am 28. September 1926 schreibt Seline an den Neffen (Dr. med. H. O. Wyss) und bedankt sich auch für die Ratschläge:
[...] Seit drei Wochen ist der liebe Vater doch ein wenig wund vom Liegen, und letzte Woche gab uns der Doktor noch ein anderes Mittel zum einreiben, und dann machte ich noch eine Salbe von Speck und Räben, wie es mir unsere alte Hebamme daheim angegeben, als meine liebe Mutter so lange im Bett liegen musste, und es hat ihm geholfen. Dem Vater seine Wunden sind jetzt besser. Wenn ich ihn nicht grad erwische, wenn er Wasser lassen muss, so lässt er eben laufen, aber wir lassen ihn nie nass liegen. Mit dem Stuhlgang ist es ebenso, er macht alles ins Bett, wir haben jeden Morgen eine Wäsche. Er ist ein ungeduldiger Patient. Er hat gute Pflege, die Mättie ist wie eine Krankenpflegerin und ihr Mann ist auch gut. Er ist gross und stark und kann den Vater gut lupfen. Wir glauben nicht, dass der Vater wieder zum Laufen komme, und der Doktor sagt, dass auch mit Krüken zu gehen hat er den Verstand nicht mehr. Es fehlt ihm sonst nichts. Er ist nur langweilig und spielt mit dem Bettzeug, zerreist ein Oberleintuch nach dem anderen. Ich gebe ihm dann eine starke Wolldecke, die kann er nicht aufreissen. Vor drei Tagen kaufte ich einen Zusammenlegestuhl, und Mr. Smalling hat ihn von Paso Robles gebracht, 4 $^{1}/_{2}$ Dollar. Vorgestern setzten wir ihn dann in diesen Stuhl in liegender Stellung, um den

Rücken einmal abzukühlen, auf der Portch an die Sonne. Es hat ihm gefallen für ein paar Stunden. [...]

Am 8. Oktober an die Schwägerin:
[...] Eine Nachbarsfrau hilft der Mättie aus, wenn ich weg bin. Man muss den Vater manchmal drei bis viermal waschen und aufräumen, und das braucht jedesmal zwei dazu. Eines muss die Hände halten. Sobald man ihm die Beine anrührt, so jammert er. Der Rücken ist besser. Er sitzt jetzt jeden Nachmittag im Liegestuhl. [...]

Am 11. Oktober schildert Seline wieder detailliert Ottos Zustand, seine Schmerzen, seine Hygiene und wie er gepflegt wird:
Den 2. Dezember. Schon geht das Jahr wieder seinem Ende entgegen, und mit unserm lieben Patienten ist es so im alten Gang. Er sitzt oder liegt da neben mir in seinem Liegestuhl. Schmerzen hat er keine, wenn man ihm nur das verletzte Bein in Ruhe lässt. Es ist seit ein paar Wochen geschwollen und hat 3 offene Wunden, eine inseitig am Knie und eine inseitig der Wade am Schienbein und unten am Fussgelenk. Es scheint mir, als ob alle Unreinigkeit da hinaus müsse. Am Rücken müssen wir immer wehren, dass es nicht wund wird. Er kann immer noch lesen, aber nur für einige Minuten, dann legt er den Lesestoff wieder weg. Er isst immer regelmässig seine Mahlzeiten und hat noch starke Nerven. Letzte Woche hat es wieder einmal tüchtig geregnet. Die Erde ist gut eingeweicht worden und jetzt ists auch wieder dunkel, es gibt noch mehr. Das Gras wächst, und an den höheren Lagen ist es schön grün. [...]

Templeton, Neujahr Morgen 1927.
Liebe Schwägerin
Dein lieber Bruder, unser lieber Gatte und Vater scheint mit dem Neuen Jahr in eine bessere Heimat hinüber zu wollen. Er hat die letzten zwei Wochen sehr abgenommen. Der Arzt war vor 10 Tagen da und sagte, der Vater habe länger ausgehalten, als er zuerst glaubte, und das neue Jahr werde ihm bald Erlösung bringen. Der Vater hat gestern noch sein Essen noch recht genommen, aber jetzt liegt Er ruhig und gibt nichts um Essen, und ich werde Ihn nicht plagen, vielleicht ists besser am Mittag. Er ist ganz blau um die Augen. Seit einer Woche ist auch das andere Bein aufgebrochen, und an den Hüften hat Er grosse

Wunden und an der rechten Schulter und unten am Rücken vom Liegen. Wir thun alles, um Ihm noch die letzten Stunden zu erleichtern. Ich hoffe und bete, dass der Herr Ihn bald erlöst. [...] Mättie und ihr Mann sind mir eine grosse Hülfe gewesen. Mr. Smalling kommt Morgen und bringt Seline mit, da sie den Vater nochmals sehen will. Polly war vorgestern das um Abschied zu nehmen. Die älteste Tochter von Mimmi, Alice, hat in San Franzisko wieder Familienzuwachs erhalten, ein Mädchen. Alice von San Luis wird wahrscheinlich Morgen Sonntag auf Besuch kommen. Sie wird immer dicker. Wir haben recht kalte Nächte jetzt, und ich bin froh, dass ich dem Vater sein Zimmer wärmen kann, wir können nur die Nebenthüre offen lassen. [...]

Ich wünsche Dir und Allen der Familie ein gesegnetes und Glückliches neues Jahr und viele Grüsse von Deiner Schwägein Selina

Bis diese Zeilen bei Dir eintreffen, wird der liebe Vater wohl schon zur ewigen Ruhe gebettet sein.

«Es fehlt mir jetzt immer etwas.»

Templeton, 5. Januar 1927.

Liebe Schwägerin!

Mittwoch halb zwei Uhr ist es jetzt und gestern gerade um diese Zeit sind wir mit der Leiche unseres lieben Vaters daheim in unserm alten Heim angelangt, um ihn auf unserem kleinen Friedhof neben seinen lieben Vorangegangenen zur letzten Ruhe zu betten. Er starb am Sonntag Abend 15 Minuten nach 5 Uhr, den 2. Januar, noch unerwartet schnell ist er ohne Schmerzen hinüber geschlummert zu seinem Herrn, wo kein Kummer und keine Traurigkeit ist.

Seline ist am Sonntag Morgen mit dem 5 Uhr Zug mit Mr. Smalling hier angekommen. Sie war noch früh genug, um den Vater zu grüssen und ihm dann noch die Augen zuzudrücken. Wir liessen dann den Leichenbestatter kommen, von welchem, wie es hier üblich ist, auch den Sarg zu kaufen. Er brachte den Leichenwagen. Ich gab ihm die Kleidung, darunter auch noch das letzte weisse Hemd, das der Vater heimbrachte, als er vor bald 20 Jahren Euch den letzten Besuch machte, ein Erbstück von seinem Vater selig. Gestern um 11 Uhr gingen wir zur Lutheranisch-Protestantischen Deutschen Kirche in Paso Robles, wo der Deutsche Pastor Heusser die Begräbniss Predigt hielt. Die kleine Kirche war halb angefüllt, das Piano wurde gespielt und ein paar

Otto Wyss im Alter.

schöne Lieder gesungen, und dann um 12 Uhr begleiteten wir den lieben Vater auf seiner letzten Reise zu unserem alten Heim, wo unsere Nachbarn und Freunde auf uns warteten. Der Herr Pastor und seine Gemahlin kamen auch, und auf dem Grabhügel, bevor der Sarg in die Erde gesenkt wurde, hielt der Herr Pastor noch eine kurze Predigt zum Text aus dem 14. Kapitel St. Johannis, Vers 1 bis 4. Es war die schönste Begräbnispredigt, die ich hier gehört habe, was auch andere sagten, und besonders Mättie und ihr Mann waren sehr zufrieden. Der Sarg war mit Blumen bedeckt, welche jetzt auf dem Grab liegen.

Es war ein herrlicher Wintertag gestern, prächtiger Sonnenschein begleitete uns, und zu meiner Zufriedenheit hatten Polli und Ed. den Friedhof schön und gut neu eingezäunt, was schon mein Jahrelanger Wunsch war. Unsere Töchter waren alle da, bis an Mimmi, welche leider wegen der Garantäne nicht kommen konnte; sie hat einen schönen Kranz geschickt. Ihr Sohn Otto war da. Alice und ihr Mann Frankis waren da. Ich bin wieder mit der Mättie zurückgekommen, wir haben viel Wäsche und aufzuräumen. Seline ist auch da und muss am Sonntag wieder heim. Ich werde auf ihren Wunsch mit ihr gehen, da ich sie nicht gerne allein reisen lasse in ihrem Zustand. Es ist 8 Stunden zu fahren, und sie hat ihr kleines Mädchen mit ihr und Gepäck. Es ist heute kalte Luft und ein wenig Sonnenschein.

Der liebe Vater hat noch für mich gesorgt. Er hat vor etwa fünf Jahren das Testament selbst geschrieben. Die Polli war nur dabei und verfügt, dass die Kinder erst nach meinem Tode ihr Erbtheil bekommen. Dabei sind 160 Aker Land. Die Polly erhält den Platz mit 240 Aker, und 90 Aker haben sie mir abgekauft und bezahlt. Es war in meinem Namen, für das, was ich ihm gegeben. Polly ist Stellvertretender Administrater; sie muss jetzt dann nach San Luis gehen vor Gericht nach hiesigem Gesetz, um das Testament bestätigen zu lassen. [...]

Ich will das der Polly gerne übergeben, denn nicht nur mein Gedächtnis, sondern auch mein Gehör hat merklich abgenommen. Der Mättie gab ich im Herbst 200 Dollar, dass sie einen Porthof anbauen konnte, um für den Vater und mich Platz zu machen. Die Schwestern waren damit einverstanden. So haben alle etwas bekommen ohne die Seline. Sie sagt, sie könne warten. Alice hat 40 Aker nahe bei unserem Haus, das ihr der Vater schon vor bald 20 Jahren übergeben. Wir haben es immer benutzt und Steuern davon bezahlt, was der Vater weiteres über das abgemacht hat mit ihr, weiss ich nicht. Sie bekommt ihren Anteil nach meinem Tode, und 600 Dollar hat sie schon lange bekommen, neben dem Land. Das Begräbniss besorgten die Mättie und ihr Mann. Er hatte einen prächtigen Sarg für 150 Dollar. Die Mättie sagte, sie hätte keinen billigeren bekommen können; dazu kommt noch die Fahrt von Paso Robles und Templeton und zuletzt die Bestattung. Der Herr habe ihn selig. Es fehlt mir jetzt immer etwas, es ist mir, als habe ich nichts mehr zu thun. Polly und Ed. sagen, es sei alles wie ausgestorben, seit der liebe Vater fort sei. Er ist eben immer auf und ab und hin und her gelaufen, aber die letzten paar Jahre ist er freilich zu viel gelaufen, nun der Vater im Himmel macht ja immer alles gut. Ich bitte Dich, der Familie Schmid in Höngg Mittheilung von dem Todesfall zu machen. Ich habe noch mehr als ein halbes Dutzend Briefe zu schreiben, der nächste ist an Herrn Dr. Hans Wyss und Geschwister. Nun muss ich Dich noch bitten, uns nicht ganz zu vergessen in der weiten Ferne, nur mitunter ein Lebenszeichen. Die Töchter interessieren sich immer für die Nachrichten von der alten Heimat. Die herzlichsten Grüsse und Segenswünsche zum angefangenen neuen Jahre von Selina und Mättie und Allen und von Deiner Schwägerin　　　　　　　　　　　　　　　　Selina Wyss.

«Wir bringen jede Woche einen Blumenstrauss auf das Grab.»

Den 8. Juli 1927. Schon seit einigen Wochen habe ich das Schreiben von einem Tag auf den anderen verschoben, und nun, da es zu heiss ist für mich zur Arbeit, so will ich doch wieder einmal ein Lebenszeichen von uns geben. Es ist geschäftige Erntezeit, mit dem Ertrag kann man zufrieden sein. Obst gibt es nicht so viel wie letztes Jahr, aber doch genug und weil wieder einmal Feuchtigkeit im Boden ist, so ist die Frucht auch grösser. Mit der Melkerei gehts jetzt bald wieder zu Ende. Ed. und Polly haben 18 Kühe gemolken, und die zwei älteren Bueben helfen jetzt auch. Nächsten Monat werden sie noch 4–5 melken. Es sind Gottlob alle gesund; mich plagen meine Füsse wieder. [...]

Mättie hat in San Luis einen kleinen Grabstein gekauft für 10 Dollar, welche Herr Vetter Dr. Oscar Wyss geschickt. Am 30. Mai haben sie ihn gebracht, am Nationalen Gräberschmückungstag (Dekorathen Day). Mr. Smalling hat ihn gesetzt. Nächsten Winter wollen wir noch ein paar Bäume setzen auf dem Grabhügel. Blumen wachsen nicht gut droben, und es ist zu anstrengend, das Wasser hinauf zu tragen. Wir bringen jede Woche einen Blumenstrauss aufs Grab. [...]

Wir hatten kürzlich auch eine Hochzeit in der Familie. Otto Van Horn, der Mimmi ihr ältester Sohn hat am 14. diess mit einer Tochter hier in Mätties Nachbarschaft in Templeton geheiratet. Sie arbeitet da in einem Store. Es sind 10 Kinder einer armen Wittwe. Ihr Vater ist vor zwei Jahren in einem Autounfall getödet worden. Ich denke, es ist eine rechte Tochter. Otto ist 21 und seine Frau auch. [...]

In alten Tagen noch auf ein Kriegsschiff.

Den 22. May 1928. Ihre Karte von Comano aus habe ich erhalten und danke herzlich. Ich will mich endlich wieder einmal aus meiner Schreibfaulheit aufraffen und in Kürze auch von uns hören lassen. Neues hat es bei unserer Familie nicht viel gegeben. Anfang März kam ich wieder Zurück und bin seither wieder da in meinem alten ruhigen Nest. Polli und die Enkel haben mir das Haus gut zurecht gemacht und leisten mir gute Gesellschaft. Die Polli hat viel Arbeit. Sie melken 20 Kühe, und Ed. ist jetzt am heuen. Alice hat Rheumatismus in den Beinen, dass sie manchmal fast nicht gehen könne. Sie ist jetzt eben auf ihren Jahren, wo es allerlei Leiden gibt für die Frauen und besonders für solche Fleischesser, wie sie eine ist. Mättie hat auch viel Arbeit. Sie haben ein grosses Hühnerhaus gebaut und haben etwa 1200 Hühner, fast alles Junge, sind jetzt 2 Monate alt. Ihr Mann ist immer noch von Zeit zu Zeit mit seinem Magenübel geplagt, und es wird wohl auch nie mehr ganz aufhören. Von der Selina ihrer Familie will ich einige Photographien beilegen. Sie sind ziemlich gut. Selina ihr Mann und zwei Kinder und ihre Puppe auf dem Stuhl sitzend. Das ältere heisst Mary Mattilda und das Jüngere Margarit Emma. Sie sagen ihr aber Patzi, weil sie am Patricietag geboren wurde. Im März war sie ein Jahr alt. Am Neujahrstag wollte Mr. Smalling noch seinen zweitältesten Sohn besuchen, der bei der Navy ist, auf dem grossen Kriegsschiff New Mexico. Sie waren einige Monate im Los Angeles Meerhafen stationiert. Sie wollten, dass ich mitkomme, und so liess ich mich überreden. Es sind etwa 15 Meilen nach dem Hafen San Piedro. Wir mussten in ein Motorboot steigen, es waren etwa 3 Meilen zu fahren, bis wir das grosse Kriegsschiff erreichten, wo wir eine ziemlich lange Treppe hinaufsteigen mussten. Es kam mir vor wie ein grosses Hotel. Wir hatten aber nur eine Stunde Zeit, um vor Nacht wieder an Land zu sein. Ich war in einem Gesellschaftsraum, und auf dem ersten Dek sind die grossen Geschütze. Es waren noch drei solcher Kolosse im Hafen. Ich hatte nicht geglaubt, dass ich in meinen alten Tagen noch auf ein solches Kriegsschiff komme. Die See war ruhig, sonst wäre ich nicht gegangen. Ich bekomme den Zitter und muss schliessen. [...]

Den 27. August 1928. Lieber Herr Vetter! Ihre Karte habe ich am 16. diess erhalten, verdanke sie bestens. Die gleiche Post brachte mir die Todesanzeige Ihres verunglückten Neffen Karl Thomas[73], dessen trauriger Tod wir alle tief bedauern. Er hat wohl nicht einmal daheim beerdigt werden können. Der Polly ihr ältester Sohn Errol hatte sich vor bald einem Jahr beim Fallen aus dem Bett am Morgen das obere Hüftenbein ausgerenkt, was ihm augenblicklich weh that. Er wollte aber nicht zum Doktor gehen, es sei nichts gebrochen, meinte er, aber nachher that es ihm immer weh, und um Neujahr nahmen sie Errol nach Paso Robles zum Doktor Bänker, welcher sagte, das Hüftenbein sei ausgerenkt, und er richtete es dann wieder ein und befahl Sorgfalt.

---

[73] Karl O. T. Thomas (1907–1928) war der älteste Sohn von Alma Thomas Wyss, der jüngsten Tochter von Professor Oskar Wyss-Kienast. Karl kam bei einem Bergunfall ums Leben.

Aber Errol ist ein lebhafter, feinknochiger Junge. Er wir im Oktober 13 Jahre alt, ist nicht gar gross gewachsen für sein Alter. So hatte er die Hüfte zum dritten Mal ausgerenkt, und seit ein paar Monaten fing er an zu hinken. Letzten Monat nahmen sie ihn nach San Luis und liessen ihn mit x-ray untersuchen, wobei es sich herausstellte, dass der Oberbeinknochen etwas angegriffen war, und man fürchtete Knochenschwund könnte eintreten. Polly und Ed. gingen dann mit Errol zu einem Spezialisten nach San Franzisko, der einen Gipsverband zu probieren vor der Hand empfahl. Wir hatten eine Operation befürchtet, aber hoffentlich wird alles ausheilen. [...]

Den 13. August 1930. Am letzten Sonntag hatten wir ein Familien Fest bei meiner Tochter Mättie in Templeton. Alice und Frank Witcosky feierten ihren 20.ten Hochzeitstag und zugleich das Fairwell Fest von Smallings Sohn. Alle unsere Töchter mit ihren Familien waren dort, auch Selina von Los Angeles, und so war es ein fröhliches Familienfest. Ein paar Freunde von der Alice waren auch da von San Luis. Wir hatten ein pic-nic vor dem Haus, wo Tische aufgestellt waren. Eveli, Alices Tochter und ihr Mann waren auch da, etwa dreissig Personen. Die Familien sind alle gesund und munter, nur ist Fränk und Alice nicht mehr ganz zufrieden. Er hat zu viel Konkurrenz in seinem Handel, aber das muss man halt nehmen wie es ist. Der Emilie ihre zwei jüngeren Töchter haben auch Liebhaber. [...]

Der Gang zum Chinesen Doktor.

Den 4. Februar 1931. Ich bin seit 3 Wochen bei der Mättie in Templeton und schreibe wieder mit verbundenen Händen. Es geht immer weiter abwärts mit mir. Es scheint mir, Alles, was ich esse, kommt zur Haut heraus. Ich esse doch meistens nur grünes Gemüse und Obst. Vor zwei Wochen ging Mättie mit mir nach San Luis zu einem Chinesen Doktor. Die kurieren nur mit Kräutern. Er hat mir für zwei Wochen Kräuter gegeben. Ich muss jeden Morgen eine Tasse Tee trinken und die Wundentheile auch mit diesem Thee abwaschen. Rücken und Brust sind auch wund und Hals und Kopf. Es ist jetzt etwas besser. Das ist gewiss das letzte, das ich probiere. Was ich schon bald dreissig Jahre gelitten mit dieser Plage, weiss Niemand. Die letzten 6 Monate waren die bösesten, und ich komme mir vor wie ein Gefangener mit meinen verbundenen Händen. Am letzten Sonntag war mein 80er Geburtstag, und ich hoffe, dass ich das 80. Jahr nicht mehr vollenden muss, wenn es nicht besser kommt und ich nicht Linderung bekomme, von meinem Leiden. Kinder und Enkel sind Gottlob gesund, und Alle haben Arbeit. [...]

Die Arbeitslosigkeit.

Den 13. Oktober 1932. Lieber Herr Vetter! Ihr Brief ist vor zwei Wochen angekommen und verdanke ihn. Bin immer froh, wenn Nachricht von draussen kommt. Sie haben, wie es scheint, im Sinne, dauernd im Tessin zu bleiben, wenn Sie dann nur nicht noch einmal Italiener werden. Nach den Zeitungsberichten sieht es in Europa aus, wie wenn man wieder für einen neuen Krieg rüsten würde. Hoffentlich wird es nicht wieder losgehen, man hat noch genug vom letzten. Bei Euch in der lieben alten Schweiz muss es jetzt auch schlecht sein, viele Arbeitslose. Bei uns hier nimmt die Arbeitslosigkeit immer mehr zu, aber es sind Gottlob genug Lebensmittel im Land. In unserer Familie ist zur Zeit alles beschäftigt, nur George Van Horn ist seit etlichen Wochen daheim, wird aber bald wieder Arbeit bekommen. [...]

Generalstreik.

Den 16. Juli 1934. Gestern Sonntag war der Agnes ihre Mutter da mit den beiden jüngsten Söhnen und ihre älteste Tochter mit Familie (Alice). Sie mussten fort gehen aus der Stadt San Franzisko, um nicht zu verhungern, wegen dem Generalstreik. Die Streiker lassen keine Lebensmittel in die Stadt, und so können die Leute kein Brod und Fleisch und anderes kaufen. Sie befürchten Revolution. Alice und ihr Mann und die Kinder werden bei der Mutter in Paso Robles bleiben, bis der Lumpenstreik vorüber ist. Die Armen Leute, die nicht aus der Stadt fliehen können, sind jetzt in trauriger Lage. Wenn ein Lastauto in die Stadt kommt, so muss es wieder umkehren oder wird über den Haufen geworfen. Es ist allenthalben unruhig im Lande, keine Zufriedenheit. Bei uns hier merken wir nicht viel. Der Alice Witcosky ihr ältester Sohn wird auch bald heiraten. [...]

«Wir kommen nicht mehr aus den Hochzeiten heraus.»

Den 25. Oktober 1934. Am letzten Samstag musste Agnes, die zwei Tage da war, wieder fort, um am Abend ihre Arbeit anzutreten. Sie bekam Arbeit in Kings City. Durch ein Autounglück wurden 4 Personen verletzt, was hier in diesem Lande täglich vorkommt, und jetzt, da das Sauffen wieder erlaubt ist, gewöhnt man sich daran, an diese Verkrüppelungen. Die Dame, bei der Agnes angestellt war, ist jetzt wieder soweit hergestellt, dass sie ohne ihre Hülfe auskommt. Agnes sagte mir, es habe ihr in der Schweiz besser gefallen, aber es sei alles so theuer dort. Eisenbahnen und Lebensmittel. Sie meinte im Tessin, wo sie wohnen, sei es wunderschön, aber sie sei doch am liebsten in Californien. In etlichen Tagen gehe ich nach Templeton zu Mättie über die kälteste Zeit. Ich denke nicht, dass ich nach Los Angeles gehen kann. Letzten Monat hat der Agnes ihr drittältester Bruder auch Hochzeit gemacht. Morris heisst er und im August der Alice ihr ältester, bei der katholischen Kirche. Wir kommen nicht mehr aus den Hochzeiten heraus. [...]

Selines letzter Brief.

Adelaida, May 22. 1935

Lieber Herr Vetter und Familie!
Ihren Brief und Carten habe ich erhalten, heute noch die vom 7ten diess. Danke für die Nachrichten von draussen, sie freuen mich immer, auch der Polly ihre Karte ist heute angekommen. Es freut mich besonders, dass es Ihrer lieben Frau und Tochter Margarith gut geht, und hoffe, dass sie sich dess besten Wohlseins freuen können zu dieser schönen Jahreszeit, wo alles grünt und blüht. Da steht ein Lokus Baum nahe beim Hause, jetzt in voller Blüthe, die weissen Blumen hangen wie Trauben herab und schauen da zum Fenster hinein, eine Pracht. Die Kinder freuen sich wieder auf baldige Ferien. Nächste Woche, sagte Jimmy zu mir gestern, komme ich aus der Grammer Schule, dann im nächsten Termin kann er auch mit Bruder Raymond und Sister Shirly in die Hochschule nach Paso Robles. Raymond wird nächstes Jahr fertig. Das Jüngste Janice kommt in die fünfte Klasse. Sie ist jetzt noch die einzige von Pollys Kindern, die hier in die Alltagsschule geht. Wie doch die Zeit vergeht. Der Mättie ihr Sohn Bernard kommt auch ins letzte Jahr diesen Sommer und muss jetzt dem Vater helfen

*Todesanzeige von
Seline Wyss.*

> # Funeral Notice
>
> # DIED
>
> Sept. 25th, 1935
> In Templeton, California
>
> ### Seline S. Wyss
>
> A Native of Zurich, Switzerland
> Aged 83 years, 7 months, 24 days
>
> Beloved mother, of Mrs. Seline Sonntag of Los Angeles; Mrs. Matilda Smalling of Templeton; Mrs. Pauline Dodd of Adelaida; Mrs. Emelie Van Horn of King City; Mrs. Alice Witcosky of San Luis Obispo.
> Funeral services will be held Saturday, Sept. 28th, 1935, at 10 a. m., at the Paso Robles Lutheran Church, with Rev. Theo. F. Haeuser officiating, under direction of Kuehl Funeral Home.
> Friends and relatives respectfully invited.

während der Ferien in der Office und Warenhaus. Emilis zweitjüngster Oskar auch aus der Hochschule in zwei Wochen und sucht Arbeit, einen Job. Emily will, sobald die Schule aus ist, fortziehen mit dem Jüngsten nach King City, wo ihre jüngste Tochter ist. Sie muss ihre Wäscherei aufgeben, sagt sie, denn sie bekomme Rheumatismus in den Armen. Agnes war vor 3 Wochen auch da auf Besuch. Sie hat Anstellung in einem Armeelärry [-lazarett], wo ihr Mann ist beim Militär. Emily hat nur noch die zwei Jüngsten, die nicht verheirathet sind. Oskar sagt, er bekomme schon einen Job. Der mittlere Sohn und die jüngste Tochter von Alice, Margarith, kommen auch aus der Hochschule. So bleibt nur noch der Jüngste Leonard.

Wie ich aus Zeitungen entnommen, habt Ihr ja auch Revolution gehabt im Tessin, man fürchtet immer Krieg, aber ich sage dann, sie haben ja kein Geld zum kriegen. Die haben ja noch genug Schulden vom letzten Krieg. Hoffen wir das Beste. In der Klau Mine wird gearbeitet, nicht im grossen, aber es gibt doch etwa einem halben Dutzend Mann Arbeit. Polly verkauft Milch und Eier in den Minen und Ed. und die Buben Holz. Mir geht es ordentlich, so gut, als ich es erwarten kann, aber ich kann halt nichts mehr thun im Garten. Meine Beine wollen mich nicht mehr tragen, und die Arme und Hände sind auch nicht besser, so muss ich zufrieden sein, wenn ich mir noch selbst helfen kann. Mit herzlichen Grüssen Ihnen und Ihren Lieben von uns Allen,

die alte Tante Seline Wyss

Register

Advokat 212, 239, 265
Amerikanerin 175, 236, 255, 264
Anfälle 214, 284, 319, 321, 322, 380
Apotheker 162, 193, 203
Aprilscherz 130
Arbeitsklima 117, 125, 161
Arbeitslose 384, 394
Arbeitszeit 8, 41, 67, 83, 90, 92, 102, 107, 109, 125, 130, 301, 367
Armut 32
Arzt 9, 16, 17, 43, 130, 159, 162, 175, 193, 208, 224, 246, 251, 256, 283, 284, 291, 295, 312, 314, 317, 318, 319, 367, 383, 385, 387, 392, 393, 398, 400
Asphalt 146
Ausländer 109, 127, 132, 134, 137
Ausstellung 8, 59, 61, 70, 75, 79, 81–84, 96, 118, 120, 122, 123, 131, 144, 156, 202, 203, 363, 366
Aussteuer 166, 313, 348

Bad, Badekur 20, 47, 96, 177, 180, 354, 360, 376, 381, 385
Badmeister 47
Bank 123, 154, 157, 158, 216, 271, 298, 299, 315, 330, 337, 374
Barfussgehen 294, 308
Bäume 9, 16, 37, 40, 81, 98, 141, 161, 173, 178, 181,
183, 198, 223, 263, 318, 326, 367, 369, 383, 391
Begräbnis 10, 57, 94, 105, 107, 114, 151, 188, 208, 375, 388–390, 392
Belegschaft 43, 62, 63, 65, 83, 90, 92, 99, 107, 131, 281, 307
Beleuchtung 32, 37, 48, 50
Bergbau, Grube, Kohlegrube, Quecksilbermine, Silbermine 9, 98, 115, 119, 127, 141, 150, 151, 154–156, 160, 162, 234, 250, 254, 255, 264, 269, 271, 273, 274, 281, 305–307, 317, 324, 325, 357, 369, 371, 399
Bestatter 388
Bibel 210, 281, 326
Bierbrauer 216
Bildung 8, 41, 51, 52, 79, 250, 313, 374, 399
Blumen 10, 95, 127, 145, 147, 159, 181, 183, 188, 189, 195, 225, 309, 311, 327, 362, 378, 381, 389, 391, 395
Blutwürste 254, 360
Bote 42
Branntwein 153
Brillen 323
Brotbacken 294
Brunnen 37, 38, 44, 143, 326, 354
Bürgschaft 272
Butter 164, 177, 179, 184, 185, 192, 195, 198, 199,

399

258, 261, 262, 266, 270,
 275, 279, 284, 290, 291,
 292, 300, 302, 304, 308,
 309, 323, 334, 335, 337,
 357

Chemie 55, 56, 86
Chinesen 142, 158, 241,
 305–307, 314, 393
Consul 114, 245, 274

Diebstahl 184, 212, 214, 278,
 293, 323
Diphterie 10, 208, 312, 400
Dreifelderwirtschaft 37, 398
Duzen 279

Eisenbahnbau 29, 143, 157,
 236, 357, 399
Ekzeme 279, 320, 322, 360
Emigranten 9, 13, 136, 138,
 139, 140, 151, 152, 215,
 279, 381
Erdbeben 332
Erfindungen 145, 192
Ernte 122, 146, 271, 309,
 380, 384, 391
Erzählen 20, 106, 164, 186,
 216, 232, 250, 283, 321,
 331, 364, 370, 372, 377
Erziehung 11, 15, 228, 232,
 250, 253, 257
Examen 20, 26, 36, 52, 76,
 286, 297, 312, 330

Familie 7, 10, 12, 13, 15, 16,
 17, 20, 24, 31, 34, 39, 41,
 43, 54, 62, 65, 66, 71, 76,
 105, 140, 153, 169, 170,
 171, 174, 176, 181, 197,
 206, 211, 216, 218, 220,
 228, 231, 236, 239, 240,
 241, 243, 245, 252, 253,
 255, 263–266, 276, 278,
 281–284, 288, 290, 296,
 301, 311, 316, 319, 322,
 326, 328, 331, 334, 339,
 342, 343, 365, 366, 372,
 380, 388, 390, 391–395,
 398
Fasnacht 93, 94, 372, 399
Fastenspeise 62
Fest 8, 20, 38, 41, 46, 58, 66,
 68, 70, 73, 81, 83, 95, 100,
 107, 145, 159, 174, 201,
 216, 254, 263, 294, 332,
 351, 352, 371, 393, 398
Feuersbrunst 43, 60, 62, 64,
 128, 129, 133, 160, 163,
 177, 178, 219, 253, 284,
 290, 349, 361, 399
Fluchen 2, 328, 330
Fotografie 11, 68, 86, 87,
 113, 154, 172, 176, 178,
 180, 187, 207–209, 211,
 217, 219–221, 231, 238,
 274, 324–326, 329, 344,
 347, 350, 351, 364, 383,
 392
Fragebogen 354
Fremder, Fremdenhass 8, 11,
 44, 48, 59, 91, 92, 94, 102,
 106, 110, 125, 128, 135,
 139, 212, 264, 267, 279,
 308, 315, 323
Freundschaft 10, 16, 17, 36,
 55, 90, 117, 121, 124, 127,
 131, 133, 137, 139, 141,
 169, 278, 279, 313, 317,
 336, 342, 375, 389, 393
Friedensrichter 211, 212, 214,
 241, 245, 250, 251, 263
Frieren 10, 45, 49, 102, 103,
 187, 232, 237, 256, 268,
 269, 382
Frömmigkeit 210, 278
Früchte 37, 147, 148, 171,
 180, 183, 193, 345, 253,
 278
Frühstück 28, 34, 125, 127,

129, 164, 185, 212, 322,
   339, 347, 356
Füsse wärmen 48, 358

Gänse 9, 137, 142, 194, 196,
   197, 229, 256, 258, 1262,
   263, 336, 355
Garten, Gartenbau 10, 16,
   34, 88, 91, 97, 98, 129,
   144, 159, 166, 167, 173,
   174, 181, 183, 189, 204,
   209, 223, 231, 240, 24,
   257, 259, 270, 275, 283,
   295, 308, 316, 325, 327,
   352, 375, 378, 381, 382,
   397
Gaslicht 15, 92, 116, 127
Gäste 174, 345
Geburt 41, 42, 211, 214, 244,
   245, 262, 264, 276, 270,
   286, 287, 317, 318, 332,
   378, 380, 383
Geburtstag 41, 42, 286, 287,
   356, 368, 372, 379, 393
Gehirntumor 32
Geldwechsel 137, 157
Gemüse 34, 61, 83, 144, 148,
   164, 195, 260, 295, 327,
   381, 393
Genossenschaft 15, 70, 258
Gerberei 273, 274, 278
Gesellenwalz 7, 8, 50–59
Gespenster 30
Gicht 304, 305, 330
Gottesdienst 89, 95, 96, 127,
   280, 338
Grabpflege, Grabstein 10, 12,
   32, 57, 64, 106, 232, 244,
   273, 375, 389, 391
Grammophon 353
Grüssen 38, 78

Haarlocke 194
Handwerksgesellen 7, 8, 44,
   59, 332, 398

Hausbau 188, 219, 240, 262,
   288, 289, 376, 382, 390
Haustiere 20, 165, 174, 183,
   196, 309, 311, 325, 30,
   164, 176, 190, 215, 249,
   328, 348, 366, 254
Hebamme 214, 215, 258, 262,
   386
Heimweh 36, 75, 106, 147,
   149, 154, 231, 232, 236,
   336, 243, 307, 308, 318,
   380
Heirat 11, 12, 1, 17, 33, 57,
   83, 92, 113, 115, 127, 136,
   166, 168, 228, 236, 241,
   245, 247, 248, 312, 314,
   322, 329, 334, 340, 342,
   355, 356, 374, 391, 394,
   396, 398–400
Helvetia 158, 332
Herbergsmutter 95
Heuernte 182, 190, 341, 350,
   354, 391
Hochzeit 20, 50, 171, 313,
   314, 316, 318, 348, 350,
   356, 374, 391, 393, 395
Holzschnitzerei 86
Hühner 9, 88, 137, 141,
   142, 165, 172, 174, 191,
   182, 193, 186, 187, 188,
   189, 194, 195, 197, 198,
   240, 263, 268, 275, 294,
   301, 302, 306, 308, 309,
   316, 323, 327, 328, 349,
   351, 352, 355, 369, 375,
   392
Hunde 30, 141, 164, 165,
   174, 176, 183, 190, 196,
   215, 238, 249, 309, 311,
   325, 326, 328, 348, 366

Impfung 112
Indianer 10, 211, 212, 223

Jagen 174, 186, 301, 322, 352

Japaner 129, 337, 359
Juden 242, 306

Kadetten 71
Kaiser 79, 94, 287, 344,
   367
Kalbern 260
Kalender 42, 87, 128
Kalkbrennerei 185
Kaminfeger 268
Karfreitag 96
Kartoffeln 9, 16, 34, 37, 61,
   62, 124, 125, 142, 164,
   166, 173, 183, 186, 197
Kegeln 96, 145, 160
Keuchhusten 267, 378
Kinderarbeit 16
Kinderlehre 28
Kinderpflege 175
Kindertod 10, 207, 215, 226,
   237, 244, 278, 283
Klavier 92, 103, 106, 201,
   206, 207, 267, 338
Kleidung 49, 51, 93, 102, 112,
   113, 117, 138, 146, 157,
   164, 174, 176, 184, 186,
   187, 197, 201, 208, 234,
   238, 257, 269, 277, 280,
   282, 283, 299, 300, 304,
   322, 338, 376, 388
Kneipe 11, 240, 247, 248,
   249, 250, 251, 253
Kolonien 105, 132, 279
Kommunisten 123
Komödianten 201
Kondensmilch 125
Konfirmation 45, 46, 69, 320
Kost und Logis, Kostgänger 8,
   18, 31, 34, 47, 53, 54, 60,
   61, 65, 66, 82, 125, 143,
   162
Krankenkassen 158, 162
Krankheit 10, 72, 158, 192,
   194, 202, 208, 209, 220,
   223, 231, 244, 248, 258,
   264, 267, 283, 284, 286,
   312, 319, 320, 334, 335,
   348, 362, 363, 364, 385
Krieg 7, 8, 12, 15, 42, 79, 80,
   99, 107, 109, 110, 111,
   112, 119, 120, 135, 138,
   280, 286, 302, 364, 365,
   369, 370, 371, 373, 391,
   392, 394, 396

Laterna magica 201
Laden 10, 17, 48, 56, 72,
   126, 159, 172, 173, 177,
   192, 200, 202, 203, 206,
   215, 228, 231, 233,
   235–237, 242, 245, 246,
   299, 300, 302, 307, 323,
   340, 358
Landwirtschaft 9, 10, 16, 54,
   81, 148, 169, 228, 290,
   295, 354
Laubhüttenfest 174
Lebensversicherung 368
Lebkuchenmarkt 96
Lehre (Berufs-) 16, 31, 41, 42,
   51, 61
Lehrling 7, 41, 43
Lektüre 14, 37, 296, 297, 302,
   326, 363, 387
Lohn 8, 60, 63, 65, 66, 69,
   70, 75, 83, 93, 102, 107,
   125, 134, 137, 139, 148,
   155, 162, 165, 190, 226,
   242, 248, 278, 281, 301,
   337
Lokomobile 99
Lotterie 145, 160
Luftballon 50, 160

Madame 77, 78, 158, 306,
   360
Maschinenbau 75, 92, 96,
   98–100, 117–119, 132,
   144, 150, 155
Masern 297, 337

Matratzen 61, 66, 67, 82,
    122, 256
Maul- und Klauenseuche 381
Maulwurf 32, 174
Mäuse 174, 196, 256, 284
Medizin (Studium der) 42
Melken 181, 192, 198, 206,
    210, 223, 269, 283, 287,
    299, 300, 304, 308, 309,
    311, 312, 319–321, 327,
    334, 335, 337, 339, 340,
    348, 351, 354, 357, 358,
    364, 367, 372, 391
Mennoniten 290
Messe 89, 95
Metermass 166
Metzger 33, 94, 254, 327,
    338, 349, 360, 380
Miete 92
Mobilität 193
Mönche 91
Mücken 351
Mühle 37, 52, 62, 64, 66, 75,
    119, 156, 189, 219, 273,
    369, 375
Munitionsfabrik 371
Museum 64, 97, 98, 114, 123,
    145
Musikdose 180, 218

Nachhilfestunden 53, 56, 65
Nachtwächter 74
Nähen, Nähmaschine 33, 93,
    129, 158, 184, 197, 204,
    268, 294, 298, 304
Nahrung 28, 34, 65, 82, 83,
    103, 133, 172, 178, 179,
    224, 246, 348
Namenstag 41–44, 46, 47, 50,
    66–68, 73, 75, 78, 95, 99,
    102, 106, 107, 193, 207,
    211, 224, 369
Nationalfeiertag 201
Nervenfieber 38
Neujahr 8, 25, 43, 46, 53–55,
    67, 70, 75, 76, 87, 89, 91,
    126–128, 131, 132, 139,
    140, 162, 165, 182, 198,
    199, 202, 217, 220, 278,
    280, 283, 298, 319, 327,
    336, 379, 387, 392

Obst, Obstbäume 16, 119,
    164, 183, 184, 193, 223,
    231, 269, 271, 391, 393
Operation 312, 364, 367,
    393
Operette 160
Orgel 148
Ostern, Ostereier 46, 48, 56,
    75, 95, 96, 130, 146, 148,
    152, 153, 156, 159, 211,
    212, 258, 267, 320, 321,
    334, 381

Pacht 235, 240, 246, 279, 371
Palmsonntag 96
Panorama 181
Petrollampe 15
Pfederennen 96, 118
Piano 86, 104, 126, 152, 162,
    166, 201, 207, 233, 388
Pic-nic 159, 160
Pocken 158
Politik 147, 158, 276, 278,
    280
Polizei 8, 104, 110
Polytechnikum 41, 42, 48–51,
    55, 56, 59
Post, Postkutsche, Poststation
    7, 42, 66, 113, 163, 165,
    167, 169, 188–190, 200,
    202, 203, 206, 207, 211,
    212, 214, 228, 236, 237,
    240, 242, 243, 245, 247,
    259, 290, 296, 299, 300,
    302, 306, 307, 310, 323,
    324, 333–335, 337,
    339–342, 348, 350, 352,
    354, 358, 359, 363, 364,

369–371, 377, 380, 382, 392
Präsidentenwahl 136
Prediger 176, 267, 278, 281, 338, 360
Prozess 154, 212

Quacksalber 304

Rassismus 359
Räuchern 183, 254, 334
Rebbau 80, 81, 148, 213
Rechnen 18, 27, 53, 132, 243, 299, 319
Reise 40
Reiten 18, 179, 181, 188, 206, 229, 274, 307, 319, 337, 356
Rekrutierung 286
Religion, Religionsunterrricht 9, 142, 243, 250, 267, 274, 278
Revolte, Revolution 79, 104, 108–110, 394, 396
Rheumatismus 194, 223, 237, 262, 278, 284, 304, 320, 323, 335, 366, 391, 396
Röntgen 385

Samen 142, 180, 183, 189, 195, 249, 293
Sauerkraut 90, 163, 173, 183, 189
Schafscherer 216
Schiesssen 72, 160, 174, 328
Schindeldach 189, 361
Schlachten 94, 173, 184, 195, 254, 327, 328
Schlafen 10, 35, 74, 78, 82, 87, 88, 115, 118, 122, 140, 146, 163, 175, 194, 201, 202, 204, 209, 212, 215, 240, 259, 290, 296, 359, 386
Schlangen 39, 50

Schlittenfahren 67, 68, 199
Schlittschuhlauf 90
Schnaps 164, 174, 239, 240, 248–250, 264
Schönschreiben 27, 76
Schuhmacher 204, 278, 281
Schulden 11, 233, 235, 239, 243, 244, 246, 249, 259, 272, 289, 293, 297, 323, 329, 396
Schule, Schulaufgaben, Schulweg 8, 9, 16, 18, 20, 25–28, 30, 31, 34, 36–38, 41–43, 46–48, 51–54, 66, 68, 71, 73, 75–77, 90, 91, 106, 142, 144, 160, 169, 182, 192, 197–199, 201, 203, 206, 207, 214, 215, 218, 219, 221, 223, 237, 240, 243, 250 255, 257–259, 261, 263, 264, 266, 267, 269, 273, 276, 278, 281, 282, 286, 293, 297, 298, 300–302, 307, 308, 310, 312, 313, 315, 319–321, 323, 326, 327, 330, 336–338, 348, 361, 363, 377, 380, 395, 396
Schützen, Schützenfest 73, 145, 158
Schweine 9, 33, 35, 142, 163, 165, 166, 172, 174, 178, 182–184, 186–189, 194, 195, 197, 268, 275, 282, 288, 292, 294, 298, 302, 328, 334, 347, 353, 369, 383
Schweizer 8, 13, 15, 64, 70, 80, 81, 84–86, 88, 89, 92, 96, 100, 102, 103, 105, 109, 110, 112, 117, 118, 137, 145, 149, 153, 157–159, 163, 164, 216, 226, 233, 245, 262, 264, 276, 332, 346

Schwindsucht 17
Sechseläuten 44, 49, 54
Seekrankheit 204, 231, 345
Seidenstoffe, Seidenzucht 86, 156
Sektierer 30
Selbstmord 314
Singen 97, 100, 103, 108, 160, 281, 307, 311, 322, 337-339, 346, 360, 378
Singschule 28
Sodbrunnen 37, 163
Sonntagsschule 267, 278, 280, 281, 326
Spekulanten 144, 298, 335
Spezereiladen 126, 177, 245
Spielzeug 198, 199, 204, 213, 216, 230, 231, 255
Sprachkompetenz 237, 257
Stacheldraht 260
Stadtmauer 79, 99, 109
Stadtpark 123, 144, 159
Steuern 75, 246, 303, 357, 390
Stickerei 86
Store 10, 177, 203, 209, 211, 212, 218, 219, 249, 259, 284, 309, 323, 340, 391
Strafe 27, 39, 232
Strassenbahn 204, 317, 394
Streik 80, 97
Strohflechterei 86
Sylvester 46, 69, 103, 104, 199, 255, 359

Tabak, Tabakfabrik 32, 131, 132, 153, 164, 200, 202, 212, 383
Tanz 9, 20, 81, 142, 145, 160, 255, 257, 263, 346, 350, 352, 353
Taschendiebe 137
Taufe, Taufpate, Taufschein 17, 42, 57, 176, 197, 203, 204, 268, 274, 276, 277

Testament 282, 390
Tod 17, 54, 57, 115, 192, 207, 226, 237, 241, 244, 245, 278, 283, 289, 329, 390, 392
Todesurteil 115
Toleranz, rel. 91
Torf 37, 39
Trauer 10, 32, 208, 282
Trunksucht 11, 253, 294, 312, 318, 328, 395
Tuberkolose 74
Turner 44

Überschwemmung 128, 337
Uhrmacher 69, 70, 85
Unfall 43, 108, 103, 161, 218, 223, 273, 280, 283, 292, 308, 313, 319, 320, 343, 352, 374, 382, 392
Universität 13, 25, 42, 363

Valentinstag 372
Vaterliebe 176, 179
Velo 238
Vereine 44, 105, 107, 159, 160, 258
Verstopfung 75
Vieh, Viehdiebstahl, Viehfrevel 10, 16, 65, 74, 80, 177, 178, 182, 184, 185, 193, 195-197, 206, 209, 211-213, 220, 224, 235, 236, 238, 242, 243, 246, 248, 249, 254, 258, 260, 262, 265, 266, 271, 275, 278, 280, 282, 283, 285, 287, 288, 289, 291-293, 296, 298, 290, 301-304, 309, 311, 312, 316, 319, 326, 330, 335, 337, 349, 354, 357, 362, 373, 380, 381, 384, 385
Viehdoktor 212
Vögel 88, 180, 204, 249

Volkstheater 43, 81
Vorurteile 310

Waffen 99, 110, 287
Wahlen 136, 164, 182, 198,
 245, 263, 313, 350, 353,
 356
Waise 142, 286
Waldbrand 9, 166, 177
Wanderprediger 338
Wanzen 95, 98, 118
Waschen, Wäsche, Wäscherinnen 42–45, 54, 66, 67, 93,
 95, 121, 125, 164, 180,
 234, 237, 240, 255, 257,
 259, 263, 304, 312, 322,
 362, 364, 382, 383, 385,
 386, 387, 389
Wasser 9, 29, 31, 34, 38, 59,
 69, 80, 83, 85, 88, 96–98,
 106, 115, 119, 122, 130,
 131, 133, 140, 156, 166,
 171, 183, 185, 186,
 204–206, 209, 218, 224,
 229, 234, 249, 262, 270,
 273–276, 288, 292, 308,
 311, 325, 336, 348, 354,
 355, 357, 360, 362, 375,
 376, 378, 386, 391
Weben 92
Weihnachten, Christbaum 45,
 46, 49, 51, 67–69, 71, 87,
 89, 91, 103, 126, 127, 139,
 140, 162, 165, 181, 192,
 193, 196, 198, 199, 220,
 223, 231, 233, 254, 255,
 266, 270, 294, 316, 319,
 321, 336, 337, 332, 352,
 353, 370, 377, 383
Wein, Weinbau, Weinlese 18,
 20, 28, 34, 40, 64, 80, 81,
 83, 85, 97, 100, 117, 146,
 148, 155, 171, 249, 250, 264,
 352
Weizen 148, 149, 172, 177,
 178, 182, 183, 186–188,
 213, 258, 269, 271, 279,
 293, 303, 326, 327, 368,
 369
Welsche 20, 54, 71
Weltausstellung 61, 75,
 82–84, 366
Wettrennen 96, 118
Wiedertäufer 274
Wildtiere 141, 161, 174, 178,
 195, 258
Wirtschaft 18, 28, 30, 74, 80,
 82, 88, 97, 115, 124, 126,
 216, 246, 249, 251, 253,
 259, 272
Wohnen 30, 66, 82, 87, 91,
 116, 128, 142, 163, 172,
 175, 302, 317, 332, 334,
 356, 380, 395

Zahnarzt 312, 317
Zeichnen 27, 36, 53, 56, 72,
 76, 84, 91, 152, 153, 155,
 158
Zeitung, Zeitschriften 27, 54,
 89, 117, 118, 129, 131,
 142, 145, 148, 164, 177,
 182, 190, 199, 204, 232,
 239, 240, 246, 276, 297,
 299, 320, 337, 363, 364,
 367, 384, 394, 396
Ziegen 31, 141, 183, 274
Zimmerleute 95
Zins 177, 235, 236, 239, 242,
 245, 246, 249, 271, 272,
 289, 301, 303, 357, 371
Zoll 97, 108, 109, 128, 200
Zoo 88, 91, 144
Zuchthaus 280, 319

Das volkskundliche Taschenbuch

Eine Reihe der Schweizerischen Gesellschaft für Volkskunde, begründet und herausgegeben von Paul Hugger

«Eine kleine, aber feine Reihe. Sie bringt bisher unveröffentlichte Originaltexte und die Bändchen stehen so schön abseits des Mainstreams. Sie wenden sich an ein Publikum, das gerne volkskundliche Sachen liest, aber nicht im Dornengestrüpp der Wissenschaft hängen bleiben will.» *Tages-Anzeiger*

«Alle autobiographischen Texte geben soziale Wirklichkeit am individuellen Beispiel wieder. Nicht weniger vermitteln sie einen Einblick in die Bedingungen und Vollzüge des privaten, nicht für die gedruckte Öffentlichkeit gedachten Schreibens.»
Fabula, Zeitschrift für Erzählforschung

«Die Reihe heisst Das volkskundliche Taschenbuch: Dahinter verbergen sich herrliche Selberlebensbeschreibungen.» *Die Zeit*

9 Regina Lampert: Die Schwabengängerin. Erinnerungen einer jungen Magd aus Vorarlberg 1864–1874. Herausgegeben von Bernhard Tschofen. 440 Seiten, 27 Abbildungen. ISBN 3 85791 301 0

10 Albert H. Burkhardt: Blosse Füsse, blutige Zehen, blaue Wunder. Eine Kindheit in Zürich-Seebach. Mit Zeichnungen von Max Trostel. Herausgegeben von Paul Hugger und Kurt Wirth. 180 Seiten. ISBN 3 85791 302 9

11 Rémy Rochat: L'heure du Berger. Edité par Paul Hugger. 160 pages, 20 photos. ISBN 3 908122 67 8

12 Olga Frey: Großstadtluft und Meereslust. Eine Reise nach Berlin und an die Ostsee 1900. Herausgegeben von Walter Leimgruber. 260 Seiten, 42 Abbildungen. ISBN 3 85791 303 7

13 Johann Georg Kreis: «Predigen – oh Lust und Freude». Erinnerungen eines Thurgauer Landpfarrers 1820–1906. Herausgegeben von André Salathé. 180 Seiten, 29 Abbildungen. ISBN 3 85791 304 5

14 Charles Pasche: Les Travaux et les Gens. Oron-la-Ville au XIXe Siècle. Edité par Jean-Paul Verdan. 72 pages, 13 photos. ISBN 3 908122 71 6

15 Albert Emanuel Hoffmann: «Zum Kaufmann bin ich nicht geboren – das ist gewiss». Aus den Tagebüchern eines Basler Handelsherrn 1847–1896. Herausgegeben von Christoph E. Hoffmann und Paul Hugger. 2 Bände zusammen 664 Seiten, 68 s/w und 10 Farbabbildungen. ISBN 3 85791 305 3

16 Paul Hugger (Hg.): «Trostlos, aber verflucht romantisch». Notizen aus den ersten «Diensttagen» 1939/40. Mit Beiträgen von Simone Chiquet und Katharina Kofmehl-Heri und der Fotofolge «Dienstalltag» aus der Sammlung Herzog. 112 Seiten, 34 Abbildungen. ISBN 3 85791 306 1

17 Victor Rilliet: En zigzag derrière Töpffer. Deux jeunes Bâlois dans les Alpes en 1864. Edité par Paul Hugger et Jean-Paul Verdan. 110 pages, 56 ill. ISBN 3 908122 73 2

18 P. Matthäus Keust: Kapuzinerleben. Erinnerungen eines törichten Herzens 1840–1894. Herausgegeben von Paul Hugger und Christian Schweizer. Mit Beiträgen von Hans Brunner. 430 Seiten, 33 Abbildungen. ISBN 3 85791 307 X

19 Emil Wälti: Fieberschub und Saufgelage. Als Fremdenlegionär in Schwarzafrika 1894/95. Herausgegeben von Paul Hugger. 100 Seiten, 15 Abbildungen. ISBN 3 85791 308 8

20 Berthe Cottier: Suchy – haut lieu de mon enfance. Souvenirs du début du siècle. Edité par Annette Perrenoud, Paul Hugger et Jean-Paul Verdan. 80 pages, 13 ill. ISBN 3 908122 74 0

21 Hermann Eberhard Löhnis: Die Tücken des Maultiers. Eine lange Reise durch Südamerika 1850–1852. Herausgegeben von Kurt Graf und Paul Hugger. 368 Seiten, 59 Abbildungen. ISBN 3 85791 309 6

22 R. d'Argence: Six mois aux Zouaves pontificaux ou Les derniers jours des Etats pontificaux 1870. Edité par Dominic M. Pedrazzini. 116 pages, 19 ill. ISBN 3 908121 37 X

23 René Schnell: Briefe aus Shanghai 1946–1952. Dokumente eines Kulturschocks. Herausgegeben von Susanna Ludwig. 272 Seiten, 53 Abbildungen. ISBN 3 85791 310 X

24 Robert Eugen Zehnder: «Frisch – fromm – fröhlich – frei». Ein Leben für das Turnen 1878–1953. Herausgegeben von Paul Hugger. 96 Seiten, 17 vierfarbige Abbildungen, 25 s/w-Fotos. ISBN 3 85791 359 2

25 Charles Duterreaux: Moi, Charles Henri Rodolph Duterreaux, enfant vaudois de la Révolution française. Mémoires présentés et commentés par Simone Collet et Paul Hugger. 88 pages, 16 ill. ISBN 2 8290 0260 1